Alexander Julian Haunschild

Die Abdingbarkeit der Treuepflicht im Gesellschaftsrecht

Eine dogmatische Analyse der Reichweite der Privatautonomie im Gesellschaftsrecht

PETER LANG

Bibliografische Information der Deutschen Nationalbibliothek
Die Deutsche Nationalbibliothek verzeichnet diese Publikation in der Deutschen Nationalbibliografie; detaillierte bibliografische Daten sind im Internet über http://dnb.d-nb.de abrufbar.

Zugl.: Freiburg (Breisgau), Univ., Diss., 2018

D 25
ISSN 0941-147X
ISBN 978-3-631-75781-9 (Print)
E-ISBN 978-3-631-76176-2 (E-PDF)
E-ISBN 978-3-631-76177-9 (EPUB)
E-ISBN 978-3-631-76178-6 (MOBI)
DOI 10.3726/b14391

Peter Lang – Berlin · Bern · Bruxelles · New York · Oxford · Warszawa · Wien

Diese Publikation wurde begutachtet.

www.peterlang.com

Die Abdingbarkeit der Treuepflicht im Gesellschaftsrecht

Zivilrechtliche Schriften

Beiträge zum Wirtschafts-, Bank- und Arbeitsrecht

Herausgegeben von
Arnd Arnold, Dorothee Einsele,
Jan Lieder und Hartmut Oetker

Begründet von Peter Kreutz und Dieter Reuter

BAND **71**

PETER LANG

Für

Lea-Martha

Vorwort

Diese Arbeit wurde im Sommersemester 2017 von der Juristischen Fakultät der Albert-Ludwigs-Universität Freiburg als Dissertation angenommen. Seitdem erschienene Rechtsprechung und Literatur wurde für die Veröffentlichung bis Ende Februar 2018 berücksichtigt.

Herzlich danken möchte ich meinem Doktorvater Herrn Prof. Dr. Jan Lieder, Albert-Ludwigs-Universität Freiburg, für die gute Betreuung. Seine freundliche Unterstützung und stete Bereitschaft zu fachlichen Diskussionen haben maßgeblich zu der Realisierung dieser Arbeit beigetragen. Außerdem möchte ich Herrn Prof. Dr. Hanno Merkt, Albert-Ludwigs-Universität Freiburg, für die zügige Erstellung des Zweitgutachtens danken.

Der Konrad-Adenauer-Stiftung e. V. gilt mein außerordentlicher Dank für die großzügige ideelle und materielle Förderung während meiner Promotion. Den Herausgebern der Schriftenreihe „Zivilrechtliche Schriften – Beiträge zum Wirtschafts-, Bank- und Arbeitsrecht" danke ich für die freundliche Aufnahme der Arbeit in diese.

Dank gilt Frau Lena Richter, Herrn Dr. Robi Chattopadhyay, Herrn Niklas Wiechmann und Herrn Ramon Sievens. Diese haben regelmäßig „Farbe" in den „grauen" Promotionsalltag gebracht und konnten ihn dadurch bestens aufheitern. Zusätzlich ist Herrn Ramon Sievens für die Korrektur dieser Arbeit zu danken.

Herrn Dr. Florian Muß, der mich nunmehr schon seit unseren gemeinsamen Studientagen an der Juristischen Fakultät der Universität Passau als guter Freund begleitet, möchte ich ausdrücklich für seine seit Beginn unseres Studiums nie enden wollende Bereitschaft danken, mich mit Rat und Tat zu unterstützen. Dies gilt insbesondere, aber nicht abschließend für die Korrektur des Manuskripts der Arbeit.

Besonders bedanken möchte ich mich bei meinen Eltern, Dagmar und Gerhard Haunschild, die mich ohne Unterlass in meinem Werdegang liebevoll unterstützen und mir stets zur Seite stehen. Beide haben auf ihre jeweils eigene Weise erheblich zum Entstehen dieser Arbeit beigetragen.

Den größten Dank schulde ich meiner Frau Lea-Martha Haunschild. Ohne ihre fortwährende Unterstützung wäre diese Arbeit nicht entstanden. Ihr ist diese Arbeit gewidmet.

Hamburg, im März 2018
Alexander Julian Haunschild

Inhaltsverzeichnis

A Einleitung

§ 1 Gegenstand und Ziel der Arbeit

Die gesellschaftsrechtliche Treuepflicht[1] und die Privatautonomie stellen elementare Teile unserer Rechtsordnung dar, deren jeweilige Bedeutung nicht hoch genug eingeschätzt werden kann. Die Treuepflicht wird etwa als fundamentales gesellschaftsrechtliches Rechtsprinzip[2] oder als ungeschriebene Legalordnung[3] im Gesellschaftsrecht bezeichnet. Sie fungiert als gesellschaftsrechtliche „Allzweckwaffe" innerhalb der (Rechts-)Beziehungen des Gesellschaftsrechts. Die Treuepflicht im Gesellschaftsrecht wird regelmäßig herangezogen, um (neu) auftretende Probleme innerhalb der gesellschaftsrechtlichen Sphäre zu lösen sowie die konfligierenden Interessen der Beteiligten in einen Ausgleich zu bringen. Auf dieser Grundlage finden sich in der Rechtsprechung und der Literatur nahezu unüberschaubare Ausführungen zur Treuepflicht.[4] Gleichzeitig besitzt sie einen weiten Anwendungsbereich. Ohne Vollständigkeit zu beanspruchen, fungiert sie etwa als Auslegungsregel oder als Pflichtenkanon, zudem stellt sie ein dogmatisches Zugpferd eigener „neuerer" Rechtsentwicklungen dar.

---

1 Zur Kritik am Ausdruck: *Lutter*, AcP 180 (1980), 84, 103 f. schlägt vor – ohne den Pflichteninhalt anzugreifen – , anstatt des Ausdrucks „gesellschaftsrechtliche Treuepflicht" den Begriff „allgemeine Förderpflicht" zu verwenden. Zum einen assoziiert er mit der Verwendung des letzteren Begriffs eine stärkere Rückbindung an das Gesetz (§ 705 BGB). Zum anderen ist er der Ansicht, dass damit eine Verwechslung mit § 242 BGB vermieden wird, den er weitgehend als aliud gegenüber der gesellschaftsrechtlichen Treuepflicht betrachtet, und so der Inflation ethischer Begriffe im Recht vorgebeugt wird. Auch *Kübler/Assmann*, Gesellschaftsrecht, § 3 I 5, S. 24, stehen dem Ausdruck „Treuepflicht" kritisch gegenüber. Da er in der Rechtsprechung und Literatur jedoch stark verbreitet und weitgehend akzeptiert ist, wird er nachfolgend gleichwohl verwendet; zur geschichtlichen Entwicklung der Treuepflicht ausf. *Bartsch*, Die Entwicklung der Treuepflicht, S. 5 ff.

2 Grundlegend skeptisch gegenüber dieser Einordnung äußert sich *Immenga*, FS 100 Jahre GmbHG, S. 189, 204: „In der Bündelung von Elementen zu einem Prinzip droht die Treuepflicht jedoch ihre Konturen zu verlieren." Ebenso *Lutter*, AcP 180 (1980), 84, 104; *Wimmer-Leonhardt*, Konzernhaftungsrecht, S. 187.

3 *K. Schmidt*, Gesellschaftsrecht, § 20 IV 1 a, S. 588.

4 *Dembski*, Treuebindungen, S. 17.

Demgegenüber gewährleistet die Privatautonomie die Selbstbestimmung des Einzelnen und ermöglicht es ihm, seine Individualität auszudrücken, indem er seine Rechtsverhältnisse nach eigenem Willen gestalten darf.[5]

Ungeachtet der großen Bedeutung beider Themen wurde bisher selten die Frage gestellt, in welchem Verhältnis sie zueinander stehen. Wie in der Literatur[6] zutreffend festgestellt wurde, wurde die Thematik der Abdingbarkeit der Treuepflicht im Gesellschaftsrecht bis auf wenige Ausnahmen[7] bisher kaum ausführlicher erörtert. Der Grund dafür dürfte in der langwierigen Auseinandersetzung um die umfassende, rechtsformübergreifende Anerkennung der Treuepflicht selbst liegen.

Wie entsprechende Ausführungen neueren Datums belegen, rückt dieses „Grenzthema" der Gestaltungsfreiheit erst in der jüngeren Vergangenheit verstärkt in das Blickfeld der Wissenschaft.[8] Wird die Stellungnahme von *K. Schmidt* zur Treuepflicht und ihren einzelnen Problemkreisen aufgegriffen, so scheint sich zusätzlich zu den bisherigen drei maßgeblichen Fragen um die Treuepflicht im Gesellschaftsrecht (Existenz der Treuepflicht, Umfang der Treuepflicht und Wirkungsrichtung der Treuepflicht)[9] noch eine vierte zu ergeben: die Frage nach ihrer Abdingbarkeit.

Rechtsform und Treuepflicht übergreifend kommt die herrschende Meinung zu dem Kompromissergebnis, dass die gesellschaftsrechtliche Treuepflicht als

---

5 Siehe unten C).

6 Siehe *Hellgardt*, FS Hopt, S. 765, 766.

7 Eingehender monographisch haben nur *Geier*, Gestaltungsfreiheit (AG) sowie *Winter*, Treuebindungen, S. 190 ff. (GmbH) das Thema der Abdingbarkeit der mitgliedschaftlichen Treuepflichten betrachtet.

8 Allgemein für die organschaftlichen wie mitgliedschaftlichen Treuepflichten *Armbrüster*, ZGR 2014, 333 ff. (Personengesellschaften); *Fleischer/Harzmeier*, NZG 2015, 1289 ff. (Personengesellschaften, GmbH); *Kampf*, Abdingbarkeit (GmbH); spezifisch für die mitgliedschaftlichen Treuepflichten *Bachmann, Eidenmüller, Engert, Fleischer, Schön*, Rechtsregeln, S. 45 f. (kleinere, geschlossene Kapitalgesellschaften); *Lieder*, in: Michalski, GmbHG, § 13 GmbHG, Rn. 150 ff. (GmbH); *Schmolke*, Grenzen der Selbstbindung, S. 667 ff. (Personengesellschaften, GmbH); spezifisch für die organschaftliche Treuepflicht *Hellgardt*, FS Hopt, S. 765 ff. (anzumerken ist jedoch, dass *Hellgardt* durch seinen funktional verstandenen Organbegriff auch die mitgliedschaftliche Treuepflicht in seiner Untersuchung gleichsam einer Betrachtung unterzieht); *Kumpan*, Der Interessenkonflikt, S. 130 ff. (GmbH, AG); *Kuntz*, Gestaltung von Kapitalgesellschaften, S. 497 ff. (GmbH, AG).

9 *K. Schmidt*, Gesellschaftsrecht, § 20 IV 2 d, S. 592.

solche im Kern zwingendes Recht darstellt. Nur einzelne Ausprägungen sollen abbedungen werden können.[10] Lediglich vereinzelt werden Rechtsform übergreifend auch andere Ansichten vertreten, sowohl liberalere[11] als auch restriktivere[12], die eine vollständige Abbedingung entweder grundsätzlich bejahen oder sogar eine Teilabbedingung ablehnen.

Auch wenn dieses Thema in der Literatur in jüngerer Zeit verstärkte Beachtung findet, so lässt sich dennoch feststellen, dass eine größer angelegte Auseinandersetzung mit der „Vermessung der Reichweite der Privatautonomie" im Hinblick auf mehrere Rechtsformen und Arten[13] der Treuepflicht bisher fehlt. Gleichzeitig lassen die jeweiligen Untersuchungen der jüngeren Vergangenheit[14] relevante Gesichtspunkte entweder außer Acht oder orientieren sich verstärkt an rechts- und verhaltensökonomischen Aspekten. Dadurch geraten die Aussagen des geschriebenen Rechts in den Hintergrund.[15] An dieser Stelle setzt die vorliegende Arbeit an, die diese Aspekte wieder stärker in den Fokus stellen möchte.

§ 2 Einschränkung des Untersuchungsgegenstands

Der Weite des Treuepflichtgedankens im Gesellschaftsrecht geschuldet, kommt auch diese Untersuchung nicht umhin, Schwerpunkte zu bilden und

---

10 *Armbrüster*, ZGR 2014, 333 ff.; *Bachmann, Eidenmüller, Engert, Fleischer, Schön*, Rechtsregeln, S. 45; *Emmerich/Bitter*, in: Scholz, GmbHG, 11. Aufl., § 13 GmbHG, Rn. 38c; *Fillmann*, Treuepflichten, S. 207 f.; *Fleischer/Harzmeier*, NZG 2015, 1289 ff.; *Geiger*, Wettbewerbsverbote, S. 172; *Grundmann*, Der Treuhandvertrag, S. 456; *Henze/Notz*, in: GroßkommAktG, 4. Aufl., Anh § 53a AktG, Rn. 126; *Koppensteiner*, GesRZ 2009, 197, 199; *Kumpan*, Der Interessenkonflikt, S. 134 ff.; *Kübler*, FS Werner, S. 437, 448; *Lawall*, Wettbewerbsverbot, S. 133; *Piepenburg*, Mitgliedschaftliche Treupflichten, S. 139; *Reuter*, ZHR 146 (1982), 1, 7; *Schade*, Sorgfalts- und Loyalitätspflichten, S. 251 ff.; *Schäfer*, in: Staub, GroßkommHGB, § 114 HGB, Rn. 45; *A. Teichmann*, Gestaltungsfreiheit, S. 170; *Wiedemann*, Gesellschaftsrecht Bd. 2, § 3 II 3 c, S. 198; *Winter*, Treuebindungen, S. 190 ff.; *A. Wolf*, Grenzen, S. 17; *Verse*, in: Henssler/Strohn, Gesellschaftsrecht, § 14 GmbHG, Rn. 115.

11 *Hellgardt*, FS Hopt, S. 765 ff.; *Lieder*, in: Michalski, GmbHG, § 13 GmbHG, Rn. 152; *Seibt*, in: Scholz, GmbHG, § 14 GmbHG, Rn. 72.

12 *Koch*, in: Hüffer, Aktiengesetz, § 53a AktG, Rn. 26; *Kuntz*, Gestaltung von Kapitalgesellschaften, S. 497 ff.

13 Siehe oben Fußnote 9.

14 *Kuntz*, Gestaltung von Kapitalgesellschaften, S. 20 f. und *Schmolke*, Grenzen der Selbstbindung, S. 525 blenden etwa den Gläubigerschutz aus.

15 Auszunehmen ist insoweit *Hellgardt*, FS Hopt, S. 765 ff.

notwendigerweise eine Vielzahl von Einzelfällen auszublenden, die mit der Treuepflicht im Gesellschaftsrecht und ihrer Abdingbarkeit in Zusammenhang gebracht werden können. Nur auf diese Weise lässt sich ein „Parforceritt" durch das gesamte Gesellschaftsrecht vermeiden.

Hinsichtlich der Rechtsformen beschränkt sich die Untersuchung weitgehend auf die Außen-GbR, die OHG und die GmbH.[16] Dabei wird vorausgesetzt, dass diese Gesellschaftsformen jeweils über die „idealtypischen" individualistischen Strukturen verfügen, auf denen das Gesetz aufbaut, und dass sie zudem erwerbswirtschaftlich ausgerichtet sind. Die AG hingegen wird lediglich überblicksartig betrachtet. Zum einen gründet diese Fokussierung auf der materiellen Verwandtschaft der GbR und der OHG[17] zu der GmbH sowie auf ihrer praktisch überragenden Bedeutung und der allgemeinen „Grundart" der genannten Gesellschaftsformen. Im Gegensatz zum System bei der AG (§ 23 Abs. 5 AktG), das in dieser Hinsicht konträr ist, besitzen die Gesellschafter, soweit das Innenverhältnis betroffen ist, bei diesen Gesellschaftsformen grundsätzlich weitgehende Gestaltungsfreiheit.[18] Zum anderen besteht die Vermutung, dass sich, aufbauend auf gleichgängigen Begründungsmustern und Wertungsparametern der einzelnen Ausprägungen der Treuepflichten selbst und der Reichweite der Gestaltungsfreiheit, Rechtsform und Treuepflicht übergreifend ein einheitliches Ergebnis hinsichtlich der „kritischen" Abbedingungsfragen erzielen lässt, das nur eine eingeschränkte Anpassung an die Besonderheiten der AG erfordert.

Besondere Aufmerksamkeit erfährt in dieser Untersuchung die Abdingbarkeit derjenigen Ausprägungen der Treuepflichten, die grundsätzlich zu einer Einschränkung der Ausübung der zweckbezogenen Befugnisse führen. Dementsprechend werden diejenigen Abbedingungsfragen, die mit der mitgliedschaftlichen Treuepflicht und ihrer Auswirkung auf die nichtzweckbezogenen Befugnisse sowie auf die Strukturänderung der Mitgliedschaft oder der Gesellschaft im Zusammenhang stehen, nur am Rande behandelt.

Soweit die partielle „Durchgangsfunktion" der Gesellschaft zu ihren Mitgliedern außer Acht gelassen wird,[19] wird auch die Treuepflicht der Gesellschaft

16 Es wird angenommen, dass das Mitbestimmungsgesetz nicht greift.

17 Im Folgenden auch die Personengesellschaften.

18 Siehe auch unten D) § 2.

19 Siehe *Lutter*, AcP 180 (1980), 84, 121: „Dabei werden Beschlüsse der Mitglieder diesen zugerechnet und unter dem Gesichtspunkt der Schranken in der Ausübung mitgliedschaftlicher Rechte gewertet." Ein ähnlicher Mechanismus ist bei dem mit der Treuepflicht verwandten Gleichbehandlungsgrundsatz existent; dazu ausf. *Schäfer*,

gegenüber ihren Gesellschaftern und Organvertretern nicht weiter erörtert. Bei den Organen der Gesellschaft werden lediglich die Geschäftsleiter[20] betrachtet, da sie eine einzigartige Stellung innerhalb des Organisationsgefüges der einzelnen Gesellschaften einnehmen und ihnen damit besondere Bedeutung (§§ 709 BGB ff., 114 ff. HGB, 35 GmbHG, 76 AktG) zukommt.

§ 3 Gang der Untersuchung

Die vorliegende Untersuchung beginnt mit einer überblicksartigen Darstellung der gesellschaftsrechtlichen Treuepflicht (B) und einer näheren Betrachtung der Privatautonomie selbst (C). Anschließend ist die Frage zu klären, ob das Telos der gesellschaftsrechtlichen Treuepflicht grundsätzlich geeignet ist, eine breitere Einschränkung der Privatautonomie bei den Rechtsformen der GbR, OHG und GmbH im Vergleich zum übrigen Vertragsrecht zu rechtfertigen (D). Zu diesem Zweck werden die weiteren diskutierten Schranken der Gestaltungsfreiheit im Gesellschaftsrecht näher betrachtet. Darauf aufbauend werden die systematischen Bezüge der Treuepflicht und die damit verbundenen Aussagen hinsichtlich der zwingenden oder abdingbaren Rechtsnatur der Treuepflicht untersucht (E). Im Anschluss werden die Konsequenzen der Abbedingung analysiert und es wird geprüft, ob eine mögliche Abbedingung gegen die Außengrenzen der Gestaltungsfreiheit verstößt (F). Unter Fokussierung auf die organschaftliche Treuepflicht wird nach Normen im Gesetz gesucht, die als Ausdruck der jeweiligen Ausprägungen dieser Treuepflicht zu verstehen sind. Anschließend wird ihre sekundäre Wertung hinsichtlich ihrer Abdingbarkeit ermittelt und diese wiederum in einen Gesamtkontext gesetzt (G).

Das Themenfeld der GbR, OHG und GmbH schließt damit, dass die Anforderungen, die an eine nachträgliche (Teil-)Abbedingung der Treuepflichten zu stellen sind, knapp erörtert werden (H). Im letzten Teil der Arbeit wird in konzentrierter Form die AG in den Blick genommen, wobei die organschaftliche Treuepflicht des Vorstands und die mitgliedschaftliche Treuepflicht jeweils getrennt voneinander betrachtet werden. Bedingt durch den § 23 Abs. 5 AktG wird geprüft, ob im AktG Normen existieren, die als Ausdruck des spezifischen Treuegedankens im Gesellschaftsrecht angesehen werden können, und wie weit

---

in: MünchKommBGB, § 705 BGB, Rn. 244 ff.; *Wiedemann*, Gesellschaftsrecht Bd. 1, § 8 II 2, S. 427 ff.; *Zöllner*, Schranken, S. 301 ff.

20 D. h. die Vorstandsmitglieder der AG, die Geschäftsführer der Personengesellschaften sowie der GmbH.

eine mögliche Abdingbarkeit tatsächlich reicht, wenn das weitere zwingende Normenprogramm des Aktienrechts und des allgemeinen Zivilrechts berücksichtigt wird (I). Zum Schluss werden die Ergebnisse in Thesenform zusammengefasst (J).

B Treuepflicht im Gesellschaftsrecht – Überblick

§ 1 Geltungsgrund

Wie jeder Rechtssatz bedarf die Treuepflicht der Legitimation, um Geltung innerhalb der Rechtsordnung beanspruchen zu können.[21] Drei Rechtfertigungsmuster sind prägend.[22]

I. Theorie des Vertrauens

Die ehemals herrschende Meinung, entwickelt zu den Personengesellschaften und geprägt von *A. Hueck*[23], begründete die Geltung der Treuepflicht mit der persönlichen Bindung der Beteiligten untereinander und dem aus dieser Bindung erwachsenden Vertrauen.[24] Maßgeblich war damit für ihre Herleitung und Begründung die Personalität der Rechtsform. Demzufolge wurde die Treuepflichtbindung nur bei den Personengesellschaften bejaht.[25]

Mit fortschreitendem Zeitablauf wurde die Vertrauenslehre jedoch zunehmend abgelehnt und ein abweichender Erklärungsansatz propagiert. Die Ablehnung basierte auf der Annahme der Treuepflicht übergreifenden mangelnden Integrationsfähigkeit der Vertrauenslehre im Recht der Kapitalgesellschaften, ihrer angenommenen „Farblosigkeit" sowie auf der zu starken ethischen Akzentuierung und dem mangelnden Verständnis einer Differenzierung zwischen gesellschaftsrechtlichen und anderen langjährigen Rechtsverhältnissen, bei denen eine solche weitgehende Pflicht im Sinne der Treuepflicht fehlt.[26]

---

21 *Hüffer*, FS Steindorff, S. 59, 70; *Rhein*, Der Interessenkonflikt der Manager, S. 178.

22 Häufiger genannt wird auch der Ansatz *Grundmanns*, Der Treuhandvertrag, S. 167, 192 ff. Er sieht den Geltungsgrund der Treuepflicht in der gegenleistungsfreien Übertragung der geldwerten Position „Verwaltungsmöglichkeit über Fremdvermögen"; ihm folgend *Koch*, in: Hüffer, Aktiengesetz, § 84 AktG, Rn. 10; kritisch gegenüber diesem Ansatz *Kumpan*, Der Interessenkonflikt, S. 93 f.; *Löhnig*, Treuhand, S. 150 f.

23 *A. Hueck*, FS Hübner, S. 72, 80; *A. Hueck*, Der Treuegedanke, S. 9 ff.

24 BGHZ 13, 188, 192 f.; BGHZ 20, 239, 246; vgl. BGH NJW 1954, 998, 999; *Fechner*, Die Treuebindung des Aktionärs, S. 24 ff.; *R. Fischer*, NJW 1954, 777.

25 Siehe insoweit nur erneut *A. Hueck*, Der Treuegedanke, S. 9 ff.

26 *Grundmann*, Der Treuhandvertrag, S. 135 ff.; *Henze/Notz*, in: GroßkommAktG, 4. Aufl., Anh § 53a AktG, Rn. 14; *Hey*, Freie Gestaltung, S. 327; vgl. *Rhein*, Der Interessenkonflikt der Manager, S. 178 f.; *Schmitt*, Treuepflichten der Vorstandsmitglieder, S. 83 f.; *Zöllner*, Schranken, S. 339 ff.

II. Korrelationstheorie

Die aktuell herrschende Meinung[27] sieht, beeinflusst von *Zöllner*[28] und *Mestmäcker*[29], inzwischen Treuepflicht übergreifend den Geltungsgrund[30] der Treuepflicht in dem eigenständig - neben dem Vertrauensprinzip - stehenden Rechtsprinzip[31], dass sich Rechtsmacht und Verantwortung entsprechen müssten.[32] Danach gelte, dass der Einzelne, je mehr Einfluss er auf die jeweiligen Interessen habe, desto höheren Pflichten dieser zum Ausgleich der erhöhten „Machtbefugnisse" auszusetzen sei.[33] Für die gesteigerten Treuepflichtbindungen

27 *Aubel*, Vorstandspflichten, S. 137 f.; *Fleischer*, WM 2003, 1045, 1046; *Henze*, RWS-Forum 8, S. 1, 11; *Henze/Notz*, in: GroßkommAktG, 4. Aufl., Anh § 53a AktG, Rn. 8; *Hopt*, ZGR 2004, 1, 18; *Kübler/Waltermann*, ZGR 1991, 161, 166; *Lieder*, in: Michalski, GmbHG, § 13 GmbHG, Rn. 138; *Lutter*, AcP 180 (1980), 84, 102, 114; *Möllers*, Hdb Corporate Governance, 2. Aufl., S. 427; vgl. *Rhein*, Der Interessenkonflikt der Manager, S. 179; *Seibt*, in: Scholz, GmbHG, § 14 GmbHG, Rn. 66 ff.; *Weisser*, Corporate Opportunities, S. 133.

28 *Zöllner*, Schranken, S. 339 ff.

29 *Mestmäcker*, Verwaltung, S. 214.

30 *Mestmäcker*, Verwaltung, S. 214 sieht darin zugleich die dogmatische Rechtfertigung. Die überwiegende Meinung lässt dies nicht genügen, vgl. insoweit *Hennrichs*, AcP 195 (1995), 221, 236; *Immenga*, FS 100 Jahre GmbHG, S. 189, 203.

31 *Wimmer-Leonhardt*, Konzernhaftungsrecht, S. 188; kritisch *K. Schmidt*, Gesellschaftsrecht, § 14 II 2 e, S. 414.

32 Zur internationalen Einordnung dieses Gedankengangs *Hopt*, ZGR 2004, 1, 18: „Diese auf frühes englisches Fallrecht zurückgehende Vorstellung hat ihre Ausprägung und durchgängige Ausgestaltung international zuerst im amerikanischen Recht mit der fiduciary relationship."

33 *Hüffer*, FS Steindorff, S. 59, 74 f. vertritt hinsichtlich der Vertrauenstheorie und Korrelationstheorie einen vermittelnden Ansatz. Der Zweck der Treuepflicht bestehe zum einen darin, Vertrauensschutz zu gewähren, und zum anderen darin, die Einwirkungsmöglichkeiten auf die Gesellschaft und die Mitgesellschafter zu kontrollieren. Zu begründen sei die Geltung der Treuepflicht demnach je nach den Umständen des Einzelfalls entweder mit der kontrollbedürftigen Einwirkungsmöglichkeit oder der schutzbedürftigen Vertrauensbeziehung. Bestätigt wird *Hüffer*, FS Steindorff, S. 59, 74 f. insoweit von weiteren Teilen der Literatur. Diese sind der Ansicht, dass sich die jeweiligen Ansätze „Vertrauen" und „Einwirkungsmöglichkeit" nicht ausschließen, sondern schlicht an anderen Bezugspunkten anknüpfen, und zwar im Falle der Einwirkungsmöglichkeit auf der Seite des Pflichtenschuldners, im Falle der Vertrauensgewährung auf der Seite des Pflichtengläubigers (*Rhein*, Der Interessenkonflikt der Manager, S. 180 f.; vgl. *Weisser*, Corporate Opportunities, S. 134).

sei konkret entscheidend, dass der Einzelne innerhalb des gesellschaftsrechtlichen Verbundes im Gegensatz zu den normalen Vertragsverhältnissen über seine eigenen Interessen hinaus unmittelbar auf die Interessen der Gesellschaft und die gesellschaftlichen Interessen der (weiteren) Gesellschafter einwirken könne.[34] Der hohe Einfluss und die daraus folgende Intensivierung der Pflichten gegenüber der Gesellschaft und unter den Gesellschaftern würden verstärkt durch die Dauerhaftigkeit der Einwirkungsmöglichkeit auf die jeweiligen Interessen und der durch die Unbestimmtheit der Dauer des gesellschaftsrechtlichen Verhältnisses ausgelösten Unmöglichkeit, die jeweiligen Rechte und Pflichten ex ante detailliert zu regeln.[35]

III. Rechtsökonomische Rechtfertigungsansätze

Neuere, im Vordringen befindliche Ansichten im Schrifttum begründen die Treuepflicht im Gesellschaftsrecht mit rechtsökonomischen Erwägungen.[36] Zwei sich ergänzende Begründungsansätze sind maßgeblich. Mit einer nicht zu leugnenden Parallelität zu den Inhalten der Korrelationstheorie legitimieren die Vertreter der ökonomischen Rechtfertigung der Treuepflicht diese teilweise mit der Unvollständigkeit des Gesellschaftsvertrags. Ausgelöst durch die Zukunftsgewandtheit der gesellschafterlichen Rechtsverhältnisse und der damit verbundenen Unsicherheit über die Entwicklung des wirtschaftlichen Umfelds und der innergesellschaftlich auftretenden Konflikte wird angenommen, dass es ex ante unmöglich sei, jeden denkbaren Einzelfall detailliert vertraglich zu regeln und zugleich die für einen wirtschaftlichen Betrieb notwendige Flexibilität zu wahren. Falls ein dahin gehender Versuch gewagt würde, entstünden unverhältnismäßige Kosten.[37] Erschwerend komme hinzu, dass sich die Beteiligten

---

34 *Kumpan*, Der Interessenkonflikt, S. 92; *Lutter*, ZHR 153 (1989), 446, 454 f.; *Zöllner*, Schranken, S. 341 f.

35 *Cahn*, FS Wiese, S. 71, 78 f.

36 *Bachmann, Eidenmüller, Engert, Fleischer, Schön*, Rechtsregeln, S. 49; *Fleischer*, ZHR 168 (2004), 673, 683; *Fleischer*, NZG 2013, 361, 362; *Rhein*, Der Interessenkonflikt der Manager, S. 183 f., 202; *Schmolke*, Grenzen der Selbstbindung, S. 596; vgl. auch *Seibt*, in: Scholz, GmbHG, § 14 GmbHG, Rn. 67; sehr kritisch *Wiedemann*, Gesellschaftsrecht Bd. 2, § 3 II 3 c, S. 198.

37 Vgl. *Cahn*, FS Wiese, S. 71, 79; *Fleischer*, NZG 2013, 361, 362; *Janke*, Gesellschaftsrechtliche Treuepflicht, S. 153 f.; *Kumpan*, Der Interessenkonflikt, S. 59, 69; *Rhein*, Der Interessenkonflikt der Manager, S. 183 f., 202; *Schmolke*, Grenzen der Selbstbindung, S. 596.

am Beginn einer (Vertrags-)Beziehung typischerweise keine Gedanken über zukünftig auftretende Konflikte machten und infolgedessen eine ausreichende Risikovorsorge fehle.[38] Die Treuepflicht senke insofern Transaktionskosten,[39] als sie es durch ihre Wirkungsweise als Generalklausel überflüssig mache, jeden Einzelfall detailliert zu regeln und eine entsprechende Vertragsgestaltung vorzunehmen.[40]

Als weitere rechtsökonomische Legitimationsgrundlage der Treuepflicht wird ihr Lösungsbeitrag zum „Prinzipal-Agency-Problem"[41] angesehen, da sie Verhaltensspielräume eingrenze und die für die Überwachung notwendigen Kontrollkosten senke.[42] Ohne die richtunggebende, disziplinierende Generalklausel „Treuepflicht" entstehe die Gefahr des Opportunismus. Es werde ein an den eigenen Interessen orientiertes Verhalten der Organvertreter und der Gesellschafter heraufbeschworen, das infolge der regelmäßig existenten Informationsasymmetrie zwischen Agent und Prinzipal kaum kontrollierbar sei.[43]

---

38 Siehe auch unten D) § 4 I.

39 Unter die Transaktionskosten werden nach heutigem Verständnis die Such- und Informationskosten, die Verhandlungs- und Entscheidungskosten, die Überwachungskosten sowie die Durchsetzungskosten gefasst, siehe ausf. nur *Möslein*, Dispositives Recht, S. 280, 303.

40 *Bachmann, Eidenmüller, Engert, Fleischer, Schön*, Rechtsregeln, S. 49; *Fleischer*, ZHR 168 (2004), 673, 683; *Fleischer*, NZG 2013, 361, 362; *Rhein*, Der Interessenkonflikt der Manager, S. 183 f., 202; *Schmolke*, Grenzen der Selbstbindung, S. 596.

41 Die Prinzipal-Agency-Theorie untersucht die Fragestellung des Beziehungsverhältnisses zwischen Prinzipal und Agent und wie gewährleistet werden kann, dass der Prinzipal durch den Agent ausreichend kontrolliert wird und dessen Verhalten gesteuert werden kann, ohne dass dabei unverhältnismäßig hohe Kontrollkosten entstehen und ein Handeln, allein orientiert an den Bedürfnissen des Agents, vermieden wird; vertiefend *Bechtold*, Die Grenzen zwingenden Vertragsrechts, S. 35 f., 163; *Fleischer*, ZGR 2000, 1, 6; *Hopt*, ZGR 2004, 1, 3; *Kumpan*, Der Interessenkonflikt, S. 59; *Rhein*, Der Interessenkonflikt der Manager, S. 183 f., 202; *Thoma*, Eigengeschäfte des Vorstands, S. 14.

42 *Fleischer*, NZG 2003, 985, 986; *Fleischer*, NZG 2013, 361, 362; *Kumpan*, Der Interessenkonflikt, S. 90; vgl. *Rhein*, Der Interessenkonflikt der Manager, S. 183 f., 202; *Schmolke*, Grenzen der Selbstbindung, S. 597.

43 *Fleischer*, ZHR 168 (2004), 673; *Rhein*, Der Interessenkonflikt der Manager, S. 183 f., 202; *Schmolke*, Grenzen der Selbstbindung, S. 596.

§ 2 Wesentlicher Inhalt der Treuepflicht

Die gesellschaftsrechtliche Treuepflicht[44] prägt als Generalklausel alle privaten Vereinigungen in höchst unterschiedlichen Kontexten.[45] Kategorisieren lässt sie sich in zwei Pflichtenkreise, in die organschaftliche und in die mitgliedschaftliche Treuepflicht. Da die einzelnen Begründungsmuster für die Herleitung und Konkretisierung der Treuepflichten grundsätzlich rechtsformunabhängig sind, ist es nicht notwendig, zwischen den einzelnen Rechtsformen hinsichtlich der Einteilung der Treuepflichten kleinteilig zu differenzieren.[46] Nach weitverbreiteter Ansicht im Schrifttum sind die beiden Kategorien der Treuepflicht infolge ihres andersartigen Rechts- und Entstehungsgrundes, ihrer unterschiedlichen Intensität und Zweckorientierung sowie ihrer verschiedenen Rechtsfolgen grundsätzlich zu trennen. Sie sollen „nur den Namen gemeinsam" haben.[47] Dem ist in dieser Vehemenz, wie die weitere Untersuchung zeigen wird, nicht zu folgen.

---

44 Zum „zeitlichen" Anwendungsbereich der Treuepflicht *Bayer*, in: Lutter/Hommelhoff, GmbHG, § 14 GmbHG, Rn. 32; *Lieder*, in: Michalski, GmbHG, § 13 GmbHG, Rn. 148; *Roth*, in: Baumbach/Hopt, HGB, § 109 HGB, Rn. 24; *K. Schmidt*, Gesellschaftsrecht, § 20 IV 1 b, S. 588 f.

45 *Aubel*, Vorstandspflichten, S. 136; *Henze*, ZHR 162 (1998), 186; *Lutter*, ZHR 162 (1998), 164, 166; *Lutter*, Theorie der Mitgliedschaft, AcP 180 (1980), 84, 103; *Rhein*, Der Interessenkonflikt der Manager, S. 173; *Wiedemann*, Gesellschaftsrecht Bd. 2, § 3 II 3 a, S. 192; *Wiedemann*, ZGR-Sonderheft 13 (1998), 5, 20.

46 Vgl. *Fleischer*, in: MünchKommGmbHG, Einl, Rn. 188 f.; vgl. *Pentz*, in: Rowedder, GmbHG-Kom., § 13 GmbHG, Rn. 35; vgl. *Raiser*, in: Ulmer, GmbHG, § 14 GmbHG, Rn. 78 f.

47 *Lutter*, ZHR 162 (1998), 164, 176; ähnlich formuliert es *Wiedemann*, Gesellschaftsrecht Bd. 2, § 3 II 3 a, S. 193: „Die erwähnten Treuepflichten haben fast nur das Wort gemeinsam." U. a. folgend *Pentz*, in: Rowedder, GmbHG-Kom., § 13 GmbHG, Rn. 36; *Röhricht*, Hdb Corporate Governance, 1. Aufl., S. 514; a. A. vgl. *Hopt*, ZGR 2004, 1, 2; *Lieder*, in: Michalski, GmbHG, § 13 GmbHG, Rn. 137 ff.

I. Organschaftliche Treuepflicht

Die organschaftliche[48] Treuepflicht ist mit der Stellung des Geschäftsleiters als „Amtswalter" fremder[49] Vermögensinteressen verbunden und mit der Stellung eines Treuhänders[50] zu vergleichen.[51] Sie ist prägender und immanenter

---

48 Bedingt durch die Parallelität der Anforderungsprofile (siehe soweit BGH NJW 1986, 584 f.; vgl. *Fleischer*, NZG 2013, 361, 362 f.; vgl. *Immenga*, FS 100 Jahre GmbHG, S. 189, 199; *Weisser*, Corporate Opportunities, S. 133 ff.), der besseren Möglichkeit der Differenzierung und im Sinne der begrifflichen Klarheit (vgl. *M. Weber*, Vormitgliedschaftliche Treuebindungen, S. 60) wird in Übereinstimmung mit *Wiedemann* (vgl. *Wiedemann*, FS Heinsius, S. 949, 950 f.) innerhalb dieser Untersuchung ein weit gefasster organschaftlicher Treuepflichtbegriff vertreten. Das heißt, unter die organschaftliche Treuepflicht ist auch die durch die Treuepflicht veranlasste Beschränkung der Rechte der Geschäftsführungsbefugnisse des Geschäftsleiters einer Personengesellschaft zu fassen. Die geläufige Zuordnung der Literatur und Rechtsprechung dieser Pflichten zur mitgliedschaftlichen Treuepflicht der Gesellschafter des Personengesellschafters wird nicht geteilt.

49 Der Gedanke der „Fremdheit" trifft auch bei den Personengesellschaften - unabhängig von der Geltung des Prinzips der Selbstorganschaft - zu. Infolge der Unmöglichkeit, Ein-Personen-Personengesellschaften zu gründen (§§ 705 BGB, 105 Abs. 1 HGB), ist stets nur eine Teilidentität der Eigentümer gegeben. Zwangsläufig sind damit bei diesen innerhalb der Verwaltung fremde Vermögensinteressen betroffen (vgl. *Immenga*, FS 100 Jahre GmbHG, S. 189, 199 f.; *Nitschke*, Personengesellschaft, S. 215; *Wiedemann*, FS Heinsius, S. 949, 950 f.; *Wiedemann*, Gesellschaftsrecht Bd. 2, § 3 II 3 a, S. 193). Daher vermag neben der Beachtung der Faktoren, dass die Reichweite der Gestaltungsfreiheit bei den Personengesellschaften und bei der GmbH im Kern identisch ist (siehe unten § 4 II) und dass niemand gezwungen ist, die Rechtsformen GbR oder OHG mit der Konsequenz der unbeschränkten Haftung (§ 128 HGB (analog)) zu wählen (siehe unten § 4 IV 2 e)), *Kampfs*, Abdingbarkeit, S. 8, angedeutete Vermutung, dass der bestehende Unterschied von Selbst- und Fremdorgan eine weitreichende Beeinflussung auf die Abdingbarkeit haben könne, nicht zu überzeugen.

50 Die Begrifflichkeiten divergieren: Organ mit treuhänderischer Funktion (*Mertens*, in: Hachenburg, GmbHG, § 43 GmbHG, Rn. 37; *Röhricht*, Hdb Corporate Governance, 1. Aufl., S. 514; *Sina*, DStR 1991, 40, 41), Treuhandcharakter der Geschäftsführung (*Grundmann*, Der Treuhandvertrag, S. 42; *Kübler/Assmann*, Gesellschaftsrecht, § 6 III 2 d, S. 54). *Fleischer*, WM 2003, 1045 führt diese Varianz auf die Unsicherheiten über den Einzugsbereich der Treuhand, die durch das Fehlen einer ausdrücklichen gesetzlichen Regelung entstanden seien, zurück; skeptisch gegenüber der Einstufung des Organvertreters als Treuhänder *Dubovitskaya*, NZG 2015, 983 ff.

51 *Fleischer*, WM 2003, 1045, 1046; vgl. *Fleischer*, NZG 2013, 361, 362; *Hopt/Roth*, in: GroßkommAktG, 5. Aufl., § 93 AktG, Rn. 224; *Kumpan*, Der Interessenkonflikt, S. 89, 99, 114; *Mertens*, in: Hachenburg, GmbHG, § 43 GmbHG, Rn. 35; *Weisser*, Corporate Opportunities, S. 136; *Wiedemann*, FS Heinsius, S. 949, 950 f.

Bestandteil der rechtlichen Beziehung zwischen der Gesellschaft und ihrem Organvertreter.[52] Ihre Grundlage liegt in dem Versprechen des Organvertreters, den Gesellschaftszweck zu fördern.[53]

Ihr Anforderungsprofil wird gemeinhin damit beschrieben, dass die Organvertreter ihr Handeln in den Angelegenheiten der Gesellschaft allein an den Interessen der Gesellschaft, die durch den Zweck der Gesellschaft konkretisiert werden, auszurichten haben und Handlungen, die die Gesellschaft schädigen, zu unterlassen sind.[54] Eigene private Sonderinteressen sind insoweit auszublenden. Zusammenfassend wird auch von der „Pflicht zur absoluten Amtstreue" gesprochen.[55]

Dem allgemeinen Wesen der Treuepflicht als Generalklausel folgend, stellt sie für die Organmitglieder ein Sammelbecken für all diejenigen Pflichten dar, die aus ihrer besonderen Stellung folgen. Ohne in allen Einzelheiten konkretisiert zu sein, legt sie abstrakt fest, wie sich das Gesellschaftsorgan im Falle eines Interessenkonflikts,[56] soweit gesellschaftsfremde Sonderinteressen des Organvertreters betroffen sind, die in die Sphäre der Gesellschaft hineinwirken,[57] zu verhalten hat. Abgeleitet aus ihrem Obersatz haben sich als einzelne konkretisierte Ausprägungen unter anderem das Wettbewerbsverbot, das Verbot, Geschäftschancen der Gesellschaft an sich zu ziehen, die Pflicht zur aktiven Informationsweiterleitung

---

52 *Grundmann*, Der Treuhandvertrag, S. 93; *Kumpan*, Der Interessenkonflikt, S. 89.

53 *Fleischer*, WM 2003, 1045; vgl. *G. Hueck*, Gesellschaftsrecht, § 7 I 1 b, S. 52; *Kumpan*, Der Interessenkonflikt, S. 99; *Mertens*, in: Hachenburg, GmbHG, § 43 GmbHG, Rn. 35; *Weisser*, Corporate Opportunities, S. 131.

54 BGH NJW 1986, 584, 585; BGH NJW 1986, 585, 586; *Altmeppen*, in: *Roth/Altmeppen*, GmbHG, § 43 GmbHG, Rn. 27; *Hadding/Kießling*, in: Soergel, BGB, § 705 BGB, Rn. 59; vgl. *G. Hueck*, Gesellschaftsrecht, § 7 I 1 b, S. 53; *Kumpan*, Der Interessenkonflikt, S. 89; *Kübler*, FS Werner, S. 437, 438; *Leuscher*, FS Ahrens, S. 637, 638; *Möllers*, Hdb Corporate Governance, 2. Aufl., S. 429; *Röhricht*, Hdb Corporate Governance, 1. Aufl., S. 514; vgl. *Schäfer*, in: MünchKommBGB, § 705 BGB, Rn. 223; vgl. *Timm*, GmbHR 1981, 177, 179; *Weisser*, Corporate Opportunities, S. 136; siehe auch Nr. 4.3 DCGK.

55 *Fleischer*, WM 2003, 1045, 1046; vgl. *Fleischer*, NZG 2013, 361, 362; *Mertens*, in: Hachenburg, GmbHG, § 43 GmbHG, Rn. 35; *Wiedemann*, FS Heinsius, S. 949, 950 f.

56 Ausf. zum Begriff des Interessenkonflikts und dessen dogmatischer Verortung *Kumpan*, Der Interessenkonflikt, S. 11 ff.

57 Vgl. verallgemeinerungsfähig *M. Weber*, Vormitgliedschaftliche Treuebindungen, S. 75, der feststellt, dass die treuegebundenen Verhaltenspflichten auch Geschäftsabschlüsse umfassten, die in „normale" Austauschgeschäfte gekleidet seien, aber den Zweck verfolgten, der Gesellschaft unter Missachtung des Gesellschaftsinteresses einen Schaden zuzufügen.

im Falle eines Interessenkonflikts, das Verbot, sich zulasten der Gesellschaft zu bereichern, und insgesamt daran anknüpfend die Pflicht, Interessenkonflikte zu meiden sowie das Verbot, sich schädigend über die Gesellschaft zu äußern, etabliert.[58]

Prägendes Element und maßgebliches Differenzierungskriterium der organschaftlichen Treuepflicht gegenüber den Anforderungen, die gemeinhin bei „normalen" Austauschverträgen über die Normen der §§ 138, 226, 242, 826 BGB gestellt werden, ist, dass eine Berücksichtigung eigener Interessen nahezu ausnahmslos ausgeschlossen wird, soweit ein Zusammenhang mit der Zweckverwirklichung der Gesellschaft besteht. Eine Beeinträchtigung der Interessen der Gesellschaft kann im Gegensatz zum „üblichen" Vertragsrecht[59] nicht durch eigene, berechtigte Interessen gerechtfertigt werden.[60] Falls jedoch keine eigenen Interessen verfolgt werden und der Gesellschaft aus Gründen der bloßen Willkür ein Schaden zugefügt werden soll, ist keine Abweichung von den üblichen Anforderungen festzustellen (§§ 226, 242 BGB). Dies ist etwa regelmäßig bei schädigenden Äußerungen der Fall.[61]

Durch die zunehmende organisatorische Verselbstständigung der Personengesellschaften ist sowohl bei den Personengesellschaften als auch bei den Kapitalgesellschaften die Gesellschaft selbst der unmittelbare Bezugspunkt der organschaftlichen Treuepflicht. Eine unmittelbare gesellschafterbezogene organschaftliche Treuepflicht ist abzulehnen.[62]

II. Mitgliedschaftliche Treuepflicht

1. *Allgemeines*

Die mitgliedschaftliche Treuepflicht ist inzwischen gesellschaftsübergreifend anerkannt und erfasst sowohl die Beziehung der Gesellschafter untereinander als auch gegenüber der Gesellschaft.[63] Sie fordert abstrakt eine Förderung der

58 Siehe unten G).

59 Vgl. zur Zuordnung des Gesellschaftsrechts zum Vertragsrecht i. w. S. unten C) § 2.

60 Siehe insgesamt vertiefend unten F).

61 Siehe insgesamt vertiefend unten F).

62 *Fleischer*, WM 2003, 1045, 1046; vgl. *Grigoleit*, Gesellschafterhaftung, S. 294, 298, 304; *Hüffer*, FS Steindorff, S. 59, 64 f.; *Kumpan*, Der Interessenkonflikt, S. 116; vgl. *Weisser*, Corporate Opportunities, S. 138; *Winter*, Treuebindungen, S. 11 f.

63 BGHZ 65, 15 ff. (sog. ITT-Urteil); BGHZ 103, 192 ff. (sog. Linotype-Urteil); *Bitter*, in: Scholz, GmbHG, § 13 GmbHG, Rn. 50; *Henze*, ZHR 162 (1998), 186 f.; *Henze*, RWS-Forum 8, S. 1, 8; *Henze/Notz*, in: GroßkommAktG, 4. Aufl., Anh § 53a AktG,

Gesellschaftsinteressen und verlangt, Schädigungen der Gesellschaft oder der mitgliedschaftlichen Belange der Gesellschafter durch eine verantwortliche, interessengerechte Wahrnehmung der Einflussmöglichkeiten zu unterlassen.[64]

Rechtsformübergreifend kommen als richtungsbestimmende und abwägungsrelevante Faktoren, um ihr Anforderungsprofil im konkreten Fall festlegen zu können, unter Zugrundelegung einer umfassenden Sachverhaltsanalyse maßgeblich in Betracht: Die Zweckorientierung der auszuübenden Befugnis, die Realstruktur der Gesellschaft, der Inhalt des Gesellschaftsvertrags, die mögliche Einflussnahme auf die jeweils betroffenen Interessen, vermittelt durch die Funktion in der Gesellschaft oder durch die rein faktische Machtposition des Mitglieds der Gesellschaft, sowie die Wirkung der Maßnahme.[65]

2. *Zweckbezogene Befugnisse*

Als hauptsächlicher Bestimmungsfaktor des Maßstabs der Anforderungen, die die mitgliedschaftliche Treuepflicht gegenüber der Gesellschaft stellt, bietet sich in Parallele zur organschaftlichen Treuepflicht die Festlegung an, wie stark die in Rede stehende Befugnis und die auszuführende Maßnahme auf die Gesellschaft und deren Zweck bezogen sind.[66] Dies gilt trotz der Kritik an dieser Differenzierung, die auf den angenommenen Zuordnungsschwierigkeiten des jeweiligen Zweckbezugs der auszuübenden Befugnis basiert.[67] Zur Auflösung der unterstellten Unklarheiten

---

Rn. 2 ff.; *Koch*, in: Hüffer, Aktiengesetz, § 53a AktG, Rn. 14; *Lieder*, in: Michalski, GmbHG, § 13 GmbHG, Rn. 131 ff.; *Lutter*, AcP 180 (1980), 84, 123 f.; *Merkt*, in: MünchKommGmbHG, § 13 GmbHG, Rn. 86; *Schäfer*, in: MünchKommBGB, § 705 BGB, Rn. 223, 229; vertiefend zur dogmatischen Problematik bezüglich der Begründung der Treuepflicht der Kapitalgesellschafter untereinander *Beckerhoff*, Treuepflichten, S. 33 ff.; *Hey*, Freie Gestaltung, S. 325; *Lawall*, Wettbewerbsverbot, S. 60 ff.; *Piepenburg*, Mitgliedschaftliche Treupflichten, S. 65; *Winter*, Treuebindungen, S. 45 ff.

64 *Wiedemann*, FS Heinsius, S. 949, 950; *Winter*, Treuebindungen, S. 2 f.

65 *Lieder*, in: Michalski, GmbHG, § 13 GmbHG, Rn. 155 ff.; *Lutter*, AcP 180 (1980), 84, 105 ff.; *Immenga*, FS 100 Jahre GmbHG, S. 189, 198 ff.; *Schäfer*, in: MünchKommBGB, § 705 BGB, Rn. 226 ff.; *Seibt*, in: Scholz, GmbHG, § 14 GmbHG, Rn. 76 ff.

66 *Henze*, FS Kellermann, S. 141, 149; *Henze/Notz*, in: GroßkommAktG, 4. Aufl., Anh § 53a AktG, Rn. 53; *Lieder*, in: Michalski, GmbHG, § 13 GmbHG, Rn. 166; *Lutter*, Theorie der Mitgliedschaft, AcP 180 (1980), 84, 115 f.; *Schäfer*, in: Staub, GroßkommHGB, § 105 HGB, Rn. 216, 230; *Seibt*, in: Scholz, GmbHG, § 14 GmbHG, Rn. 76 ff.; *Weisser*, Corporate Opportunities, S. 139; *Zöllner*, Schranken, S. 345 f.

67 Vgl. *Fleischer*, in: Schmidt/Lutter, Kommentar zum AktG, § 53a AktG, Rn. 55; *Röhricht*, Hdb Corporate Governance, 1. Aufl., S. 513, 516 f.

bietet es sich an, im Einzelfall den unmittelbaren Zweckbezug zu ermitteln und nach diesem zu unterscheiden. Es ist nicht auf die Befugnis per se abzustellen und eine unumkehrbare, schematische Zuordnung ihrer Zweckorientierung vorzunehmen.[68]

Soweit die Zweckverwirklichung unmittelbar betroffen ist, werden nach der allgemeinen Meinung eine absolute Orientierung an den Interessen der Gesellschaft und eine Zurückstellung der eigenen Interessen verlangt. In Übereinstimmung mit der organschaftlichen Treuepflicht ist die Verfolgung eigener Interessen lediglich gestattet, wenn dem keine Interessen der Gesellschaft entgegenstehen.[69] Dieser Satz gilt hinsichtlich aller Entscheidungen, die einen Zusammenhang zu den Angelegenheiten der Geschäftsführung aufweisen. Er ist unabhängig davon gültig, ob eine Einwirkung außerhalb des ordnungsgemäßen formellen Rahmens mittels faktischer Beeinflussung[70] auf die jeweiligen Organvertreter erfolgt oder ob die Gesellschafter mittels Beschlüssen oder Weisungen einen negativen Einfluss auf die Geschicke der Gesellschaft ausüben wollen. Soweit der einzelne Gesellschafter innerhalb von Geschäftsführungsangelegenheiten im Rahmen der Beschlussfassung entgegen dem Gesellschaftsinteresse seine Stimme abgegeben hat, ist die Stimmabgabe treuwidrig erfolgt.[71] Gleichzeitig ist dieser Obersatz auch als dogmatische, rechtsbegründende Ableitungsbasis von Handlungs- wie Unterlassungspflichten, die parallel zu den organschaftlichen Treuepflichten existieren, zu verstehen. Zu nennen sind unter anderem erneut das Wettbewerbsverbot, das Verbot, Geschäftschancen der Gesellschaft an sich zu ziehen oder zum eigenen Nutzen unangemessene Vereinbarungen mit der Gesellschaft zu treffen, sowie das Verbot, die Gesellschaft willkürlich zu schädigen.[72]

Falls eine zweckbezogene Maßnahme einen Eingriff in die mitgliedschaftlichen Interessen der Mitgesellschafter – wie etwa der Entzug der Geschäftsleiterposition – bedeutet, ist der Gesellschafter infolge seiner subsidiär[73] geltenden

---

68 Vgl. auch *Henze/Notz*, in: GroßkommAktG, 4. Aufl., Anh § 53a AktG, Rn. 53, Fn. 190.

69 *Henze*, BB 1996, 489, 494; *Immenga*, FS 100 Jahre GmbHG, S. 189, 199; vgl. *Lutter*, Theorie der Mitgliedschaft, AcP 180 (1980), 84, 113, 116; *Merkt*, in: MünchKommGmbHG, § 13 GmbHG, Rn. 92; *Schäfer*, in: Staub, GroßkommHGB, § 105 HGB, Rn. 216, 232; *Seibt*, in: Scholz, GmbHG, § 14 GmbHG, Rn. 92.

70 BGHZ 65, 15, 19 (sog. ITT-Urteil).

71 *Seibt*, in: Scholz, GmbHG, § 14 GmbHG, Rn. 121; *M. Weber*, Vormitgliedschaftliche Treuebindungen, S. 72; vertiefend zu den Folgen eines Treuepflichtverstoßes *K. Schmidt*, Gesellschaftsrecht, § 20 V 4, S. 595.

72 Siehe unten G).

73 Die Trennung der einzelnen Ebenen ist teilweise nicht einfach vorzunehmen. Sie weist eine gewisse Wertungsoffenheit auf. Regelmäßig unterlassen sowohl die

Treuepflicht gegenüber dem Mitgesellschafter angehalten, ihm gegenüber den Grundsatz der Verhältnismäßigkeit einzuhalten. Es ist diejenige Maßnahme zu ergreifen, die die Interessen der Mitgesellschafter am wenigsten beeinträchtigt.[74]

3. *Nichtzweckbezogene Befugnisse*

Bei den Rechten, die den einzelnen Gesellschaftern im eigenen Interesse[75] gegenüber der Gesellschaft verliehen worden sind und nicht mit der Geschäftsführung im direkten oder indirekten Zusammenhang stehen, wird hingegen nur eine eingeschränkte Rücksichtnahme auf die Belange der Gesellschaft verlangt.[76] Die Berücksichtigung eigener Interessen ist weitgehend gestattet.[77]

Rechtsprechung als auch die Literatur eine konkrete Zuordnung zu der genau betroffenen Gruppe der mitgliedschaftlichen Treuepflicht; prägnant *Lutter*, ZHR 153 (1989), 446, 453, 455: „Überlegungen zu den Treuepflichten von Gesellschaftern sind häufig geprägt durch Schwierigkeiten bei Festlegung der Ebene, auf der sie sich bewegen." Absolut eigenständige Bedeutung kommt ihr nur dann zu, wenn nicht zugleich die Interessen der Gesellschaft – wie dies etwa bei zweckändernden oder - neutralen Maßnahmen (Auflösung der Gesellschaft, Änderungen des Gesellschaftsvertrags) der Fall sein kann – betroffen sind oder der Eingriff in die mitgliedschaftlichen Interessen der Zweckförderung eher dienlich ist (*Hennrichs*, AcP 195 (1995), 221, 255; *Henze*, BB 1996, 489, 493; *Immenga*, FS 100 Jahre GmbHG, S. 189, 193; vgl. *Pentz*, in: Rowedder, GmbHG-Kom., § 13 GmbHG, Rn. 84; *Schäfer*, in: Staub, GroßkommHGB, § 105 HGB, Rn. 236; *Schäfer*, in: MünchKommBGB, § 705 BGB, Rn. 229; *Seibt*, in: Scholz, GmbHG, § 14 GmbHG, Rn. 89 ff.; *Weisser*, Corporate Opportunities, S. 139).

74 *Hüffer*, FS Steindorff, S. 59, 69; *Lutter*, ZHR 153 (1989), 446, 458; *M. Weber*, Vormitgliedschaftliche Treuebindungen, S. 76 f.

75 Regelmäßig werden dazu die Vermögens-, Stimm- (differenziert nach dem Beschlussgegenstand) und Informations- und Kontrollrechte gezählt. Eine abschließende Aufzählung der schlussendlich betroffenen Rechte ist infolge der Wirkungsweite der mitgliedschaftlichen Treuepflicht nicht möglich (*Wiedemann*, Gesellschaftsrecht Bd. 2, § 3 II 3 d cc, S. 203).

76 *Henze/Notz*, in: GroßkommAktG, 4. Aufl., Anh § 53a AktG, Rn. 53; *Lettl*, AcP 202 (2002), 3, 8; *Lutter*, Theorie der Mitgliedschaft, AcP 180 (1980), 84, 116; *Schäfer*, in: MünchKommBGB, § 705, Rn. 221 ff.; *Seibt*, in: Scholz, GmbHG, § 14 GmbHG, Rn. 81 ff.; *M. Weber*, Vormitgliedschaftliche Treuebindungen, S. 76 f.; *Winter*, Treuebindungen, S. 26 f.

77 *Henze/Notz*, in: GroßkommAktG, 4. Aufl., Anh § 53a AktG, Rn. 53; *Lettl*, AcP 202 (2002), 3, 8; *Lutter*, Theorie der Mitgliedschaft, AcP 180 (1980), 84, 116; *Schäfer*, in: MünchKommBGB, § 705, Rn. 221 ff.; *M. Weber*, Vormitgliedschaftliche Treuebindungen, S. 76 f.; *Winter*, Treuebindungen, S. 26 f. In gewisser Übereinstimmung zur mitgliedschaftlichen Treuepflicht fordert auch die organschaftliche Treuepflicht vom

Maßgeblich tritt in diesem Bereich die Abwehrfunktion der Treuepflicht als Ausübungskontrolle in den Vordergrund. Die Treuepflicht hält den einzelnen Gesellschafter lediglich dazu an, soweit damit Nachteile für die Gesellschaft oder auch für den Mitgesellschafter verbunden sein können, nicht willkürlich und unverhältnismäßig von den bestehenden Befugnissen Gebrauch zu machen.[78] Grundsätzlich sind diese mit Rücksicht auf das Gesellschaftsinteresse oder auf die Mitgesellschafter auszuüben.[79] Das Interesse der Gesellschaft sowie die Interessen der Mitgesellschafter sind jeweils (eingeschränkt) berücksichtigungsfähige Abwägungsfaktoren. Sie sind mithilfe des Grundsatzes der Verhältnismäßigkeit in einen Ausgleich mit den Interessen des „befugten" Gesellschafters zu bringen.[80]

4. *System der Verhältnismäßigkeit*

Das mit der mitgliedschaftlichen Treuepflicht unmittelbar verbundene System der Verhältnismäßigkeit wirkt sich allgemein dahin gehend aus, dass auf einer ersten Ebene unter Verwendung eines umfassenden Ansatzes die jeweils zu schützenden, gesellschaftsbezogenen Interessen herauszufiltern und zu

---

Geschäftsleiter einer Kapitalgesellschaft nicht, dass dieser seine vertraglichen Rechte und Gehaltsansprüche über Gebühr hinter die Interessen der Gesellschaft zurückstellt oder diese innerhalb jener Vertragsverhandlung besonders berücksichtigt (siehe dazu *Fleischer*, WM 2003, 1045, 1047; *Fleischer*, in: Spindler/Stilz, Aktiengesetz, § 93 AktG, Rn. 120; *Mertens/Cahn*, in: Kölner Kommentar zum AktG, § 93 AktG, Rn. 107 f.; *Rhein*, Der Interessenkonflikt der Manager, S. 106).

78 *Henze/Notz*, in: GroßkommAktG, 4. Aufl., Anh § 53a AktG, Rn. 53; *Hüffer*, FS Steindorff, S. 59, 62; *Immenga*, FS 100 Jahre GmbHG, S. 189, 195; *Janke*, Gesellschaftsrechtliche Treuepflicht, S. 33; *Koch*, in: Hüffer, Aktiengesetz, § 53a AktG, Rn. 14; *Lutter*, Theorie der Mitgliedschaft, AcP 180 (1980), 84, 116; *Lutter*, ZHR 153 (1989), 446, 457 f.; *Roth*, in: Baumbach/Hopt, HGB, § 109 HGB, Rn. 23; *Schäfer*, in: Staub, GroßkommHGB, § 105 HGB, Rn. 235 f.; *Schäfer*, in: MünchKommBGB, § 705 BGB, Rn. 227; *Timm*, GmbHR 1981, 177, 179; *Winter*, Treuebindungen, S. 27.

79 *Henze/Notz*, in: GroßkommAktG, 4. Aufl., Anh § 53a AktG, Rn. 53; *Hüffer*, FS Steindorff, S. 59, 62; *Immenga*, FS 100 Jahre GmbHG, S. 189, 195; *Janke*, Gesellschaftsrechtliche Treuepflicht, S. 33; *Koch*, in: Hüffer, Aktiengesetz, § 53a AktG, Rn. 14; *Lutter*, Theorie der Mitgliedschaft, AcP 180 (1980), 84, 116; *Lutter*, ZHR 153 (1989), 446, 457 f.; *Roth*, in: Baumbach/Hopt, HGB, § 109 HGB, Rn. 23; *Schäfer*, in: Staub, GroßkommHGB, § 105 HGB, Rn. 235 f.; *Schäfer*, in: MünchKommBGB, § 705 BGB, Rn. 227; *Timm*, GmbHR 1981, 177, 179; *Winter*, Treuebindungen, S. 27.

80 *Hüffer*, FS Steindorff, S. 59, 69; *M. Weber*, Vormitgliedschaftliche Treuebindungen, S. 76 f.

analysieren sind. Innerhalb der zweiten Ebene sind diese unter Berücksichtigung des Ultima-Ratio-Grundsatzes zu bewerten. Falls mildere Mittel zur Verfügung stehen, die die Mitgesellschafter oder die Gesellschaft geringer beeinträchtigen, und die Belange des Gesellschafters gleichwohl auf identische oder nahezu gleiche Weise zu realisieren sind, führt dies zu einer geringeren Bewertung der anderweitig betroffenen Interessen. Notwendigerweise immanent verbunden ist damit eine erhöhte Pflicht zur Suche nach Alternativen.[81] Als weitere Bewertungsfaktoren sind auf dieser Ebene die oben genannten Punkte[82] wie etwa die Realstruktur oder die Wirkungsdauer und -stärke der Maßnahme miteinzubeziehen. Unter Berücksichtigung der Ergebnisse, die auf den ersten beiden Ebenen erzielt wurden, ist innerhalb der dritten Ebene eine Verhältnismäßigkeitsprüfung im engeren Sinne durchzuführen. Anhand einer Abwägung der Resultate ist zu prüfen, ob der Mitgesellschafter oder die Gesellschaft durch die Rechtsausübung unverhältnismäßig hart getroffen werden.[83]

5. *Pflichtenquelle*

Da auf der Grundlage der mitgliedschaftlichen Treuepflicht gefordert wird, dass angemessen Rücksicht auf die Interessen der (Mit-)Gesellschafter zu nehmen ist, und dieser Satz wiederum als dogmatische Ableitungsbasis weiterer im Vergleich zum üblichen Vertragsrecht erhöhter (Rücksichts-)Pflichten –, wie etwa besonderer Aufklärungspflichten –[84] genutzt wird, verlässt sie zudem das Anwendungsfeld der Ausübungskontrolle. Entsprechend ihrem Charakter als Generalklausel dient sie als universelle Rechtsgrundlage spezifischer mitgliedschaftlicher Pflichten.[85]

---

81 Zu Beispielen siehe vertiefend unten F) § 2 I 1 a).

82 Siehe oben B) § 2 II 1.

83 Im Gesamten ausf. *Hennrichs*, AcP 195 (1995), 221, 250 ff.; *Hey*, Freie Gestaltung, S. 333.

84 Siehe näher dazu BGH DStR 2002, 2234 f.; *Altmeppen*, in: *Roth/Altmeppen*, GmbHG, § 13 GmbHG, Rn. 51; *Bayer*, in: Lutter/Hommelhoff, GmbHG, § 14 GmbHG, Rn. 36; *Fastrich*, in: Baumbach/Hueck, GmbHG, § 13 GmbHG, Rn. 28; *Lieder*, in: Michalski, GmbHG, § 13 GmbHG, Rn. 191; *Pentz*, in: Rowedder, GmbHG-Kom., § 13 GmbHG, Rn. 52.

85 Zusammenfassend zu den weiteren, aus der Treuepflicht ableitbaren und über das normale Vertragsrecht hinausgehenden Pflichten *M. Weber*, Vormitgliedschaftliche Treuebindungen, S. 81.

6. *Mittel des Minderheitenschutzes*

a) *Grundsätzliches*

Die Mehrheit[86] der Gesellschafter hat maßgeblich die Willensbildung der Gesellschaft in der Hand. Demgegenüber kann die Minderheit[87] kaum Einfluss auf diese ausüben. Bedingt ist dies einerseits durch die gesellschaftsvertraglichen Regelungen, die entgegen der nicht zwingenden gesetzlichen Konzeption im Personengesellschaftsrecht regelmäßig keine Einstimmigkeit mehr fordern, und andererseits durch die gesetzliche Ausgangslage bei der GmbH und der AG sowie die daraus unmittelbar resultierende[88] faktische Macht.

Die Minderheit ist insoweit auf eine sachgerechte Interessenwahrnehmung durch die Mehrheit angewiesen. Basierend auf der Erkenntnis, dass der Wille der Mehrheit nicht mit dem Willen der Gesellschaft gleichzusetzen[89] ist und die Richtigkeitsgewähr der Mehrheitsbeschlüsse regelmäßig durch interne Blockbildungen oder entsprechende einseitige Verteilung der Stimmrechtsmacht auf einen einzelnen Gesellschafter nicht grenzenlos ist,[90] wurden verschiedene ungeschriebene materielle, über die formelle[91] Legitimation hinausgehende Schutzmechanismen als zusätzliche Schranken der Mehrheitsherrschaft entwickelt.[92] Ziel dieser Schranken ist es unisono, den Schutz der Minderheit vor der Mehrheitsmacht und vor der Gefahr der Übervorteilung und Unterdrückung zu realisieren sowie einen angemessenen Interessenausgleich zu gewährleisten. Gesellschaftsübergreifend ist die mitgliedschaftliche

---

86 Innerhalb dieser Arbeit sind die Mehrheit der Gesellschafter oder der Mehrheitsgesellschafter synonym zu verstehen.

87 Innerhalb dieser Arbeit sind die Minderheit der Gesellschafter oder der Minderheitsgesellschafter synonym zu verstehen.

88 *Seidel*, Die Bedeutung mitgliedschaftlicher Treupflichten im Willensbildungsprozess der GmbH, S. 2.

89 So noch aber RGZ 68, 235 ff. (sog. Hibernia-Entscheidung).

90 *Wiedemann*, Gesellschaftsrecht Bd. 1, § 8 III 2 a, S. 445; *Vorwerk/Wimmers*, GmbHR 1998, 717, 722.

91 Zur formellen Integration des Mehrheitsprinzips bei den Personengesellschaften siehe BGH NJW 2007, 1685, 1688 f., Rn. 9 (sog. Otto-Entscheidung); zusammenfassend zur Entwicklung der Rechtsprechung und ihres Aufbaus einer zweistufigen Kontrolle der Mehrheitsmacht und der damit verbundenen Schwierigkeiten siehe *Klöhn*, AcP 216 (2016), 281, 288 ff.

92 *Koppensteiner*, GesRZ 2009, 197; vgl. *Möslein*, Dispositives Recht, S. 169 f.; *Röttger*, Kernbereichslehre, S. 3; *Schmolke*, Grenzen der Selbstbindung, S. 530; *Wiedemann*, Gesellschaftsrecht Bd. 2, § 2 II 6 a, S. 116.

Treuepflicht dahin gehend als ein anerkanntes[93] sowie umfassendes[94] Schutzinstrument zu begreifen. Insgesamt ist in diesem Zusammenhang festzustellen, dass sich die Rolle der Treuepflicht mit einem größer werdenden Gesellschafterkreis zunehmend auf die Sicherstellung eines über das Gesetz hinausgehenden Minderheitenschutzes verschiebt. Reflexiv wird der Minderheitenschutz zum einen dadurch gewährleistet, dass die Einschränkungen bei der Ausübung der zweckbezogenen Befugnisse auch für die Mehrheit mit den entsprechenden Rechtsfolgen gelten. Zum anderen hat die Mehrheit die weiteren übergreifenden Einschränkungen des Verhältnismäßigkeitsgrundsatzes einzuhalten. Gleichwohl ist im Gegensatz zu *Wiedemann*[95] eine eigenständige dogmatische Treuepflichtkategorie der mehrheitsbezogenen Treuepflicht abzulehnen.[96] Die jeweiligen materiellen Wertungsparameter sind identisch. Jeder Gesellschafter, so auch der Minderheitsgesellschafter,[97] kann in der Ausübung seiner mitgliedschaftlichen Befugnisse durch die genannten Maßstäbe der Treuepflicht eingeschränkt werden oder zu gesellschaftstreuem Verhalten angehalten sein.[98]

b) *Materielle Beschlusskontrolle*

aa) Maßstäbe

Ohne vertieft ins Detail zu gehen, ist voranzuschicken, dass innerhalb dieses Bereichs von der Rechtsformreichweite[99], dem spezifischen Maßstab bis zu der

---

93 *Goette*, FS Sigle, S. 145, 160 f.; vgl. *Hey*, Freie Gestaltung, S. 340; vgl. *Röttger*, Kernbereichslehre, S. 51; vgl. *K. Schmidt*, Gesellschaftsrecht, § 15 II 1 b dd, S. 443; vgl. *Wiedemann*, FS Heinsius, S. 949, 953.

94 Im Gegensatz zum Schutzinstrument des Gleichbehandlungsgrundsatzes deckt die mitgliedschaftliche Treuepflicht auch die materielle (faktische) Ungleichbehandlung ab und ist nicht stets auf den „Transformator Gesellschaft“ angewiesen (siehe vertiefend *Wiedemann*, Gesellschaftsrecht Bd. 1, § 8 II 2, S. 427 ff.).

95 *Wiedemann*, FS Heinsius, S. 949, 950.

96 Ähnlich *Seibt*, in: Scholz, GmbHG, § 14 GmbHG, Rn. 62.

97 BGHZ 129, 136 (sog. Girmes-Urteil): „Auch dem Minderheitsaktionär obliegt eine Treuepflicht gegenüber seinen Mitaktionären. Sie verpflichtet ihn, seine Mitgliedsrechte, insbesondere seine Mitverwaltungs- und Kontrollrechte, unter angemessener Berücksichtigung der gesellschaftsbezogenen Interessen der Aktionäre auszuüben.“

98 *K. Schmidt*, Gesellschaftsrecht, § 20 IV 3, S. 593.

99 Vertiefend *Enzinger*, in: MünchKommHGB, § 119 HGB, Rn. 83 ff.; *Koppensteiner*, GesRZ 2009, 197, 205; *Schmolke*, Grenzen der Selbstbindung, S. 533; *Schäfer*, MünchKommBGB, § 709 BGB, Rn. 100; *Wiedemann*, FS Heinsius, S. 949 ff.

Frage, welche Beschlussgegenstände konkret betroffen sind,[100] vieles im Einzelnen heftig umstritten ist. Gleichwohl ist es möglich, die mitgliedschaftliche Treuepflicht im Verhältnis zu den Mitgesellschaftern zugleich als eine taugliche dogmatische[101] Ableitungsbasis für die materiell institutionalisierte und rechtsformübergreifende Kontrolle von Beschlüssen zu verstehen. Folge dieses Kontrollsystems der materiellen Beschlusskontrolle ist eine gegenüber dem an der Treuepflicht orientierten Missbrauchsverbot erhöhte Beschränkung der Herrschaft[102] der Mehrheit. Neben[103] der Einhaltung des Verhältnismäßigkeitsgrundsatzes gegenüber den Mitgesellschaftern verlangt die materielle Beschlusskontrolle bei Eingriffen in die mitgliedschaftlichen Interessen der Minderheit zu ihrem Schutz eine positive respektive sachliche Rechtfertigung. Jene ist nur gegeben, falls der jeweilige Beschluss im Interesse der Gesellschaft geboten ist.[104] Abzugrenzen ist die materielle Beschlusskontrolle von der individuellen treuepflichtgeleiteten Kontrolle der Mehrheitsherrschaft durch zwei maßgebliche Faktoren.

Ihre Kontrolle bezieht sich unmittelbar auf den Inhalt des Beschlusses. Bedingt durch die positiv zu erfüllende Voraussetzung der sachlichen Rechtfertigung, greift sie, soweit sie tatbestandlich anwendbar ist, in jedem Fall ein. Die treuepflichtgeleitete Kontrolle setzt dagegen am einzelnen Gesellschafter selbst an und wirkt lediglich einzelfallbezogen mit der möglichen Konsequenz der Unwirksamkeit oder Anfechtbarkeit des Beschlusses. Im Gegensatz zur

---

100 Allgemein herrschende Meinung zum Kapitalgesellschaftsrecht ist es jedoch, dass die Beschlüsse, bei denen das Gesetz eine wertungsmäßig abschließende Entscheidung getroffen hat, in jedem Fall von diesem strengen Begründungserfordernis ausgenommen sind (*Hofmann*, Minderheitenschutz, S. 188; *Koppensteiner*, GesRZ 2009, 197, 205).

101 Bezogen auf das Kapitalgesellschaftsrecht ist nicht eindeutig geklärt, worin die dogmatische Grundlage der sog. materiellen Beschlusskontrolle zu sehen ist, für die Treuepflicht *Henze*, BB 1996, 489, 496 f.; *Hüffer*, FS Steindorff, S. 59, 67 f.; *Hoffmann*, in: Michalski, GmbHG, § 53 GmbHG, Rn. 105; *Hüffer/Schäfer*, in: MünchKommAktG, § 243 AktG, Rn. 53 f.; *M. Weber*, Vormitgliedschaftliche Treuebindungen, S. 90; *Zöllner*, AG 2000, 585, 587; für einen organschaftlichen Geltungsgrund *Mülbert*, Aktiengesellschaft, S. 212 ff.

102 „Die Mehrheit stellt, obwohl selbst nur Teil, das Ganze dar.“ (*Wiedemann*, WM 1992, Beil. Nr. 7, 1, 20).

103 Vgl. *Klöhn*, AcP 216 (2016), 281, 313; *Seibt*, in: Scholz, GmbHG, § 14 GmbHG, Rn. 76 ff.; *Wiedemann*, WM 2009, 1, 6.

104 *Henze/Notz*, in: GroßkommAktG, 4. Aufl., Anh § 53a AktG, Rn. 23, 98; *Klöhn*, AcP 216 (2016), 281, 313; vgl. *Schäfer*, in: MünchKommBGB, § 705 BGB, Rn. 223; *Seibt*, in: Scholz, GmbHG, § 14 GmbHG, Rn. 76 ff.

materiellen Beschlusskontrolle ist im Grundsatz von einem treugemäßen bzw. rechtmäßigen Verhalten der Mehrheit auszugehen.[105]

Das Gesellschaftsinteresse rückt bei der materiellen Beschlusskontrolle im Gegensatz zu der Einschränkung bei nichtzweckbezogenen Befugnissen wieder erheblich mehr in den Vordergrund. Die Berücksichtigung der eigenen, gesellschaftsfremden Sonderinteressen der Mehrheit wird in entsprechender Weise zur organschaftlichen Treuepflicht oder zur Einschränkung der zweckbezogenen Befugnisse der Mitglieder unterbunden.[106]

bb) Betroffene Beschlussgegenstände

Wird die Rechtsprechung in leichter Verknüpfung mit Teilen der Literatur[107] als richtungsweisender Maßstab herangezogen und ein weites Verständnis angelegt, indem der fortdauernde Streit über die Frage, ob die Kernbereichslehre auf der zweiten Stufe[108] im Personengesellschaftsrecht als Schutzinstrument gegenüber der Mehrheit aufgegeben wurde,[109] nicht überbewertet wird, können unter anderem folgende Beschlussgegenstände dem Anwendungsbereich der materiellen

---

105 *K. Schmidt*, in: GroßkommAktG, 4. Aufl., § 243 AktG, Rn. 47; zur erhöhten Schutzwirkung durch die Kumulation der Prüfungsvoraussetzungen schon *Zöllner*, Schranken, S. 353.

106 Siehe soweit oben B) § 2 I, B) § 2 II 2.

107 *Henze*, BB 1996, 489, 496 f.; *Hoffmann*, in: Michalski, GmbHG, § 53 GmbHG, Rn. 105; *Hüffer*, FS Steindorff, S. 59, 67 f.; *Hüffer/Schäfer*, in: MünchKommAktG, § 243 AktG, Rn. 53 f.; *Wiedemann*, FS Heinsius, S. 949, 962; *Zöllner*, AG 2000, 585, 587.

108 Bisher hat sich noch keine einheitliche begriffliche Verwendung der Kernbereichslehre durchgesetzt. Das „Schlagwort" Kernbereichslehre wird im unterschiedlichen Zusammenhang verwendet, einmal hinsichtlich der Frage, welche Mitgliedschaftsrechte völlig der Disposition entzogen sind (unverzichtbare Rechte), weiterhin hinsichtlich der Frage, welche Rechte der Mitglieder bei Änderung des Gesellschaftsvertrags nicht unter die Mehrheitsherrschaft gestellt werden, sondern grundsätzlich nur mit deren Zustimmung geändert werden können (unentziehbare Rechte). Schließlich wird unter dem Begriff Kernbereichslehre auch der gegenüber einem Stimmrechtsausschluss feste Gegenstandsbereich gefasst (*Fastrich*, Funktionales Rechtsdenken, S. 11; *Röttger*, Kernbereichslehre, S. 6, 12, 14; *Wiedemann*, Gesellschaftsrecht Bd. 2, § 3 III 2 d, S. 219). Kritisch gegenüber dieser Kategorisierung *Schäfer*, ZIP 2015, 1313, 1315.

109 Insgesamt hat die neuere Rechtsprechung des BGH (BGH NJW 2007, 1685, 1687, Rn. 10; BGH NJW 2009, 669, 671, Rn. 15 ff.; BGH NJW 2015, 859, 862, Rn. 19 zum Personengesellschaftsrecht) eine erhebliche Kontroverse ausgelöst, ob die Kernbereichslehre, vornehmlich bezogen auf ihre zweite Ebene der unentziehbaren Rechte, als materieller Maßstab zur Kontrolle von Vertragsänderungen des Gesellschaftsvertrags – ausgelöst durch die Mehrheit – im Personengesellschaftsrecht zugunsten eines breiteren Kontroll-

Beschlusskontrolle zugeordnet werden: Der Bezugsrechtsauschluss,[110] die Befreiung vom Wettbewerbsverbot, soweit diese in die Abhängigkeit führt,[111] die Gewinnverwendungsbeschlüsse[112] sowie unmittelbare Eingriffe in die Mitgliedschaft des Gesellschafters respektive den sog. (ehemaligen) unentziehbaren Kernbereich[113].

7. Mitwirkungspflicht

Insoweit die Seiten wechselnd, jedoch im Kern auf grundsätzlich ähnlichen, aber gleichwohl auf strengeren materiellen Erwägungen aufbauend,[114] kann die mitgliedschaftliche Treuepflicht[115] rechtsformübergreifend[116] unter restriktiv

---

ansatzes der gesellschafterlichen Treuepflicht aufgegeben wurde. Bejahend *Goette/Goette*, DStR 2016, 74ff.; grundsätzlich für eine Fortgeltung eintretend *Altmeppen*, NJW 2015, 2065, 2066ff.; *Bachmann/Heckschen*, NZG 2015, 531, 537; *Bohlken/Sprenger*, DB 2010, 263ff.; *Priester*, NZG 2015, 529ff.; *Schäfer*, ZGR 2013, 237, 250ff.; *Schäfer*, ZIP 2015, 1313, 1315. Bezogen auf das GmbH-Recht ist, soweit ersichtlich, festzustellen, dass sich die Debatte, ob ein unentziehbarer Kernbereich im Personengesellschaftsrecht existiert, noch nicht auf diese Rechtsform, wie durch eine entsprechende diskussionslose Annahme (*Harbarth*, in: MünchKommGmbHG, § 53 GmbHG, Rn. 100) deutlich wird, ausgewirkt hat.

110 *Hüffer/Schäfer*, in: MünchKommAktG, § 243 AktG, Rn. 53 f.; generell sehr anschaulich zu den Gefahren des Bezugsrechtsausschlusses BGHZ 71, 40, 44ff. (sog. Kali-und-Salz-Urteil, AG); vertiefend zur GmbH *Wedemann*, Gesellschafterkonflikte, S. 50; zur Übertragung der aktienrechtlichen Grundsätze auf die GmbH *Lieder*, in: MünchKommGmbHG, § 55 GmbHG, Rn. 80; *Priester*, in: Scholz, GmbHG, § 55 GmbHG, 11. Aufl., Rn. 54; *Zöllner/Fastrich*, in: Baumbach/Hueck, GmbHG, § 55 GmbHG, Rn. 26 f.; siehe zur Umsetzung eines entsprechenden Bezugsrechtsauschlusses bei den Personengesellschaften *Wiedemann*, Gesellschaftsrecht Bd. 1, § 8 III 2 b, S. 448.

111 BGH NJW 1981, 1512, 1514 (sog. Süssen-Urteil).

112 Siehe unten F) § 2 II 2 und *Fastrich*, in: Baumbach/Hueck, GmbHG, § 29 GmbHG, Rn. 32 zu den aus der Treuepflicht abgeleiteten einzuhaltenden Anforderungen eines entsprechenden Beschlusses.

113 *Hofmann*, Minderheitenschutz, S. 161 f.; vgl. *Klöhn*, AcP 216 (2016), 281, 316 (jeweils zu den Personengesellschaften); vgl. *Priester*, in: Scholz, GmbHG, 11. Aufl., § 53 GmbHG, Rn. 47 (zur GmbH).

114 *Goette/Goette*, DStR 2016, 74, 80; *Klöhn*, AcP 216 (2016), 281, 307 f.

115 Die Treuepflicht als Grundlage für die Pflicht zur Vertragsänderung ablehnend *Flume*, FS Rittner, S. 119, 120, 129; *Flume*, Personengesellschaft, § 2 V, § 15 IV, S. 32ff., 280 f.; *Kollhosser*, FS Westermann, S. 275ff. (jeweils zu den Personengesellschaften); anders hingegen *Baier*, NZG 2004, 356, 359; *Lettl*, AcP 202 (2002), 3, 11; *K. Schmidt*, Gesellschaftsrecht, § 16 II 4 c, S. 465 (h. M.).

116 Nach *K. Schmidt*, Gesellschaftsrecht, § 5 IV 1 b, S. 126 f. – geäußert zu der Pflicht zur Vertrags- bzw. Satzungsänderung – stellt dies ein rechtsformübergreifendes Problem dar.

anzusetzenden Voraussetzungen entgegen dem Prinzip der Freiwilligkeit in Ausnahmefällen[117] das einzelne Mitglied oder die Minderheit dazu verpflichten, an Maßnahmen, die das gesellschafterliche Verhältnis betreffen, mitzuwirken.[118] Nötig für die Annahme dieser Pflicht ist die absolute Erforderlichkeit in Bezug auf das Gesellschaftsverhältnis und die Zumutbarkeit für die Mitgesellschafter.[119]

Mit dieser Ausprägung der Treuepflicht sollen bestehende Obstruktionsmöglichkeiten der einzelnen Treuepflichtadressaten überwunden werden. Eine mögliche gravierende Folge kann sein, dass unter Umständen ein Eingriff in die eigenen Mitgliedschaftsrechte zu akzeptieren ist.[120]

---

117 Beispiele, bei denen eine Pflicht zur Zustimmung angenommen wurde: Sanierung im weiteren Sinne (BGH NJW-RR 2007, 1477, 1478, Rn. 7; BGHZ 183, 1, 8, Rn. 23 ff.; *Bitter*, in: Scholz, GmbHG, § 13 GmbHG, Rn. 50; *Henze/Notz*, in: GroßkommAktG, 4. Aufl., Anh § 53a AktG, Rn. 58 f., 85; *Roth*, in: Baumbach/Hopt, HGB, § 109 HGB, Rn. 13; *Seibt*, in: Scholz, GmbHG, § 13 GmbHG, Rn. 83 f.); Auflösung, soweit Rentabilität absolut nicht mehr erreichbar ist; notwendige Neuordnung der Geschäftsführungsbefugnisse innerhalb der OHG (BGH NJW 1960, 434 f.; *Roth*, in: Baumbach/Hopt, HGB, § 117 HGB, Rn. 10; *Schöne*, in: Beck'scher Online Kommentar BGB, § 709 BGB, Rn. 57); Mitwirkungspflicht bei Ausschluss eines Gesellschafters, um weitere gemeinschaftliche Zweckverfolgung unter den übrigen Gesellschaftern zu ermöglichen (BGH NJW 1961, 724, 725; *Lutter*, AcP 180 (1980), 84, 109); Änderung von Nachfolgeklauseln (BGH NJW 1974, 1656, 1657); Erteilung der nötigen Zustimmung zur Übertragung des Gesellschaftsanteils (*Lutter*, ZHR 153 (1989), 446, 467).

118 Zur Umsetzung und den einzelnen denkbaren Alternativen siehe *Lettl*, AcP 202 (2002), 3, 20 (Personengesellschaft).

119 Näher dazu BGH NJW 1960, 434 f.; BGH NJW 1961, 724 f.; BGHZ 183, 1, 8, Rn. 23 ff.; *Habermeier*, in: Staudinger, Kommentar zum BGB, 2003, § 705 BGB, Rn. 50; *Henze/Notz*, in: GroßkommAktG, 4. Aufl., Anh § 53a AktG, Rn. 53; *A. Hueck*, ZGR 1972, 237, 238; *Lettl*, AcP 202 (2002), 3, 5 ff.; *Lieder*, in: Michalski, GmbHG, § 13 GmbHG, Rn. 185; *Lutter*, AcP 180 (1980), 84, 109; *Pentz*, in: Rowedder, GmbHG-Kom., § 13 GmbHG, Rn. 51; *Roth*, in: Baumbach/Hopt, HGB, § 105 HGB, Rn. 64 ff.; *K. Schmidt*, in: Scholz, GmbHG, 11. Aufl., § 47 GmbHG, Rn. 31; *Schöne*, in: Beck'scher Online Kommentar BGB, § 705 BGB, Rn. 106.

120 In gewisser Parallele zur mitgliedschaftlichen Treuepflicht wird auch bei den Organvertretern der Gesellschaft aus ihrer Treuepflicht gegenüber der Gesellschaft eine Pflicht zur Zustimmung zur Herabsetzung der Vergütung abgeleitet, soweit eine Lage für die Gesellschaft besteht, die deren Existenz bedroht (*Bueck-Heeb*, in: G/E/S, GmbHG, Anh § 6 GmbHG, Rn. 70). Allein diese Pflichten- und Rechtsfolgenidentität ist schon als erneutes (siehe oben insoweit auch Fußnote 78) Indiz gegen die Richtigkeit des Ausspruchs, dass die Treuepflichten „nur den Namen gemeinsam" (*Lutter*, ZHR 162 (1998), 164, 176) hätten, zu werten.

§ 3 Fazit

Unabhängig von den gewählten Begründungsansätzen wird deutlich, dass die Treuepflicht im Gesamten anerkannt ist. Ihre Geltung wird nicht infrage gestellt. Sie kann sich auf eine ausreichende Legitimationsbasis berufen.[121]

Der Treuepflicht kommt im Wesentlichen die Aufgabe zu, das Problem des Konflikts der jeweils unterschiedlich vorhandenen Interessen auszugleichen. Ungeachtet der teilweise im Detail in verschiedener Weise vertretenen Treuepflichtkonzeptionen und der Uneinigkeit über ihre konkrete Reichweite,[122] ist abstrakt Treuepflicht übergreifend eine Steigerungstrias der Anforderungen zu verzeichnen, um den innergesellschaftlichen Interessenkonflikt zu lösen. Auf ihrer höchsten Ebene fordert sie im Konfliktfall eine reine Zweckorientierung. Konsequenz ist, dass die Berücksichtigung privater Interessen mit einer entsprechenden Schädigung der gesellschafterlichen Interessen nahezu ausgeschlossen ist. Auf der zweiten Ebene erlaubt sie teilweise die Berücksichtigung privater Interessen. Sie fordert, um eine interessengerechte Lösung zu erzielen, die Einhaltung des Grundsatzes der Verhältnismäßigkeit. Auf der entsprechenden Ebene der Anforderungen ist zudem die grundsätzlich erhöhte Rücksichtnahmepflicht, die als dogmatische Ableitungsbasis für die vorsichtige Weiterentwicklung strengerer Pflichten als im üblichen Vertragsrecht genutzt wird, anzusiedeln. Im Kern kann auch bei den Befugnissen, die rein zur Zweckverfolgung verliehen worden sind, im weitesten Sinn von einer Ausübungskontrolle mit einer immanenten Interessenabwägung ausgegangen werden. Diese realisiert sich dadurch, dass innerhalb der durchzuführenden Interessenbewertung grundsätzlich den Interessen der Gesellschaft der Vorrang zukommt und die eigenen, da sie keinen abwägungsrelevanten Faktor darstellen, nahezu stets zurücktreten.

Auf der dritten Ebene, die zwar sowohl die mitgliedschaftliche als auch die organschaftliche Treuepflicht betrifft, jedoch im Kern nicht als wesentliches Unterscheidungskriterium zum allgemeinen Zivilrecht verstanden werden kann,[123] postuliert sie, ohne an die Voraussetzung der Verfolgung eines gesellschaftsfremden Sondervorteils gekoppelt zu sein, willkürliche Schädigungen zu unterlassen.

---

121 Vgl. zur mitgliedschaftlichen Treuepflicht *Lutter*, ZHR 162 (1998), 164, 166; vgl. *Röhricht*, Hdb Corporate Governance, 1. Aufl., S. 514 f.

122 Vertiefend *M. Weber*, Vormitgliedschaftliche Treuebindungen, S. 132 f.

123 Vgl. schon *Fechner*, Die Treuebindung des Aktionärs, S. 100 f. und unter anderem *K. Schmidt*, Gesellschaftsrecht, § 20 IV 3, S. 594 f.

Schon nach einer ersten Analyse ist damit neben der Tatsache, dass die Treuepflichten auf identischen Begründungsmustern aufbauen, die Berechtigung des Satzes, dass diese „nur den Namen gemeinsam"[124] hätten,[125] zu verneinen.

---

124 *Lutter*, ZHR 162 (1998), 164, 176.

125 Siehe oben B).

C Privatautonomie und zwingendes Recht

§ 1 Privatautonomie

Das elementare Strukturelement einer freiheitlichen Rechtsordnung ist die Privatautonomie.[126] In Deutschland ist sie verfassungsrechtlich abgesichert und vorgegeben (Art. 1, 2 Abs. 1 GG).[127] Als ein Ausschnitt des allgemeineren Prinzips der freien Selbstbestimmung und -verantwortung des Menschen erlaubt sie den Beteiligten, ihre eigenen Rechtsverhältnisse nach ihrem individuellen Willen frei von staatlichem Zwang zu gestalten.[128] Innerhalb des deutschen Rechtssystems kommt ihr ein überragend hoher Stellenwert zu. Sie nimmt gegenüber anderen Rechtsprinzipien grundsätzlich eine Vorrangstellung ein.[129] Gleichwohl ist sie nicht als eigene Rechtsquelle anzusehen. Um ihre Wirkung entfalten zu können, bedarf sie der Ergänzung durch die Rechtsordnung.[130] Privatrechtliche Gestaltungen können nur soweit anerkannt werden, als sie dem Rechtssystem bekannt sind und von diesem als gültig akzeptiert werden.[131] Sofern es sich um eine solche bekannte Gestaltung handelt, bedeutet dies, dass der Wille des Einzelnen maßgeblich ist und die Ausübung der Privatautonomie nicht an

---

126 Vgl. erneut *Bruns*, JZ 2007, 385, 386, der zur Vertragsfreiheit ausführt, dass diese „zum gemeinsamen rechtskulturellen Erbe der westlichen Welt" gehört.

127 BVerfGE 49, 286, 298: „Art. 1 Abs. 1 GG schützt die Würde des Menschen, wie er sich in seiner Individualität selbst begreift und seiner selbst bewusst wird. Hierzu gehört, dass der Mensch über sich selbst verfügen kann und sein Schicksal eigenverantwortlich gestalten kann." *Busche*, Privatautonomie, S. 55 f.; *Fastrich*, Inhaltskontrolle, S. 3; *Röttger*, Kernbereichslehre, S. 17.

128 *Flume*, FS DJT, S. 135, 136; *Flume*, Das Rechtsgeschäft, § 1 1, § 1 9, S. 1 f., 15 f.; *Larenz/Wolf*, BGB AT, § 1 I Rn. 1, S. 1 f.; *Olzen*, in: Staudinger, Kommentar zum BGB, 2015, Einl zum SchuldR, Rn. 49; *Singer*, Selbstbestimmung, S. 1; *Werp*, Die Grenzen der Abdingbarkeit, S. 28; *M. Wolf*, Rechtsgeschäftliche Entscheidungsfreiheit, S. 19.

129 *Flume*, FS DJT, S. 135, 136; *Flume*, Das Rechtsgeschäft, § 1 1, § 1 10 a, S. 1, 17 f.; *Haberer*, Zwingendes Kapitalgesellschaftsrecht, S. 244; *Heinrich*, Formale Freiheit und materielle Gerechtigkeit, S. 43, 55; *Larenz/Wolf*, BGB AT, § 1 I 1 a Rn. 2 ff., S. 2; *Röttger*, Kernbereichslehre, S. 16; *Werp*, Die Grenzen der Abdingbarkeit, S. 28 f.; *Westermann*, Vertragsfreiheit, S. 24.

130 *Flume*, FS DJT, S. 135, 136 f.; *Flume*, Das Rechtsgeschäft, § 1 1, S. 1; *Olzen*, in: Staudinger, Kommentar zum BGB, 2015, Einl zum SchuldR, Rn. 49.

131 *Brox*, JZ 1966, 761; *Flume*, FS DJT, S. 135, 137; *Flume*, Das Rechtsgeschäft, § 1, S. 1 f.; vgl. *Penski*, JZ 1983, 105, 113; *Singer*, Selbstbestimmung, S. 6.

den „objektiven" Maßstäben der Gerechtigkeit zu messen ist. Es gilt das, was die Beteiligten wollen, und nicht das, was gemeinhin als wünschenswert eingestuft wird.[132] Im Grundsatz hat sich die Rechtsordnung damit auf ein Einschreiten im absoluten Ausnahmefall, das heißt auf grobe Verstöße, zu beschränken,[133] falls vermieden werden soll, dass die Privatautonomie zu einem „reinen Lippenbekenntnis" verkommt.

§ 2 Vertragsfreiheit

Die wichtigste Ausprägung der Privatautonomie ist die Vertragsfreiheit. Sie ist weder im Grundgesetz noch im Bürgerlichen Gesetzbuch ausdrücklich erwähnt. In den Art. 2 Abs. 1, 9 Abs. 1 GG[134], § 311 Abs. 1 BGB wird sie nur mittelbar zum Ausdruck gebracht. Sie gewährt das Recht, die eigenen vertraglichen Rechtsverhältnisse eigenverantwortlich und selbstbestimmt zu gestalten, ohne an die Maßstäbe der objektiven Gerechtigkeit gebunden zu sein.[135] Untergliedern lässt sie sich in die Abschlussfreiheit,[136] in die Freiheit der inhaltlichen Gestaltung und in die Frage, mit wem kontrahiert werden soll.[137] Die inhaltliche Gestaltungsfreiheit, die bei der vorliegenden Untersuchung im absoluten Mittelpunkt steht, betrifft die Frage, ob eine inhaltliche selbstständige Gestaltung des Vertragsverhältnisses grundsätzlich zulässig ist oder ob der Inhalt des geschlossenen Vertrags durch zwingende Rechtssätze vorgegeben ist.[138] Um innere Widersprüche

---

132 *Fastrich*, Inhaltskontrolle, S. 3; *Haberer*, Zwingendes Kapitalgesellschaftsrecht, S. 7 ff.

133 Vgl. *Haberer*, Zwingendes Kapitalgesellschaftsrecht, S. 12.

134 Nach *Hey*, Freie Gestaltung, S. 75 ist das Verhältnis dieser Artikel des Grundgesetzes zueinander in Bezug auf die Vertragsfreiheit innerhalb des Gesellschaftsrechts nicht entscheidend, da beide Artikel unter einem einfachen Gesetzesvorbehalt stehen.

135 Vgl. *Brox/Walker*, BGB AT, § 4 2 b bb, Rn. 76, S. 42; *Busche*, Privatautonomie, S. 63; *Busche*, in: MünchKommBGB, Vor § 145 BGB, Rn. 2; *Flume*, FS DJT, S. 135, 141; *Flume*, Das Rechtsgeschäft, § 1 6 a, § 1 8 a, S. 7, 12; *Olzen*, in: Staudinger, Kommentar zum BGB, 2015, Einl zum SchuldR, Rn. 52; *Westermann*, Vertragsfreiheit, S. 24.

136 Bei Dauerschuldverhältnissen wird die Abschlussfreiheit noch durch die Beendigungsfreiheit ergänzt. Als Gegenstück zur Abschlussfreiheit ist der Kontrahierungszwang anzuführen (*M. Wolf*, in: Soergel, BGB, Einl BGB, Rn. 28).

137 *Busche*, Privatautonomie, S. 46, 64 f.; *Flume*, Das Rechtsgeschäft, § 1 8 a, S. 12; *Heinrich*, Formale Freiheit und materiale Gerechtigkeit, S. 55 f.; vgl. *Larenz/Wolf*, BGB AT, § 34 V Rn. 45, S. 636; *Westermann*, Vertragsfreiheit, S. 24.

138 *Brox/Walker*, BGB AT, § 4 2 b bb, Rn. 76, S. 42; vgl. *Larenz/Wolf*, BGB AT, § 34 V Rn. 45, S. 636; *Olzen*, in: Staudinger, Kommentar zum BGB, 2015, Einl zum SchuldR, Rn. 52; vgl. *Röttger*, Kernbereichslehre, S. 14; *M. Wolf*, in: Soergel, BGB, Einl BGB, Rn. 28.

zu einem Rechtssystem, das auf dem Recht zur Selbstbestimmung aufbaut, zu vermeiden, beinhaltet der Grundsatz der Vertragsfreiheit nicht die Möglichkeit, die Fähigkeit, selbstbestimmt zu handeln, vollständig aufzugeben (vgl. §§ 137, 311 b Abs. 2 BGB).[139]

Die Vertragsfreiheit beansprucht im Gesellschaftsrecht, unabhängig von der vornehmlich im Kapitalgesellschaftsrecht geführten Diskussion um den (modifizierten) Normcharakter des Gesellschaftsvertrags, umfassende Geltung. Rechtsformübergreifend ist der Abschluss des Gesellschaftsvertrags als Abschluss eines Rechtsgeschäfts zu verstehen.[140] Damit hat sich auch der Inhalt des Gesellschaftsvertrags – im Unterschied zu den zwingenden und den disponiblen Normen – nicht am Maßstab der Gerechtigkeit zu orientieren.[141]

§ 3 Zwingendes und disponibles Recht

Eingeschränkt wird die Privatautonomie durch zwingendes Recht.[142] Jenes beinhaltet eine selbstständige Regelung der Rechtsverhältnisse der Beteiligten hinsichtlich eines bestimmten Sachverhalts und schließt die Gültigkeit abweichender, kollidierender Parteivereinbarungen aus.[143] Zwingendes Recht schränkt spiegelbildlich[144] zur Vertragsfreiheit die Gestaltungsoptionen ein.[145]

---

139 *Flume*, FS DJT, S. 135, 136; *C. Weber*, Privatautonomie, S. 212.

140 *Haberer*, Zwingendes Kapitalgesellschaftsrecht, S. 15, 245 f.; *Hey*, Freie Gestaltung, S. 25 ff. Richtig weist *Haberer*, Zwingendes Kapitalgesellschaftsrecht, S. 245 f. darauf hin, dass auch, soweit der von der herrschenden Lehre und der Rechtsprechung vertretenen modifizierten Normentheorie gefolgt wird, sich die Auswirkungen dieser Einordnung ohnehin erst im „späteren" Leben der Gesellschaft mit der Frage realisieren, wie der Gesellschaftsvertrag auszulegen ist (subjektiv oder objektiv).

141 *Haberer*, Zwingendes Kapitalgesellschaftsrecht, S. 245; *Hey*, Freie Gestaltung, S. 17 ff.

142 *Heinrich*, Formale Freiheit und materiale Gerechtigkeit, S. 50; *Medicus*, AcP 192 (1992), 35, 46; *Werp*, Die Grenzen der Abdingbarkeit, S. 28; *M. Wolf*, in: Soergel, BGB, Einl BGB, Rn. 28.

143 *Deinert*, Zwingendes Recht, S. 3; *Fröhlich*, Vom zwingenden und nichtzwingenden Privatrecht, S. 72 f.; *Hefermehl*, in: Soergel, BGB, § 134 BGB, Rn. 2; *Kähler*, Begriff und Rechtfertigung abdingbaren Rechts, S. 33; vgl. *Röttger*, Kernbereichslehre, S. 16 f.; *K. Schmidt*, Gesellschaftsrecht, § 5 III 1 a, S. 110; *Werp*, Die Grenzen der Abdingbarkeit, S. 42; *A. Wolf*, Grenzen, S. 3.

144 Vgl. *Werp*, Die Grenzen der Abdingbarkeit, S. 38.

145 *Kähler*, JJZ 2002, 181 f.; *Kähler*, Begriff und Rechtfertigung abdingbaren Rechts, S. 83 ff.

Konträr zu diesem steht das dispositive Recht als „Herzstück der Privatautonomie“[146]. Wie das zwingende Recht beinhaltet dieses auch einen gewissen Gerechtigkeitsgehalt.[147] Es tritt infolge der Unmöglichkeit der Parteien, rechtsgeschäftlich alle für die Rechtsbeziehung relevanten Aspekte zu vereinbaren, als Reserveordnung ergänzend neben das zwingende Recht und die Parteivereinbarungen im weiteren Sinne.[148] Durch seine Wirkung als Regelungsangebot übernimmt es eine Entlastungsfunktion hinsichtlich der „Einigungstiefe“ der Parteien. Denn es gilt, ohne dass die Parteien seine Anwendung ausdrücklich vereinbaren müssen. Abweichende Gestaltungen vom disponiblen Recht erkennt die Rechtsordnung an, ohne dass die Parteien für die Anerkennung ihrer rechtlichen Wirksamkeit eine Begründung abgeben müssten.[149] Ausgegangen wird davon, dass die Parteien als die Wahrer ihrer Interessen ihre Rechtsverhältnisse entsprechend ihren Präferenzen, Wünschen und Vorstellungen gestalten können. Gleichzeitig übernimmt das dispositive Recht auch Funktionen der Ordnung, der Steuerung und Kontrolle,[150] indem innerhalb der Vertragsgestaltung rein tatsächlich Abweichungen von diesem begründet werden müssen. Die „Argumentationslasten“ verschieben sich damit zuungunsten des Änderungswilligen.[151]

---

146 *Möslein*, Dispositives Recht, S. 1; *A. Wolf*, Grenzen, S. 3.

147 *Esser/Schmidt*, Schuldrecht AT, § 10 II 3, S. 166; *Möslein*, Dispositives Recht, S. 40; *Wiedemann*, Gesellschaftsrecht Bd. 2, § 2 IV 3 b, S. 145; so auch schon *Wieland*, Handelsrecht, § 117 IV, S. 309: „Aber auch nachgiebiges Recht soll billiges Recht sein, den Vertragsparteien auch ohne besondere Abmachungen eine der jeweiligen Interessenlage angemessene, in unserem Falle den Verhältnissen einer bald mehr gleichförmig und unpersönlich, bald mehr individuell-persönlich gearteten, von den mancherlei Imponderabilien subjektiver Natur, die das enge persönliche Band zwischen den Beteiligten mit sich bringt, beeinflußten Gesellschaft gebührend Rechnung tragende Ordnung sichern.“

148 D. h. alles, was ausdrücklich geregelt worden ist oder durch die (ergänzende) Vertragsauslegung festgestellt werden kann.

149 *Bachmann*, JZ 2008, 11, 14; *Esser/Schmidt*, Schuldrecht AT, § 10 II 3, S. 166; *Fleischer*, ZHR 168 (2004), 673, 692; *Kähler*, Begriff und Rechtfertigung abdingbaren Rechts, S. 167; vgl. *Medicus*, AcP 192 (1992), 35, 47; *Möslein*, Dispositives Recht, S. 1 f., 12, 17; *Stückemann*, Generalklausel, S. 119; *Wiedemann*, WM 1990, Sonderbeilage Nr. 8, 1, 17; *A. Wolf*, Grenzen, S. 3.

150 *Cziupka*, GS Unberath, S. 51, 53; *Esser/Schmidt*, Schuldrecht AT, § 10 II 3, S. 166; *Fleischer*, ZHR 168 (2004), 673, 692; *Kähler*, Begriff und Rechtfertigung abdingbaren Rechts, S. 167; *Möslein*, Dispositives Recht, S. 37.

151 *Cziupka*, GS Unberath, S. 51, 73 f.; *Haberer*, Zwingendes Kapitalgesellschaftsrecht, S. 16 f., 135; *Hofmann*, Minderheitenschutz, S. 8; *Kähler*, JJZ 2002, 181, 191; *Kähler*,

§ 4 Formen der Disposition

Beseitigt werden können die Regelungen des dispositiven Rechts unter anderem durch ihre Abbedingung. Als Akt der Gestaltung der Rechtsverhältnisse ist die Abbedingung als Ausdruck der Privatautonomie und damit auch der Vertragsfreiheit zu verstehen, weil sie die dispositiven Regeln mit Wirkung für die Zukunft aufhebt. Anstatt der vorgegebenen nachgiebigen Normen statuieren die Beteiligten eine eigene abstrakte Regelung und Lösung des Sachverhalts. Eine komplette Beseitigung des bestehenden (disponiblen) Normenprogramms ist davon nicht notwendig erfasst.[152] Durch ihren andauernden Zukunftsbezug ist der Abbedingung ein Element der Unsicherheit zwingend immanent.[153] Sie beansprucht keine Allgemeinverbindlichkeit, ihre Wirkung erschöpft sich nur in den internen Rechtsbeziehungen der Beteiligten untereinander.[154] Aufbauend auf der Verteilung der Argumentationslasten des disponiblen Rechts führt die Charakterisierung einer Norm als abdingbar nicht dazu, dass sie jegliches Schutzniveau verliert. Zum einen neigen die Parteien nach der herrschenden Annahme[155] eher dazu, den Status quo beizubehalten, als die gesetzlichen Regelungen zu ändern. Zum anderen ist mit „offenem Visier“[156] zu kämpfen und unter Umständen eine Kompensation zu leisten,[157] um denjenigen Beteiligten,

---

Begriff und Rechtfertigung abdingbaren Rechts, S. 228; vgl. *Möslein*, Dispositives Recht, S. 40, 314; *Möslein*, ALJ 2014, 135, 141; vgl. *C. Teichmann*, RNotZ 2013, 346, 350; *Westermann*, Vertragsfreiheit, S. 42.

152 *Kähler*, Begriff und Rechtfertigung abdingbaren Rechts, S. 21; *Möslein*, Dispositives Recht, S. 64; vgl. *Werp*, Die Grenzen der Abdingbarkeit, S. 36 f., 45.

153 *Kleinschmidt*, Der Verzicht im Schuldrecht, S. 2; *Möslein*, Dispositives Recht, S. 65.

154 *Kähler*, Begriff und Rechtfertigung abdingbaren Rechts, S. 21; vgl. *Werp*, Die Grenzen der Abdingbarkeit, S. 36 f., 45.

155 Näher zu diesem Mechanismus bei der Charakterisierung des Rechts als dispositiv *Cziupka*, GS Unberath, S. 51, 73 f.; *Haberer*, Zwingendes Kapitalgesellschaftsrecht, S. 16 f., 135; *Kähler*, JJZ 2002, 181, 191; *Kähler*, Begriff und Rechtfertigung abdingbaren Rechts, S. 228; vgl. *Möslein*, Dispositives Recht, S. 40, 314; *Möslein*, ALJ 2014, 135, 141; vgl. *C. Teichmann*, RNotZ 2013, 346, 350; *Westermann*, Vertragsfreiheit, S. 42; ähnlich *Hofmann*, Minderheitenschutz, S. 8. Eine konträre Position nimmt hingegen *Kuntz*, Gestaltung von Kapitalgesellschaften, S. 468 ein. Er führt an, dass die Parteien umso leichter der Abbedingung einer Regelung zustimmen dürften, je eher sie deren tatsächliche Folgen nicht einschätzen können.

156 Allgemein zum dispositiven Recht *Westermann*, Vertragsfreiheit, S. 52.

157 Das denkbare Spektrum der Kompensation im vorliegenden Fall ist weit. Es reicht von der Einrichtung zusätzlicher Kontrollgremien, Offenlegungspflichten, der Einführung zusätzlicher Lösungsrechte oder der Setzung eines positiven Anreizsystems

der der endgültige Schutzadressat der Regelung ist, von einer Abweichung der bestehenden Regelungslage überzeugen zu können.[158]

Durch den erhöhten Faktor der Unsicherheit, den Zukunftsbezug und die grundsätzliche Neuregelung der Materie unterscheidet sich die Abbedingung von den anderen Rechtsinstituten privatrechtlicher Disposition: dem Verzicht und der Einwilligung.[159] Beide beziehen sich lediglich auf einen konkreten Einzelfall und heben die Geltung einer Norm für die Beteiligten nicht generell auf. Der Verzicht wirkt zudem „nur“ vergangenheitsbezogen. Diese im Vergleich zur Abbedingung beschränkten Wirkungen der Einwilligung und des Verzichts sind auch der maßgebliche Erklärungsansatz, weshalb es treuepflichtunabhängig allgemein für zulässig erachtet wird, einzelne grundsätzlich treuepflichtwidrige Maßnahmen im Vorfeld zu gestatten oder im Nachhinein auf ihre Einhaltung zu verzichten.[160]

§ 5 Rechtfertigungsgründe des zwingenden Rechts

I. Mögliche Schutzadressaten

Zwingende Rechtssätze, die regelmäßig der Realisierung von Zielen des Regelsetzers dienen,[161] bedürfen der Legitimation. Sie stellen gegenüber dem abdingbaren respektive disponiblen Recht mangels Abweichungsmöglichkeit einen weiterreichenden Eingriff in die verfassungsrechtlich gewährleistete Privatautonomie dar.

(vgl. *Hellgardt*, FS Hopt, S. 765, 784, 786 f.) bis zu einer erhöhten Partizipationsmöglichkeit an den „treuewidrig“ erzielten Vorteilen.

158 Vgl. *Cziupka*, GS Unberath, S. 51, 73 f.; vgl. *Kähler*, JJZ 2002, 181, 191; vgl. *Kähler*, Begriff und Rechtfertigung abdingbaren Rechts, S. 228; vgl. *Möslein*, Dispositives Recht, S. 40; vgl. *Westermann*, Vertragsfreiheit, S. 42.

159 *Kleinschmidt*, Der Verzicht im Schuldrecht, S. 2; *Möslein*, Dispositives Recht, S. 65; a. A. vgl. *Armbrüster*, ZIP 1997, 261, 269, der im Wesentlichen die Abbedingung und die Einwilligung gleichstellt; *Kähler*, Begriff und Rechtfertigung abdingbaren Rechts, S. 32, der den Verzicht unter die Abbedingung fasst.

160 Siehe soweit treuepflichtübergreifend *Fleischer/Harzmeier*, NZG 2015, 1289, 1294; zur mitgliedschaftlichen Treuepflicht *Armbrüster*, ZGR 2014, 333, 350; *Bachmann, Eidenmüller, Engert, Fleischer, Schön*, Rechtsregeln, S. 45 f.; *Fillmann*, Treuepflichten, S. 206; *Merkt*, in: MünchKommGmbHG, § 13 GmbHG, Rn. 109; zur organschaftlichen Treuepflicht vgl. *Altmeppen*, in: *Roth/Altmeppen*, GmbHG, § 43 GmbHG, Rn. 31; *Kuntz*, Gestaltung von Kapitalgesellschaften, S. 497 ff.

161 *Hey*, Freie Gestaltung, S. 120; *Kähler*, Begriff und Rechtfertigung abdingbaren Rechts, S. 342; *Möslein*, Dispositives Recht, S. 19; *K. Schmidt*, Gesellschaftsrecht, § 3 III 1 a, S. 110; *A. Wolf*, Grenzen, S. 4.

Indisponible Normen verlangen daher gegenüber diesem eine erhöhte Rechtfertigung und müssen dem Grundsatz der Verhältnismäßigkeit genügen.[162] Infolge des mit zwingenden Rechtssätzen verbundenen erhöhten Grundrechtseingriffs gilt daher im Zweifel regelmäßig die Vermutung zugunsten des abdingbaren Rechts.[163]

Legitimiert werden können zwingende Regelungen im Gesellschaftsrecht im Kern mit folgenden Punkten: Beteiligtenschutz (Individualschutz, Mitgliederschutz), Gläubigerschutz sowie vertragsexternen respektive öffentlichen Interessen (Gemeinwohl, Allgemeininteressen).[164] Dem Schutz der Gesellschaft selbst kann dagegen keine unmittelbar dispositionsbeschränkende Wirkung entnommen werden.[165] Dies gilt unabhängig davon, dass die Interessen der Gesellschaft selbst der konkrete und unmittelbare Zuordnungspunkt mehrerer Treuepflichtausprägungen sind oder die Gesellschaft dahin gehend als ein Träger eigener Interessen anzusehen ist, da das Interesse der Gesellschaft mehr als nur die Summe der Interessen der einzelnen Gesellschafter beinhalten soll.

Alle dahin gehend diskutierten oder entwickelten Schranken, die die Grenzen der Gestaltungsfreiheit, ausgehend vom Schutzobjekt „Gesellschaft", zu definieren versuchen,[166] leiden an Begründungsdefiziten. Einerseits lassen sie eine

---

162 *Bachmann*, JZ 2008, 11; vgl. *Busche*, Privatautonomie, S. 60, 67; *Cziupka*, Dispositives Vertragsrecht, S. 38; *Cziupka*, GS Unberath, S. 51, 61; vgl. *Fastrich*, Inhaltskontrolle, S. 23; *Haberer*, Zwingendes Kapitalgesellschaftsrecht, S. 16; *Kähler*, Begriff und Rechtfertigung abdingbaren Rechts, S. 256; *Möslein*, Dispositives Recht, S. 164; *K. Schmidt*, Gesellschaftsrecht, § 5 III 3 a, S. 119 f.; vgl. *Zöllner*, AcP 196 (1996), 1.

163 Vgl. *Busche*, Privatautonomie, S. 60; vgl. *Esser/Schmidt*, Schuldrecht AT, § 10 I, S. 154 f.; *Kähler*, Begriff und Rechtfertigung abdingbaren Rechts, S. 363 ff.; *Larenz/Wolf*, BGB AT, § 1 I 1a Rn. 3 f., S. 2; *Zöllner*, FS 100 Jahre GmbHG, S. 85, 100; a. A. *Fröhlich*, Vom zwingenden und nichtzwingenden Privatrecht, S. 58 ff.

164 Die Begrifflichkeiten variieren, drücken aber im Wesentlichen dieselben Gedanken aus, vgl. etwa *Armbrüster*, ZGR 2014, 333, 338; *Hey*, Freie Gestaltung, S. 91; *Kähler*, Begriff und Rechtfertigung abdingbaren Rechts, S. 274; *Loritz*, JZ 1986, 1073; *Möslein*, Dispositives Recht, S. 19, 168; *Wiedemann*, Gesellschaftsrecht Bd. 2, § 2 IV 2, S. 136 ff.; zum öffentlichen Interesse *Zöllner*, Schranken, S. 53. Die Begriffe „öffentliche Interessen", „Interessen der Allgemeinheit" und „Gemeinwohl" werden in dieser Arbeit synonym verwendet.

165 Diese Kontroverse tritt regelmäßig auf, soweit es um die Reichweite der Privatautonomie im Gesellschaftsrecht geht, siehe nur *Fillmann*, Treuepflichten, S. 204 ff.; *C. Weber*, Privatautonomie, S. 208 ff.; *Wedemann*, Gesellschafterkonflikte, S. 328; *Zöllner*, Schranken, S. 21 ff.

166 Siehe näher *Zöllner*, Schranken, S. 69.

ausreichende begriffliche Klarheit sowie eine eindeutig anerkannte Definition vermissen – wie dies etwa beim sog. Unternehmensinteresse oder dem Unternehmen an sich der Fall ist –[167], die es ermöglichen würde, eine eindeutige Leitlinie für die Einschränkung der Privatautonomie zu entwickeln.[168] Andererseits verdecken sie – wie etwa bei der Figur des indisponiblen Eigeninteresses der Gesellschaft – ihre „wahren" Absichten (Gläubigerschutz, Schutz der Allgemeinheit).[169] Insoweit ist es naheliegender, direkt auf diese Schutzobjekte ohne den Umweg komplizierter Konstruktionen abzustellen.[170]

Außerdem existiert die Gesellschaft – wie auch schon durch die jederzeitige Auflösungsmöglichkeit deutlich wird[171] – nicht um ihrer selbst willen. Ihre Existenz, ihre Zweckbestimmung und ihre Organisationsstruktur folgen aus dem Zusammenwirken natürlicher Personen. Damit ist sie wiederum selbst Teil der Ausübung der diesen Personen gewährten Privatautonomie.[172] Die Gesellschaft selbst bildet keine originären eigenen Interessen ab, sondern spiegelt lediglich die Interessen der natürlichen Personen als Träger wider.[173] So ist auch die Grundrechtsordnung, unabhängig von Art. 19 Abs. 3 GG,[174] auf natürliche Personen zugeschnitten. Ein eigener „Lebenswert" kann den juristischen Personen oder den weitgehend verselbstständigten Gesamthandsgemeinschaften nicht

167 Vgl. *Mestmäcker*, Verwaltung, S. 14; *Zöllner*, AG 2003, 2, 7 f.; vgl. *C. Weber*, Privatautonomie, S. 208 ff.; vgl. *Zöllner*, Schranken, S. 69: „Diese für die Entwicklung der größten Unternehmen zum Teil zutreffende, im Ganzen aber weit überschätzte Bedeutung führte nun zu der Forderung, allgemein das Unternehmen einer AG gesellschaftsrechtlich als ein eigenständiges Rechtsinstitut zu betrachten, das auch vor den Übergriffen der Aktionäre beschützt werden muss. Darin verwoben sich volkswirtschaftliche und gemeinwirtschaftlich-soziale Vorstellungen, während die verbandsrechtliche Verankerung völlig ungeklärt blieb."

168 *C. Weber*, Privatautonomie, S. 208 f.; *Zöllner*, Schranken, S. 68.

169 *Armbrüster*, ZIP 1997, 1269, 1275; *Bitter*, in: Scholz, GmbHG, § 13 GmbHG, Rn. 53 f.; *Hey*, Freie Gestaltung, S. 13; *C. Weber*, Privatautonomie, S. 210 f.; *Wedemann*, Gesellschafterkonflikte, S. 329 f.

170 *C. Weber*, Privatautonomie, S. 210.

171 *Aubel*, Vorstandspflichten, S. 43; *Rhein*, Der Interessenkonflikt der Manager, S. 60.

172 *Adams*, AG 1990, 243, 246; vgl. *Hartmann*, GmbHR 1999, 1061, 1062; *Hey*, Freie Gestaltung, S. 12; vgl. *Rhein*, Der Interessenkonflikt der Manager, S. 59 ff.; vgl. *Roth*, Das Treuhandmodell, S. 197 f.; *Röhricht*, WPg 1992, 766, 784; *C. Weber*, Privatautonomie, S. 210 f.; *Wedemann*, Gesellschafterkonflikte, S. 329.

173 *C. Weber*, Privatautonomie, S. 210.

174 *Hey*, Freie Gestaltung, S. 13.

zugesprochen werden.[175] Dies gilt ebenfalls, soweit der Art. 9 Abs. 3 GG rekrutiert wird, um den Gesellschaften einen eigenständigen Schutzwert zuzusprechen. Der Art. 9 Abs. 3 GG dient im Wesentlichen allein den dahinterstehenden natürlichen Personen und ihrer selbstbestimmten Entfaltung.[176]

II. Kriterien für die Feststellung zwingenden Rechts

Unabhängig von den anerkannten Rechtfertigungsgründen zwingenden Rechts existieren – vom Ausnahmefall der ausdrücklichen gesetzlichen Anordnung[177] abgesehen – keine eindeutig gültigen Kriterien, um bestimmen zu können, ob Rechtssätzen zwingende Geltung zukommt und die Vermutung zugunsten des disponiblen Rechts widerlegt ist.[178] Basierend auf den unterschiedlichen Wertungsebenen zwischen dem eigentlichen Inhalt der Norm (Primärebene) und ihrer Charakterisierung als zwingend oder nicht zwingend (Sekundärebene) ist zwischen jenen Ebenen zu differenzieren.[179] Einzelne Begrifflichkeiten im weiteren Sinne sind demnach ohne Beachtung ihres materiellen sekundären Hintergrundes für die Bestimmung der Rechtsnatur einer Norm von untergeordneter Bedeutung. Gleichsam kann allein aus der Notwendigkeit einer staatlichen Regelung – auch vor dem Hintergrund des Art. 2 Abs. 1 GG und des erhöhten Eingriffs des zwingenden Rechts in die Selbstbestimmungsfreiheit – nicht ihre mangelnde Disponibilität gefolgert werden.[180]

Nach alledem ist „eine Norm genau dann [abdingbar], wenn es keine überwiegenden Gründe für ihre Unabdingbarkeit gibt."[181]

Für die Beantwortung nach der Abdingbarkeit der Treuepflicht haben daher die einzelnen Rechtfertigungsgründe des zwingenden Rechts[182] im Vordergrund

175 *Rhein*, Der Interessenkonflikt der Manager, S. 60; vgl. *Röhricht*, WPg 1992, 766, 785; *C. Weber*, Privatautonomie, S. 211; *Wedemann*, Gesellschafterkonflikte, S. 329 f.

176 *Lutter*, AcP 180 (1980), 84, 106; *C. Weber*, Privatautonomie, S. 206; *Wedemann*, Gesellschafterkonflikte, S. 330.

177 Siehe soweit etwa §§ 475 Abs. 1 BGB, 23 Abs. 5 AktG, 18 S. 2 GenG.

178 *Fröhlich*, Vom zwingenden und nichtzwingenden Privatrecht, S. 75; *Kähler*, JJZ 2002, 181, 182; *Kähler*, Begriff und Rechtfertigung abdingbaren Rechts, S. 345; *Möslein*, Dispositives Recht, S. 175; *Westermann*, Vertragsfreiheit, S. 42 ff.; vgl. *A. Wolf*, Grenzen, S. 1.

179 *Bachmann*, JZ 2008, 11; *Kähler*, JJZ 2002, 181, 186; *Kähler*, Begriff und Rechtfertigung abdingbaren Rechts, S. 361.

180 *Bachmann*, JZ 2008, 11 f.; *Kähler*, Begriff und Rechtfertigung abdingbaren Rechts, S. 34, 381 ff.

181 *Kähler*, JJZ 2002, 181, 185.

182 Siehe C) § 5 I.

zu stehen. Demnach sind die einzelnen Schutzzwecke der Treuepflicht sowie deren Fähigkeit zu ermitteln, die Annahme des grundsätzlich zwingenden Charakters der Treuepflicht zu rechtfertigen.[183] Dies hat insgesamt unter Beachtung der fortwährenden, von der Abbedingung nicht betroffenen Schutzinstrumente des Rechts in Verbindung mit der Aussage des Gesetzes und den systematischen Bezügen der Treuepflicht zu erfolgen.[184]

Aufbauend auf dem soeben Dargelegten ist insoweit jedoch von der Grundthese auszugehen, die eine restriktivere Sichtweise zu widerlegen hat, dass die Treuepflichten im Gesellschaftsrecht vollständig abdingbar sind.[185]

---

183 Vgl. allgemein zum abdingbaren Recht *Bachmann*, JZ 2008, 11; *Kähler*, JJZ 2002, 181, 186; *Kähler*, Begriff und Rechtfertigung abdingbaren Rechts, S. 361, 369 f.; *Möslein*, Dispositives Recht, S. 428; *M. Wolf*, Rechtsgeschäftliche Entscheidungsfreiheit, S. 86.

184 Vgl. allgemein zum abdingbaren Recht *Bachmann*, JZ 2008, 11; *Kähler*, JJZ 2002, 181, 186; *Kähler*, Begriff und Rechtfertigung abdingbaren Rechts, S. 361, 369 f.; *Möslein*, Dispositives Recht, S. 428; *M. Wolf*, Rechtsgeschäftliche Entscheidungsfreiheit, S. 86.

185 Ähnlich auch *Lieder*, in: Michalski, GmbHG, § 13 GmbHG, Rn. 152.

D Telos der Treuepflicht

§ 1 Beteiligtenschutz

I. Organschaftliche Treuepflicht

Unabhängig von ihrer mangelnden direkten, unmittelbaren Ausrichtung auf die Gesellschafter dient die organschaftliche Treuepflicht, begründet durch ihre Funktion und ihren Inhalt,[186] dem Schutz der Gesellschafter. Die Gesellschaft ist ungeachtet weiterer möglicher Faktoren wie Gläubigerinteressen und Interessen der Arbeitnehmer die „wirtschaftliche Veranstaltung" der Gesellschafter. Bedingt ist dies durch die unmittelbare oder mittelbare Vermögensbetroffenheit (vgl. etwa §§ 122, 124 HGB (analog), 14, 29 GmbHG).[187] Bei einer Entlassung aus der Treuepflicht wird durch das Fehlen eines entsprechenden Pflichtenprogramms und der daran anschließenden Sanktionsmöglichkeiten das Risiko eines Verlusts des Werts und der Substanz der Gesellschaft gesteigert.[188]

Im Übrigen kann auf den grundsätzlichen Sinn und Zweck der organschaftlichen Treuepflicht, nämlich die Sicherstellung einer „treuhändergleichen" Verwaltung des Vermögens der Gesellschaft und damit schlussendlich der Gesellschafter verwiesen werden. Prägende Grundkonstruktion aller „treuhänderischen" Rechtsverhältnisse im Innenverhältnis ist nach der allgemeinen Meinung,[189] dass eine Person die Verfügungs- und Verwaltungsbefugnis, verbunden mit einer überschießenden Rechtsmacht, über Vermögenswerte eines Dritten erhält. Diese Befugnisse dürfen lediglich unter Beachtung besonderer Treuepflichten allein im Interesse des Dritten und unter Zurückstellung der eigenen Interessen ausgeübt werden.[190]

---

186 Siehe oben B).

187 Vgl. *Hübener*, Interessenkonflikt, S. 232; *Röhricht*, Hdb Corporate Governance, 1. Aufl., S. 519.

188 Vgl. *Fleischer/Harzmeier*, NZG 2015, 1289, 1296 f.; *Lutter*, AcP 180 (1980), 84 ff.; vgl. *Merkt*, ZHR 159 (1995), 423, 444; vgl. *Sina*, DStR 1991, 40, 42; vgl. *Timm*, GmbHR 1981, 177, 182; vgl. *Walter*, Verdeckte Gewinnausschüttung, S. 109; allgemein zu den entsprechenden Gefahren bei einer Publikumsgesellschaft *U. H. Schneider*, ZGR 1978, 1, 4; vgl. *Weisser*, Corporate Opportunities, S. 139.

189 *Coing*, Die Treuhand, S. 1 f.; *Henssler*, AcP 196 (1996), 37, 41 f.; *Löhnig*, Treuhand, S. 115 f.; *Schmitt*, Treuepflichten der Vorstandsmitglieder, S. 53; *Torwegge*, Treue- und Sorgfaltspflichten, S. 168 ff.; *Wiedemann*, WM 2009, 1, 2 f.

190 Dieses Argument ist auf die mitgliedschaftliche Treuepflicht der Mehrheit übertragbar. Die Mehrheit wird teilweise auch als Treuhänder der Minderheit verstanden (siehe

II. Mitgliedschaftliche Treuepflicht

Die mitgliedschaftliche Treuepflicht gegenüber der Gesellschaft schützt in Übereinstimmung mit der organschaftlichen Treuepflicht die Interessen der Gesellschafter.[191] Dies folgt einerseits aus der Rückwirkung auf die Interessen (Wertminderung der Beteiligung, Einfluss auf die Lebensplanung) der Gesellschafter. Andererseits ist dies die Konsequenz aus der Tatsache, dass die Gesellschaft das allgemeine Interesse der Gesellschafter zusammenfasst. Damit besteht notwendig ein Interesse der übrigen Gesellschafter daran, dass das einzelne Mitglied die Treuepflicht gegenüber der Gesellschaft erfüllt.

Ausweislich ihres Inhalts, der unmittelbar auf die Mitgesellschafter ausgerichtet ist, dient die Treuepflicht der Gesellschafter untereinander dem Beteiligtenschutz.

§ 2 Rechtfertigung der zwingenden Wirkung aus Gründen des Beteiligtenschutzes

Von der Prämisse ausgehend, dass der Grundsatz der Privatautonomie mit seinem Credo der eigenverantwortlichen Wahrnehmung der eigenen Angelegenheiten gilt, stellt sich die Frage, ob aus Gründen des Beteiligtenschutzes eine zwingende Regelung ohne ausdrückliche Anordnung rechtfertigungsfähig ist und inwieweit ein Schutz der Beteiligten vor sich selbst angezeigt ist.[192] Beginnend mit dem Recht der Publikumspersonengesellschaften, denen aufgrund ihrer Beteiligungsstruktur eine Sonderstellung eingeräumt wurde und wird, ist der Beteiligtenschutz in Form des Minderheiten- und Individualschutzes im Gesellschaftsrecht wie auch im allgemeinen Zivilrecht in den letzten Jahrzehnten allgemein verstärkt als Rechtfertigungsgrundlage für zwingende Regelungen herangezogen worden. Entgegen früheren Zeiten, in denen ein Mindestschutz für die Gesellschafter auf der Grundlage der §§ 134, 138 BGB als ausreichend

---

etwa *Grundmann*, Der Treuhandvertrag, S. 42; *Hofmann*, Minderheitenschutz, S. 319; *Immenga*, FS 100 Jahre GmbHG, S. 189, 199). Begründet wird die treuhänderähnliche Stellung allgemein damit, dass, soweit der Mehrheitsgesellschafter über Vermögenswerte im weiteren Sinne verfüge, die nicht mehr seiner Beteiligungsquote entsprächen, er eine „Verfügung" über fremdes Vermögen treffe. Damit rücke er in eine treuhänderähnliche Stellung gegenüber den Mitgesellschaftern respektive der Gesellschaft ein, die einen vertrauensvollen Umgang mit deren Vermögenswerten verlange.

191 *Röhricht*, Hdb Corporate Governance, 1. Aufl., S. 519.

192 Vgl. *Loritz*, JZ 1986, 1073, 1075; vgl. *Odersky*, ZGR-Sonderheft 13 (1998), 103, 109.

erachtet wurde, ist die Gestaltungsfreiheit stärker begrenzt worden.[193] Insgesamt ist die Entwicklung und Ausweitung einer paternalistisch verstandenen Vertragsfreiheit zum Schutz des „Schwächeren" zulasten eines liberalen Verständnisses im Vordringen.[194]

I. Konkreter gesetzlicher Bezug innerhalb des Individualschutzes

1. Allgemeine Wertung des BGB

Der Regelungsansatz des BGB geht hingegen in Übereinstimmung mit dem Grundgedanken des liberalen Verständnisses von einem Primat des Konsenses aus. Angenommen wird, dass dieser einen ausreichenden Schutz gewährleistet. Diese Konzeption beansprucht auch für das Gesellschaftsrecht grundsätzlich Geltung. Die jeweiligen Grundformen der Gesellschaftsformen – der Verein und die GbR – sind jeweils im BGB (§§ 26, 705 BGB) geregelt.[195]

Der Ansatz des BGB ist vorwiegend darauf ausgerichtet sicherzustellen, dass der Vertrag frei von negativer Beeinflussung zustande kommt, ohne – von den äußersten[196] Grenzen der §§ 134, 138 BGB abgesehen – einen bestimmten „gerechten" oder „schützenden" Vertragsinhalt zu postulieren. Dies wird maßgeblich durch die insoweit für einen Vertragsschluss und für die Anerkennung der Vereinbarung selbst entscheidenden Normen des Allgemeinen Teils des BGB deutlich.

Innerhalb der §§ 104 ff. BGB ist der tragende Ansatz für einen Eingriff in die Gestaltungsfreiheit in Form der Verweigerung der Anerkennung der Abschlussfähigkeit, dass die Geschäftsfähigkeit der handelnden Person eingeschränkt ist oder fehlt. Keinen Grund für einen Eingriff stellt es hingegen dar, wenn die Vereinbarung nachteilig ist.[197]

---

193 Als die grundlegenden Urteile, die die bis dato im Gesellschaftsrecht bestehende „Oase der Vertragsfreiheit" (*Loritz*, JZ 1986, 1073) „austrockneten", sind dahin gehend anzuführen BGHZ 68, 212 ff.; 81, 263 ff.; siehe zu dieser Entwicklung vertiefend *Hey*, Freie Gestaltung, S. 10 ff., 98; *Kübler/Assmann*, Gesellschaftsrecht, § 21 I 2, S. 333; *Loritz*, JZ 1986, 1073 ff.; *Zöllner*, FS 100 Jahre GmbHG, S. 85 ff.; ein positives Fazit ziehend *R. Fischer*, ZGR 1979, 251, 262: „Ganz allgemein möchte ich rückblickend sagen, daß in den vergangenen Jahrzehnten der Gestaltungsfreiheit der Gesellschafter ein zu großer Raum eingeräumt worden ist, daß eine geschickte und einfallsreiche Kautelarjurisprudenz zu Gestaltungsformen gefunden hat, die nicht selten eine Gefährdung einzelner Gesellschafter zur Folge haben."

194 *Bruns*, JZ 2007, 385, 386 f.

195 *Hey*, Freie Gestaltung, S. 5.

196 Zur näheren Interpretation des § 138 BGB siehe D) § 2 I 2.

197 *Hey*, Freie Gestaltung, S. 134.

Der § 123 BGB zeigt, dass selbst im Falle der Beeinträchtigung der Freiheit zur Willensentschließung Rechtsgeschäfte wirksam sein können und es den Parteien selbst überlassen ist, zu bestimmen, ob ein unter den Umständen des § 123 BGB geschlossenes Rechtsgeschäft mit der Wirkung des § 142 BGB angefochten werden soll. Eine unmittelbar aus dem Gesetz angeordnete Nichtigkeit fehlt.[198] Erneut wird die Verantwortung dem „negativ" Betroffenen überlassen.

Aus den §§ 139, 2084 BGB folgt, dass grundsätzlich der Wille der Parteien maßgeblich ist. Nach § 139 BGB ist das ganze Rechtsgeschäft nichtig, wenn nicht anzunehmen ist, dass es auch ohne den nichtigen Teil vorgenommen sein würde. Ein denkbarer Ersatz durch „gerechte" Normen des nichtigen Teils des Rechtsgeschäfts wird nicht angeordnet. Darüber hinausgehend ordnet der § 2084 BGB im Zweifel sogar die inhaltliche Wirksamkeit an. Ähnliches ergibt sich im Verhältnis von § 138 BGB zu § 157 BGB. Soweit die Auslegung nach § 157 BGB zu dem Ergebnis gelangen kann, dass das rechtsgeschäftlich Vereinbarte sich noch in dem sittlich vertretbaren Rahmen bewegt, den die Rechtsordnung anerkennen kann, ist die Annahme der Nichtigkeit gem. § 138 BGB abzulehnen und die Vereinbarung der Parteien zu akzeptieren.[199]

Die einzelnen Vereinbarungen der Parteien müssen demnach nicht den Vorstellungen der Gerechtigkeit entsprechen oder besonders ausgewogen sein, um nach der Konzeption des Gesetzes von der Rechtsordnung anerkannt zu werden.[200] Die insoweit lediglich punktuellen Tätigkeiten des Gesetzgebers im Verbraucherschutz und Mietrecht[201] bestätigen demgegenüber im Umkehrschluss, dass das ursprüngliche Konzept des BGB der „Selbstverantwortung" nicht durch eine umfassende, entgegenstehende Konzeption beseitigt wurde.[202]

2. *Maßstab des § 138 Abs. 1 BGB*

Generell gilt damit, dass infolge des Grundsatzes der Privatautonomie die Beteiligten berechtigt sind, Vereinbarungen bis zur Grenze der Sittenwidrigkeit (§ 138 BGB) zu schließen.[203] Der § 138 BGB beansprucht auch im

198 *Hey*, Freie Gestaltung, S. 60.

199 *Wendtland*, in: Beck'scher Online Kommentar BGB, § 138 BGB, Rn. 7.

200 Vgl. *Haberer*, Zwingendes Kapitalgesellschaftsrecht, S. 244; *Hey*, Freie Gestaltung, S. 44 f.

201 Siehe etwa §§ 474 ff., 549 ff. BGB.

202 *Hey*, Freie Gestaltung, S. 60; a. A. *Bruns*, JZ 2007, 385, 388.

203 BAG NJW 2005, 3305, 3309; vgl. *Lieder*, in: Michalski, GmbHG, § 13 GmbHG, Rn. 150 ff.; *Looschelders/Olzen*, in: Staudinger, Kommentar zum BGB, § 242 BGB, 2015, Rn. 341.

Gesellschaftsrecht absolute Gültigkeit. Sein Inhalt ist der Disposition der Beteiligten entzogen.[204] Keine Einigkeit besteht jedoch hinsichtlich der Frage, welcher Maßstab der Sittenwidrigkeit innerhalb dieses Rechtsgebiets anzulegen ist.

a) Restriktive Auslegung des § 138 Abs. 1 BGB

Nach der herrschenden Meinung gewährt der § 138 Abs. 1 BGB, ohne den Begriff der guten Sitten zu definieren, infolge der grundsätzlichen Entscheidung des BGB zugunsten der Privatautonomie und seiner negativen Formulierung nur einen auf Extremfälle begrenzten Minimalschutz. Geschützt wird mithin lediglich das rechtsethische Minimum. Demgemäß realisiert der § 138 Abs. 1 BGB keine allgemeinen Gerechtigkeitsvorstellungen, sondern wirkt lediglich groben Verstößen von Missbräuchen der Privatautonomie entgegen.[205] Der § 138 Abs. 1 BGB stellt danach die absolute Ausnahme vom Regelfall der vollständigen Gestaltungsfreiheit der Parteien dar.[206]

b) Extensive Auslegung des § 138 Abs. 1 BGB

Demgegenüber vertritt die Gegenauffassung einen „extensiven" Begriff der Sittenwidrigkeit, der die spezifischen Wertungen des jeweils in Rede stehenden Rechtsgebiets berücksichtigt.[207] Für eine umfassende Interpretation des § 138 Abs. 1 BGB spreche nach jener Ansicht die Weite des Wortlauts, die systematische Stellung des § 138 Abs. 1 BGB und die andernfalls entstehenden Schutzlücken, soweit „kleine Rechtswidrigkeiten" nicht unter die Sittenwidrigkeitsklausel gefasst würden.[208] Dogmatisch sind hiernach nach einer Ansicht

---

204 *Hey*, Freie Gestaltung, S. 204; *Lieder*, in: Michalski, GmbHG, § 13 GmbHG, Rn. 152; *Loritz*, JZ 1986, 1073, 1075; *Schäfer*, in: MünchKommBGB, § 705 BGB, Rn. 134.

205 *Fastrich*, Inhaltskontrolle, S. 20; *Hey*, Freie Gestaltung, S. 206; vgl. *Looschelders/Roth*, Juristische Methodik, S. 203; *Wendtland*, in: Beck'scher Online Kommentar BGB, § 138 BGB, Rn. 1; *Werp*, Die Grenzen der Abdingbarkeit, S. 61; *Westermann*, Vertragsfreiheit, S. 35; *Zöllner*, FS 100 Jahre GmbHG, S. 85, 91.

206 *Fastrich*, Inhaltskontrolle, S. 17 ff.; *Flume*, Das Rechtsgeschäft, § 18 1, S. 364 f.; *Heinrich*, Formale Freiheit und materiale Gerechtigkeit, S. 296; *Hey*, Freie Gestaltung, S. 206; *Werp*, Die Grenzen der Abdingbarkeit, S. 61.

207 Vgl. *Armbrüster*, in: MünchKommBGB, § 138 BGB, Rn. 3; *Hönn*, JA 1987, 337, 343; *Sack*, in: Staudinger, Kommentar zum BGB, 2003, § 138 BGB, Rn. 26 ff.; *K. Schmidt*, Gesellschaftsrecht, § 5 III 1 b, S. 111.

208 *Sack*, in: Staudinger, Kommentar zum BGB, 2003, § 138 BGB, Rn. 26 ff.; im Ergebnis ebenso *Armbrüster*, in: MünchKommBGB, § 138 BGB, Rn. 3; *Hönn*, JA 1987, 337, 343; *K. Schmidt*, Gesellschaftsrecht, § 5 III 1 b, S. 111.

unter anderem die sog. „Grundprinzipien des Gesellschaftsrechts" in die Norm des § 138 Abs. 1 BGB zu integrieren.[209] Konsequenz dessen soll eine stärkere Einschränkung der Gestaltungsfreiheit im Gesellschaftsrecht sein.[210]

c) Stellungnahme

Der Tatbestand des § 138 Abs. 1 BGB ist zu allgemein gehalten, um einen eigenständigen, gesellschaftsrechtsspezifischen Beurteilungsmaßstab im Hinblick auf das gesellschaftsrechtliche Rechtsverhältnis etablieren zu können. Als allgemeine, unabhängig vom Rechtsgebiet wirkende Schranke der Gestaltungsfreiheit gelangt der § 138 Abs. 1 BGB dort an seine natürlichen Grenzen, wo sich die Zulässigkeit einer Gestaltung erst aus den spezifischen Maßstäben und Wertungen des jeweiligen Rechtsgebiets ergibt.[211] Andernfalls wird der Charakter des § 138 Abs. 1 BGB als „wertprägende zivilrechtliche Generalklausel" verkannt. Entgegen dieses Charakters würde er zu einer „[reinen] nicht mehr steuerbaren Rechtsfolgenanordnung"[212] degradiert und sein Ausnahmecharakter als einschränkende Norm der Privatautonomie ignoriert werden. Mithilfe der weiten Auslegung würde durch die „Hintertür" eine abzulehnende, über den Mindeststandard des § 138 BGB hinausgehende allgemeine Inhaltskontrolle von Verträgen eingeführt werden.[213] Mit einer solch weiten Interpretation des § 138 Abs. 1 BGB würde zudem die Zulässigkeit des Missbrauchs der Gestaltungsfreiheit und die damit verbundene Differenzierung von gestatteten Missbräuchen der Vertragsfreiheit und des Maßstabs der Sittenwidrigkeit missachtet.[214] Insoweit ist auch die gesetzliche Ausgangslage im Recht der GmbH und OHG nach §§ 109 HGB, 45 Abs. 2 GmbHG zu beachten, die eine umfassende Dispositionsfreiheit gestattet.[215] Die Anwendung des § 138 Abs. 1 BGB ist

---

209 *Sack*, in: Staudinger, Kommentar zum BGB, 2003, § 138 BGB, Rn. 26 ff.; *Hönn*, JA 1987, 337, 343; *Röttger*, Kernbereichslehre, S. 46 f.; *Wiedemann*, WM 1990, Sonderbeilage Nr. 8, 1, 21 und siehe unten D) § 3 III.

210 *Sack*, in: Staudinger, Kommentar zum BGB, 2003, § 138 BGB, Rn. 26 ff.; *Hönn*, JA 1987, 337, 343; *Röttger*, Kernbereichslehre, S. 46 f.; *Wiedemann*, WM 1990, Sonderbeilage Nr. 8, 1, 21 und siehe unten D) § 3 III.

211 *Esser/Schmidt*, Schuldrecht AT, § 10 II 2 a, S. 162; *Loritz*, JZ 1986, 1073, 1075 f.; vgl. *Thomas*, Haftungsfreistellung, S. 63.

212 *Thomas*, Haftungsfreistellung, S. 63.

213 Vgl. *Esser/Schmidt*, Schuldrecht AT, § 10 II 2 a, S. 162; *Hey*, Freie Gestaltung, S. 205; vgl. *Thomas*, Haftungsfreistellung, S. 64 und siehe unten D) § 3.

214 Vgl. *Thomas*, Haftungsfreistellung, S. 64.

215 Siehe sogleich näher D) § 2 I 3, D) § 2 II.

richtigerweise vor allem darauf zu beschränken, die einzelne Person vor dem Verlust der Autonomie und unzumutbaren Einschränkungen zu bewahren.[216] Damit bestätigt diese Vorschrift zugleich die Ansetzung des liberalen Vertragsverständnisses.

3. *Spezifische Wertung des geschriebenen Gesellschaftsrechts*

Allgemein und für alle Gesellschaftsformen gültig wird der Individualschutz nach übereinstimmender Meinung durch die Teilhaberechte (Stimmrechte, Recht an der Geschäftsführung), Kontrollrechte (Informations- und Klagerechte) und Vermögensrechte sichergestellt.[217]

a) GbR - OHG

Im Ausgangspunkt ist der gesetzlich angelegte Individualschutz im Personengesellschaftsrecht als relativ umfassend zu beurteilen.[218] Beschlüsse sind gem. §§ 709 Abs. 1 BGB, 119 Abs. 1 HGB einstimmig zu fassen, Vertragsänderungen sind mehrheitsfest und können nicht gegen den Willen des Einzelnen durchgesetzt werden. Gem. § 707 BGB (i. V. m. § 105 Abs. 3 HGB) besteht keine Pflicht des Gesellschafters, seine Einlage zu erhöhen. Bei der OHG ist jeder einzelne Gesellschafter, der persönlich haftet, gem. § 114 Abs. 1 HGB zur Geschäftsführung berechtigt und verpflichtet. Entsprechendes gilt für die GbR gem. § 709 Abs. 1 BGB mit der Abweichung, dass von einer einheitlichen Gesamtgeschäftsführungsbefugnis auszugehen ist. Gewährleistet wird damit jeweils ein umfassendes Mitwirkungsrecht in den Angelegenheiten der Gesellschaft, das vor einer Fremdbestimmung durch die weiteren Gesellschafter schützt. Zudem kommen den Gesellschaftern die Informations- und Kontrollrechte nach §§ 716 Abs. 1 BGB, 118 Abs. 1 HGB zu. Die Gesellschafter verfügen gem. §§ 723 f. BGB, 132 f. HGB über umfassende Lösungsmöglichkeiten, um den Status quo ante wiederherzustellen. Gem. §§ 721, 722 BGB, 121, 122 HGB nehmen sie grundsätzlich am Gewinn der Gesellschaft teil.

Die genannten gesetzlichen Regelungen sind jedoch weitgehend dispositiv.[219] Die dabei elementare Norm des § 109 HGB in Bezug auf die OHG legt fest, dass sich „das Rechtsverhältnis der Gesellschafter untereinander [...] zunächst nach

---

216 *Esser/Schmidt*, Schuldrecht AT, § 10 II 2 a, S. 162 und unten D) § 2 III.

217 *Kuntz*, Gestaltung von Kapitalgesellschaften, S. 451; *Wiedemann*, Gesellschaftsrecht Bd. 1, § 7 II, S. 366.

218 Siehe allgemein *Hey*, Freie Gestaltung, S. 98.

219 *Flume*, Personengesellschaft, § 13 I, S. 189; *Hopt*, ZGR-Sonderheft 13 (1998), 123, 124.

dem Gesellschaftsvertrage [richtet]“ und „die Vorschriften der §§110 bis 122 nur insoweit Anwendung [finden], als nicht durch den Gesellschaftsvertrag ein anderes bestimmt ist.“ Dies gilt bei der GbR im Grundsatz gleichermaßen, da das Gesetz für das Innenverhältnis regelmäßig die Regelungen des Gesellschaftsvertrags in den Mittelpunkt stellt.[220]

Es ist möglich, vom Prinzip der Einstimmigkeit bei Beschlüssen der Gesellschafter abzuweichen.[221] Personengesellschaftsrechtliche Gesellschaftsverträge dürfen Mehrheitsklauseln enthalten, die entweder allgemein oder nur für bestimmte Beschlussgegenstände gelten und festlegen, dass jene von der Mehrheit, berechnet nach Köpfen oder nach Kapitalanteilen, gefasst werden.[222] Es ist gestattet, dem Gesellschafter in weiten Bereichen des „Lebens“ der Gesellschaft sein Stimmrecht zu entziehen, Gesellschafter von der Geschäftsführung auszuschließen oder ihre Wirkungsmöglichkeiten (vgl. etwa §709 Abs.2 BGB) einzuschränken sowie die Beteiligung gewinnlos zu stellen.[223] Selbst die Norm des §707 BGB ist abdingbar, soweit die Grenzen der Nachschusspflicht klar umrissen sind.[224]

b) GmbH

Neben der Partizipationsmöglichkeit am Gewinn der Gesellschaft (§29 GmbHG) und den Lösungsrechten und -möglichkeiten von seiner Beteiligung an der Gesellschaft (Veräußerung mittels Übertragung des Gesellschaftsanteils, §15 GmbHG) verfügt der GmbH-Gesellschafter auch über gesetzlich verfasste Mitwirkungs- und Kontrollrechte. Diese schützen aber unter Ausnahme

---

220 §§706, 709 Abs.2, 710 S.1, 711 S.1, mittelbar 713 Hs.2, 714, 716 Abs.2, 722, 727 Abs.1, 737 S.1 BGB.

221 *K. Schmidt*, Gesellschaftsrecht, §16 II 2 a, S.453.

222 *Klöhn*, AcP 216 (2016), 281, 285.

223 Zur Geschäftsführung *Rawert*, in: MünchKommHGB, §114 HGB, Rn.18, 21f.; *Schäfer*, in: MünchKommBGB, §709 BGB, Rn.1; zum Gewinnausschluss *Priester*, in: MünchKommHGB, §121 HGB, Rn.37; *Schäfer*, in: MünchKommBGB, §722 BGB, Rn.5; zum Prinzip der Einstimmigkeit *Enzinger*, in: MünchKommHGB, §119 HGB, Rn.5; *Schäfer*, in: MünchKommBGB, §709 BGB, Rn.82; zum Stimmrecht *Roth*, in: Baumbach/Hopt, HGB, §119 HGB, Rn.13; *Schäfer*, in: MünchKommBGB, §709 BGB, Rn.63.

224 BGH NJW 1983, 164; BGH NJW-RR 2008, 419, 420, Rn.17; *Servatius*, in: Henssler/Strohn, Gesellschaftsrecht, §707 BGB, Rn.1; *K. Schmidt*, Gesellschaftsrecht, §16 III 3 b cc, §47 II 1 b, S.473, 1376; *Schöne*, in: Beck'scher Online Kommentar BGB, §707 BGB, Rn.8; *Stürner*, in: Jauernig, BGB, §707 BGB, Rn.3 (h.M.); a.A. *Schäfer*, in: MünchKommBGB, §707 BGB, Rn.2.

des § 51a GmbHG infolge des gesetzlich angeordneten Mehrheitsprinzips und des Zuschnitts auf die Gesellschaftergesamtheit (§§ 47 Abs. 1 GmbHG, 53 Abs. 2 GmbHG) nicht so weitreichend wie bei den Personengesellschaften. Bei maßgeblichen Fragen, die die Unternehmensführung betreffen, ist von Gesetzes wegen das Prinzip der Mehrheitsherrschaft angelegt (§§ 29, 37, 38, 46 GmbHG) und der Schutz der Gesellschafter in ihrer Gesamtheit in den Vordergrund gestellt. Lediglich mittelbare Schutzwirkung gegenüber den einzelnen Beteiligten entfalten die Normen der §§ 30, 31, 43 GmbHG.[225] Innerhalb des Innenverhältnisses der GmbH besteht – wie der § 45 Abs. 2 GmbHG zeigt – in Parallele zu den Personengesellschaften eine umfassende Gestaltungsfreiheit. Damit ist gleichsam die Möglichkeit für die Gesellschafter eröffnet, ihre Gesellschaft nach ihren Bedürfnissen und Wünschen zu gestalten.[226] Infolgedessen sind selbst die vorhandenen individualschützenden Rechte nicht uneingeschränkt zwingend. Wie bei den Personengesellschaften ist es möglich, das Stimmrecht des Gesellschafters umfassend zu reduzieren oder die Gesellschaftsbeteiligung gewinnlos zu stellen.[227]

c) *Ausdrücklich zwingende Regelung als Ausnahme*

Diesem Regelungsmuster folgend bleibt die ausdrücklich zwingende Anordnung des Individualschutzes durch den Wortlaut des Gesetzes die Ausnahme. Während der werbenden Phase[228] der Gesellschaft wird lediglich bei der einseitigen

---

225 Regelmäßig wird angenommen, dass die Grundsätze der Kapitalerhaltung nach §§ 30, 31 GmbHG auch dem Beteiligtenschutz dienen (siehe soweit *Ekkenga*, in: MünchKommGmbHG, § 30 GmbHG, Rn. 16; *Haberer*, Zwingendes Kapitalgesellschaftsrecht, S. 203; *Kuntz*, Gestaltung von Kapitalgesellschaften, S. 477, 480 f.; ablehnend *Bitter*, ZHR 168 (2004), 302, 351). Die Ausführungen in der Literatur (*Ekkenga*, in: MünchKommGmbHG, § 30 GmbHG, Rn. 9; *Heidinger*, in: Michalski, GmbHG, § 30 GmbHG, Rn. 7; *Möslein*, Dispositives Recht, S. 22) zur Geltungsform lassen jedoch erkennen, dass deren zwingende Wirkung sich allein aus den Gründen des Gläubigerschutzes legitimiert.

226 *Hüffer*, in: Hachenburg, GmbHG, § 45 GmbHG, Rn. 1; *Lieder*, in: Michalski, GmbHG, § 13 GmbHG, Rn. 13; *J. Schmidt*, in: Michalski, GmbHG, Überblick, Rn. 11.

227 Zum Gewinnausschluss *Ekkenga*, in: MünchKommGmbHG, § 29 GmbHG, Rn. 6; zum Stimmrechtsausschluss *Casper*, in: Bork/Schäfer, GmbHG, § 47 GmbHG, Rn. 21.

228 Infolge dieser Einordnung sind auch die im Grunde zwingenden Lösungsrechte der einzelnen Gesellschafter, die übereinstimmend den Rechten des Individualschutzes zugeordnet werden, nicht zu beachten. Jene sind nicht mehr auf die Teilhabe am Leben der Gesellschaft gerichtet, sondern verfolgen – wie der Name schon sagt – den entgegengesetzten Zweck der Loslösung von der Gesellschaft (*Wiedemann*, Gesellschaftsrecht Bd. 1, § 7 II, S. 365 und siehe unten F) § 1 IV 2 b)).

Gestaltung der Informationsrechte nach §§ 716 Abs. 1 BGB, 118 Abs. 1 HGB, 51a Abs. 1 GmbHG zulasten des Einzelnen der Gestaltungsfreiheit der Beteiligten expressis verbis eine Grenze gezogen (§§ 716 Abs. 2 BGB, 118 Abs. 2 HGB, 51a Abs. 3 GmbHG). Bei den Personengesellschaften erachtet das Gesetz ein Einschreiten sogar erst dann als notwendig, wenn die Grenze der Redlichkeit beseitigt werden soll (§§ 716 Abs. 2 BGB, 118 Abs. 2 HGB).

Nach alledem ist nach der Aussage des Gesetzes innerhalb der spezifischen gesellschaftsrechtlichen Normen der Schluss zu ziehen, dass die Gestaltungsfreiheit der Beteiligten und damit die eigenverantwortliche Wahrnehmung ihrer eigenen Belange die Regel ist. Von dieser Regel existieren lediglich vereinzelt Ausnahmen. Dadurch wird der allgemeine Regelungsansatz des BGB der freiheitlichen Gestaltung fortgeführt.

II. Konkreter gesetzlicher Bezug innerhalb des Minderheitenschutzes

Die Verantwortung für einen ausreichenden Minderheitenschutz hat das Gesetz ebenso den Gesellschaftern auferlegt. Stets zu wahrende Voraussetzung ist insoweit lediglich, dass die Willensbetätigung tatsächlich frei war.[229] Infolge der fehlenden gesetzlichen Etablierung des Mehrheitsprinzips im Recht der Personengesellschaften fehlen notwendigerweise spezifisch minderheitsschützende Normen. Aber selbst im Recht der GmbH sind ausdrücklich spezifische minderheitsschützende Vorschriften die absolute Ausnahme (§§ 50, 61, 66 GmbHG). Auf die werbende Phase der Gesellschaft bezogen, existiert nur eine Norm, die einen ausdrücklichen Regelungssatz zugunsten der Minderheit enthält, nämlich § 50 GmbHG. Die heute herrschende Meinung erachtet diese Norm zwar unter Heranziehung des Sinns und Zweckes der Vorschrift (Minderheitenschutz), des Kernbereichs sowie des Wesens der GmbH als unabdingbar, soweit eine Gestaltung zulasten der Minderheit getroffen werden soll.[230] Gegen diese Charakterisierung sprechen aber die systematisch überzeugenden Argumente der Gegenansicht, die für eine Abdingbarkeit angeführt werden: eine entsprechende Gesetzgebungsgeschichte, die mangelnde Erkennbarkeit der zwingenden Wirkung im Wortlaut der Norm, der Hinweis auf die gesetzliche Ausgangslage. Schließlich offenbart der Umkehrschluss aus § 51a Abs. 3 GmbHG, dass der

229 Vgl. oben D) § 2 I 1.

230 *Liebscher*, in: MünchKommGmbHG, § 50 GmbHG, Rn. 76; *Zöllner/Noack*, in: Baumbach/Hueck, GmbHG, § 50 GmbHG, Rn. 2.

liberale „Geist" des Gesetzes fortbesteht.[231] Diese zum abdingbaren Charakter des § 50 GmbHG vorgebrachte Argumentationskette hat aufgrund der parallelen gesetzlichen Ausgangslage und Systematik im Gesamten für den nach der Aussage des Gesetzes grundsätzlich disponiblen Charakter des Minderheitenschutzes zu gelten.[232] Das GmbHG überlässt es der Minderheit, bis zur allgemeinen Grenze der §§ 134, 138 BGB selbst für einen ausreichenden Schutz zu sorgen und eigenverantwortlich für die eigenen Belange einzutreten.

III. Grenzen der Gestaltung

Die oben genannte Einschränkung aufgreifend, ist eine privatautonome Gestaltung aus Gründen des Beteiligtenschutzes aber in jedem Fall nicht mehr anzuerkennen, sobald sich ein Vertragspartner gänzlich der Entscheidungsmacht des anderen unterstellt und damit sein persönliches Recht zur Selbstbestimmung vollständig aufgibt.[233] Dogmatisch verortet werden kann diese Schranke der Privatautonomie entweder direkt in § 138 BGB oder in einer eigenständigen, danebenstehenden natürlichen Schranke, die auf dem genannten Grundsatz als selbstständigem Prinzip aufbaut.[234] Die Vertragsfreiheit umfasst nicht, um ihr zukünftiges Funktionieren zu gewährleisten, die Freiheit zur Selbstaufgabe.[235] Gewiss mag jedem Vertragsschluss infolge der eingegangenen rechtsgeschäftlichen Verpflichtung die partielle Aufgabe der Selbstbestimmung immanent sein.[236] Gleichwohl kann es in Übereinstimmung mit der allgemeinen Meinung nicht akzeptiert werden, wenn das einzelne Privatrechtssubjekt seine

---

231 *Meyer-Landrut*, in: Meyer-Landrut, GmbHG, § 50 GmbHG, Rn. 14; *Kühn*, GmbHR 1965, 132, 134 f.; *Schopp*, GmbHR 1976, 126; *Wolff*, in: MünchHdb GmbH, § 39, Rn. 33.

232 Vgl. *C. Teichmann*, RNotZ 2013, 346, 347, der auf die spätere Einfügung des zwingenden § 51a GmbHG und auf die in diesem Zusammenhang fehlende Umkehrung der grundsätzlichen gesetzlichen Konzeption des GmbHG hinweist.

233 Siehe oben C) § 2.

234 *Kähler*, Begriff und Rechtfertigung abdingbaren Rechts, S. 414; *Wedemann*, Gesellschafterkonflikte, S. 323. Basierend auf dem Art. 20 Abs. 3 GG (vgl. auch unten D) § 3 III) ist jedoch grundsätzlich die Ansicht vorzugswürdig, die sich um eine gesetzliche Rückbindung bemüht.

235 *Flume*, Personengesellschaft, § 13 I, S. 191; vgl. *Kübler/Assmann*, Gesellschaftsrecht, § 21 I 2 c, S. 334; *A. Wolf*, Grenzen, S. 48.

236 *Hefermehl*, in: Soergel, BGB, § 138 BGB, Rn. 116; *A. Wolf*, Grenzen, S. 48. Der Betroffene muss sich an einem einmal geäußerten Willen festhalten lassen und zu der getroffenen Entscheidung stehen (*Ohly*, Die Einwilligung, S. 65).

Selbstständigkeit vollständig aufgibt, sich dadurch selbst entmündigt und „zu einem willenlosen Werkzeug des anderen wird".[237] Übertragen auf das Gesellschaftsrecht, bedeutet dies, dass es unzulässig ist, dass die „Gesellschaft vom privatautonom gestalteten Instrument gemeinschaftlicher Zweckverfolgung zum Herrschaftsmittel eines Einzelnen wird."[238]

Bei gesellschaftsvertraglichen Rechtsverhältnissen als Dauerschuldverhältnissen kommt -basierend auf der gesetzlichen Struktur der zwingenden Anordnung der Lösungsrechte (§§ 723 Abs. 3 BGB, 133 HGB, vgl. § 60 Abs. 2 GmbHG) – die Besonderheit hinzu, dass die Möglichkeit bestehen muss, grundsätzlich wieder zur vollständigen Autonomie zurückfinden zu können. Mithin darf die Einschränkung, die mit dem Gesellschaftsverhältnis verbunden ist, grundsätzlich nur vorübergehender Natur sein.[239]

§ 3 Spezifische gesellschaftsrechtliche Grenzen der Gestaltungsfreiheit

Im Gesellschaftsrecht werden jedoch weitere Schranken der Gestaltungsfreiheit diskutiert, die im allgemeinen Zivilrecht nicht existieren. Deren angenommene Konsequenz ist regelmäßig, dass die Gestaltungsfreiheit stärker als im allgemeinen Zivilrecht beschränkt wird.

Generell gilt für alle Gesellschaftsformen, dass sich eine allgemeine Inhaltskontrolle von Gesellschaftsverträgen – orientiert am Maßstab der Angemessenheit der einzelnen vertraglichen Regelungen – nicht durchsetzen konnte. Dies gilt ungeachtet gewisser dahin gehender Bestrebungen[240] und der allgemeinen Ausweitung der Überprüfung des Gesellschaftsvertrags auf einzelne Klauseln[241] durch die Rechtsprechung. Eine solche ist auch mit der herrschenden Literatur fortwährend abzulehnen. Bei diesen Gesellschaftsformen ist das gegensätzlich

---

237 *Hefermehl*, in: Soergel, BGB, § 138 BGB, Rn. 116; *C. Weber*, Privatautonomie, S. 214; *A. Wolf*, Grenzen, S. 48.

238 *Westermann*, Vertragsfreiheit, S. 186; *Schultze-v. Lasaulx*, ZfG 21 (1971), 325, 346.

239 *Beuthien/Gätsch*, ZHR 156 (1992), 459, 475 f.; vgl. *Hefermehl*, in: Soergel, BGB, § 138 BGB, Rn. 121; vgl. *Hey*, Freie Gestaltung, S. 99 ff.; vgl. *Kübler/Assmann*, Gesellschaftsrecht, S. 63; *C. Weber*, Privatautonomie, S. 212.

240 *Wiedemann*, ZGR 1980, 147, 155; eingeschränkt bejahend unter einer extensiven Anwendung des § 138 BGB *Hönn*, JA 1987, 337, 344.

241 Namentlich anzuführen sind die Regelungen mit Bezug auf die freie Hinauskündigung (BGHZ 68, 212 ff.; 81, 263; BGH NJW 2004, 2013, 2014) und den Abfindungsausschluss bzw. die Abfindungseinschränkung (BGHZ 116, 359, 368 ff.; 201, 65, 71, Rn. 15 ff.).

personenunabhängig eingeräumte gültige und gesetzlich angeordnete Primat der Privatautonomie zu beachten.[242] Gleichzeitig fehlt es im Gesellschaftsrecht grundsätzlich an den strukturellen Voraussetzungen für die gerechtfertigte Annahme einer flächendeckenden Inhaltskontrolle, nämlich an der weitgehenden Vorformulierung der Verträge und der „flächendeckenden" Unterlegenheit der Vertragspartner.[243]

Anzumerken ist in diesem Zusammenhang, dass eine einzelfallgeleitete Betrachtung im Hinblick auf die Beurteilung der Zulässigkeit der pauschalen Abbedingung der Treuepflicht rechtsformübergreifend nicht überzeugen kann. Diese wird teilweise von der Literatur gefordert.[244] Als Begründung wird angeführt, dass innerhalb dieser Thematik eine Vielzahl zu beachtender Parameter auftreten würde und daraus die Unmöglichkeit folge, eine allgemeine Aussage zu treffen.[245]

Von Ausnahmefällen[246] abgesehen ist eine personenbezogene Betrachtung hinsichtlich der Reichweite der Gestaltungsfreiheit eine Sondererscheinung. Sie muss daher als generelles Differenzierungskriterium überwiegend ausscheiden. Unabhängig davon, dass diese Auffassung allgemein die gesetzlich eingeräumte Gestaltungsfreiheit bei der GmbH und den Personengesellschaften unterbewertet, leitet dieser Befund über zu dem generellen Defizit jener Ansicht. Sie benennt ihre Kriterien der inhaltlichen Differenzierung nicht ausdrücklich. Damit unterlässt sie es im Kern, die für eine Einschränkung der Privatautonomie notwendig vorzutragenden[247] Gründe offenzulegen.[248]

Weiter sprechen gegen eine allgemeine Inhaltskontrolle gesellschaftsrechtlicher Verträge die sachliche Inkonsequenz, soweit nach der Art des Erwerbsvorgangs differenziert werden würde, sowie die notwendig aufrechtzuerhaltende Beachtung des Verhältnismäßigkeitsgrundsatzes. Die Einhaltung jenes Grundsatzes kann allein dadurch realisiert werden, dass einer Ausübungskontrolle

242 Siehe oben D) § 2.

243 *Haberer*, Zwingendes Kapitalgesellschaftsrecht, S. 251; *Hommelhoff*, ZGR-Sonderheft 13 (1998), 36, 48; *Loritz*, JZ 1986, 1073, 1079; *Zöllner*, FS 100 Jahre GmbHG, S. 85, 101.

244 *Merkt*, in: MünchKommGmbHG, § 13 GmbHG, Rn. 109.

245 *Merkt*, in: MünchKommGmbHG, § 13 GmbHG, Rn. 109.

246 Etwa §§ 104 ff., 138 Abs. 2 BGB, Beteiligung von Verbrauchern, Publikumspersonengesellschaftern.

247 Siehe oben § 3 III und vgl. insoweit auch unten § 4 III 1, § 4 III 2, § 4 III 3.

248 Vgl. insoweit zur fehlenden Eignung der persönlichen Haftung oder der notariellen Beurkundung, als Differenzierungskriterium zu fungieren, D) § 4 II 5.

im Einzelfall gegenüber einer allgemeinen Inhaltskontrolle, die das Verdikt der Nichtigkeit über die einzelne Klausel ausspricht, der Vorzug gewährt wird.[249]

I. „Wesen“ der Gesellschaft

Von der Literatur[250] wurde das „Wesen“ der Gesellschaft als immanente Grenze der Gestaltungsfreiheit im Gesellschaftsrecht genannt. Aus jener Gestaltungsgrenze wurde das Verständnis abgeleitet, dass jeder Gesellschaft einzelne oder in ihrer Gesamtheit elementare Bestimmungen zugrunde liegen. Diese sollten durch eine eigene vertragliche Gestaltung weder verändert noch beseitigt werden können, ohne die gerechte Gestaltung des Gesamtkonzepts oder der Einzelregelung zu gefährden.[251]

Unter Annahme der Beschreibungen, die der Treuepflicht allgemein zugesprochen werden,[252] sollte davon auszugehen sein, dass die Treuepflicht zu einem wesensimmanenten Merkmal der einzelnen Gesellschaften gezählt werden dürfte und demnach aufgrund dieser Schranke der Gestaltungsbefugnis der Parteien entzogen wäre.

Überzeugend verneint jedoch die herrschende Meinung die Eignung der „Wesens-Argumentation“, weiterreichende Schranken der Gestaltungsfreiheit im Gesellschaftsrecht zu begründen. Zum einen wohnt der Lehre vom „Wesen“ der Gesellschaft ein unerklärlicher Gegensatz inne. Sie kann nicht erklären, weshalb auf der einen Seite bei den hier untersuchten Gesellschaftsformen die Gestaltungsfreiheit nach dem Gesetz umfassend gewährt wird,[253] die Gestaltungsfreiheit jedoch auf der anderen Seite erheblich einzuschränken ist. Zum anderen fehlt es der Lehre vom „Wesen“ der Gesellschaft an hinreichend klaren inhaltlichen Kriterien, um festzulegen, was das „Wesen“ der Gesellschaften tatsächlich

---

249 Speziell zum Vorrang der Ausübungskontrolle *Hey*, Freie Gestaltung, S. 313 ff.; *Loritz*, JZ 1986, 1073, 1078 ff.; vgl. *K. Schmidt*, Gesellschaftsrecht, § 16 II 4 b aa, S. 463; ausfl. zu den Gründen gegen eine allgemeine Inhaltskontrolle *Haberer*, Zwingendes Kapitalgesellschaftsrecht, S. 251; *Hofmann*, Minderheitenschutz, S. 372; *Hey*, Freie Gestaltung, S. 296 ff.; *Kreutz*, ZGR 1983, 109, 115; *Loritz*, JZ 1986, 1073, 1078 ff.; *Schäfer*, in: Staub, GroßkommHGB, § 109 HGB, Rn. 39 f.; *Zöllner*, FS 100 Jahre GmbHG, S. 85, 100 f.

250 *Hey*, Freie Gestaltung, S. 224; vgl. auch *Becher*, NJW 1961, 1998, 1999; *Schultze-v. Lasaulx*, ZfG 21 (1971), 325, 328.

251 Zusammenfassend *Hey*, Freie Gestaltung, S. 223 f.

252 Siehe oben A) § 1.

253 Siehe oben D) § 2 I 3, D) § 2 II.

ist.[254] Dadurch wird, ohne einen Mehrwert zu erzeugen und die tatsächlichen Sachargumente zu benennen, ohne Not die Gefahr einer unangebracht weiten gefühlsmäßigen Interpretation hervorgerufen. Zu befürchten ist damit, dass dem System der Gesellschaften jegliche Innovations- und Anpassungsfähigkeit für die Zukunft genommen wird.[255]

Schließlich ist es möglich, in den wesentlichen Normen der Gesellschaft oder in dem „Wesen" der Gesellschaft lediglich eine Beschreibung der Vorstellung einer typischen Gesellschaft zu sehen, wie sie der Gesetzgeber vor Augen hatte. Nicht notwendig ist daraus unmittelbar eine Aussage über den zwingenden oder nicht zwingenden Charakter einer Regelung abzuleiten.[256]

II. Institution, Typengesetzlichkeit und Struktur der Gesellschaft

Mit ähnlich vorgebrachten Begründungsmustern sind auch weitere, maßgeblich für das Gesellschaftsrecht diskutierte Schranken der Gestaltungsfreiheit abzulehnen. Zu ihnen zählen die hauptsächlich in den siebziger Jahren entwickelte Lehre des Institutsmissbrauchs,[257] die Lehre vom Typenzwang der Gesellschaft[258] und die Annahme zwingender Strukturelemente der Gesellschaften.

---

254 *Armbrüster*, ZGR 2014, 333, 338 f.; *Beuthien/Gätsch*, ZHR 156 (1992), 459, 470 f.; *Fleischer*, ZGR 2016, 36, 80; *Haberer*, Zwingendes Kapitalgesellschaftsrecht, S. 163; *Hey*, Freie Gestaltung, S. 225; *Kreutz*, ZGR 1983, 109, 119; vgl. *Schockenhoff*, AcP 193 (1993), 35, 51; *C. Weber*, Privatautonomie, S. 151; vgl. *Wedemann*, Gesellschafterkonflikte, S. 328.

255 *Armbrüster*, ZGR 2014, 333, 338 f.; *Beuthien/Gätsch*, ZHR 156 (1992), 459, 470 f.; *Flume*, Personengesellschaft, § 13 I, S. 191; *Hey*, Freie Gestaltung, S. 225; vgl. *Kreutz*, ZGR 1983, 109, 119; *Scheuerle*, AcP 163 (1964), 429, 469; *Schultze-v. Lasaulx*, ZfG 21 (1971), 325, 329, 349; *C. Weber*, Privatautonomie, S. 151; *A. Wolf*, Grenzen, S. 12.

256 *C. Weber*, Privatautonomie, S. 151 f.

257 *Röttger*, Kernbereichslehre, S. 24; *K. Schmidt*, Gesellschaftsrecht, § 5 III 2 c, S. 117; ausf. zu ihrem Inhalt *Habersack*, Vertragsfreiheit, S. 36 f.; *A. Teichmann*, Gestaltungsfreiheit, S. 17 ff., 21, 35 ff., 46; *C. Weber*, Privatautonomie, S. 154.

258 Ausf. zur Entwicklung des Typus zur zwingenden Schranke der Gestaltungsfreiheit *Hey*, Freie Gestaltung, S. 228; *C. Weber*, Privatautonomie, S. 152; ausf. zum Inhalt der Typuslehre *Joch*, Gestaltungsfreiheit, S. 153 f.; *Kübler/Assmann*, Gesellschaftsrecht, § 21 I 3 a, S. 335; *Schultze-v. Lasaulx*, ZfG 21 (1971), 325, 329; *A. Teichmann*, Gestaltungsfreiheit, S. 43 ff; *Wiedemann*, Gesellschaftsrecht Bd. 2, § 2 IV 2 a bb, S. 138.

Neben spezifisch zu erhebenden Vorwürfen und Begründungsdefiziten,[259] wie etwa der Missachtung der rechtstatsächlichen[260] und -historischen[261] Realität und einem entgegenstehenden Bedürfnis der Praxis, leiden sie allesamt an ähnlichen Defiziten wie die Gestaltungsgrenze des „Wesens" der Gesellschaft. Mit den entsprechenden Konsequenzen ist ihnen gleichsam ein Fehlen an begrifflicher Klarheit[262] sowie ihre Unfähigkeit, inhaltlich eindeutige Kriterien für die Ermittlung zwingender Regelungen zu benennen, vorzuwerfen.[263]

III. „Grundprinzipien" des Gesellschaftsrechts

Als richterrechtlich im Gesellschaftsrecht entwickelte Schranke und vor allem als Argumentationsmuster bei der Einstufung der Unzulässigkeit der freien Hinauskündigungsklauseln eingesetzt, sind die sog. „Prinzipien des Gesellschaftsrechts" anzuführen. Jene sollen einen zwingenden Standard sicherstellen, der über das rechtsethische Minimum des § 138 Abs. 1 BGB hinausgeht.[264] Die

---

259 Zur Lehre vom Institutsmissbrauch ist anzuführen, dass sie nicht in der Lage ist, zu erklären, wie vor der Herausbildung zwingender Schranken zu handeln ist, und dass sie infolge ihres breiten Ansatzes eher als Sozialwissenschaft denn als Rechtswissenschaft wirkt (*Flume*, Personengesellschaft, § 13 I, S. 190; vgl. *Duden*, ZGR 1973, 360, 363; *Haberer*, Zwingendes Kapitalgesellschaftsrecht, S. 253; *Joch*, Gestaltungsfreiheit, S. 142 ff., 150 f.; vgl. *Kreutz*, ZGR 1983, 109, 119; vgl. *Loritz*, JZ 1986, 1073, 1078; *Wedemann*, Gesellschafterkonflikte, S. 327 f.).

260 Zur Typuslehre vgl. *Loritz*, JZ 1986, 1073, 1078; *Kübler/Assmann*, Gesellschaftsrecht, § 21 I 3 a, S. 335; *C. Weber*, Privatautonomie, S. 153; *Schultze-v. Lasaulx*, ZfG 21 (1971), 325, 329; *Wedemann*, Gesellschafterkonflikte, S. 327 f.; *Wiedemann*, WM 1990, Sonderbeilage Nr. 8, 1, 18.

261 Zur Typuslehre *Duden*, ZGR 1973, 360, 363; *Kübler/Assmann*, Gesellschaftsrecht, § 21 I 3 a, S. 335; *Röttger*, Kernbereichslehre, S. 26.

262 *Schockenhoff*, AcP 193 (1993), 35, 58.

263 Zum Institutsmissbrauch *Flume*, Personengesellschaft, § 13 I, S. 190; vgl. *Duden*, ZGR 1973, 360, 363; *Haberer*, Zwingendes Kapitalgesellschaftsrecht, S. 253; *Joch*, Gestaltungsfreiheit, S. 142 ff.; vgl. *Kreutz*, ZGR 1983, 109, 119; vgl. *Loritz*, JZ 1986, 1073, 1078; *Roth*, in: Baumbach/Hopt, HGB, § 109 HGB, Rn. 3; *Wedemann*, Gesellschafterkonflikte, S. 327 f.; zur Typuslehre vgl. *Hey*, Freie Gestaltung, S. 230; *Röttger*, Kernbereichslehre, S. 26; vgl. *C. Weber*, Privatautonomie, S. 153; *Wiedemann*, Gesellschaftsrecht Bd. 2, § 2 IV 2 a bb, S. 139; zur weitgehenden Übertragung der genannten Argumente auf die Schranke der „Struktur" der Gesellschaft *Schultze-v. Lasaulx*, ZfG 21 (1971), 325, 330; *Wedemann*, Gesellschafterkonflikte, S. 327 f.; *Grziwotz*, in: MünchHdb GmbH, § 18, Rn. 13.

264 Siehe zu dieser Einstufung *Hey*, Freie Gestaltung, S. 226; *Kreutz*, ZGR 1983, 109, 111; *Loritz*, JZ 1986, 1073, 1075.

Zuordnung der gesellschaftsrechtlichen Treuepflicht selbst zu jenen Prinzipien wird, soweit dazu Stellung genommen wird, überwiegend anerkannt. So wird sie von der Rechtsprechung und Literatur als ein „fundamentales Grundprinzip des Gesellschaftsrechts“[265] bezeichnet. Danach wäre eine vollständige Abbedingung der organschaftlichen und mitgliedschaftlichen Treuepflicht zu verneinen.

Der BGH[266] charakterisiert diese Prinzipien entgegen einer breiten Meinung in der Literatur[267] teilweise dogmatisch als eigenständige, ungeschriebene Schranke der Gestaltungsfreiheit, die gesondert neben dem § 138 Abs. 1 BGB zu berücksichtigen ist. Dieser Weg ist abzulehnen. Dem Richterrecht kommt nicht der gleiche Rang zu wie den geschriebenen Normen respektive dem insoweit gleichstehenden Gewohnheitsrecht (Art. 2 EGBGB). Richterrecht ist nicht in der Lage, zwingendes Recht zu setzen.[268] Zum einen würde es unter Beachtung des Grundsatzes der Gewaltenteilung gem. Art. 20 Abs. 3 GG[269] einer verfassungsrechtlich nicht hinnehmbaren Selbstermächtigung der Richter gleichkommen, wenn sie hierzu in der Lage wären.[270] Zum anderen bestätigt das bestehende Normenprogramm die Ablehnung einer solchen richterlichen Befugnis. Mit Ausnahme des Falls des § 31 BVerfGG existiert keine Bindung der Gerichte an vorangegangene Entscheidungen.

Ebenfalls kann *Wiedemanns* Annahme, dass das Richterrecht aufgrund seiner faktischen Wirkung (Grundsatz der rechtssicheren Beratung, Orientierung der Gerichte an den oberen Instanzen) zwingend sei,[271] nicht gefolgt werden. Dem

---

265 Zur mitgliedschaftlichen Treuepflicht (aber verallgemeinerungsfähig) vgl. nur BGHZ 81, 263, 266; *Lutter*, ZHR 162 (1998), 164, 166; *K. Schmidt*, Gesellschaftsrecht, § 16 II 4 c, S. 465, 1375; *Schöne*, in: Beck'scher Online Kommentar BGB, § 705 BGB, Rn. 101; andeutungsweise auch *Winter*, Treuebindungen, S. 216.

266 BGHZ 81, 263, 266; BGH NJW 1985, 2241, 2422.

267 *Hönn*, JA 1987, 337, 343; *Röttger*, Kernbereichslehre, S. 46 f.; *Sack*, in: Staudinger, Kommentar zum BGB, 2003, § 138 BGB, Rn. 41; *Wiedemann*, WM 1990, Sonderbeilage Nr. 8, 1, 21.

268 BVerfGE 84, 212, 227; *Larenz/Canaris*, Methodenlehre, S. 255; *Looschelders/Roth*, Juristische Methodik, S. 302; vgl. *Sack*, in: Staudinger, Kommentar zum BGB, 2003, § 138 BGB, Rn. 48; *Waclawik*, DB 2005, 1151, 1153; *Weischer*, Das Grundrecht auf Vertragsfreiheit, S. 23.

269 Prägnant *Picker*, Richterrecht, S. 85, 102: „Er belegt, vielen Widerlegungsversuchen zum Trotz, von vornherein bereits von Verfassungs wegen die mangelnde rechtliche Kompetenz des Richters zu generalisierenden Rechtskreationen.“

270 Vgl. *Looschelders/Roth*, Juristische Methodik, S. 302; *Weischer*, Das Grundrecht auf Vertragsfreiheit, S. 22 f.

271 *Wiedemann*, Gesellschaftsrecht Bd. 2, § 1 III 3, S. 35 f.

Richterrecht kommt höchstens die Bedeutung eines funktionalen Äquivalents zu den genannten Rechtsnormen (Art. 2 EGBGB) zu. Daraus resultiert jedoch gleichwohl kein gleichlaufender Rang. Stets ist der Richter angehalten – unter notwendiger Berücksichtigung des Parteiwillens –,[272] den Einzelfall zu beurteilen. Allein dadurch ist eine Beseitigung der faktischen Wirkung nicht auszuschließen.

Grundsätzlich ist damit zwar die Ansicht der Literatur vorzugwürdig, da sie sich um eine Rückbindung an das Gesetz bemüht. Sie erfährt dadurch eine erhöhte dogmatische Legitimation.[273] Allerdings können die Prinzipien des Gesellschaftsrechts infolge des eng zu verstehenden Begriffs der Sittenwidrigkeit nicht innerhalb des § 138 Abs. 1 BGB integriert werden.[274] Demnach sind sie als Schranke der Gestaltungsfreiheit nicht zu akzeptieren. Abschließend dürfen die allgemeinen Mängel der „Grundprinzipien des Gesellschaftsrechts" nicht übersehen werden, die denen, die dem „Wesen" der Gesellschaft anhaften, weitgehend entsprechen.[275]

IV. Absoluter Kernbereich im Gesellschaftsrecht

Als weitere ungeschriebene Schranke der Vertragsfreiheit, entwickelt von der Rechtsprechung und Lehre,[276] wurde, und wird teilweise noch gesellschaftsübergreifend[277] der stets[278] und absolut zu beachtende Kernbereich[279] der Mitgliedschaft genannt. Jener soll wie die anderen aufgezeigten Schranken die Gestaltungsfreiheit im Gesellschaftsrecht stärker als im übrigen Vertragsrecht

---

272 *Möslein*, Dispositives Recht, S. 427; vgl. *Seidl*, ZGR 1988, 296, 302.

273 Vgl. oben D) § 2 III.

274 Siehe oben D) § 2 I 3 c).

275 Siehe oben D) § 3 I und *Armbrüster*, ZGR 2014, 333, 339; *Haberer*, Zwingendes Kapitalgesellschaftsrecht, S. 163; *Hey*, Freie Gestaltung, S. 227; vgl. *Kreutz*, ZGR 1983, 109, 111, 119; *Loritz*, JZ 1986, 1073, 1074. *Loritz*, JZ 1986, 1073, 1074 konstatiert zu den Urteilen, die im Zusammenhang mit den Gesellschafterausschlüssen nach freiem Ermessen ergingen (BGHZ 81, 263, 266 ff.; BGH NJW 1985, 2421, 2422) und deren Unzulässigkeit maßgeblich mit den „Grundprinzipien" des Gesellschaftsrechts begründeten: „Thesen statt Begründungen, so kann man diese Rechtsprechung charakterisieren!"

276 *Schmolke*, Grenzen der Selbstbindung, S. 528; *Wiedemann*, Gesellschaftsrecht Bd. 2, § 3 III 2 d, S. 219.

277 Zur Anwendung der Kernbereichslehre auf die Kapitalgesellschaften *Haberer*, Zwingendes Kapitalgesellschaftsrecht, S. 121; *Schäfer*, GmbHR 1998, 168, 169.

278 *Koppensteiner*, GesRZ 2009, 197, 203; *Schmolke*, Grenzen der Selbstbindung, S. 530.

279 Siehe insgesamt zum Anwendungsbereich des absoluten Kernbereichs zusammenfassend *Hey*, Freie Gestaltung, S. 238 ff.

begrenzen.[280] Ziel dieser Ausprägung der Kernbereichslehre ist es, einen Mindestumfang mitgliedschaftlicher Rechte und die Selbstbestimmung der Beteiligten zu sichern.[281] Für den Gesellschafter soll ein bestimmter Teil der Mitgliedschaft existieren, der für ihn gänzlich unverzichtbar ist und unabhängig von der konkreten Art der Gestaltung (anfängliche Zustimmung, antizipierte Zustimmung, Unterwerfen unter die Mehrheitsherrschaft, nachträgliche Zustimmung) der privatautonomen Verfügungsbefugnis entzogen ist.[282]

Entsprechend der Diskussion[283] um die „Prinzipien des Gesellschaftsrechts" wird die dogmatische Grundlage des Kernbereichs der Mitgliedschaft mittels einer weiten Auslegung im § 138 Abs. 1 BGB[284] gesehen. Alternativ wird sie, ohne auf eine direkte gesetzliche Anknüpfung abzustellen, in einer danebenstehenden eigenständigen Schranke verortet.

Ohne weitere Ausführungen vorzunehmen, wird diese Lehre teilweise als Grund dafür angeführt, dass die Gesellschafter die organschaftliche oder mitgliedschaftliche Treuepflicht nicht abbedingen können.[285]

Übereinstimmend mit den bisher diskutierten ungeschriebenen, spezifischen Schranken der Gestaltungsfreiheit innerhalb des Gesellschaftsrechts ist jedoch die Eignung der absoluten Kernbereichslehre im Sinne der ersten Stufe als Schranke[286] der Gestaltungsfreiheit zu negieren. Dies gilt jedenfalls, soweit die absolute Kernbereichslehre über die niedergelegten Wertungen des Wortlauts des Gesetzes hinausreicht und damit ihre Wirkung als begriffliche Zusammenfassung dieser Wertungen verlässt. Zu begründen ist dies mit der fehlenden Legitimation durch den Gesetzgeber und dem eingeschränkten argumentativen Erkenntnisgewinn dieser Lehre gegenüber dem § 138 BGB[287] sowie den weiteren ausdrücklich zwingenden Normen des Gesetzes.

---

280 *Röttger*, Kernbereichslehre, S. 12, 96; *Wiedemann*, Gesellschaftsrecht Bd. 2, § 3 III 2 d, S. 219.

281 *Geier*, Gestaltungsfreiheit, S. 89; *Röttger*, Kernbereichslehre, S. 97; *U. H. Schneider*, ZGR 1978, 1, 16; *A. Teichmann*, Gestaltungsfreiheit, S. 167, 171 und siehe oben B) § 2 II 6 b) bb).

282 *Röttger*, Kernbereichslehre, S. 96.

283 Siehe oben D) § 3 III.

284 Vgl. *Reuter*, JZ 1986, 16; *Mestmäcker*, AcP 168 (1968), 235, 254 f.

285 Speziell zur vollständigen Freistellung des Organvertreters vom Wettbewerbsverbot vgl. *Haar*, Die Personengesellschaft im Konzern, S. 163; vgl. *Sina*, DStR 1991, 40, 41.

286 Siehe näher zur Kernbereichslehre B) § 2 II 6 b) bb).

287 *Armbrüster*, ZGR 2014, 333, 336; *Geier*, Gestaltungsfreiheit, S. 90; *Hey*, Freie Gestaltung, S. 238 ff.

V. Gleichbehandlungsgrundsatz

Soweit nur ein einzelnes Mitglied von der Beachtung der Treuepflicht bei Abschluss des Vertrags befreit werden soll, kann der bei allen Gesellschaftsformen anerkannte Gleichbehandlungsgrundsatz[288] der Abbedingung der mitgliedschaftlichen Treuepflicht nicht entgegengehalten werden.

Bei der ursprünglichen gesellschaftsrechtlichen Vertragsgestaltung beansprucht der Gleichbehandlungsgrundsatz keine Geltung. Zu Recht wird zwischen der Ungleichbehandlung von Gleichartigem als der nachgelagerten Ebene und der Möglichkeit, die Ungleichartigkeit zu begründen, als der vorgelagerten Ebene differenziert.[289] Ergebnis hiervon ist, dass eine Ungleichbehandlung im Sinne des Gleichbehandlungsgebots zu verneinen ist. Der Gleichbehandlungsgrundsatz kann damit nicht als zwingende Schranke der Vertragsfreiheit bei Abschluss des Vertrags angesehen werden.[290] Die Hemmnisse, die der gesellschaftsrechtliche Gleichbehandlungsgrundsatz in Form des Verbots der sachlich nicht gerechtfertigten Differenzierungen zwischen den einzelnen Gesellschaftern im Falle des späteren Lebens der Gesellschaft aufstellt, gelangen nicht zur Anwendung.[291]

Daneben ist auf die verallgemeinerungsfähige Wertung des § 35 BGB zu verweisen. Aus dieser ergibt sich, dass der Gleichbehandlungsgrundsatz bis zur Grenze des § 138 BGB vollständig abdingbar ist.[292] Infolge dieser weiten Abdingbarkeit und der Parallelität der eingeräumten Gestaltungsfreiheit ist es nicht

---

288 Ausdrücklich ist dieser innerhalb des § 53a AktG sowie mittelbar in vielen anderen Normen des Gesellschaftsrechts integriert, vertiefend *Hey*, Freie Gestaltung, S. 219; *Hüffer*, FS Steindorff, S. 59, 72; *Lieder*, in: Michalski, GmbHG, § 13 GmbHG, Rn. 110 f.; *Lutter*, AcP 180 (1980), 84, 122; *Nitschke*, Personengesellschaft, S. 177 f.; *K. Schmidt*, Gesellschaftsrecht, § 4 II 4 b, S. 462.

289 *Haberer*, Zwingendes Kapitalgesellschaftsrecht, S. 117; vgl. *Nitschke*, Personengesellschaft, S. 178; *K. Schmidt*, Gesellschaftsrecht, § 4 II 4 b aa, S. 463; *Schultze-v. Lasaulx*, ZfG 21 (1971), 325, 344; *Schäfer*, in: MünchKommBGB, § 705 BGB, Rn. 247; *Zöllner/Noack*, in: Baumbach/Hueck, § 45 GmbHG, Rn. 7.

290 Vgl. *Hey*, Freie Gestaltung, S. 219; *Nitschke*, Personengesellschaft, S. 178.

291 *M. Weber*, Vormitgliedschaftliche Treuebindungen, S. 56.

292 *Hey*, Freie Gestaltung, S. 219 f.; *K. Schmidt*, Gesellschaftsrecht, § 4 II 4 b aa, S. 463; *Schäfer*, in: MünchKommBGB, § 705 BGB, Rn. 247; *Schöne*, in: Beck'scher Online Kommentar BGB, § 705 BGB, Rn. 109; a. A. *Fastrich*, in: Baumbach/Hueck, § 13 GmbHG, Rn. 33; *Koch*, in: Hüffer, Aktiengesetz, § 53a AktG, Rn. 5; *Lieder*, in: Michalski, GmbHG, § 13 GmbHG, Rn. 109.

überzeugend, den Gleichbehandlungsgrundsatz als Argument anzuführen, um die Abbedingung der mitgliedschaftlichen Treuepflicht abzulehnen.[293]

Bei der Abbedingung der Treuepflicht des Fremdgeschäftsführers der GmbH ist im Übrigen zu beachten, dass der Anwendungsbereich des Gleichbehandlungsgrundsatzes mangels Anknüpfung an die Mitgliederstellung nicht betroffen ist und alle Gesellschafter in gleicher Weise von dieser Pflichtenreduktion negativ betroffen wären.

VI. Fazit

Die ungeschriebenen Schranken des Gesellschaftsrechts sind mangels ausdrücklicher begrifflicher Klarheit respektive ausreichender gesetzlicher Integrierbarkeit abzulehnen. Der Gleichbehandlungsgrundsatz steht mangels Eröffnung des Anwendungsbereichs oder eines ausreichenden Anknüpfungspunkts bei der ursprünglichen Vertragsgestaltung sowie seiner nicht zwingenden Rechtsnatur der Abbedingung der Treuepflicht nicht entgegen. Die absolute Grenze der Gestaltungsfreiheit,[294] die auf einem liberalen Verständnis der Vertragsfreiheit aufbaut, wird durch jene Schranken demnach nicht „negativ" beeinflusst.

§ 4 Einfluss verhaltensökonomischer Erkenntnisse

I. Einführung und Darstellung der Ansichten

In Übereinstimmung mit dem liberalen Verständnis der Vertragsfreiheit wurde und wird, ausgehend von der gesetzlichen Konzeption bei einer typisch erwerbswirtschaftlich ausgerichteten Personen(handels)gesellschaft oder einer GmbH mit einem kleineren Gesellschafterkreis, von einem größeren Teil der gesellschaftsrechtlichen Literatur angenommen, dass regelmäßig wirtschaftlich erfahrene, mit juristischem Rat unterstützte Personen beteiligt seien. Diese sollten daher grundsätzlich in der Lage sein, ihre Interessen im ausreichenden Maße selbst zu wahren und zu verfolgen.[295]

293 So aber *Fleischer*, in: Schmidt/Lutter, Kommentar zum AktG, § 53a AktG, Rn. 60; *Verse*, in: Henssler/Strohn, Gesellschaftsrecht, § 14 GmbHG, Rn. 115.

294 Siehe oben D) § 2 III.

295 Vgl. *A. Hueck*, OHG, § 9 I, S. 109 f.; vgl. *Röttger*, Kernbereichslehre, S. 23; *A. Teichmann*, Gestaltungsfreiheit, S. 2; in neuerer Zeit *Grunewald*, Privatrechtsgesellschaft, S. 315; *Hofmann*, Minderheitenschutz, S. 8.

Ausgehend von neueren, empirische Erkenntnisse berücksichtigenden Untersuchungen wird diese These nicht mehr uneingeschränkt geteilt.[296] Ausgangspunkt ist die Feststellung, dass Personen bei Entscheidungen, die komplex seien und langfristig wirkten, dazu neigten, irrational zu handeln.[297] Tendenziell würden sie die tatsächlichen Risiken und Gefahren, die mit solchen Vereinbarungen verknüpft seien, erheblich unterschätzen und die eigenen Fähigkeiten überschätzen (sog. Overconfidence-Bias oder sog. Überoptimismus).[298] Erschwerend komme hinzu, dass sie die zeitlich näher stehenden Auswirkungen höher bewerteten als die langfristigen Konsequenzen. In den tatsächlichen Folgen wirke sich weiter für die Gesellschafter einer GbR, OHG oder GmbH negativ aus, dass sie regelmäßig einen Großteil ihres Vermögens in die Gesellschaft investiert hätten oder ihr Lebensunterhalt weitgehend von den Erträgen der Gesellschaft abhängig sei.[299]

Die durch die pauschale Abbedingung der Treuepflicht ausgelöste umfassend angenommene Gefährdungslage wird – verknüpft mit der eben dargelegten begrenzten Einsichts- und Einschätzungsfähigkeit und dem angenommenen Ausfall der schützenden Wirkung des abdingbaren Rechts in der vorliegenden Konstellation[300] – bei einer im Vordringen befindlichen Auffassung innerhalb der Literatur zum Anlass genommen, eine vollständige Abdingbarkeit beider Arten der Treuepflicht abzulehnen.

Das grundsätzliche Risiko der pauschalen Abbedingung der jeweiligen Treuepflicht beruht auf der Komplexität der Entscheidung, ihrer Wirkungsdauer, der Reduzierung des Schutzniveaus und dem Abweichen vom Regeltypus. Weitgehend zugelassen wird daher nur eine eingeschränkte Konkretisierung der

---

296 Vgl. *Kampf*, Abdingbarkeit, S. 119 ff.; *Kumpan*, Der Interessenkonflikt, S. 131; *Schmolke*, Grenzen der Selbstbindung, S. 667 ff.

297 *Kampf*, Abdingbarkeit, S. 119 ff.; *Kumpan*, Der Interessenkonflikt, S. 131; *Schmolke*, Grenzen der Selbstbindung, S. 667.

298 *Fleischer*, ZGR 2000, 1, 6; *Hellgardt*, FS Hopt, S. 765, 772; *Kampf*, Abdingbarkeit, S. 119 ff.; *Kumpan*, Der Interessenkonflikt, S. 131 f.; *Kuntz*, Gestaltung von Kapitalgesellschaften, S. 462, 467; *Schmolke*, Grenzen der Selbstbindung, S. 667; *Unberath*, Die Vertragsverletzung, S. 133.

299 *Kampf*, Abdingbarkeit, S. 153; *Kumpan*, Der Interessenkonflikt, S. 131; *Schmolke*, Grenzen der Selbstbindung, S. 309.

300 Für die US-amerikanische LLC stellt *Kampf*, Abdingbarkeit, S. 137 mit Verweis auf die US-amerikanische Literatur fest, dass bei 41 % der in den Blick genommenen Gesellschaftsverträge die Treuepflicht entweder eingeschränkt oder komplett abbedungen war; ähnlich *Kuntz*, Gestaltung von Kapitalgesellschaften, S. 393 f., 468.

Treuepflichten im Sinne eines „treupflichtspezifischen Bestimmtheitsgrundsatzes“[301] oder – noch restriktiver – nur die Einwilligung.[302] Im Kern wird die Fähigkeit zur Wahrnehmung des Selbstschutzes verneint, da propagiert wird, dass „das Argument der Mündigkeit nur so weit [trage], wie Mündigkeit reich[e]“[303], und sobald dies nicht mehr anzunehmen sei, die Beteiligten vor sich selbst zu schützen seien.

Unabhängig vom „Wahrheitsgehalt“[304] der verhaltensökonomischen Erkenntnisse stellt sich die Frage, ob jene den materiellen Regelungsgehalt hinsichtlich der Rechtsnatur einer Norm bestimmen können. Eine Auffassung, die mit Blick auf diese verhaltensökonomischen Erkenntnisse eine vollständige Abbedingung ablehnt, steht dem unter Hinweis auf die Normen der §§ 311 b Abs. 2, 1229 BGB, 89 b Abs. 4 HGB aufgeschlossen gegenüber.[305]

Die grundsätzliche Gegenposition nimmt gegenüber der Verwertung der verhaltensökonomischen Erkenntnisse zur Rechtfertigung zwingender Regelungen zugunsten des Beteiligtenschutzes eine zurückhaltende Position ein.[306] Die

---

301 Vgl. *Fleischer*, ZGR 2016, 36, 80 f.; *Klöhn*, AcP 216 (2016), 281, 317, der im Ergebnis aber die pauschale Abdingbarkeit der Treuepflicht bejaht.

302 *Bachmann, Eidenmüller, Engert, Fleischer, Schön*, Rechtsregeln, S. 45; *Fleischer/Harzmeier*, NZG 2015, 1289, 1295, 1297; *Fleischer*, ZGR 2016, 36, 80 f.; *Kampf*, Abdingbarkeit, S. 151 ff.; *Kumpan*, Der Interessenkonflikt, S. 131 f.; *Schmolke*, Grenzen der Selbstbindung, S. 667 f.

303 Allgemeiner *Kuntz*, Gestaltung von Kapitalgesellschaften, S. 467.

304 Allgemein ist nach *Leistner*, Selbstverantwortung, S. 101 f., 111 zu berücksichtigen, dass „bestimmte derzeit bestehende Einschränkungen hinsichtlich der Qualität und Belastbarkeit der verhaltensökonomischen Forschungsergebnisse im Sinne echter Prognosesicherheit für das wirtschaftliche Verhalten realer Individuen dazu führen, dass ein rechtlicher Eingriff, der allein auf den Erkenntnissen der Verhaltensökonomie beruht, nicht gerechtfertigt werden kann.“

305 *Fleischer*, in: MünchKommGmbHG, Einl GmbHG, Rn. 279 f.; *Fleischer/Harzmeier*, NZG 2015, 1289, 1295, Fn. 125.

306 *Leistner*, Selbstverantwortung, S. 101, 102; *Lieder*, in: Michalski, GmbHG, § 13 GmbHG, Rn. 152; *Möslein*, ALJ 2014, 135; *Riesenhuber*, Selbstverantwortung, S. 1, 4 f.: „Die Verhaltensökonomik kann freilich keine präskriptive oder normative Funktion haben. Sie war indes durchaus Anlass dafür, neue Formen des Paternalismus vorzuschlagen: Einen „asymmetrischen Paternalismus“ und einen „libertären Paternalismus.“ Siehe insoweit auch *Kuntz*, Gestaltung von Kapitalgesellschaften, S. 476, der aber in Kombination mit den Schutzzwecken des Individualschutzes und des Funktionenschutzes entgegen seiner vorher geäußerten, eher liberaleren Ansätze u. a. infolge der Rationalitätsdefizite die restriktive Ansicht vertritt, dass es nicht zulässig sein könne, die organschaftliche Treuepflicht des Geschäftsleiters bei den

Verhaltensökonomie könne nach dieser Ansicht lediglich dazu beitragen, wie Regelungen *de lege ferenda* ausgestaltet sein sollten. Eine abschließende Bestimmung, ob diesen eine zwingende Wirkung zuzusprechen sei, sei ihr jedoch nicht möglich.[307]

II. Stellungnahme

Dem letztgenannten Ansatz ist zu folgen. Ohne ausdrückliche, verallgemeinerungsfähige normative Anknüpfungspunkte wird den verhaltensökonomischen Erkenntnissen – außerhalb der absoluten Grenzen der Gestaltungsfreiheit – für die Einordnung des Rechtscharakters einer Norm zu hohe Bedeutung beigemessen. Ansonsten wird der tragende Pfeiler der Privatautonomie, selbstverantwortliches Handeln nach eigener Einsicht und Bestimmung,[308] zu gering bewertet.[309] Speziell auf die vorliegende Fragestellung bezogen existieren keine ausreichenden verallgemeinerungsfähigen Normanhaltspunkte, um die Erkenntnisse der verhaltensökonomischen Studien dogmatisch integrieren zu können.

1. Aussage der §§ 104 ff., 123, 138 Abs. 1 BGB

Ein umfassender Schutz vor nachteiligen Verträgen ist von der Rechtsordnung nicht intendiert.[310] Hinzuweisen ist erneut auf die Norm des § 123 BGB.[311] Diese beruht auf dem Gedanken, dass eine rechtsgeschäftliche Entscheidung bereits dann einen wirklichen Ausdruck der Selbstbestimmung darstellt, wenn diese frei von Täuschungen oder Drohungen zustande gekommen ist.[312] Daraus ist der grundsätzliche Schluss zu ziehen, dass die verhaltensökomischen Argumente aus rechtlicher Perspektive nicht das wirksame Zustandekommen der vertraglichen Vereinbarung der vollständigen Abbedingung verhindern können, „nur"

Kapitalgesellschaften insgesamt oder nur einzelne ihrer Ausprägungen abzubedingen (*Kuntz*, Gestaltung von Kapitalgesellschaften, S. 498 ff.).

307 *Loacker*, Verhaltensökonomik, S. 45, 61 ff.; *Möslein*, ALJ 2014, 135, 141 ff.: „Dass Governance und Verhaltensökonomik ungeachtet ihrer methodischen Eignung in der Rechtswirklichkeit instrumentalisiert werden, um versteckte Rechtspolitik zu betreiben, ist mithin nicht wünschenswert – aber (leider) auch nicht ausgeschlossen."

308 Vgl. wiederholt hierzu in neueren Schriften *Kähler*, Begriff und Rechtfertigung abdingbaren Rechts, S. 261; *Möslein*, ALJ 2014, 135, 137.

309 In diese Richtung auch *Möslein*, ALJ 2014, 135, 137 f.

310 *Kähler*, Begriff und Rechtfertigung abdingbaren Rechts, S. 260 f.; *Lieder*, in: Michalski, GmbHG, § 13 GmbHG, Rn. 152; siehe auch oben D) § 2.

311 Siehe oben D) § 2 I 1.

312 *Ellenberger*, in: Palandt, BGB, § 123 BGB, Rn. 1; vgl. *Hey*, Freie Gestaltung, S. 46.

weil das Risiko einer langfristig abgeschlossenen Vereinbarung nicht überblickt werden kann. Maßgeblich ist, ob die Vereinbarung formal wirksam und ohne negative Willensbeeinflussung geschlossen wurde.

Als weiterer Beleg sind die §§ 104 ff. BGB anzuführen. Diese lassen erkennen, dass außerhalb des Rahmens der beschränkten und vollständigen Geschäfts(un)-fähigkeit eine volle Verantwortlichkeit für die abgeschlossenen Vereinbarungen besteht. Der mangelnden Entscheidungsfreiheit, bedingt durch die Unfähigkeit, die zukünftigen Folgen einer Vereinbarung überblicken zu können, kommt hingegen kein solches Gewicht zu, dass die Fähigkeit zur Selbstbestimmung negiert wird. Insgesamt bestätigt wird dies durch die Norm des § 138 Abs. 1 BGB, der die Eingriffsschwelle in die „Selbstherrlichkeit“[313] der Parteien allgemein sehr hoch ansetzt.[314]

2. *Aussage des § 138 Abs. 2 BGB*

Einer umfassenden Integration verhaltensökonomischer Erkenntnisse ohne ausdrückliche Normansatzpunkte widerspricht ebenfalls der Abs. 2 des § 138 BGB. Die Anforderungen auf der Ebene des Tatbestands des § 138 Abs. 2 BGB sind hoch. Das Merkmal der Unerfahrenheit nach § 138 Abs. 2 BGB wird nur bejaht, falls ein allgemeiner Mangel an Lebens- oder Geschäftserfahrung gegeben ist.[315] Nicht genügend ist ein Defizit an Erfahrung, das sich nur auf einen bestimmten Sonderbereich, etwa Wirtschaft oder Recht, bezieht.[316] Ein Mangel an Urteilsvermögen wird lediglich anerkannt, wenn eine Person erheblich eingeschränkt in der Lage ist, sich durch sachgerechte Motive leiten zu lassen.[317] Zwar kann dieser „Defekt“ auf der unzureichenden Fähigkeit beruhen, Informationen zu verarbeiten,[318] allerdings führt es zu absurden Ergebnissen, jedes Rechtsgeschäft, das Auswirkungen in der Zukunft hat und dessen Folgen nicht gänzlich absehbar sind, unter den § 138 Abs. 2 Var. 3 BGB zu fassen. Ansonsten ginge dessen Ausnahmecharakter vollständig verloren. Dass dem grundsätzlich nicht so sein

313 *Flume*, Das Rechtsgeschäft, § 1 10 a, S. 17.

314 Siehe oben D) § 2 I 1 c.

315 *Wendtland*, in: Beck’scher Online Kommentar BGB, § 138 BGB, Rn. 52.

316 *Mansel*, in: Jauernig, BGB, § 138 BGB, Rn. 22; *Wendtland*, in: Beck’scher Online Kommentar BGB, § 138 BGB, Rn. 52.

317 *Armbrüster*, in: MünchKommBGB, § 138 BGB, Rn. 151.

318 *Armbrüster*, in: MünchKommBGB, § 138 BGB, Rn. 151; *Wendtland*, in: Beck’scher Online Kommentar BGB, § 138 BGB, Rn. 53.

kann, findet auch darin Bestätigung, dass der § 138 Abs. 2 Var. 3 BGB keinen Schutz enttäuschter Spekulanten bezweckt.[319]

Gleichzeitig spricht die Normstruktur des § 138 Abs. 2 BGB gegen eine zu breite Verwertung verhaltensökonomischer Erkenntnisse. Der § 138 Abs. 2 BGB verlangt kumulativ neben den Einschränkungen der kognitiven Fähigkeiten (Unerfahrenheit, Mangel an Urteilsvermögen oder einer erheblichen Willensschwäche) des Bewucherten zwingend das Vorliegen weiterer Voraussetzungen (auffälliges Missverhältnis zwischen Leistung und Gegenleistung, bewusstes Ausnutzen der Situation des Wucherers), um die Rechtsfolge der Nichtigkeit zu begründen.[320]

3. *Fehlende Verallgemeinerungsfähigkeit weiterer Normen des BGB*

Nicht überzeugend ist der Verweis auf die §§ 311 b Abs. 2, 1229 BGB und § 89 b Abs. 4 HGB. Diese Normen sind nicht verallgemeinerungsfähig.[321] Der § 311 b Abs. 2 BGB beinhaltet nur für einen begrenzten Fall des „zukünftigen wirtschaftlichen Selbstmordes" die Anordnung der Nichtigkeit, nämlich dann, wenn eine Verpflichtung besteht, das gesamte Vermögen oder einen Bruchteil davon künftig zu übertragen. Insgesamt stellen die genannten Normen zudem keine genuin gesellschaftsrechtlichen Normen dar. Eine allgemeine Wertung, die auf das Gesellschaftsrecht übertragbar ist und aus Gründen des Beteiligtenschutzes für jede Verpflichtung gilt, deren Folgen nicht abzusehen sind, ist diesen Normen nicht zu entnehmen. Bestätigt wird dies unter anderem durch die persönliche, unbeschränkte Haftung innerhalb der Personengesellschaften gem. § 128 HGB (analog). Mit ihr ist notwendig die Möglichkeit verbunden, zukünftig evidente Nachteile zu erleiden.[322]

Dass dem Gesetz kein kohärentes Schutzsystem zugunsten des Beteiligten bei Verpflichtungen, deren Folgen nicht überschaubar sind, durch die Anordnung der Nichtigkeit der Vereinbarung zugrunde liegt und der Beteiligtenschutz zwingend durch die mangelnde Anerkennung der Vereinbarung durch die Rechtsordnung realisiert werden muss, wird auch durch einen vergleichenden Blick auf die Dauerschuldverhältnisse und speziell auf das Gesellschaftsrecht im Allgemeinen deutlich. Der Schwerpunkt der Schutzmaßnahmen des Gesetzes

---

319 *Armbrüster*, in: MünchKommBGB, § 138 BGB, Rn. 151.

320 Siehe zu § 138 BGB allgemein auch *Wendtland*, in: Beck'scher Online Kommentar BGB, § 138 BGB, Rn. 43 ff.; 55 f.

321 *Lieder*, in: Michalski, GmbHG, § 13 GmbHG, Rn. 152.

322 Insgesamt hierzu *Kuntz*, Gestaltung von Kapitalgesellschaften, S. 474 f.

vor solchen Verpflichtungen konzentriert sich dort vornehmlich auf die Möglichkeit der Loslösung von den Dauerschuldverhältnissen.[323] So können selbst die Gesellschafter einer GmbH gem. § 27 GmbHG unbeschränkte Nachschusspflichten begründen, ohne dass dies die Nichtigkeit der Vereinbarung zur Folge hat. Ihr Schutz vor möglicherweise nicht übersehbaren Risiken wird mit einem Lösungsrecht von der Beteiligung kompensiert (§ 27 GmbHG). Nicht mit dieser allgemeinen argumentativen Tragweite ausgestattet, aber gleichwohl als weiterer Beleg für die hier vertretene Ansicht anzuführen ist die mögliche vollständige[324] Einschränkung der §§ 712 BGB, 117 HGB. Unmittelbar hängen mit dieser weitreichende Verluste an Mitwirkungs- und Kontrollmöglichkeiten[325] hinsichtlich der Geschäftsführung zusammen. Die Gesellschafter haben, vom Ausnahmefall des Missbrauchs abgesehen, soweit sie sich nicht gänzlich von der Gesellschaft lösen möchten, die Folgen einer von ihnen früher getroffenen Entscheidung zu tragen, auch wenn diese für sie mit unliebsamen Folgen verknüpft ist.

4. Fehlende Überzeugungskraft des Arguments des Telos

Als weiterer dogmatischer Anhaltspunkt, um eine Integration der verhaltensökonomischen Erkenntnisse zu rechtfertigen, könnte zwar das Telos einer Norm im Sinne des Beteiligtenschutzes herangezogen werden. Um Widersprüchlichkeiten zu vermeiden und die gesetzliche Wertung nicht zu konterkarieren, ist jedoch wiederholt der Wert der Selbstbestimmung und die damit bestehende eingeschränkte Möglichkeit zu beachten, zwingende Normen aus Gründen des

---

323 Siehe nur §§ 314, 626, 723 BGB.

324 *Jickeli*, in: MünchKommHGB, § 117 HGB, Rn. 79 f.; *Schäfer*, in: MünchKommBGB, § 712, Rn. 23; *Westermann*, Vertragsfreiheit, S. 175 f., 219; a. A (h. M.) *Drescher*, in: E/B/J/S, § 117 HGB, Rn. 35; *Finckh*, in: Henssler/Strohn, Gesellschaftsrecht, § 117 HGB, Rn. 46; *Roth*, in: Baumbach/Hopt, HGB, § 117 HGB, Rn. 11. Angenommen wird, dass der § 117 HGB im „Kernbereich" zwingend sei und der Entzug der Geschäftsführung bei sittenwidrigem oder arglistigem Verhalten weiterhin möglich sein müsse und damit der privatrechtlichen Gestaltungsbefugnis entzogen sei (BGH NJW 1998, 1225, 1226). Diese Meinung ist abzulehnen. Sie missachtet die Norm des § 109 HGB, die gesetzliche Differenzierung hinsichtlich der Disponibilität zwischen dem § 117 HGB und dem § 133 HGB. Zusätzlich vermengt sie nicht zusammengehörige Sachfragen und erhöht das Schutzniveau der Beteiligten unter Missachtung möglicherweise bestehender Interessen auf ein nicht erforderliches Maß (*Jickeli*, in: MünchKommHGB, § 117 HGB, Rn. 80).

325 Etwa die Reaktion auf eine negative Geschäftsentwicklung durch die Entziehung der Geschäftsführungsposition.

Beteiligtenschutzes zu rechtfertigen. Soweit allgemein mit ökonomischen Effizienzkriterien, die innerhalb der Auslegung als Regelungsziel zu berücksichtigen wären, argumentiert wird,[326] ist mit Blick auf die Freiheit zur Selbstbestimmung der Parteien grundsätzlich Zurückhaltung geboten, um die zwingende Wirkung einer Norm zu begründen. Die Parteien sind, auch um sich selbst zu entfalten (Art. 2 Abs. 1 GG), grundsätzlich nicht daran gehindert, ineffiziente und nachteilhafte Vereinbarungen abzuschließen.[327]

5. *Mangelnde Begründungswirkung des Kostenarguments*

Vereinzelt tritt in der Literatur der Hinweis auf, dass bei einer Zulässigkeit der pauschalen Abdingbarkeit der Treuepflicht die Beteiligten genötigt wären, sich kostenintensiv umfassend rechtlich beraten zu lassen, um eine ausreichende gesellschaftsvertragliche Risikovorsorge zu erlangen. Wie die Realität aber zeige, würden sie in der Regel auf eine solche Beratung nicht zurückgreifen.[328]

Jene Entwicklung ist gleichwohl nicht durchgreifend, um eine zwingende Regel zu rechtfertigen. Es entspricht unserer Privatrechtsordnung, eigenverantwortlich tätig zu sein. Damit verbunden ist in den Grenzen der §§ 134, 138 BGB das Chancen- wie Risikoverhältnis, das einer vertraglichen Vereinbarung innewohnt, selbst abzuwägen. Notwendiger Teil dessen ist es auch, vorhandene Schwächen zu erkennen und die Verantwortung zu tragen, ein „spezifisches Defizit" durch eine entsprechende Beratung zu beseitigen.[329]

Als weiterer Beleg für diese Sichtweise ist erneut[330] ein Vergleich zu dem § 138 Abs. 2 Var. 3 BGB und zu dessen gestellten Voraussetzungen anzuführen. Dieser – und damit ein Eintritt seiner schützenden Wirkung – wird nach der

326 *Kampf*, Abdingbarkeit, S. 119 f.

327 Vgl. *Busche*, Privatautonomie, S. 60; *Kähler*, Begriff und Rechtfertigung abdingbaren Rechts, S. 224, 263 f.; vgl. *Larenz/Wolf*, BGB AT, 8. Aufl., § 4 I 4 b, S. 100; vgl. *Unberath*, Die Vertragsverletzung, S. 123, 129 f.; vgl. schließlich auch *Mülbert*, AcP 214 (2014), 188, 207: „Ökonomische Effizienz ist [...] auch kein Topos, der als Auslegungskriterium zu den herkömmlichen Auslegungsmethoden hinzu träte oder der im Rahmen der Rechtsfortbildung als eigenständiges Kriterium fungieren würde, sondern kann nur Berücksichtigung finden, soweit dies in den auszulegenden Normen oder fortzubildenden Regelungszusammenhängen normativ vorgegeben oder jedenfalls angelegt ist."

328 *Fleischer/Harzmeier*, NZG 2015, 1289, 1296; *Schmolke*, Grenzen der Selbstbindung, S. 630 ff.

329 Vgl. *Zöllner*, FS 100 Jahre GmbHG, S. 85, 114.

330 Siehe oben D) § 4 II 2.

allgemeinen Meinung verneint, falls die Person fähig gewesen wäre, die Auswirkungen eines Rechtsgeschäfts sachgerecht zu beurteilen, auf diese Fähigkeiten vor Abschluss des Rechtsgeschäfts aber nur unzureichend zurückgegriffen hat.[331]

Gegen die Berechtigung des Einwandes spricht zudem ein allgemeiner Vergleich zur Inhaltskontrolle. Diese setzt neben der massenhaften Verwendung unter anderem eine Kombination von Intransparenz und Unangemessenheit der vertraglichen Regelung, gerichtet auf die rechtlichen Folgen, voraus.[332] Die Intransparenz einer Regelung wird jedoch regelmäßig verneint, falls es infolge des Vertragsgegenstands angezeigt ist, sich rechtlich beraten zu lassen.[333]

Gemildert wird die genannte Problematik bezüglich der GmbH ohnehin durch die nötige notarielle Beurkundung des Gesellschaftsvertrags respektive seiner Änderung (§§ 2 Abs. S. 1 GmbHG, 53 Abs. 2 GmbHG) und die damit verbundene Belehrungspflicht nach § 17 BeurkG.[334] Gleichzeitig hat das Gesetz damit ebenfalls entschieden – wie auch bei anderen Sachverhalten[335] –, in welchem Fall eine rechtliche Beratung zwingend notwendig ist und in welchem Fall nicht.[336]

Soweit die mit der notariellen Beratung ausgelöste Reduktion der Problemlage als Argument für eine weitreichende Differenzierung zwischen den Rechtsformen der GmbH und den Personengesellschaften hinsichtlich der Abdingbarkeit der einzelnen Treuepflicht herangezogen werden sollte, würde zweierlei übersehen werden. Die Grenzen der Gestaltungsfreiheit im Gesellschaftsrecht verlaufen generell nicht strikt zwischen den Personengesellschaften und den Körperschaften. Vielmehr ist eine gesetzlich angeordnete Differenzierung in Bezug auf die

---

331 *Armbrüster*, in: MünchKommBGB, § 138 BGB, Rn. 151; *Wendtland*, in: Beck'scher Online Kommentar BGB, § 138 BGB, Rn. 53.

332 *Coester-Waltjen*, AcP 190 (1990), 1, 30; *Hey*, Freie Gestaltung, S. 311.

333 *Coester-Waltjen*, AcP 190 (1990), 1, 30; *Hey*, Freie Gestaltung, S. 311.

334 Siehe allgemein zum „Wert" der notariellen Beurkundung *Hommelhoff*, ZGR-Sonderheft 13 (1998), 36, 46; *C. Teichmann*, RNotZ 2013, 346, 351; *Grziwotz*, in: MünchHdb GmbH, § 18, Rn. 10. Infolgedessen kann bei der GmbH von einer bewussteren und autonomeren Entscheidung der Beteiligten gesprochen werden, verbunden mit der Konsequenz, dass ihre Entscheidung eine nochmalige stärkere Akzeptanz erfahren muss (vgl. *Kähler*, Begriff und Rechtfertigung abdingbaren Rechts, S. 395 f.; vgl. *Möslein*, Dispositives Recht, S. 163).

335 Etwa § 311 Abs. 2 BGB.

336 Zum fehlenden Verständnis der *de lege lata* existierenden unterschiedlichen Beurkundungsanforderungen der OHG und GmbH siehe *Koppensteiner*, GesRZ 2009, 197, der diesen Unterschied zur GmbH mit historischen Gründen erklärt, aber keine Sachgründe für jene erkennen kann.

Gestaltungsfreiheit innerhalb der einzelnen Körperschaften festzustellen (§§ 23 Abs. 5 AktG, 18 S. 2 GenG; §§ 40 BGB, 45 Abs. 2 GmbHG).[337]

Im Übrigen ist niemand gezwungen, die Rechtsformen des Personengesellschaftsrechts in Verbindung mit der persönlichen, unbeschränkten Haftung und der mangelnden notariellen Beurkundung zu wählen.[338] Parallel zum Gläubigerschutz des Kapitalgesellschaftsrechts[339] legitimiert sich die zwingende Wirkung der persönlichen, unbeschränkten Haftung bei den Personengesellschaften trotz ihrer gleichsam bestehenden mittelbaren Schutzwirkung zugunsten der Beteiligten darüber hinaus allein aus Gründen des Gläubigerschutzes.[340]

6. *Fazit*

In Übereinstimmung mit dem bestehenden Normenprogramm ist eine pauschale Rechtfertigung bestehender Regelungen unter Rückgriff auf Verhaltensanomalien, soweit eine ausdrückliche Anordnung nicht erkennbar ist, abzulehnen. Grundsätzlich ist es der Einschätzungsprärogative der Beteiligten zu überlassen, in welchem Maße sie Risiken auf sich nehmen und die Reichweite ihrer Entscheidung zutreffend einordnen.

§ 5 Gläubigerschutz

Soweit die Treuepflicht der Organvertreter und der Mitglieder den Sinn und Zweck verfolgt, die Interessen der Gläubiger zu schützen, muss sie, von gesetzlich ausdrücklich gestatteten Ausnahmen abgesehen, als nicht pauschal oder teilweise abdingbar eingestuft werden. Der Schutz der Gläubiger ist ohne deren Mitwirkung nicht disponibel. Zurückgehend auf das Prinzip der Verkehrssicherheit findet die Selbstbestimmung der unmittelbar Beteiligten dort eine allgemein anerkannte Grenze, wo die Folge der rechtlichen Gestaltung darin liegt, dass Dritte von dieser nachteilig betroffen sind, obwohl sie nicht daran teilgenommen haben.[341] Gerechtfertigt wird diese Einschränkung der Gestaltungsfreiheit durch die ansonsten erhebliche Beeinträchtigung der Selbstbestimmung des

---

337 *Hey*, Freie Gestaltung, S. 15, 20 f.; *A. Teichmann*, Gestaltungsfreiheit, S. 90 ff.

338 *K. Schmidt*, Gesellschaftsrecht, § 14 II 2 e, S. 414.

339 Siehe oben D) § 2 I 3 b).

340 *K. Schmidt*, Gesellschaftsrecht, § 14 II 2 e, S. 413 f.

341 Vgl. *Flume*, Das Rechtsgeschäft, § 1 6 a, S. 7; *Kähler*, JJZ 2002, 181, 198; *Röttger*, Kernbereichslehre, S. 18.

Dritten.[342] Daher gilt allgemein, dass, soweit das Außenverhältnis (Vertretung und Haftung)[343] der Gesellschaft und damit ihre Beziehung zu den Gläubigern der Gesellschaft betroffen ist, die privatautonome Gestaltungskompetenz zahlreichen Einschränkungen unterworfen ist.[344]

Explizite Ausführungen zu der gläubigerschützenden Wirkung der organschaftlichen Treuepflichten sind, soweit ersichtlich, selten.[345] Häufiger vorzufinden ist die Diskussion um die gläubigerschützende Wirkung der zweckbezogenen Treuepflicht des Gesellschafters bzw. des Mehrheitsgesellschafters. Die jeweiligen Ausführungen können aber für die organschaftliche Treuepflicht nutzbar gemacht werden. Die mögliche Übertragbarkeit und Verwertbarkeit der Aussagen hinsichtlich des Gläubigerbezugs der Treuepflicht des (Mehrheits-)Gesellschafters folgen daraus, dass beide Arten der Treuepflicht maßgeblich auf den Zweck der Gesellschaft bezogen sind, rechtshemmend wirken und als Kontrollinstrument bezüglich der Ausübung ihrer jeweiligen Befugnisse fungieren.[346] Schließlich sind die Einwirkungsmöglichkeiten der Organvertreter auf die Belange der Gesellschaft im Vergleich zu dem (Mehrheits-)Gesellschafter nicht als weniger gewichtig einzuschätzen.

I. Indisponibles Eigeninteresse der Gesellschaft aus Treuepflichterwägungen

1. GmbH

Bei der GmbH hat sich in der Vergangenheit eine virulente Diskussion entwickelt, ob bei dieser aus Gründen ihres angenommenen unzureichenden Gläubigerschutzes ein von ihren Gesellschaftern zu trennendes geschütztes Eigeninteresse mit der Konsequenz einer zwingenden Bestandsgarantie der Gesellschaft außerhalb der Grenzen der §§ 30, 31 GmbHG, 826 BGB anzunehmen ist und damit den Gesellschaftern die alleinige Dispositionsbefugnis über ihre Gesellschaft zu

---

342 Vgl. *Flume*, Das Rechtsgeschäft, § 1 6 a, S. 7; *Hey*, Freie Gestaltung, S. 92 f.; *Kähler*, JJZ 2002, 181, 198.

343 Siehe nur §§ 128 S. 2 HGB, 19 Abs. 2 S. 1 GmbHG, 66 Abs. 1 AktG.

344 Siehe *Haberer*, Zwingendes Kapitalgesellschaftsrecht, S. 166; *Hey*, Freie Gestaltung, S. 92; *Möslein*, Dispositives Recht, S. 22; *Röttger*, Kernbereichslehre, S. 22 f.; *K. Schmidt*, Gesellschaftsrecht, § 5 III 1 a, S. 110.

345 Siehe etwa *Wiedemann*, WM 2009, 1, 2 f.; maßgeblich auf den Mehrheitsgesellschafter abstellend *Hellgardt*, FS Hopt, S. 765, 773.

346 Siehe oben D) § 3.

versagen ist.[347] Dogmatisch wurde das indisponible Eigeninteresse unter normativer Verknüpfung mit den §§ 65 ff. GmbHG aus der gesellschaftsrechtlichen Treuepflicht gegenüber der Gesellschaft hergeleitet.[348] Konsequenz dieses Interesses soll sein, dass es trotz eines übereinstimmenden Willens der Gesellschafter oder eines anfechtungsfesten Beschlusses der Gesellschafter verboten ist, grenzenlos zum Schaden der Gesellschaft und damit im Endeffekt zum Nachteil der Gläubiger zu agieren.[349] Dies aufgreifend, müsste die umfassende oder eingeschränkte Möglichkeit der Abdingbarkeit der gesellschaftsrechtlichen Treuepflicht verneint werden. Deren grundsätzlich zwingende Wirkung wäre infolge ihres bezweckten Gläubigerschutzes zu bejahen.[350]

Demgegenüber verneint die herrschende Meinung ein indisponibles Eigeninteresse der GmbH, das aus Treuepflichterwägungen abgeleitet wird. Es wird konstatiert, dass „ein von der Gesamtheit der Gesellschafterinteressen unabhängiges Gesellschaftsinteresse, dem eine Treuepflicht des Gesellschafters gegenüber der Gesellschaft Rechnung zu tragen hätte, grundsätzlich nicht anzuerkennen [ist].“[351] Neben den schon allgemein angeführten Gründen, weshalb ein indisponibles Eigeninteresse der Gesellschaft abzulehnen sei,[352] wird unter anderem geltend gemacht, dass die Liquidationsvorschriften kein geeigneter Ansatzpunkt seien, um ein indisponibles Eigeninteresse der GmbH, das gläubigerschützend zum optimalen Wirtschaften ohne Beeinflussung von Sonderinteressen anhalte, zu begründen. Hingewiesen wird auf die abweichende Intention des Liquidationsverfahrens. Jenes sei auf die Verwertung des im Zeitpunkt der Auflösung vorhandenen Vermögens der Gesellschaft zugunsten der Gläubiger gerichtet. Während der werbenden Phase der Gesellschaft entfalte es jedoch keine Restriktionen.[353] Schließlich wird angeführt, dass das bei der GmbH *de lege lata* existierende Gläubigerschutzsystem bei einer solch weitgehenden Interpretation der Schutzwirkung des Treuepflichtgedankens entgegen dem Gesetz ausgeweitet werde.[354]

---

347 *Fleck*, ZGR 1990, 31, 37 ff.; *Winter*, Treuebindungen, S. 190 ff.; *Winter*, ZGR 1994, 570, 580 ff.

348 *Winter*, Treuebindungen, S. 190 ff.

349 *Henze*, NZG 2003, 649, 650 f.; *Winter*, Treuebindungen, S. 190 ff.

350 So dann auch *Winter*, Treuebindungen, S. 190 ff.

351 BGHZ 119, 257, 259 ff.; *Röhricht*, WPg 1992, 766, 785.

352 Siehe oben C) § 5 I.

353 *Hartmann*, GmbHR 1999, 1061, 1065; vgl. *Rhein*, Der Interessenkonflikt der Manager, S. 59 ff.

354 Vgl. *Lieder*, in: Michalski, GmbHG, § 13 GmbHG, Rn. 146; *Röhricht*, WPg 1992, 766, 785.

2. GbR, OHG

Die in Bezug auf die GmbH vorgebrachte Argumentationskette lässt sich schon im Ansatz nicht auf die Personengesellschaften übertragen. Die Ausgangsbasis, die zur Entwicklung eines eigenständigen indisponiblen Eigeninteresses der GmbH aus Gründen des Gläubigerschutzes unter Ableitung der mitgliedschaftlichen Treuepflicht geführt hat, ist eine gänzlich andere. Die normspezifischen Anhaltspunkte der Liquidationsvorschriften, mit denen *Winter* das indisponible Eigeninteresse der GmbH zu begründen versucht, existieren bei den Personengesellschaften nicht.[355] Die Abwicklung einer GmbH hat unter der Einhaltung der nicht disponiblen Gläubigerschutzvorschrift nach § 73 GmbHG[356] zu erfolgen.[357] Im Gegensatz dazu sind die Vorschriften im Recht der Personengesellschaften über das Liquidationsverfahren grundsätzlich[358] disponibel.[359] Eine dem § 73 GmbHG entsprechende zwingende Gläubigerschutzvorschrift fehlt. Auch wird deren analoge Anwendung verneint.[360] Dem Personengesellschaftsrecht ist entsprechend der werbenden Phase während des Liquidationsverfahrens eine zwingende Kapitalbindung fremd.[361] Das „Wie" der Liquidation steht damit – im Gegensatz zur GmbH[362] – im freien Ermessen der Gesellschafter. Dies zeigt auch der § 152 HGB eindrucksvoll. Nach dieser Norm können die Gesellschafter entgegen der Vorschrift des § 149 HGB den Liquidatoren abweichende, nachteilige Weisungen in Bezug auf die Befriedigung der Gläubiger erteilen.[363] Wie in der

---

355 *Winter*, Treuebindungen, S. 203 ff.; *Winter*, ZGR 1994, 570, 586.

356 Die Vorschrift des § 73 GmbHG soll den Erhalt des Vermögens der GmbH während der Liquidation im Interesse der Gläubiger sichern. Sie beinhaltet das Gebot der Kapitalerhaltung während jener Phase (*Beck*, DStR 2012, 2135, 2136).

357 Vgl. *Müller*, in: MünchKommGmbHG, § 73 GmbHG, Rn. 54; *Winter*, Treuebindungen, S. 204; vgl. *Winter*, ZGR 1994, 570, 586.

358 Die Norm des § 145 Abs. 2 HGB, die die Dispositionsfreiheit einschränkt, gilt nur für nachträgliche Vereinbarungen (*Roth*, in: Baumbach/Hopt, HGB, § 145 HGB, Rn. 11; *K. Schmidt*, in: MünchKommHGB, § 145 HGB, Rn. 50 f.).

359 *Roth*, in: Baumbach/Hopt, HGB, § 145 HGB, Rn. 8; *K. Schmidt*, in: MünchKommHGB, § 145 HGB, Rn. 45, 47; *K. Schmidt*, Gesellschaftsrecht, § 59 V 2 a, S. 1760.

360 Vgl. *K. Schmidt*, in: MünchKommHGB, § 149 HGB, Rn. 40; vgl. *K. Schmidt*, Gesellschaftsrecht, § 11 V 3 b, S. 311.

361 Vgl. *Habersack*, in: Staub, GroßkommHGB, § 149 HGB, Rn. 37; *K. Schmidt*, in: MünchKommHGB, § 149 HGB, Rn. 40.

362 *Winter*, ZGR 1994, 570, 586.

363 *Habersack*, in: Staub, GroßkommHGB, § 149 HGB, Rn. 37.

werbenden Phase der Gesellschaft wird der Gläubigerschutz in der Phase der Liquidation und nach deren Abschluss durch die persönliche, unbeschränkte Haftung der Gesellschafter realisiert.[364]

3. *Stellungnahme*

Ein indisponibles Eigeninteresse der Gesellschaft aus Gründen des Gläubigerschutzes, das dogmatisch auf Treuepflichterwägungen aufbaut, ist gesellschaftsübergreifend abzulehnen. Gegen die Heranziehung der Treuepflicht als dogmatische Grundlage für ein indisponibles Eigeninteresse, das im Ergebnis den Gläubigern dient, sprechen – neben der von der herrschenden Meinung zu Recht angenommenen gesetzeswidrigen Ausweitung des Gläubigerschutzes bei der GmbH und der festgestellten fehlenden Übertragbarkeit des Gedankens *Winters* auf die Personengesellschaften – allgemeine Erwägungen. Diese haben ihren Grund in dem Mechanismus der Treuepflicht selbst.

Die einzelnen Treuepflichten sind als Konfliktschlichtungsinstrumente innerhalb der gesellschaftsrechtlichen Verhältnisse ausgestaltet. Sie orientieren sich für die Lösung der Streitigkeit allein am Zweck der Gesellschaft und an den Interessen der Mitglieder und begrenzen damit die Macht des Organvertreters und der Mitglieder. Ein Bezug zu außenstehenden Dritten existiert nicht.[365] Eine einheitliche Zweckorientierung innerhalb der Beziehung zwischen Gläubigern und Organvertretern oder den Mitgliedern der Gesellschaft fehlt.[366] Außerhalb der getroffenen Vereinbarung steht es den Gläubigern nicht zu, auf die wirtschaftliche Tätigkeit der Gesellschaft und die Regelung ihrer Innenbeziehungen Einfluss zu nehmen.[367] Es gilt, dass die Fokussierung der Treuepflicht auf die Interessen der Gläubiger grundsätzlich eine Kursänderung der Gesellschaft implizieren würde, die die primäre Zuständigkeit der Gesellschafter für die Festlegung, welche Richtung diese zu verfolgen hat, missachten und damit die gesetzliche Zuständigkeitsverteilung ignorieren würde.[368] Grundsätzlich rückt

---

364 *Habersack*, in: Staub, GroßkommHGB, § 149 HGB, Rn. 37; *K. Schmidt*, Gesellschaftsrecht, § 11 V 3 b, S. 311.

365 Jeweils zur mitgliedschaftlichen Treuepflicht vgl. *Geier*, Gestaltungsfreiheit, S. 50, vgl. *Henze/Notz*, in: GroßkommAktG, 4. Aufl., Anh § 53a AktG, Rn. 46 f.

366 Vgl. *Hellgardt*, FS Hopt, S. 765, 773 f.; *Lieder*, in: Michalski, GmbHG, § 13 GmbHG, Rn. 146; *Limmer*, Die Haftungsverfassung, S. 62.

367 *A. Teichmann*, Gestaltungsfreiheit, S. 103.

368 *Wiedemann*, WM 2009, 1, 3.

erst im Falle der Insolvenz oder der Liquidation die Befriedigung der Gläubiger in den Vordergrund.[369]

II. Grenzen der Gestaltung aus Gründen des Gläubigerschutzes

Es existieren jedoch zwingende Regelungen im Interesse des Gläubigerschutzes, die auch im Falle der vollständigen oder teilweisen Abbedingung fortwährend bestehen. Sie können den Treuepflichtbefreiten eine Grenze setzen, ihre eigenen geschäftlichen Interessen, die grundsätzlich im Zusammenhang mit der Gesellschaft bestehen, außerhalb dieser zu verfolgen.[370] Entsprechend dem oben aufgezeigten allgemeinen Grundsatz[371] wird die Gestaltungsbefugnis der Beteiligten insoweit überlagert.

1. GmbH

a) Mitgliedschaftliche Treuepflicht

Konkret bedeutet dies, dass die beiden Grundpfeiler des Gläubigerschutzes innerhalb der GmbH, die Kapitalbindung gem. §§ 30, 31 GmbHG und das Verbot existenzvernichtender Eingriffe, dogmatisch inzwischen in § 826 BGB verankert und als Fortführung des Systems des Kapitalschutzes zu verstehen, weiterhin Geltung beanspruchen würden. Sie würden die Folgen der Abbedingung der Treuepflicht erheblich mildern.[372]

---

369 *Wiedemann*, WM 2009, 1, 3, vgl. auch *K. Schmidt*, Gesellschaftsrecht, § 11 V 4 c, S. 313.

370 Zum GmbH-Gesellschafter vgl. BGH NJW 1993, 193, 194; vgl. *Bayer*, in: Lutter/Hommelhoff, GmbHG, § 14 GmbHG, Rn. 42; vgl. *Cahn/v. Spannenberg*, in: Spindler/Stilz, Aktiengesetz, § 53a AktG, Rn. 40; vgl. *Hellgardt*, FS Hopt, S. 765, 773; *Koch*, in: Hüffer, Aktiengesetz, § 1 AktG, Rn. 26; vgl. *Leuscher*, FS Ahrens, S. 637, 640; vgl. *Merkt*, in: MünchKommGmbHG, § 13 GmbHG, Rn. 92, 106 f.; *Pentz*, in: Rowedder, GmbHG-Kom., § 13 GmbHG, Rn. 48; *Röhricht*, WPg 1992, 766, 785.

371 Siehe oben D) § 5.

372 Vgl. BGH NJW 1993, 193, 194; vgl. *Bayer*, in: Lutter/Hommelhoff, GmbHG, § 14 GmbHG, Rn. 41 f.; vgl. *Cahn/v. Spannenberg*, in: Spindler/Stilz, Aktiengesetz, § 53a AktG, Rn. 40; vgl. *Hellgardt*, FS Hopt, S. 765, 773; *Koch*, in: Hüffer, Aktiengesetz, § 1 AktG, Rn. 26; vgl. *Leuscher*, FS Ahrens, S. 637, 640; *Lieder*, in: Michalski, GmbHG, § 13 GmbHG, Rn. 154; vgl. *Merkt*, in: MünchKommGmbHG, § 13 GmbHG, Rn. 92, 106; *Pentz*, in: Rowedder, GmbHG-Kom., § 13 GmbHG, Rn. 48; *Röhricht*, WPg 1992, 766, 785.

Der GmbH dürfte damit gem. §§ 30, 31 GmbHG durch die Auszahlung an die Gesellschafter i. w. S.[373] kein Vermögen entzogen werden, das zur Deckung des Stammkapitals erforderlich ist. Durch die weite Auslegung des Begriffs der Auszahlung nach der herrschenden Meinung[374] und die insgesamt strenge Handhabung[375] der Grundsätze der Kapitalerhaltung wäre die Freiheit der Gesellschafter, auf Kosten der Gesellschaft zu agieren, erheblich eingeschränkt.[376] So wäre es etwa nicht mehr gestattet, eine Befreiung vom Wettbewerbsverbot zu erteilen oder der Gesellschaft zuzuordnende Geschäftschancen zu entziehen, ohne ein angemessenes Entgelt zu leisten. Gleichermaßen dürften keine weiteren unangemessenen Geschäfte auf Kosten der Gesellschaft zugunsten des Gesellschafters veranlasst werden.[377]

Als daneben[378] bestehender und teilweise darüber hinausgehender „Schutz vor einer Ausplünderung und Selbstbedienung auf Kosten der Gläubiger"[379] gelten die Maßstäbe der Existenzvernichtungshaftung. Nach diesen dürfen keine zielgerichteten kompensationslosen Eingriffe in das Vermögen der Gesellschaft vorgenommen werden, die zur Insolvenz führen oder diese vertiefen.[380] Der damit realisierte Vermögensschutz ist grundsätzlich sehr umfassend. Erfasst wird alles, was der Gesellschaft ermöglicht, ihre wirtschaftliche Tätigkeit aufrechtzuerhalten und zu betreiben.[381] Verboten ist, soweit die entsprechenden

---

373 Siehe zu der weiten Auslegung der Adressaten der Auszahlung *Altmeppen*, in: *Roth/Altmeppen*, GmbHG, § 30 GmbHG, Rn. 24 ff.; *Ekkenga*, in: MünchKommGmbHG, § 30 GmbHG, Rn. 149 ff.

374 Umfasst ist sowohl jede Leistung, die das wirtschaftliche Vermögen der Gesellschaft verringert, als auch jede Vereitelung einer Vermögensmehrung (*Altmeppen*, in: *Roth/Altmeppen*, GmbHG, § 30 GmbHG, Rn. 2, 70 ff.; *Fastrich*, in: Baumbach/Hueck, GmbHG, § 30 GmbHG, Rn. 33 ff.).

375 *Habersack*, in: Ulmer, GmbHG, § 30 GmbHG, Rn. 7.

376 Zur Einmann-GmbH vgl. *Altmeppen*, in: *Roth/Altmeppen*, GmbHG, § 30 GmbHG, Rn. 89; vgl. *Merkt*, in: MünchKommGmbHG, § 13 GmbHG, Rn. 92, 106.

377 Vertiefend zu den Einzelfällen siehe *Altmeppen*, in: *Roth/Altmeppen*, GmbHG, § 30 GmbHG, Rn. 72 ff.; *Bayer*, in: Lutter/Hommelhoff, GmbHG, § 14 GmbHG, Rn. 41 f.; *Buck-Heeb*, in: G/E/S, GmbHG, Anh § 6 GmbHG, Rn. 65.

378 Näher zum Verhältnis der §§ 30, 31 GmbHG zu den Grundsätzen der Existenzvernichtungshaftung *Ekkenga*, in: MünchKommGmbHG, § 30 GmbHG, Rn. 31 f.

379 *Servatius*, in: Beck'scher Online Kommentar GmbHG, Konzernrecht, Rn. 488.1.

380 *Altmeppen*, in: *Roth/Altmeppen*, GmbHG, § 13 GmbHG, Rn. 82; *Fastrich*, in: Baumbach/Hueck, GmbHG, § 13 GmbHG, Rn. 63 ff.; *Wicke*, in: Wicke, GmbHG, § 13 GmbHG, Rn. 7.

381 *Altmeppen*, in: *Roth/Altmeppen*, GmbHG, § 13 GmbHG, Rn. 83.

übrigen Tatbestandsvoraussetzungen vorliegen,[382] unter anderem auch ein Eingriff in die Geschäftschancen der Gesellschaft[383] oder die Tilgung privater Verbindlichkeiten.[384]

Insoweit ist innerhalb des Anwendungsbereichs der §§ 30, 31 GmbHG und der Existenzvernichtungshaftung der Schutzmaßstab annähernd[385] der gleiche wie im Falle des vollständigen Bestehens der zweckbezogenen mitgliedschaftlichen Treuepflicht.

Verbunden sind damit im Ergebnis maßgeblich zwei Konsequenzen. Zum einen wird im Falle der pauschalen oder eingeschränkten Abbedingung der mitgliedschaftlichen Treuepflicht der Gläubigerschutz konform[386] mit dem System des Gläubigerschutzes im GmbH-Recht gewährleistet. Zum anderen wird allein dadurch reflexiv ein gewisser Beteiligtenschutz realisiert.

b) Organschaftliche Treuepflicht

In Parallele zur mitgliedschaftlichen Treuepflicht führt die Abbedingung der organschaftlichen Treuepflicht nicht dazu, dass die Pflichten, die im Gläubigerinteresse zwingend sind, nicht mehr gelten würden. Soweit den Geschäftsführern in der Krise der GmbH weitere spezielle Handlungspflichten (§§ 49 Abs. 3, 64 GmbHG,[387] 15 a Abs. 1 InsO) auferlegt sind oder ihre Nutznießermöglichkeiten (§ 43a GmbHG) eingeschränkt werden,[388] sind auch diese Handlungsgrenzen weiter zu beachten.

---

382 Ausf. im Einzelnen *Gehrlein*, WM 2008, 761 ff.

383 BGH NZG 2005, 214, 215; vgl. *Gehrlein*, WM 2008, 761, 763; ähnlich *Priester*, ZGR 1993, 512, 532.

384 *Altmeppen*, in: *Roth/Altmeppen*, GmbHG, § 13 GmbHG, Rn. 83 m. w. N.

385 Zur Problematik, wann eine Geschäftschance im Rahmen der Kapitalerhaltung der Gesellschaft zuzuordnen ist, siehe nur *Altmeppen*, in: *Roth/Altmeppen*, GmbHG, § 30 GmbHG, Rn. 90.

386 Zur unterschiedlichen Reichweite der Schutzwirkungen der Treuepflicht und der Gläubigerschutzvorschriften bei der GmbH siehe *Leuscher*, FS Ahrens, S. 637, 640 ff.

387 Aufbauend auf der eingeschränkten Zulässigkeit von Zahlungen gem. § 64 S. 2 GmbHG (*Altmeppen*, in: Roth/Altmeppen, GmbHG, § 64 GmbHG, Rn. 21), nach dem für § 64 S. 1 GmbHG maßgeblichen Zeitpunkt und der weiten Auslegung des Begriffs der Zahlung innerhalb des § 64 GmbHG (*Haas*, in: Baumbach/Hueck, GmbHG, § 64 GmbHG, Rn. 65 ff.) verliert die mögliche (Teil-)Befreiung von den Treuepflichtausprägungen des Verbots der unangemessenen Eigengeschäfte, der Geschäftschancenlehre und des Wettbewerbsverbots ab dem Zeitpunkt der Zahlungsunfähigkeit oder Überschuldung ihre Bedeutung.

388 Siehe im Gesamten *Hirte*, Kapitalgesellschaftsrecht, § 3 II 4, S. 155 ff.

Entsprechend gelten auch für sie die durch den § 826 BGB vermittelten, unter Umständen vorgelagerten Beschränkungen der Maßstäbe der Existenzvernichtungshaftung. In Übereinstimmung mit Teilen des Schrifttums ist es für deren Anwendung überzeugender, maßgeblich auf das Innehaben einer Leitungsposition und nicht nur rein auf die formale Position eines Gesellschafters abzustellen.[389] Deren Grundsätze weisen durch die dogmatische Verortung innerhalb des § 826 BGB nach der neueren Rechtsprechung des BGH[390] keinen rechtsform- oder adressatenspezifischen Bezug mehr auf, der eine solche Betrachtungsweise unterbinden könnte. Der § 826 BGB ist eine allgemeingültige und adressatenneutrale Norm.

2. *Personengesellschaften*

Eine vergleichbare weitreichende und eindeutige Einschränkung der Dispositionsfreiheit und der Reduktion der Folgen der Abbedingung ist mangels der Existenz entsprechender Gläubigerschutzregelungen bei den Personengesellschaften nicht gegeben. Eher lässt sich auf tatsächlicher Seite die verhaltensdisziplinierende Wirkung des Kontrollmechanismus der persönlichen, unbeschränkten Haftung der Gesellschafter anführen, die reflexartig neben den Gesellschaftsgläubigern die Mitgesellschafter schützt.[391] Diese besteht im Falle der Abbedingung durch die zwingende Verknüpfung von Gesellschafterstellung, Geschäftsführerstellung und persönlicher Haftung der Gesellschafter gem. § 128 HGB (analog) fort. Insoweit wirkt sie als regulativer Ausgleich zwischen den Eigeninteressen des Mitglieds der Gesellschaft und den Interessen der Gesellschaft. Im Falle der Abbedingung der Treuepflicht ändert sich damit auch für die Gläubiger einer Personengesellschaft nichts an ihrem gewährten Schutzniveau. Sie dürfen weiterhin darauf vertrauen, dass unbeschränkt persönlich haftende Gesellschafter vorhanden sind, die für die Verbindlichkeiten der Gesellschaft einstehen.

---

389 So *Altmeppen*, in: *Roth/Altmeppen*, GmbHG, § 43 GmbHG, Rn. 132; a. A. *Ziemons*, in: Michalski, GmbHG, § 43 GmbHG, Rn. 537.

390 BGHZ 173, 246, 252, Rn. 17 (sog. Trihotel-Urteil).

391 *K. Schmidt*, Gesellschaftsrecht, § 14 II 2 e, S. 413 f.; *Wiedemann*, Gesellschaftsrecht Bd. 2, § 4 II 2 b bb, S. 334: „Man sagt: die Koppelung von Unternehmensleitung und Teilhaberschaft stellt ein besonderes Managementmodell dar mit einem Kontrollmechanismus, der anderweitige Überwachung durch Abberufung und Organhaftung überflüssig macht. Der mitfliegende Pilot im Cockpit flößt die Zuversicht einer gefahrlosen Reise ein." Ausf. zum regulativen Effekt der persönlichen Haftung *Klöhn*, AcP 216 (2016), 281, 297; *C. Weber*, Privatautonomie, S. 184.

§ 6 Interessen der Allgemeinheit

Das öffentliche Interesse ist als grundsätzlicher Rechtfertigungsgrund für die Einschränkung der Vertragsfreiheit anerkannt.[392] Es schützt eine Vielzahl unbestimmter Personen. Jedoch lässt es sich nicht auf eine konkrete Zielvorgabe festlegen, da seine einzelnen Aspekte auch konträr zueinander stehen können.[393] Treuepflichtspezifisch wird dies beispielhaft durch den Konflikt des Wettbewerbsverbots mit dem allgemeinen Kartellverbot nach § 1 GWB deutlich. Der § 1 GWB enthält den Rechtsgedanken, dass eine Konkurrenztätigkeit im öffentlichen Interesse grundsätzlich gewollt ist.[394] Dagegen soll das Wettbewerbsverbot, ebenfalls partiell im öffentlichen Interesse,[395] durch das Verbot einer „internen" Konkurrenztätigkeit den Bestand der Gesellschaft sichern.[396]

I. Funktionenschutz der Treuepflicht

Ungeachtet einer fehlenden gesetzlichen Normierung wird regelmäßig[397] der Funktionenschutz als möglicher, überindividuelle Interessen schützender Rechtfertigungsgrund des zwingenden Rechts innerhalb des Gesellschaftsrechts angeführt.[398] Dieser verfolgt den Zweck, die Leistungs- und Funktionsfähigkeit von Einrichtungen und Steuerungsmechanismen des privaten Austausches und der

---

392 Siehe oben C) § 5 I.

393 *Kähler*, Begriff und Rechtfertigung abdingbaren Rechts, S. 270; *A. Teichmann*, Gestaltungsfreiheit, S. 97; *Zöllner*, Schranken, S. 53.

394 *Armbrüster*, ZIP 1997, 1269, 1270.

395 Vgl. sogleich D) § 6 I 1 b).

396 Siehe konkret vertiefend zum Wettbewerbsverbot G) § 3.

397 Häufig findet sich der Funktionenschutz auch als Rechtfertigungsmuster bei der Frage nach der Reichweite der Zulässigkeit der Integration eines Nichtgesellschafters in den Entscheidungsprozess der Gesellschaft; allgemein vertiefend hierzu *Wedemann*, Gesellschafterkonflikte, S. 309 ff. und speziell zum Funktionenschutz *Wedemann*, Gesellschafterkonflikte, S. 325 f.

398 Die Begrifflichkeiten divergieren, drücken jedoch das Gleiche aus: „Funktionsvoraussetzungen der Privatautonomie" (*Hey*, Freie Gestaltung, S. 99; *Möslein*, Dispositives Recht, S. 22); „Institutionenschutz" (*Armbrüster*, ZGR 2014, 333, 338); siehe auch zur einschränkenden Wirkung des Funktionenschutzes in Bezug auf die Gestaltungsfreiheit *Armbrüster*, ZGR 2014, 333, 338; *Fastrich*, Funktionales Rechtsdenken, S. 9; *Haberer*, Zwingendes Kapitalgesellschaftsrecht, S. 254 f.; *Hey*, Freie Gestaltung, S. 99; vgl. *Immenga*, FS 100 Jahre GmbHG, S. 189, 205 f.; *Kuntz*, Gestaltung von Kapitalgesellschaften, S. 489 ff.; *Schubel*, Verbandssouveränität, S. 607.

privaten Kooperation und damit der Privatautonomie selbst sicherzustellen.[399] Abgeleitet wird aus ihm die Einschränkung, dass gesellschaftsvertragliche Regelungen, unabhängig davon, ob ein übereinstimmender Wille besteht, nicht so gestaltet sein dürfen, dass sie das „Subsystem" Gesellschaft in ihrer Funktionsfähigkeit zerstören: „Die Gesellschaftsformen sollen in ihrer jeweiligen Ausprägung das Zusammenwirken der Gesellschafter zur Verfolgung verschiedenster Ziele ermöglichen. Dazu stellen die Gesellschaftsformen geeignete Strukturen zur Verfügung, die darauf gerichtet sind, dass die Beteiligten ihre Organisation selbst in die Hand nehmen können und nicht staatlicher Lenkung bedürfen."[400] Entsprechendes stellt *Schubel* fest: „Die Rechtsordnung hat grundsätzlich ein Instrumentarium bereitzustellen, um einem massenhaften Zusammenbruch von Unternehmensträgern, der ja nicht nur für die Gesellschafter, sondern auch für die Gläubiger und Arbeitnehmer weitreichende Folgen nach sich zöge, entgegenzuwirken."[401] Ausgehend hiervon lassen sich zwei Aspekte, die dem Funktionenschutz zuzuordnen sind und allgemein als Rechtfertigung zwingender Regelungen dienen können, ableiten: Die Wahrung der Fähigkeit zur Selbstregulierung und Anpassung an die zukünftigen Umstände[402] sowie der Schutz vor einer Selbstauflösung der Gesellschaft durch die gewählte vertragliche Gestaltung.[403]

1. „Aktualisierungsfunktion" der Treuepflicht

Dies aufgreifend ordnen Vertreter der Literatur[404] beiden Arten der Treuepflicht Elemente zu, die die Funktionsfähigkeit der Selbstregulierung der Gesellschaft sichern. Dadurch bedingt lehnen sie eine vollständige Abdingbarkeit der jeweiligen Treuepflicht ab. Basierend auf den Funktionen der Treuepflicht,[405] innergesellschaftliche Konflikte zu lösen und den „Gestaltungshohlraum"[406] der Parteien

---

399 *Armbrüster*, ZGR 2014, 333, 338; vgl. *Fastrich*, Funktionales Rechtsdenken, S. 37; *Möslein*, Dispositives Recht, S. 165.

400 *Fastrich*, Funktionales Rechtsdenken, S. 35; vgl. auch *Zöllner*, Schranken, S. 54.

401 *Schubel*, Verbandssouveränität, S. 607 f.

402 *Haberer*, Zwingendes Kapitalgesellschaftsrecht, S. 254 f.; *Kuntz*, Gestaltung von Kapitalgesellschaften, S. 495.

403 *Fastrich*, Funktionales Rechtsdenken, S. 44; *Kuntz*, Gestaltung von Kapitalgesellschaften, S. 496; *Schubel*, Verbandssouveränität, S. 607 f.

404 Zur organschaftlichen Treuepflicht bei den Kapitalgesellschaften *Kuntz*, Gestaltung von Kapitalgesellschaften, S. 492, 496 ff.; vgl. zur mitgliedschaftlichen Treuepflicht bei den Kapitalgesellschaften *Wackerbarth/Eisenhardt*, Gesellschaftsrecht II, S. 126.

405 Siehe oben B) § 3.

406 *Wiedemann*, Gesellschaftsrecht Bd. 2, § 2 IV 3 c, S. 146.

sowie des Gesetzes zu ergänzen, wird angeführt, dass die Treuepflicht es ermögliche, auf zukünftig entstehende Funktionsprobleme[407] ohne externe Hilfe zu reagieren.

2. *„Sicherungsfunktion" der Treuepflicht*

Neben der Anpassung des gesellschafterlichen Vertragsverhältnisses an die veränderten Umstände dienen beide Arten der Treuepflicht als pflichtenkonkretisierende und -schaffende Generalklauseln einem Schutz vor einem nachteiligen Verhalten ihrer Adressaten. Realisiert wird dies durch die geforderte erhöhte Zweckorientierung und die Fernhaltung gesellschaftsexterner Interessen von der Sphäre der Gesellschaft.[408]

Resultat dessen ist, nach einer Ansicht in der Literatur, dass die gesetzgeberische Intention – gerichtet auf ein gemeinschaftliches Wirken und Wirtschaften – verwirklicht und das Bestehen eines schlagkräftigen Verbandes sichergestellt werde sowie gesamtwirtschaftliche Interessen geschützt würden.[409] Die gesellschaftsrechtliche Treuepflicht wird daher regelmäßig als notwendige und unabweisliche Funktionsvoraussetzung jeder Kooperation, die zur Sicherung der gesellschaftsrechtlichen Rechtsverhältnisse notwendig ist, verstanden und daher im Kern als zwingend angesehen.[410]

Diese Feststellungen betreffen die Treuepflicht insgesamt. Sie gelten unabhängig von der exakt gewählten Wortwahl und der genau untersuchten Ausprägung der Treuepflicht[411] sowie ungeachtet dessen, ob die Sicherung der Funktionsbedingungen fiduziarischer Rechtsverhältnisse[412] in den Vordergrund gestellt oder der Schwerpunkt verstärkt auf das Rechtsprinzip der Korrelation von Macht und Verantwortung gelegt wird.[413] Beide Gedanken drücken im Kern das Gleiche aus und sind auf die gleiche Problemlage zurückzuführen.

---

407 *Zöllner*, FS 100 Jahre GmbHG, S. 85, 117 f.

408 Siehe oben B) § 2.

409 Zur organschaftlichen Treuepflicht *Rhein*, Der Interessenkonflikt der Manager, S. 183 f., 202; zur mitgliedschaftlichen Treuepflicht vgl. *Immenga*, FS 100 Jahre GmbHG, S. 189, 206 f.

410 Vgl. *Fleischer*, ZGR 2000, 1, 8; vgl. *Fleischer*, NZG 2003, 985, 986; vgl. *Rhein*, Der Interessenkonflikt der Manager, S. 184; ähnlich *Kuntz*, Gestaltung von Kapitalgesellschaften, S. 498 ff.

411 So zieht *Kuntz*, Gestaltung von Kapitalgesellschaften, S. 498 ff. konkret die Treuepflicht der Geschäftsleiter mit einem besonderen Augenmerk auf deren Wettbewerbsverbot als Beispiel heran.

412 Siehe etwa *Fleischer*, NZG 2003, 985, 986.

413 Vgl. etwa *Immenga*, FS 100 Jahre GmbHG, S. 189, 206 f.

3. *Rechtfertigung der zwingenden Wirkung*

Vor dem Hintergrund des erhöhten Eingriffs in die Privatautonomie und des damit ausgelösten erhöhten Rechtfertigungsbedarfs liegt der Begründungszwang – wie üblich[414] – auf der Seite derjenigen, die eine im Kern zwingende Wirkung der Treuepflicht annehmen möchten.

Soweit die Lückenhaftigkeit des Gesellschaftsvertrags als Argument für die Unabdingbarkeit der Treuepflicht angeführt wird, ist festzuhalten, dass ein bestimmter, exakter Normanspruch nicht besteht.[415] Vor dem Hintergrund der Geltung des Verhältnismäßigkeitsgrundsatzes[416] muss es als ausreichend erachtet werden, dass grundsätzlich gesetzliche Institute existieren, die geeignet sind, privatautonome Vereinbarungen zu ergänzen, um die verfassungsrechtlich geforderte und notwendige Infrastruktur für das Funktionieren der Privatautonomie zu gewährleisten.[417]

Ein Einschreiten aus Gründen des Funktionenschutzes – aufbauend auf der Sicherungsfunktion der Treuepflichten – erscheint erst nötig, sofern die Folge der Abbedingung der Treuepflicht darin besteht, dass das Interesse der Gesellschaft absolut keinen relevanten Faktor mehr darstellt, der einschränkend auf die Zulässigkeit des Verhaltens der Treuepflichtbefreiten einwirken kann, um die Folge der „Zerstörung" der Gesellschaft zu unterbinden. Zum einen ergibt sich dies aus der gesetzlichen „Beweislastverteilung". Abzulehnen ist mithin die Ansicht von *Kuntz*[418], dass der Hinweis auf die Gestaltungsfreiheit nicht als Argument für die Abbedingung der (einzelnen) Treuepflichten geeignet sei, da es um die Ausmessung gerade jener Freiheit gehe. Er bewertet damit die Verteilung der Begründungslasten zuungunsten der zwingenden Regelungen und

---

414 Siehe oben C) § 5 II.

415 Siehe allgemein *Möslein*, Dispositives Recht, S. 377 f.; ebenso allgemein kritisch wie hier gegenüber dem Schluss von der Notwendigkeit eines Normprogramms auf ihre zwingende Geltung *Kähler*, Begriff und Rechtfertigung abdingbaren Rechts, S. 382 f.; vgl. *Verse*, DStR 2007, 1822, 1826.

416 Siehe oben C) § 5 I.

417 Allgemein *Ackermann*, Der Schutz des negativen Interesses, S. 136; *Fastrich*, Funktionales Rechtsdenken, S. 37; *Haberer*, Zwingendes Kapitalgesellschaftsrecht, S. 255; *Möslein*, Dispositives Recht, S. 377 f.

418 Siehe soweit *Kuntz*, Gestaltung von Kapitalgesellschaften, S. 506 f. zur GmbH, aber infolge der Identität der Gestaltungsfreiheit innerhalb des Innenverhältnisses bei den hier untersuchten Gesellschaftsformen verallgemeinerungsfähig, siehe hierzu oben D) § 2 I 3.

die grundsätzliche Entscheidung des Gesetzgebers zugunsten der Gestaltungsfreiheit zu gering.[419]

Zum anderen folgt dies aus den negativen historischen Erfahrungen des Zusammenbruchs von Gesellschaften bei der Einbeziehung von Nichtgesellschaftern in den innergesellschafterlichen Entscheidungsprozess. Diese gründen auf der Konstellation, dass die Nichtgesellschafter von jeglichen rechtlichen Restriktionen hinsichtlich der Beachtung des Gesellschafterinteresses freigestellt waren.[420]

II. Fortwirkung der zwingenden Pflichten im öffentlichen Interesse

Klarzustellen ist, dass die Abbedingung der Treuepflicht nicht in den Konflikt mit den Organpflichten und Pflichten der Gesellschafter gerät, die im öffentlichen Interesse[421] bestehen und infolge ihrer überragend hohen Bedeutung als zwingend anzusehen sind. Sie sind insoweit wie die Regelungen zum Gläubigerschutz der Gestaltungsbefugnis der Gesellschafter entzogen.[422] Der Mindestbestand an Pflichten, die im Interesse der Allgemeinheit bestehen oder einen eindeutigen Bezug zu diesem aufweisen, ist weiter wahrzunehmen bzw. deren Erfüllung fortwährend zu unterstützen.[423] Ihrer Erfüllung

419 Siehe oben C) § 5, D) § 2.

420 Siehe vertiefend *Wedemann*, Gesellschafterkonflikte, S. 334.

421 Siehe soweit zum GmbH-Geschäftsführer: Achtung absoluter Rechtsgüter; Aufklärungspflichten im Falle der Krise gegenüber Dritten, soweit besonderes Vertrauen in Anspruch genommen wurde; Buchführungspflichten; eigenständige Prüfung der Unternehmensinsolvenz; Insolvenzantragspflichten; Beachtung anderer öffentlicher Vorschriften wie Normen des Umwelt- oder Steuerrechts sowie Strafrechts; Erhaltung des Stammkapitals (siehe zum zwingenden Charakter *Diekmann/Marsch-Barner*, in: MünchHdb GmbH, § 45, Rn. 7, 54; *Gieseke*, GmbHR 1996, 486, 491; *Haas*, in: Baumbach/Hueck, GmbHG, § 41 GmbHG, Rn. 1). Nicht gestattet ist es weiterhin, etwa schwarze Kassen zu bilden (BGH NJW 2009, 89 ff.) oder andere illegale Geschäfte zu realisieren. Siehe soweit allgemein zum Personengesellschaftsrecht *Schäfer*, in: Staub, GroßkommHGB, § 114 HGB, Rn. 55; zum GmbH-Geschäftsführer: *Zöllner/Noack*, in: Baumbach/Hueck, GmbHG, § 43 GmbHG, Rn. 89 ff.

422 Siehe etwa auch zum Verbot sog. „nützlicher" Pflichtverletzungen *Fleischer*, in: MünchKommGmbHG, § 43 GmbHG, Rn. 43 ff.

423 Zur Pflicht der Mitwirkung an der Feststellung eines Jahresabschlusses der GmbH vgl. *Lutter*, AcP 180 (1980), 84, 109: „Daher auch ist der Gesellschafter einer GmbH und insbesondere der Inhaber einer Sperrquote zur Mitwirkung an der Feststellung des Jahresabschlusses verpflichtet, da anders die Gesellschaft ihre öffentlichen Pflichten nicht ordnungsgemäß erfüllen und ihre Geschäfte nicht reibungslos führen kann."

darf sich der Gesellschafter oder der Organvertreter wie im vertraglichen Normalzustand[424] nicht verweigern.

§ 7 Zusammenfassung und Ausblick

Insgesamt schützt die Treuepflicht die Interessen der Beteiligten und der Allgemeinheit. Ein Schutz der Gläubiger durch sie ist nicht anzunehmen. Jedoch führt die dogmatische Differenzierung zwischen der Treuepflicht und den Gläubigerschutzvorschriften zur ersten Reduzierung der Folgen einer möglichen Abbedingung, da die Gläubigerschutzvorschriften weiterhin zu beachten sind. Ein entsprechendes Bild ergibt sich mit Blick auf die zwingenden öffentlichen Interessen. Bedingt durch die gleichlaufenden Schutzzwecke der mitgliedschaftlichen und organschaftlichen Treuepflichten ist erneut die Berechtigung des Satzes, dass diese „nur den Namen gemeinsam“[425] hätten, zu verneinen.[426]

Entgegen der seit der neueren Zeit einsetzenden Entwicklung ist vor dem Hintergrund des bestehenden Normenprogramms nicht einzusehen, weshalb die Vertragsfreiheit aufgrund des Beteiligtenschutzes – von den absoluten Grenzen der Gestaltungsfreiheit abgesehen – im Gesellschaftsrecht eingeschränkt werden sollte. Bis auf wenige Ausnahmen geht das Gesetz von der grundsätzlichen Abdingbarkeit der Normen aus, die dem Beteiligtenschutz dienen. Der Eingriff in die Gestaltungsfreiheit bleibt die Ausnahme. Den Mitgliedern der Gesellschaft ist es grundsätzlich selbst überlassen, eigenverantwortlich den Inhalt des Rechtsgeschäfts zu bestimmen und die Folgen hiervon zu tragen.

Die diskutierten ungeschriebenen Schranken innerhalb des Gesellschaftsrechts sind mangels begrifflicher Klarheit und dogmatischer Integrationsfähigkeit abzulehnen. Der Grundsatz der Gleichbehandlung wirkt sich bei der ursprünglichen Vertragsgestaltung nicht negativ auf die pauschale oder teilweise Abbedingung der Treuepflicht aus.

Verhaltensökonomische Begründungsmuster können mangels ausreichender verallgemeinerungsfähiger Normanknüpfung bei der Frage nach der Abdingbarkeit der gesellschafterlichen Treuepflicht keine Berücksichtigung finden.

Basierend auf der eingeräumten Weite der Gestaltungsbefugnis der Beteiligten und der damit verbundenen eingeschränkten Legitimationsfähigkeit zwingender Regelungen sowie der Frage, ob der Funktionenschutz im Falle der

---

424 Siehe soweit im Falle des Bestehens der Treuepflicht *Wiedemann*, WM 1992, Beil. Nr. 7, 1, 20 (Personengesellschaften).

425 *Lutter*, ZHR 162 (1998), 164, 176.

426 Siehe soweit schon oben B) § 3.

Abbedingung tatsächlich ausreichend negativ betroffen ist, um eine pauschale oder partielle Abdingbarkeit verneinen zu können, ist unter Berücksichtigung der systematischen Bezüge der einzelnen Treuepflichten im Folgenden zu bestimmen, ob die bestehenden Grenzen der Gestaltungsfreiheit im Falle der pauschalen oder teilweisen Abbedingung eingehalten werden. Dies hat unter der weiteren Ermittlung des konkreten Umfangs der Abbedingung der (einzelnen) Treuepflichten und der damit verbundenen Folgen stattzufinden.

E Auswirkungen der Rechtsgrundlage auf die Abdingbarkeit der Treuepflicht

§ 1 Einleitung

Ungeachtet ihrer übereinstimmend angenommenen gesellschaftsvertraglichen Grundlage[427] wird es als nötig erachtet, die Treuepflicht durch eine entsprechende gesetzliche Rückbindung zu stabilisieren.[428] Mangels ausdrücklicher einheitlicher und umfassender Integration der Treuepflicht im geschriebenen Recht hat sich jedoch Rechtsform und Treuepflicht übergreifend bisher kein einheitlicher gesetzlicher Anknüpfungspunkt entwickelt.[429]

Voranzuschicken ist, dass der pauschalen oder eingeschränkten Abdingbarkeit der Treuepflicht nicht entgegengehalten werden kann, dass jene ohne ausdrückliche Vereinbarung Geltung beansprucht und daher als zwingendes Recht einzuordnen ist. Es ist das maßgebliche Kennzeichen des dispositiven Rechts, dass es im Falle nicht existierender abweichender Vereinbarungen subsidiär zur Anwendung kommt.[430] Soweit die Treuepflicht abbedungen werden soll, liegt es bei der Einstufung als disponibel an demjenigen, der von dem existierenden Grundmuster des Normalfalls abweichen möchte, die Initiative zu ergreifen und die unter Umständen hierfür nötige Überzeugungsarbeit zu leisten.[431] Gleichsam genügt ein alleiniger Hinweis auf ihren vertraglichen Ursprung nicht, um die vollständige Abdingbarkeit der Treuepflicht zu begründen. Auch innerhalb vertraglich begründeter Pflichten und Regelungsmodelle können nach deren „Einwahl" ergänzend zwingende Normen (etwa bis zu einer gewissen Grenze § 242 BGB, Wohnraummiete und Verbraucherrecht) gelten.

---

427 Die gesellschaftsvertragliche Grundlage wird damit erklärt, dass die „Einwahl" in das Rechtsverhältnis „Gesellschaft" auf einer freiwilligen Willensübereinstimmung beruht, die als Rechtsfolge die gesellschaftsrechtliche Treuepflichtbindung auslöst (*Janke*, Gesellschaftsrechtliche Treuepflicht, S. 34).

428 *Hüffer*, FS Steindorff, S. 59, 68.

429 Dieses Fazit zieht nahezu jeder, der sich mit der dogmatischen Grundlage der Treuepflicht auseinandersetzt, siehe nur *Merkt*, in: MünchKommGmbHG, § 13 GmbHG, Rn. 95; *Pentz*, in: Rowedder, GmbHG-Kom., § 13 GmbHG; Rn. 36; *Schäfer*, in: MünchKommBGB, § 705 BGB, Rn. 222.

430 Siehe oben C) § 3.

431 Siehe oben C) § 3, C) § 4.

§ 2 Gewohnheitsrecht

Infolge des „Siegeszuges“[432] der Treuepflicht im Gesellschaftsrecht sprechen mehrere Autoren – weitgehend bezogen auf die mitgliedschaftliche Treuepflicht – davon, dass sie sich zu einem gewohnheitsrechtlich[433] eigenständig anerkannten Institut im Gesellschaftsrecht verfestigt hat.[434] Aus dieser Entwicklung lässt sich gleichwohl noch keinerlei Aussage hinsichtlich ihrer Rechtsnatur ableiten. Ob eine gesetzliche Norm auf einem formalen Gesetzgebungsakt beruht und damit zum geschriebenen Recht zu zählen ist oder infolge einer dauernden Übung, die Ausdruck eines allgemeinen Rechtsbewusstseins war, entstanden und damit dem geschriebenen Recht gleichzusetzen ist (Art. 2 EGBGB),[435] beinhaltet keine Aussage über ihre Rechtsnatur. Die Zulässigkeitskriterien einer Abbedingung sind nicht mit diesem Element verbunden.[436] Die Legitimation der zwingenden Geltung einer gewohnheitsrechtlich entstandenen Rechtsnorm folgt aus den bekannten Gründen.[437]

Im Übrigen ist zu beachten, dass diejenigen Vertreter der Literatur, die der Treuepflicht den Rang von Gewohnheitsrecht zusprechen, diese an das geschriebene Recht (§ 705 BGB oder § 242 BGB) koppeln. Insoweit haben die gleichen Erwägungen auf die dadurch ausgelösten Auswirkungen auf ihre Abdingbarkeit zu gelten.

---

432 *Immenga*, FS 100 Jahre GmbHG, S. 189.

433 Im Gegensatz zum geschriebenen Recht fehlt dem Gewohnheitsrecht ein formaler Gesetzgebungsakt. Dessen Geltung fußt auf dem allgemeinen Rechtsgeltungswillen der Gemeinschaft, welcher sich in einer fortwährenden und dauernden Übung offenbart (*Brox/Walker*, BGB AT, § 1 3 b, Rn. 8, S. 8 f.; *Larenz/Canaris*, Methodenlehre, S. 176).

434 Siehe *Heimann*, Zulässigkeit von Wettbewerbsverboten, S. 7; *Lutter*, ZHR 162 (1998), 164, 166; *Merkt*, in: MünchKommGmbHG, § 13 GmbHG, Rn. 95; *Raiser*, in: Ulmer, GmbHG, § 14 GmbHG, Rn. 77; *Schäfer*, in: Staub, GroßkommHGB, § 105 HGB, Rn. 228; *Seibt*, in: Scholz, GmbHG, § 14 GmbHG, Rn. 64; *Weller*, ZHR 175 (2011), 110, 118.

435 Vgl. auch schon oben D) § 3 III.

436 Vgl. oben C) § 5, C) § 5 II.

437 *Bülow*, AcP 14 (1881), 1, 90 f.; *Kähler*, Begriff und Rechtfertigung abdingbaren Rechts, S. 71 und vgl. erneut oben C) § 5 II.

§ 3 Hauptpflicht

I. § 705 BGB

Eine Ansicht leitet die Rechtsgrundlage der organschaftlichen Treuepflicht im Personengesellschaftsrecht und generell die mitgliedschaftliche Treuepflicht aus dem rechtsformübergreifenden[438] Rechtsgedanken des § 705 BGB ab. Sie stuft die Treuepflicht infolge ihrer Konkretisierungsfunktion für die Zweckförderung und ihrer prägenden, typisierenden Art für die gesellschaftsrechtlichen Rechtsverhältnisse als genuin gesellschaftsrechtliche Hauptpflicht ein, deren Anforderungsprofil über dasjenige des § 242 BGB weit hinausgehe.[439]

II. Auswirkungen auf die Abdingbarkeit

1. Mitgliedschaftliche Treuepflicht

a) Vollständige Abdingbarkeit

Wird die Treuepflicht als Hauptpflicht eingestuft und an ihre vertragliche Grundlage angeknüpft, soll nach einer Literaturansicht bis zur Grenze des § 138 BGB die Regel des § 311 Abs. 1 BGB gelten.[440] Umsetzbar seien danach vielfältige Modifikationen innerhalb der gesellschaftsrechtlichen Regelungen. Dies umfasse auch

---

438 *Lutter*, AcP 180 (1980), 84, 102 ff.; *Nehls*, Die gesellschaftsrechtliche Treuepflicht, S. 37; *Nitschke*, Personengesellschaft, S. 3.

439 *Grigoleit*, Gesellschafterhaftung, S. 300 f.; *Hadding/Kießling*, in: Soergel, BGB, § 705 BGB, Rn. 58; *Lutter*, AcP 180 (1980), 84, 102, 104 ff., 110 f.; *Lutter*, ZHR 162 (1998), 164, 167; *Roth*, in: Baumbach/Hopt, HGB, § 109 HGB, Rn. 23; *Schiessl/Böhm*, in: MünchHdb GmbH, § 32, Rn. 12; *Timm*, GmbHR 1981, 177 f.; *Weisser*, Corporate Opportunities, S. 137; vgl. *Westermann*, Vertragsfreiheit, S. 143; *Wimmer-Leonhardt*, Konzernhaftungsrecht, S. 181.

440 *Hellgardt*, FS Hopt, S. 765, 775 f.; vgl. *Lieder*, in: Michalski, GmbHG, § 13 GmbHG, Rn. 152; vgl. *Seibt*, in: Scholz, GmbHG, § 14 GmbHG, Rn. 72; ähnlich *Klöhn*, AcP 216 (2016), 281, 317 f., der dieses Ergebnis im Wege der Auslegung des Gesellschaftsvertrags zu erreichen sucht. Einen im Grundsatz ähnlichen dogmatischen Ansatz, um die grundsätzliche Modifikationsmöglichkeit der Treuepflicht zu begründen, verfolgt der BGH (BGH NJW 2011, 1667, 1669, Rn. 21 ff.), auch wenn er nicht unmittelbar auf die Norm des § 311 Abs. 1 BGB abstellt, indem er herausstellt, dass „der Gesellschaftsvertrag die Grundlage der gesellschafterlichen Treuepflicht [bilde] und damit auch deren Inhalt und Umfang [bestimme]."

die vollständige Abbedingung der Treuepflicht.[441] Hervorgehoben wird, dass mit der Abbedingung der Treuepflicht keine gänzliche Freistellung von der Pflicht zur Zweckverfolgung verbunden sei, sondern diese nur gemindert werde.[442] Die Reichweite der Abbedingung beziehe sich insgesamt nur auf den spezifischen[443] Aspekt der gesellschafterlichen Treuepflicht und reiche demnach nur bis zum Niveau des § 242 BGB.

Die Notwendigkeit einer erhöhten Pflicht zur Rücksichtnahme in gesellschaftsrechtlichen Verhältnissen in Form der Treuepflicht wird durch einen Vergleich mit dem patriarchalischen Darlehen negiert.[444] Angeführt wird, dass trotz dessen struktureller Ähnlichkeit zu der stillen Gesellschaft bei diesem keine besonderen Treuepflichten angenommen würden.[445] Unterstützend wird auf die Üblichkeit der Kreation atypischer Gesellschaftsformen im Gesellschaftsrecht verwiesen.[446]

Schließlich wird geltend gemacht, dass das durch die Abbedingung der Treuepflicht reduzierte Schutzniveau durch andere Maßnahmen ausgeglichen und dadurch eine den Mitgesellschaftern konformere Art der Zweckverfolgung realisiert werden könne. Als denkbare Alternativen wird die Einführung eines Kontrollgremiums oder anderer kompensatorischer vertraglicher Regelungen, wie erleichterter Austrittsrechte oder kurz laufender Befristungen der Gesellschaften, genannt.[447]

b) Eingeschränkte Abdingbarkeit

Der Zulässigkeit der vollständigen Abbedingung der Treuepflicht hält die überwiegende Meinung entgegen, dass die Treuepflicht als notwendiger und daher zwingender Bestandteil im Gesellschaftsrecht anzusehen sei. Begrifflich wird sie

---

441 *Hellgardt*, FS Hopt, S. 765, 775; vgl. *Lieder*, in: Michalski, GmbHG, § 13 GmbHG, Rn. 152; rechtsdogmatisch folgend *Kampf*, Abdingbarkeit, S. 23; *Schmolke*, Grenzen der Selbstbindung, S. 668.

442 *Hellgardt*, FS Hopt, S. 765, 775; vgl. *Seibt*, in: Scholz, GmbHG, § 14 GmbHG, Rn. 72; *Waclawik*, DB 2005, 1151, 1153.

443 Siehe insoweit oben B) § 2 II 5.

444 *Hellgardt*, FS Hopt, S. 765, 775 f.; identisch in Bezug auf den Umfang der Abbedingung *Klöhn*, AcP 216 (2016), 281, 317 f.; *Waclawik*, DB 2005, 1151, 1153.

445 *Hellgardt*, FS Hopt, S. 765, 775 f.; vgl. auch rechtsvergleichend *Kloka*, Innovationsfinanzierung, S. 175 ff.

446 *Hellgardt*, FS Hopt, S. 765, 775; rechtsdogmatisch folgend *Schmolke*, Grenzen der Selbstbindung, S. 668.

447 *Hellgardt*, FS Hopt, S. 765, 785.

in diesem Zusammenhang entweder als unabdingbarer, immanenter Teil der Mitgliedschaft oder als Haupt- respektive Kardinalpflicht bezeichnet.[448] Zwar könnten die Gesellschafter den Zweck der Gesellschaft festsetzen und damit die Intensität sowie die Reichweite der Treuepflichtbindungen mittelbar bestimmen, jedoch sei im Falle eines gänzlichen Fehlens einer Treuepflicht anzunehmen, dass die allen Gesellschaften immanente Verfolgung eines gemeinsamen Zweckes und die Bindung an diesen nicht mehr garantiert seien. Als Konsequenz sei „eine Denaturierung der Gesellschaft zum Spielball der Sonderinteressen [...] zu befürchten.“[449]

Gleichzeitig wird mit der Unvereinbarkeit der Erklärungen argumentiert. Vertreten wird, dass es widersinnig sei, auf der einen Seite die Stellung als Mitglied der Gesellschaft anzunehmen und damit das Versprechen abzugeben, den Zweck der Gesellschaft zu fördern und die Belange der Mitgesellschafter zumindest zu achten, dieses jedoch auf der anderen Seite vollständig zu sabotieren.[450]

In leicht inhaltlich abgewandelter Form bzw. in argumentativer Verwandtschaft wird teilweise geltend gemacht, dass die mitgliedschaftliche Treuepflicht infolge ihres Charakters als Hauptpflicht oder wesentliche Pflicht nicht vollständig abdingbar sei, da ansonsten der typische gesellschaftsrechtliche Charakter in Form der gesteigerten Rücksichtnahme auf die jeweiligen Interessen fehle.[451]

Mit einem nahezu identischen Begründungsmuster wird unter Rückgriff auf die klassische Unterscheidung der Verträge nach Verträgen des Interessengegensatzes (Austauschverträge), Verträgen der Interessengemeinschaft (Gesellschaftsverträge) und der Interessenwahrung (Treuhandverhältnisse)[452] von einer

---

448 Vgl. *Emmerich/Bitter*, in: Scholz, GmbHG, 11. Aufl., § 13 GmbHG, Rn. 38c; *Geiger*, Wettbewerbsverbote, S. 172; *Grundmann*, Der Treuhandvertrag, S. 456; *Koppensteiner*, GesRZ 2009, 197, 198; vgl. *Kumpan*, Der Interessenkonflikt, S. 134; *Timm*, WM 1991, 481, 484; vgl. *Weller*, ZHR 175 (2011), 110, 121; vgl. *Wiedemann*, Gesellschaftsrecht Bd. 2, § 2 I 1 a, S. 91; *A. Wolf*, Grenzen, S. 17.

449 *Geiger*, Wettbewerbsverbote, S. 172; vgl. *Piepenburg*, Mitgliedschaftliche Treupflichten, S. 139; *A. Teichmann*, Gestaltungsfreiheit, S. 216; *Wackerbarth/Eisenhardt*, Gesellschaftsrecht II, S. 126.

450 Vgl. *Wimmer-Leonhardt*, Konzernhaftungsrecht, S. 165.

451 Vgl. *Armbrüster*, ZGR 2014, 333, 350; zur Treuepflicht der Gesellschafter untereinander *Fillmann*, Treuepflichten, S. 206 f.; vgl. zur organschaftlichen Treuepflicht *Kumpan*, Der Interessenkonflikt, S. 132, 134.

452 Siehe vertiefend zu dieser Einteilung *Busche*, Privatautonomie, S. 63; *Busche*, in: MünchKommBGB, Vor § 145 BGB, Rn. 1; *Martinek*, in: Staudinger, Kommentar zum BGB, 2017, Vor § 662 BGB, Rn. 23 ff.; *Rumpf*, AcP 119 (1921), 1, 53 ff.; *Weller*, Die Vertragstreue, S. 197 ff.

weiteren Argumentationslinie die vollständige Abdingbarkeit der gesellschaftsrechtlichen Treuepflicht abgelehnt.[453]

Im Ergebnis wird damit übereinstimmend von den abweichenden Literaturmeinungen die These vertreten, dass der Grundsatz der Rücksichtnahme und der Vertragstreue erst recht und verstärkt bei Verträgen gelten müsse, die auf ein langfristiges Miteinander ausgerichtet seien, wenn jener – gesetzlich ausgedrückt durch § 242 BGB – schon in „normalen" Vertragsbeziehungen (Verträge des Interessengegensatzes) anerkannt sei und Berücksichtigung beanspruche.[454]

Unterstützung erhalten diese Sichtweisen durch den gesellschaftsrechtlichen Senat des BGH, indem dieser ausführt, dass „der Gesellschaftsvertrag im Gegensatz zum reinen Austauschvertrag auf ein gedeihliches Zusammenwirken der Gesellschafter zur Erreichung eines gemeinsamen Zwecks angelegt [sei]."[455]

Nach der restriktiven Linie verkenne der Hinweis auf die atypischen Gestaltungsformen innerhalb der Literatur zudem, dass bei allen Gesellschaftsformen das Bestehen einer Treuepflicht angenommen werde, selbst bei den atypischen.[456]

c) Stellungnahme

aa) Anwendung des § 311 Abs. 1 BGB als Ansatzpunkt der Modifikation

Bei der Einordnung der gesellschaftsrechtlichen Treuepflicht als Hauptpflicht greift grundsätzlich richtigerweise die Regelung des § 311 Abs. 1 BGB, die es den Parteien gestattet, den Inhalt ihrer Vereinbarung eigenverantwortlich frei zu bestimmen.[457] Der § 311 Abs. 1 BGB beansprucht generell Geltung für das Gesellschaftsrecht. Aus der Systematik des Gesetzes ergibt sich für den Gesellschaftsvertrag der Personengesellschaften die Anwendbarkeit der allgemeinen Regeln über Rechtsgeschäfte und Schuldverträge und damit auch der Norm des § 311 Abs. 1 BGB.[458] Entsprechendes hat für die Kapitalgesellschaften zu gelten.

---

453 Vgl. *Kumpan*, Der Interessenkonflikt, S. 133 (zur organschaftlichen Treuepflicht); vgl. *Weller*, ZHR 175 (2011), 110, 121.

454 Vgl. *Armbrüster*, ZGR 2014, 333, 350; vgl. *Kumpan*, Der Interessenkonflikt, S. 133; vgl. *Weller*, ZHR 175 (2011), 110, 121.

455 BGHZ 81, 263, 266.

456 Vgl. *Kumpan*, Der Interessenkonflikt, S. 133 f. zur organschaftlichen Treuepflicht.

457 Zum Inhalt des § 311 Abs. 1 BGB siehe *Emmerich*, in: MünchKommBGB, § 311 BGB, Rn. 1 ff.

458 *Grigoleit*, Gesellschafterhaftung, S. 292; vgl. *Kübler/Assmann*, Gesellschaftsrecht, § 6 I 1 a, S. 43; *Wiedemann*, WM 1990, Sonderbeilage Nr. 8, 1, 4.

Unabhängig von der regelmäßigen Verwendung des Begriffes „Satzung“[459] erfolgt bei ihnen im Falle der Statuierung der Gesellschaft ein Vertragsschluss. Ihr rechtsgeschäftlicher Ursprung ist nicht zu leugnen.[460]

bb) Plausibilität des Arguments des „patriarchalischen Darlehens“

Der Vergleich zum patriarchalischen Darlehen ist nicht überzeugend, um eine Pflicht in Form der mitgliedschaftlichen Treuepflicht zu negieren. Dieses Argument missachtet den trotz der vorhandenen Ähnlichkeiten bestehenden Strukturunterschied zwischen dem patriarchalischen Darlehen und den Gesellschaftsverträgen. Das entscheidende Abgrenzungskriterium des patriarchalischen Darlehens von der stillen Gesellschaft wird in der mangelnden Verfolgung und Setzung eines gemeinsamen Zweckes gesehen.[461] Es handelt sich um ein Rechtsverhältnis, das nicht dem Gesellschaftsrecht zuzuordnen ist.[462] Mangels Vergleichbarkeit ist eine Verallgemeinerung ausgeschlossen.

cc) Mangelnde Bedeutung der „Wesentlichkeit“ der Pflicht im weiteren Sinne für die Bestimmung der Rechtsnatur

Mit dem Verweis auf die wesentlichen Rechte und Pflichten oder ihre Bedeutung für das Vertragsverhältnis ist allein noch nicht die Frage ihrer Rechtsnatur beantwortet. Unabhängig von dem zweifelhaften materiellen Aussagewert einer solchen Differenzierung[463] ist zwischen der Primärebene der Norm hinsichtlich ihres anordnenden Inhalts und ihrer Sekundärebene bezüglich ihres disponiblen oder indisponiblen Status zu unterscheiden.[464] Beiden liegt eine unterschiedliche

---

459 Zur eingeschränkten Relevanz dieser Begrifflichkeiten im Gesellschaftsrecht siehe *Hey*, Freie Gestaltung, S. 20; *K. Schmidt*, Gesellschaftsrecht, § 5 2 I, S. 80 ff.

460 *Hey*, Freie Gestaltung, S. 17 ff.; *Hönn*, JA 1987, 337; *K. Schmidt*, Gesellschaftsrecht, § 5 I 1, S. 76 ff. und siehe oben C) § 2.

461 *Gehrlein*, in: E/B/J/S, § 230 HGB, Rn. 76; *Kübler/Assmann*, Gesellschaftsrecht, § 6 I 1 d, S. 45; *Roth*, in: Baumbach/Hopt, HGB, § 230 HGB, Rn. 4; *K. Schmidt*, in: MünchKommHGB, § 230 HGB, Rn. 61; kritisch gegenüber diesem Abgrenzungskriterium *Wiedemann*, Gesellschaftsrecht Bd. 2, § 2 III 1 c, S. 126; noch anders *Wiedemann*, WM 1990, Sonderbeilage Nr. 8, 1, 14.

462 Siehe auch zugleich unten E) § 3 II 1 c) aa).

463 So führt *Hennrichs*, AcP 195 (1995), 221, 232 aus: „Zunächst ist schon höchst unsicher, was überhaupt eine Haupt- gegenüber einer Nebenpflicht ausmacht und welche Rechtsfolgen an diese Unterscheidung geknüpft sein sollen.“

464 Siehe oben C) § 5 II.

Wertungsebene zugrunde.[465] Auch der BGH[466] erkennt allgemein die Reichweite des abdingbaren Rechts an und zählt die Gesamtheit der wesentlichen Rechte und Pflichten grundsätzlich zu diesem.[467] Bestätigt wird diese Sichtweise durch das geschriebene Recht. Dem § 307 Abs. 2 BGB i. V. m. § 307 Abs. 3 BGB ist der Gedanke zu entnehmen, dass wesentliche Pflichten außerhalb des AGB-Rechts abweichend vom Gesetz gestaltet werden können und diese grundsätzlich dem dispositiven Recht zuzuordnen sind.

Nicht zugestimmt werden kann dem verwandten Argument, das die mangelnde vollständige Abdingbarkeit der Treuepflicht mit der klassischen Unterteilung der Verträge begründet. Diese Differenzierung bezeichnet nur das Ziel der Vertragsdurchführung.[468] Sie beinhaltet indes keine Aussage über die Einstufung einer Norm oder eines Normenprogramms als zwingend. Das Gesetz bestätigt diese Wertung. Auf der einen Seite sind die Normen, die den Verträgen des Interessengegensatzes zuzuordnen sind, indisponibel respektive nur teilweise disponibel (vgl. etwa §§ 475, 536 BGB). Auf der anderen Seite sind Normen der Interessengemeinschaft abweichenden Parteivereinbarungen weitgehend offen. Dies wird allein schon aus der umfassenden Geltung der Gestaltungsfreiheit im Binnenrecht der Personengesellschaften und der GmbH deutlich.[469]

Ungeachtet dessen ist vor dem Hintergrund eines mangelnden Typenzwangs im Gesellschaftsrecht nicht einzusehen, weshalb die Beteiligten nicht die Möglichkeit haben sollen, die innere Organisationsstruktur mit Blick auf die Konfliktlösung an diejenige der Austauschverträge anzunähern.[470] Soweit der Satz angeführt wird, dass die Treuepflicht bei allen Gesellschaftsformen existiert,[471] um deren Unabdingbarkeit zu begründen, ist dies nicht überzeugend. Unausgesprochen wird insoweit mit der ungeschriebenen Schranke der „Struktur“[472] der Gesellschaften argumentiert und angenommen, dass die Treuepflicht ein zwingendes Strukturelement darstellt. Die Annahme einer solch ungeschriebenen

---

465 Siehe oben C) § 5 II und *Bachmann*, JZ 2008, 11 f.; *Kähler*, Begriff und Rechtfertigung abdingbaren Rechts, S. 34, 381 ff.

466 Hinzuweisen ist darauf, dass im zitierten Fall nicht der gesellschaftsrechtliche Senat des BGH entschieden hat.

467 BGH NJW-RR 2004, 1206 f.; zu diesem Befund siehe *Kähler*, Begriff und Rechtfertigung abdingbaren Rechts, S. 71.

468 Vgl. *Busche*, Privatautonomie, S. 63.

469 Siehe oben D) § 2.

470 Vgl. *Koller*, DB 1984, 545, 547; vgl. *Loritz*, JZ 1986, 1073.

471 *Kumpan*, Der Interessenkonflikt, S. 134.

472 Siehe oben D) § 3 II.

Schranke ist jedoch infolge fehlender begrifflicher Klarheit und der Widersprüchlichkeiten zum geschriebenen Recht (§§ 109 HGB, 45 Abs. 2 GmbHG) sowie infolge der fehlenden eindeutig erkennbaren Zuordnung eines Strukturelements zum zwingenden Recht generell abzulehnen.[473]

dd) Zweck der Gesellschaft als maßgebliches Kriterium

(1) Determinierungswirkung

Das entscheidende Kriterium hinsichtlich der Zulässigkeit der pauschalen Abbedingung der Treuepflicht bei Annahme der erörterten Rechtsgrundlage aus § 705 BGB könnte sich jedoch aus dem speziellen gesellschaftsrechtlichen Blickwinkel der Fragestellung ergeben. Allgemein gilt, dass es den Parteien innerhalb einer privatautonomen Ordnung überlassen ist, das gegenseitig geschuldete Pflichtenprogramm festzulegen und das ihnen zukommende Schutzniveau zu bestimmen.[474] Indes hat die Gestaltung des Inhalts des Vertragsverhältnisses Auswirkungen darauf, welchem Regelungsmodell die Vereinbarung zuzuordnen ist.[475] Der Treuepflicht könnte durch die enge Verbindung mit dem Gesellschaftszweck und den spezifischen Ausdruck der gesellschafterlichen Rücksichtnahme sekundär die Wirkung zukommen, dass ihre Geltung und die Zuordnung zum Gesellschaftsrecht untrennbar verbunden sind.

Insoweit könnten den Anforderungen der verallgemeinerungsfähigen Norm des § 705 BGB Anhaltspunkte zu entnehmen sein. Von weiteren rechtsformspezifischen Besonderheiten abgesehen, statuiert diese Regelung die zwingenden Minimalanforderungen für die Entstehung einer Gesellschaft. Sie gilt rechtsformübergreifend als Generalnorm des Gesellschaftsrechts.[476] Nach ihr ist im Kern notwendiger Vertragsbestandteil jeder Gesellschaft, um deren Entstehung zu gewährleisten und damit die Zuordnung zum Gesellschaftsrecht sicherzustellen, dass sie eine Einigung über den gemeinsamen Zweck enthält.[477] Jener ist der

---

473 Siehe oben D) § 3 II.

474 Siehe oben C) § 3.

475 *Hey*, Freie Gestaltung, S. 45; *Kähler*, Begriff und Rechtfertigung abdingbaren Rechts, S. 205, 353; *Möslein*, Dispositives Recht, S. 54; vgl. *K. Schmidt*, Gesellschaftsrecht, § 4, S. 57 ff.

476 Eingehend dazu *Lutter*, AcP 180 (1980), 84, 102 ff.; *Nehls*, Die gesellschaftsrechtliche Treuepflicht, S. 37; *Nitschke*, Personengesellschaft, S. 3.

477 *Habermeier*, in: Staudinger, Kommentar zum BGB, 2003, § 705 BGB, Rn. 1, 12; *Koppensteiner*, GesRZ 2009, 197, 198; *Schäfer*, in: Staub, GroßkommHGB, § 105 HGB, Rn. 14, 17, 20; *Schäfer*, in: MünchKommBGB, § 705 BGB, Rn. 128; *Wiedemann*, WM 1990, Sonderbeilage Nr. 8, 1, 12; *Wiedemann*, Gesellschaftsrecht Bd. 2, § 2 I 1 a, S. 92.

Zusammenschnitt der einzelnen Interessen der Gesellschafter, zu deren gemeinschaftlicher Verfolgung sich die Gesellschafter verbunden haben.[478]

Abzugrenzen ist der Gesellschaftszweck von den Motiven, die der einzelne Gesellschafter mit der Beteiligung verfolgt.[479] Daher ist der Hinweis auf die Zulässigkeit der sog. „societas leonina" nicht überzeugend, um die pauschale Abdingbarkeit der Treuepflicht zu begründen bzw. die Überzeugungskraft des Arguments der mangelnden Notwendigkeit der erhöhten Rücksichtnahme zu entkräften.[480] Eine hierauf gerichtete Vereinbarung hat nicht zur Folge, dass eine erhöhte Rücksichtnahme innerhalb der Verfolgung des gemeinsamen Zweckes nicht mehr geschuldet ist.[481] Die gewünschte Erfolgsbeteiligung des einzelnen Gesellschafters ist als Motiv des Gesellschafters für seine Beteiligung an der Gesellschaft zu verstehen, das außerhalb des gesetzten Zweckes der Gesellschaft liegt.[482]

Aus der mangelnden Überzeugungskraft jenes Arguments folgt gleichwohl nicht die Unzulässigkeit einer solchen Gestaltung. Zu beachten ist, dass sich der Zweck mit dem Abschluss des Gesellschaftsvertrags verselbstständigt. Zu diesem Zeitpunkt löst er sich von den Interessen der Gründer der Gesellschaft. Der Zweck wird zum überindividuellen Gesellschaftszweck erhoben, der das Interesse der Gesellschaft konstituiert.[483] Soweit eine Verabsolutierung und Statuierung des Gesellschaftszweckes erfolgt ist, ist keine gemeinschaftliche Zweckverfolgung (mehr) zu fordern, um eine Zuordnung zum Gesellschaftsrecht zu erreichen.[484] Der gemeinsame Zweck bzw. der Zweck der Gesellschaft dient fortan grundsätzlich „nur noch" als Fixpunkt, um beurteilen zu können, ob und welche Rechtsfolgen im Falle fehlender Zweckübereinstimmungshandlungen gegenüber den Gesellschaftern eintreten können.[485]

---

478 *Zöllner,* Schranken, S. 73.

479 *Schäfer*, in: Staub, GroßkommHGB, § 105 HGB, Rn. 22.

480 Vgl. *Hellgardt*, FS Hopt, S. 765, 785; ähnlich *Fleischer/Harzmeier*, NZG 2015, 1289, 1295, die freilich schlussendlich eine pauschale Abdingbarkeit verneinen.

481 Vgl. *Röttger*, Kernbereichslehre, S. 163; vgl. *Schäfer*, in: MünchKommBGB, § 705 BGB, Rn. 150 f.

482 *Röttger*, Kernbereichslehre, S. 163; *Schäfer*, in: MünchKommBGB, § 705 BGB, Rn. 151.

483 Vgl. BGHZ 47, 172, 179 f.; *Flume*, Personengesellschaft, § 7 I, S. 89; *Grigoleit*, Gesellschafterhaftung, S. 300; *Roth*, Das Treuhandmodell, S. 113 f.; vgl. *K. Schmidt*, Gesellschaftsrecht, § 4 I, S. 60 f.; *Zöllner,* Schranken, S. 18, 23.

484 Vgl. *K. Schmidt*, Gesellschaftsrecht, § 4 I, S. 60 f.; vgl. *Weipert*, in: MünchHdb PersG, § 6, Rn. 2.

485 Vgl. *K. Schmidt*, Gesellschaftsrecht, § 4 I, S. 60 f.

(2) Gestaltungsfreiheit

Deshalb ist nicht einzusehen, weshalb die Parteien nicht vereinbaren können, auf welche Weise sie den Gesellschaftszweck erreichen wollen. Es ist ihnen zu überlassen, ob sie dabei in einer „besonders gedeihlichen" Art und Weise zusammenwirken wollen oder ob der ansonsten bestehende stete Vorrang der Interessen der Gesellschaft bei den zweckbezogenen Befugnissen aufgehoben werden soll. Den Gesellschaftern muss die Möglichkeit verbleiben, privatautonom die Art und Weise der Zweckverfolgung zu bestimmen, die sie für sinnvoll erachten.[486]

Für die Zulässigkeit einer solchen Gestaltung spricht die rechtsformübergreifende Befugnis der Gesellschafter, den Zweck der Gesellschaft zu bestimmen. Daraus ist der maiore ad minus-Schluss abzuleiten, dass es möglich sein muss, durch die Aufhebung des spezifischen Elements der Treuepflicht generell zu gestatten, der Gesellschaft im begrenzten[487] Umfang materielle Schäden zuzufügen und die Pflicht zur reinen Orientierung am Gesellschaftsinteresse bei den zweckbezogenen Rechten zu lockern.[488]

Der Wortlaut des § 705 BGB selbst („die Erreichung eines gemeinsamen Zweckes in der durch den Vertrag bestimmten Weise zu fördern") bestätigt diese Sichtweise der angenommenen mangelnden Notwendigkeit der optimalen Zweckverfolgung bzw. der erhöhten Rücksichtnahme. Ihm lässt sich nicht das Erfordernis einer besonderen Pflicht im Sinne der Treuepflicht entnehmen. Die Beteiligten sind danach frei, im Vertrag zu bestimmen, in welcher Weise sie den Zweck fördern möchten. Das Wort „gemeinsam" innerhalb des § 705 BGB, das noch am ehesten einen Anhaltspunkt für die gesteigerte Treuepflicht bieten könnte, umschreibt lediglich eine „gewisse innere Verbundenheit der Beteiligten zueinander."[489]

In vorsichtiger Anlehnung an die §§ 275 Abs. 1, 726 Abs. 1 BGB, 61 Abs. 1 GmbHG und die darin gestellten Voraussetzungen an die Tatbestandsvoraussetzung der Unmöglichkeit der Zweckerreichung ist die äußerste Grenze lediglich so zu setzen, dass ein minimales Interesse am Bestand der Gesellschaft vorhanden und ihre Existenz gesichert ist.[490] Durch den beschränkten Umfang der

---

486 Vgl. *Hellgardt*, FS Hopt, S. 765, 784 f.; vgl. *Hey*, Freie Gestaltung, S. 227.

487 Zur fortbestehenden Einschränkung der damit bestehenden Befugnis durch § 242 BGB siehe unten F) § 1 III.

488 Vgl. *Hartmann*, GmbHR 1999, 1061, 1063; vgl. *Leuscher*, FS Ahrens, S. 637, 639; ähnlich *Winter*, Treuebindungen, S. 197, der freilich im Anschluss aus Gläubigerschutzgesichtspunkten eine vollständige Abbedingung der Treuepflicht gegenüber der Gesellschaft verneint, siehe oben D) § 5 I 1.

489 *Böhmer*, JZ 1994, 982, 984 ff.

490 Im Ergebnis ähnlich *Fleck*, ZHR 149 (1985), 387, 394.

Abbedingung der gesellschaftsrechtlichen Treuepflicht wird diesen Minimalanforderungen jedoch weiterhin Rechnung getragen.

Gemäß dem oben aufgezeigten System der zweckbezogenen Treuepflichten stellt deren Spezifikum allein dar, dass sie auf ihrer höchsten Anforderungsstufe das Ausblenden jeglicher Sonderinteressen verlangen.[491] Konsequenz dessen ist,[492] dass allein die Abbedingung dieses spezifischen Elements in Verknüpfung mit der Lockerung des daraus abgeleiteten Schädigungsverbots in Rede steht und stattdessen die weniger strengen Maßstäbe des § 242 BGB gelten. Wie die liberale Ansicht zutreffend annimmt,[493] sind mit der Abbedingung nicht die generelle Freistellung von der Pflicht zur Zweckförderung und die Erlaubnis, die Gesellschaft zu zerstören, verbunden. Dies zeigt schon der vergleichende Seitenblick zum „allgemeinen" Vertragsrecht. Diesem ist eine gesteigerte Treuepflicht weithin unbekannt. Gleichwohl ist es nicht gestattet, den Vertragszweck der getroffenen Vereinbarung gänzlich zu sabotieren.[494] Infolge des beschränkten Umfangs der Abbedingung und der damit fortbestehenden rechtlichen Restriktionen ist die Gesellschaft gleichzeitig ausreichend vor einer „Selbstauflösung" geschützt und ein Einschreiten mit den Mitteln des zwingenden Rechts, gerechtfertigt durch die Sicherungsfunktion der Treuepflicht,[495] abzulehnen.

Entsprechendes gilt auch für den Umfang der nichtzweckbezogenen Treuepflichten und der Treuepflichten der Gesellschafter untereinander. In diesem Verhältnis gilt ebenfalls der § 242 BGB, bedingt durch den reduzierten Umfang der Abbedingung, weiter.[496] Erneut bezieht sich die Abbedingung nur auf die

491 Siehe oben B) § 3.

492 Vgl. oben C) § 5 II.

493 *Hellgardt*, FS Hopt, S. 765, 785 f.; *Kampf*, Abdingbarkeit, S. 152 (nur dogmatisch folgend); vgl. *Mansel*, in: Jauernig, BGB, § 242 BGB, Rn. 27 (allgemein zu § 242 BGB und der Treuepflicht); vgl. andeutungsweise *Schöne,* in: Beck'scher Online Kommentar BGB, § 705 BGB, Rn. 103.

494 Siehe zu diesem Verbot im allgemeinen Vertragsrecht *Grundmann*, Der Treuhandvertrag, S. 171.

495 Vgl. soweit oben D) § 6 I 1 c) und siehe nochmals vertiefend zu den konkreten Auswirkungen der Abbedingung unten F) § 1 III.

496 Vgl. soweit allgemein zum Inhalt der Treuepflicht *Raiser*, in: Ulmer, GmbHG, § 14 GmbHG, Rn. 77: „Auch schulden die Gesellschafter nach § 242 BGB ein Verhalten, welches den Maßstäben von Treu und Glauben genügt. Dabei fordert die dauernde Verbundenheit in der Gesellschaft einen höheren Standard wechselseitiger Rücksichtnahme als reine Austauschverträge [...] Diese höhere Bindung wird durch den Begriff der Treuepflicht zum Ausdruck gebracht, welcher damit im Gesellschaftsrecht an die Stelle von Treu und Glauben tritt."

spezifischen Anforderungen jener Treuepflichtausprägung. Es wird „lediglich" die Pflicht erhöhter Rücksichtnahme – ausgedrückt durch die „strengere" Anwendung des Verhältnismäßigkeitsgrundsatzes und die spezifisch heraufgesetzten Pflichten[497] – reduziert.[498]

Eine unmittelbare Gleichsetzung der gesellschafterlichen Treuepflicht mit der Zweckförderung, wie von manchen Autoren vertreten,[499] führt vor dem begrenzten Umfang ihrer Funktion bei der Ausübung der zweckbezogenen Befugnisse, nämlich der Fernhaltung von Sonderinteressen, und aufgrund der Tatsache, dass sich der Gedanke der Treuepflicht im Gesellschaftsrecht insgesamt nicht nur auf die Berücksichtigung der Interessen der Gesellschaft beschränkt, zu weit. Infolgedessen ergibt sich daraus keine unmittelbare und unauflösbare Koppelung der Treuepflicht mit der Zweckförderung in dem Sinne, dass eine solche gestufte Differenzierung der Pflicht zur Förderung des Zweckes und der Rücksichtnahme unmöglich wäre.

Unmittelbar widerlegt ist damit auch der Einwand der herrschenden Literatur zur Abdingbarkeit der Treuepflicht der Gesellschafter untereinander, dass eine solche Vertragsgestaltung ein wesentliches Element des gesellschaftsrechtlichen Miteinanders negieren würde,[500] da ein solches aus genannten Gründen nicht zwingend vorauszusetzen ist.

2. *Fazit*

Im Gesellschaftsrecht müssen nicht stets gesteigerte Pflichten im Sinne der Treuepflichten geschuldet sein, um die Anwendung und Zuordnung zum Gesellschaftsrecht zu rechtfertigen. Vorzugsweise ist in Übereinstimmung mit *Hellgardt* im Falle der pauschalen Abbedingung infolge der Abweichung von der „idealtypischen" Gestaltung der Gesellschaft eine atypische Gestaltungsform anzunehmen.[501]

III. Treuepflichten als Bestandteil der Mitgliedschaft

Teilweise wird die mitgliedschaftliche Treuepflicht dogmatisch aus der Mitgliedschaft als dem Inbegriff der aus der Beteiligung folgenden Rechte und Pflichten abgeleitet. Diese diskutierte Rechtsgrundlage soll sowohl das Verhältnis zwischen

---

497 Siehe nochmals hierzu oben B) § 2 II 7.

498 *Klöhn*, AcP 216 (2016), 281, 317 f. und siehe unten F) § 2.

499 Siehe zu diesem Befund *Hellgardt*, FS Hopt, S. 765, 785 m. w. N.

500 *Fillmann*, Treuepflichten, S. 207 f.; *Winter*, Treuebindungen, S. 215 f.

501 *Hellgardt*, FS Hopt, S. 765, 775 f.

den Gesellschaftern als auch das Verhältnis zur Gesellschaft erfassen. Funktional soll die Mitgliedschaft als Rechtsgrundlage das für die erhöhte Pflichtenbindung notwendige Sonderrechtsverhältnis herstellen und die im Kapitalgesellschaftsrecht partiell angenommene fehlende vertragliche direkte Verbindung zwischen den Gesellschaftern ausgleichen.[502] Bisweilen erfolgt dies ohne konkrete Normanknüpfung[503], bisweilen zusätzlich Bezug nehmend auf den § 705 BGB.[504] Andere dogmatische Konsequenzen, wie bei den Vertretern der Auffassung, die den Rechtsgrund der Treuepflicht (allein) in § 705 BGB sehen, sind mit dieser Kategorisierung jedoch nicht verbunden. Die Mitgliedschaft selbst ist nicht absolut gestaltet und den Mitgliedern strikt vorgegeben. Ihre konkrete Ausgestaltung richtet sich rechtsformübergreifend nach den gesellschaftsvertraglichen Vereinbarungen und dem Gesetz.[505] Gleichsam ist damit der Streit, ob die Treuepflicht der Kapitalgesellschafter untereinander auf einer direkten vertraglichen Grundlage in Verbindung mit dem Gesellschaftsvertrag als Entstehungsgrundlage beruht oder unmittelbar aus der Mitgliedschaft abzuleiten ist,[506] für die

502 Etwa *Merkt*, in: MünchKommGmbHG, § 13 GmbHG, Rn. 100; *K. Schmidt*, Gesellschaftsrecht, § 20 III 1 b, S. 588; *Wiedemann*, Gesellschaftsrecht Bd. 2, § 3 II 3 a bb, S. 194; kritisch *Bachmann*, Private Ordnung, S. 209 ff.

503 Kritisch gegenüber diesem Ansatz *Hüffer*, FS Steindorff, S. 59, 68.

504 Vgl. *Armbrüster*, ZGR 2014, 333, 339; *Lutter*, AcP 180 (1980), 84, 117.

505 *Bayer*, in: Lutter/Hommelhoff, GmbHG, § 14 GmbHG, Rn. 29; *Beuthien*, ZGR 2014, 24, 25; *Hofmann*, Minderheitenschutz, S. 141; *Immenga*, FS 100 Jahre GmbHG, S. 189, 203 f.; *Schiessl/Böhm*, in: MünchHdb GmbH, § 31, Rn. 1; *K. Schmidt*, Gesellschaftsrecht, § 19 III 3 a, S. 557; *Ulmer/Löbbe*, in: Ulmer, GmbHG, § 3 GmbHG, Rn. 38: „Alle Abreden der Gründer, die die Rechtsverhältnisse der Gesellschaft oder die Beziehungen zwischen Gesellschaft und Gesellschaftern bestimmen sollen, müssen in dem Gesellschaftsvertrag aufgenommen werden.“ *Schäfer*, in: MünchKommBGB, § 705 BGB, Rn. 179: „Die Mitgliedschaft in einer Personengesellschaft [...] verkörpert die aus dem Gesellschaftsvertrag resultierenden Rechte und Pflichten der einzelnen Gesellschafter. Ihre Ausgestaltung im Einzelnen ist gesetzlich nicht vorgegeben, sondern richtet sich nach dem Inhalt des jeweiligen Vertrages.“ Die Treuepflicht zur gesetzlichen Seite der Mitgliedschaft zuordnend *K. Schmidt*, Gesellschaftsrecht, § 19 III 3 a, S. 557; zur mangelnden Relevanz dieser Differenzierung für die Abdingbarkeit siehe E) § 1.

506 Für eine fortbestehende gesellschaftsvertragliche Basis der Gesellschafter untereinander, die sich auch für die Begründung der Treuepflicht untereinander eignet, siehe *Hey*, Freie Gestaltung, S. 325; siehe für eine organisationsrechtliche Ableitung der Treuepflicht auf der Grundlage der Mitgliedschaft *Lutter*, AcP 180 (1980), 84, 102 ff., 122; *K. Schmidt*, Gesellschaftsrecht, § 19 III 1 a, S. 552; erneut zu den veralteten, inzwischen überwundenen Ansätzen, die die Treuepflicht der Gesellschafter untereinander

Abdingbarkeit der Treuepflicht der Gesellschafter untereinander irrelevant. Bei beiden Betrachtungsweisen kann die Privatautonomie ihre Wirkung entfalten.

Ein eher begriffliches und daher restriktiv[507] zu nutzendes Argument für die hier vertretene Sichtweise der mangelnden Relevanz besteht darin, dass die mitgliedschaftliche Treuepflicht auch von den Vertretern, die sie aus der Mitgliedschaft selbst herleiten, als gesellschaftsrechtliche Hauptpflicht charakterisiert wird. Damit wird erneut eine begriffliche Rückbindung zur allgemeinen Rechtsgeschäftslehre und zu dem § 705 BGB hergestellt.[508]

IV. Hauptpflicht – Übertragung auf die organschaftliche Treuepflicht

1. Darstellung der Ansichten

Die genannten Begründungsmuster werden im Wesentlichen auch bei der organschaftlichen Treuepflicht vorgebracht. Wiederholt wird auf den § 311 Abs. 1 BGB als Ausdruck des allgemeinen Grundsatzes, dass die Parteien die Rechte und Pflichten umgestalten können, und auf den zutreffenderweise eingeschränkten Umfang der Abbedingung der Treuepflicht verwiesen.[509]

Ausgehend von der Feststellung, dass der Organvertreter typischerweise als Treuhänder der Interessen der Gesellschafter und mittelbar für die (Mit-) Gesellschafter allein für deren Nutzen und Rechnung zu handeln habe, wird mit minimalen Abweichungen von der Argumentation bei der mitgliedschaftlichen Treuepflicht unter Rückgriff auf die Struktur der Verträge (Zuordnung zu den Verträgen des Interessengegensatzes anstatt zu denen der Interessengemeinschaft), das Wesen des Organverhältnisses und den prägenden Charakter der Treuepflicht für das treuhänderische Organverhältnis diesem liberalen Ansatz entgegnet, dass eine vollständige Abbedingung der organschaftlichen Treuepflicht abzulehnen sei, um eine „Entkernung“ dieses Verhältnisses zu

---

auf eine deliktsrechtliche Basis oder auf eine neben der Kapitalgesellschaft eigenständig bestehende BGB-Innengesellschaft stellten, siehe zusammenfassend *Beckerhoff*, Treuepflichten, S. 33 ff.; *Hey*, Freie Gestaltung, S. 325; *Lawall*, Wettbewerbsverbot, S. 60 ff.; *Piepenburg*, Mitgliedschaftliche Treupflichten, S. 65; *Winter*, Treuebindungen, S. 45 ff.

507 Siehe insoweit oben C) § 5 II.

508 Vgl. insoweit oben E) § 3.

509 *Hellgardt*, FS Hopt, S. 765, 775.

unterbinden.[510] Bezogen auf die Organvertreter der Kapitalgesellschaften erfolgt zudem der Einwand, dass der § 311 Abs. 1 BGB mangels deren unmittelbarer Beteiligung an der Gestaltung des gesellschaftsrechtlichen Rechtsverhältnisses den unzutreffenden dogmatischen Ansatzpunkt darstelle, um die Modifikationsmöglichkeiten der organschaftlichen Treuepflicht zu begründen.[511]

2. Stellungnahme

a) Anwendung des § 311 Abs. 1 BGB – Personengesellschaften

Eine Übertragung der letztgenannten Argumentationskette auf die Personengesellschaften ist abzulehnen. An der Ausgestaltung des Gesellschaftsvertrags und der damit verbundenen Bestimmung[512] der Rechtsbeziehungen des Organvertreters zu der Gesellschaft sind die einzelnen Gesellschafter bzw. Organvertreter beteiligt. Bedingt ist dies durch die Notwendigkeit der Willensübereinstimmung, um den Gesellschaftsvertrag wirksam zu begründen und die Rechtsbeziehungen der Vertragsparteien untereinander zu gestalten. Es handelt sich nicht um einen Vertragsschluss mit der Gesellschaft, sondern um die Gestaltung der Rechtsbeziehungen der Gesellschafter untereinander mit der Konsequenz, dass die Gesellschaft hiervon betroffen ist.[513]

b) Anwendung des § 311 Abs. 1 BGB – Kapitalgesellschaften

Zwar beinhaltet die Übernahme der Organstellung infolge der Freiwilligkeit der Entscheidung, das Amt wahrzunehmen, ein vertragsspezifisches Element.[514] Gleichwohl rechtfertigt dies nicht die Anwendung des § 311 Abs. 1 BGB. Jenes Element bezieht sich lediglich auf die Übernahme der Funktion und betrifft nicht die Ausgestaltung der organschaftlichen Rechte und Pflichten.[515] In funktionaler Übereinstimmung mit der mitgliedschaftlichen Treuepflicht folgt die

---

510 *Kumpan*, Der Interessenkonflikt, S. 132, 134; ähnlich *Grundmann*, Der Treuhandvertrag, S. 109, 456; *Schäfer*, in: Staub, GroßkommHGB, § 112 HGB, Rn. 33; vgl. *A. Teichmann*, Gestaltungsfreiheit, S. 216.

511 *Kumpan*, Der Interessenkonflikt, S. 134.

512 *Ulmer/Schäfer*, MünchKommBGB, § 705 BGB, Rn. 26.

513 *Nitschke*, Personengesellschaft, S. 309; *Wiedemann*, Gesellschaftsrecht Bd. 2, § 2 II 2 a, S. 102.

514 Siehe soweit *Hüffer/Schürnbrand*, in: Ulmer, GmbHG, § 46 GmbHG, Rn. 55; *Koch*, in: Hüffer, Aktiengesetz, § 84 AktG, Rn. 4.

515 Siehe soweit *Koch*, in: Hüffer, Aktiengesetz, § 84 AktG, Rn. 4; vgl. *Kort*, in: GroßkommAktG, 5. Aufl., § 84 AktG, Rn. 19.

organschaftliche Treuepflicht durch die „Einwahl“ in das Organamt.[516] Insoweit ist der Ansicht *Kumpans* ein „wahrer Kern“ nicht abzusprechen.

Bei den Kapitalgesellschaften wird die gesteigerte Treuepflicht, teilweise kumulativ zum Organverhältnis oder teilweise alleinstehend, aus dem regelmäßig zusätzlich bestehenden Anstellungsvertrag (§§ 611 ff. BGB) hergeleitet.[517] Falls die anstellungsvertraglichen Regelungen, bei denen der § 311 Abs. 1 BGB ohne Zweifel zur Anwendung kommt, die organisationsrechtlichen Beziehungen überlagern können, wäre der Einwand der mangelnden Eignung des § 311 Abs. 1 BGB als argumentativer Anknüpfungspunkt für die Modifikation der organschaftlichen Treuepflicht obsolet.

aa) Wirkung des Anstellungsvertrags auf die Organpflichten

(1) Darstellung der Ansichten

Eine Literaturmeinung bejaht ohne nähere Begründung die grundsätzliche Einwirkungsmöglichkeit auf die organschaftliche Treuepflicht durch den Anstellungsvertrag.[518] Demgegenüber verneint die Gegenauffassung unter Rückgriff auf den Strukturunterschied der beiden Verhältnisse eine solche Modifizierungsmöglichkeit.[519] Primär leite sich die Treuepflicht des Geschäftsleiters einer Kapitalgesellschaft aus der Organstellung und nicht aus dem Angestelltenverhältnis ab.[520] Die rechtstechnische Grundlage des Organverhältnisses stelle der Gesellschaftsvertrag in Verbindung mit dem Gesetz dar.[521] Eine Modifikation der organisationsrechtlichen Pflichtenordnung, deren Bestandteil die Treuepflicht sei, könnten nur die Gesellschafter vornehmen. Schuldrechtliche Vereinbarungen seien demnach unfähig, hierauf signifikant Einfluss zu nehmen.[522]

---

516 Siehe oben E) § 1.

517 Siehe soweit *Fleischer*, WM 2003, 1045, 1046 m. w. N.

518 *Fleischer*, WM 2003, 1045, 1046; *Fleischer*, in: Spindler/Stilz, Aktiengesetz, § 93 AktG, Rn. 117; *Kort*, ZIP 2008, 717, 718; *Zöllner/Noack*, in: Baumbach/Hueck, § 35 GmbHG, Rn. 39a.

519 Vgl. *Armbrüster*, ZIP 1269, 1277; vgl. *Hölters*, in: Hölters, Aktiengesetz, § 93 AktG, Rn. 114; vgl. *Sina*, DStR 1991, 40, 41; vgl. *U. H. Schneider*, in: Scholz, GmbHG, 11. Aufl., § 43 GmbHG, Rn. 185.

520 *Hölters*, in: Hölters, Aktiengesetz, § 93 AktG, Rn. 114; vgl. *Röhricht*, WPg 1992, 766, 781.

521 *Immenga*, Die personalistische Kapitalgesellschaft, S. 266; *Rhein*, Der Interessenkonflikt der Manager, S. 205 f.

522 Vgl. *Hölters*, in: Hölters, Aktiengesetz, § 93 AktG, Rn. 114; *Mertens/Cahn*, in: Kölner Kommentar zum AktG, § 93 AktG, Rn. 4; vgl. *Röhricht*, WPg 1992, 766, 781; *U. H. Schneider*, in: Scholz, GmbHG, 11. Aufl., § 43 GmbHG, Rn. 187.

(2) Stellungnahme

Der zweitgenannten Ansicht ist zu folgen. Bestätigt wird deren Ergebnis dadurch, dass organschaftliche Treuepflichten und -bindungen sowie eine organschaftliche Haftung auch dann angenommen werden, wenn der Anstellungsvertrag nicht wirksam zustande kam oder schon wieder aufgelöst wurde.[523] Nach dem von der allgemeinen Meinung vertretenen sog. Trennungsprinzip, das seine gesetzliche Anerkennung in den §§ 84 Abs. 1 S. 5 AktG, 38 Abs. 1 GmbHG gefunden hat, besteht das Organverhältnis dogmatisch unabhängig vom Angestelltenverhältnis. Eine gegenseitige unmittelbare rechtliche Verknüpfung existiert – vom Ausnahmefall der Koppelung im Falle der Bestellung abgesehen – unabhängig von einer möglichen Ergänzung des einen Rechtsverhältnisses durch das jeweils andere grundsätzlich nicht.[524] Diese Wertung wird unterlaufen, falls eine Möglichkeit der umfassenden Modifizierung des Organverhältnisses durch eine Regelung im Angestelltenverhältnis bejaht wird. Gleichzeitig ist das insoweit verwandte Prinzip der Vorrangstellung des Gesellschaftsvertrags gegenüber dem Anstellungsvertrag zu beachten:[525] Hält sich der Anstellungsvertrag nicht innerhalb des Gesellschaftsvertrags, kommt jenem als organisationsrechtlicher Grundlage der Vorrang zu.[526] Im Falle der vollständigen Abbedingung der organschaftlichen Treuepflicht im Anstellungsvertrag lässt sich aufgrund des gänzlichen Widerspruchs zu der ansonsten gegebenen gesetzlichen und gesellschaftsvertraglichen Ausgangslage keine Auslegung vornehmen, die mit jenem im Einklang steht.

bb) Fehlende praktische Konsequenzen des kooperationsrechtlichen Vorrangs

Auf die Norm des § 311 Abs. 1 BGB kann damit in Bezug auf die Abdingbarkeit der organschaftlichen Treuepflicht – soweit auf eine notwendige direkte Beteiligung des Organvertreters abgestellt wird – nicht unmittelbar zurückgegriffen werden. Gleichsam wird deutlich, dass der Anstellungsvertrag die organschaftlichen Treuebindungen nicht begründen oder modifizieren kann.[527] Da aber

523 *Hopt/Roth*, in: GroßkommAktG, 5. Aufl., § 93 AktG, Rn. 45; *Koch*, in: Hüffer, Aktiengesetz, § 84 AktG, Rn. 32; *Krieger/Sailer-Coceani*, in: Schmidt/Lutter, Kommentar zum AktG, § 93 AktG, Rn. 2; *Sonnenberger*, GmbHR 1973, 25, 27.

524 *Jaeger*, in: MünchKommGmbHG, § 35 GmbHG, Rn. 248; *Kleindiek*, in: Lutter/Hommelhoff, GmbHG, Anh § 6 GmbHG, Rn. 1; *Oetker*, in: Henssler/Strohn, Gesellschaftsrecht, § 35 GmbHG, Rn. 6; *K. Schmidt*, Gesellschaftsrecht, § 14 III 2 b, S. 417.

525 So jetzt auch *Kampf*, Abdingbarkeit, S. 48.

526 *Fleck*, ZHR 149 (1985), 387, 397 f.; *Kleindiek*, in: Lutter/Hommelhoff, GmbHG, Anh § 6 GmbHG, Rn. 13; *Sonnenberger*, GmbHR 1973, 25, 26 f.

527 Siehe auch unten H) § 1 I.

die Ausgestaltung des Gesellschaftsvertrags auch im Recht der Kapitalgesellschaften dem Grundsatz der Privatautonomie unterliegt und eine Rückführung auf die allgemeine Rechtsgeschäftslehre möglich ist,[528] ergibt sich daraus keine grundsätzliche Verneinung der Möglichkeit der umfassenden Abbedingung der Treuepflicht.[529] Die Ausgestaltung des Inhalts des Gesellschaftsvertrags und dessen Änderung liegen in der unentziehbaren Zuständigkeit der Gesellschafter.[530] Damit haben sie auch im Grundsatz die Möglichkeit, das Pflichtenprogramm der Gesellschaftsorgane abweichend vom gesetzlichen Grundmodell zu gestalten. Zu den innergesellschaftlichen Regelungsbereichen, die dieser Autonomie unterliegen, zählen auch die Beziehungen und Verhältnisse der Gesellschaft zu ihren Organvertretern.[531]

c) *Mangelnde Bedeutung des Organbegriffs und der „Wesentlichkeit" der Pflicht*

Abzulehnen ist die zu den Kapitalgesellschaften entwickelte Argumentation, die auf der Organstellung im Gesellschaftsrecht und den damit zusammenhängenden wahrzunehmenden Aufgaben und Befugnissen aufbaut. In gewisser Verwandtschaft zur Korrelationstheorie[532] wird daraus gefolgert, dass die mit der Organstellung verbundene Öffnung der Interessensphäre zwangsläufig mit einer erhöhten Pflicht der Loyalität und Verantwortung in Form der organschaftlichen Treuepflicht einhergehe.[533]

Diese Argumentation setzt am Begriff des gesellschaftsrechtlichen Organs an. Sie impliziert die Aussage, dass der Organvertreter, während er sein Amt als Organ wahrnimmt, als solcher unwillkürlich zur Wahrung der Gesellschaftsinteressen verpflichtet ist, ohne dass gestaltend auf diese Verpflichtung eingewirkt werden könnte. Die Frage, ob der Beteiligtenschutz insoweit eine Beschränkung der Gestaltungsfreiheit verlangt, wird dagegen nicht gestellt. Formal spricht gegen eine solche Einschränkung, dass das geschriebene Recht keine Definition

---

528 Siehe oben C) § 2.

529 Insoweit ähnlich, freilich mit am Schluss abweichendem Endergebnis *Kumpan*, Der Interessenkonflikt, S. 134, der fragt, ob es den Gesellschaftern dann zumindest gestattet ist, die organschaftliche Treuepflicht innerhalb des Gesellschaftsvertrags abzubedingen.

530 *Beuthien/Gätsch*, ZHR 156 (1992), 459, 473; *Hey*, Freie Gestaltung, S. 195; *K. Schmidt*, Gesellschaftsrecht, § 5 I 3 b, S. 84.

531 *Zöllner/Noack*, in: Baumbach/Hueck, GmbHG, § 53 GmbHG, Rn. 9.

532 Siehe oben B) § 1 II.

533 *Kumpan*, Der Interessenkonflikt, S. 134 f.

des Begriffs des Organs anbietet, sondern dessen Existenz lediglich voraussetzt.[534] Richtig ist sicher, dass die Organeigenschaft als Geschäftsleiter die Übernahme gewisser Funktionen, etwa die interne Willensbildung und Umsetzung des Willens innerhalb des laufenden Geschäftsbetriebs der Gesellschaft, beinhaltet.[535] Mit dieser allgemeinen Bestimmung des Organbegriffs muss jedoch nicht zwingend eine stets einseitige Orientierung an den Interessen der Gesellschaft in Form der Treuepflicht verbunden sein.[536] Soweit auf materielle Kriterien für die Begriffsbestimmung des Organs in der Ausprägung abgestellt werden soll, dass stets kraft des Amtes als Organ das Gesellschaftsinteresse zu berücksichtigen sei,[537] ist zu beachten, dass die innergesellschaftlichen Strukturen der Personengesellschaften und der GmbH abweichend vom Gesetz ausgestaltet werden können.[538] Unklar bleibt vor dem Hintergrund der eingeschränkten Rechtfertigungsfähigkeit zwingender Regeln zugunsten der Gesellschafter,[539] weshalb nicht vereinbart werden kann, dass der Organvertreter bei seiner Tätigkeit als Organ der Gesellschaft auch eigene Interessen berücksichtigen darf oder es den Gesellschaftern unmöglich sein soll, Konflikte und deren Lösungen abweichend von den Inhalten der Treuepflicht zu regeln.

Diesem Ergebnis sind auch nicht die Verweisungen der §§ 713, 27 Abs. 3 BGB und die damit verbundene Verknüpfung der Organstellung zu den Rechtsnormen des Auftrags entgegenzuhalten.[540] Ungeachtet des grundsätzlichen rechtlichen Inhalts des Auftrags, der auf die optimale und bestmögliche Wahrnehmung und Durchsetzung der Interessen des Auftraggebers durch den Auftragnehmer gerichtet ist, ist es auch bei diesem nicht ausgeschlossen, zu vereinbaren, dass eigene Interessen bei der Durchführung des Auftrags verfolgt werden dürfen. Einzuhaltende Minimalvoraussetzung ist lediglich, dass nur eine Restwahrnehmung der Interessen des Auftraggebers erfolgt.[541] Diese Anforderungen werden

---

534 *Beuthien/Gätsch*, ZHR 156 (1992), 459, 467; *Schäfer*, in: Staub, GroßkommHGB, § 109 HGB, Rn. 41 f.; vgl. *Schäfer*, in: MünchKommBGB, § 705 BGB, Rn. 255 ff.

535 Siehe soweit *C. Weber*, Privatautonomie, S. 159; vertiefend *K. Schmidt*, Gesellschaftsrecht, § 14 II, S. 408 ff.; *Schäfer*, in: Staub, GroßkommHGB, § 109 HGB, Rn. 42.

536 *C. Weber*, Privatautonomie, S. 159.

537 *Beuthien/Gätsch*, ZHR 156 (1992), 459, 468 f.

538 Vgl. *Hey*, Freie Gestaltung, S. 196; *Nitschke*, Personengesellschaft, S. 103; vgl. *C. Weber*, Privatautonomie, S. 163.

539 Siehe oben D) § 4 II 6.

540 Siehe insgesamt zu den damit verbundenen Konsequenzen für die Beurteilung der Zulässigkeit der Abbedingung G).

541 Siehe soweit vgl. *Martinek*, in: Staudinger, Kommentar zum BGB, 2017, § 662 BGB, Rn. 25 ff.

im Falle der vollständigen Abbedingung der organschaftlichen Treuepflicht gewahrt. Parallel zur Abbedingung der zweckbezogenen mitgliedschaftlichen Treuepflicht wird bei der Abbedingung der organschaftlichen Treuepflicht – basierend auf der Übereinstimmung der Anforderungsprofile auf dieser Ebene[542] – lediglich die notwendige Intensität zur Wahrnehmung der Interessen der Gesellschaft reduziert. Beeinträchtigungen des Zweckes der Gesellschaft sind nicht uneingeschränkt, das heißt bis zur vollständigen „Zweckunmöglichkeit", gestattet.[543]

Hinsichtlich der fehlenden Überzeugungskraft der Argumente der Hauptpflicht, der Prägung des Organverhältnisses oder der Struktur der Verträge für die Charakterisierung der Pflicht als zwingend oder nicht zwingend wird aufgrund der gleichlaufenden Argumentationsmuster auf die obigen Ausführungen zur mitgliedschaftlichen Treuepflicht verwiesen.[544]

§ 4 § 242 BGB

I. Einleitung

Eine andere Ansicht verortet die Rechtsgrundlage aller Treuepflichten in der allgemeinen Generalklausel des § 242 BGB. Unter Hinweis auf die funktionale Vergleichbarkeit der einzelnen Ausprägungen der Treuepflichten im Gesellschaftsrecht und des § 242 BGB wird darauf abgestellt, dass die Treuepflichten eine spezifische Verdichtung und erhebliche Steigerung des allgemeinen, jegliche Sonderverbindungen umfassenden zivilrechtlichen Prinzips von Treu und Glauben seien.[545]

II. Auswirkungen auf die Abdingbarkeit, § 242 BGB

1. Darstellung der Ansichten

Nach einer Auffassung hat auch die Ableitung der Treuepflicht aus § 242 BGB keine Auswirkungen auf die Möglichkeit ihrer pauschalen Abdingbarkeit. Werde

---

542 Siehe oben B) § 3.

543 Siehe oben E) § 3 II 1 c) bb).

544 Siehe oben E) § 3 II 1 c) cc).

545 Etwa *Altmeppen*, ZIP 2008, 437, 440; *Grüneberg*, in: Palandt, BGB, § 242 BGB, Rn. 23; *Hennrichs*, AcP 195 (1995), 221 ff.; *Hey*, Freie Gestaltung, S. 329; *Janke*, Gesellschaftsrechtliche Treuepflicht, S. 48; *Thalmann*, Die Treuepflicht der Verwaltung, S. 21; *Wackerbarth/Eisenhardt*, Gesellschaftsrecht II, S. 28; *Weisser*, Corporate Opportunities, S. 131 f.; *Weller*, ZHR 175 (2011), 110, 117.

die Treuepflicht aus § 242 BGB abgeleitet und als über eine § 242 BGB hinausgehende Pflicht verstanden, ergebe sich im Umkehrschluss, dass alles, was über die unabdingbare Grenze der Redlichkeit des § 242 BGB hinausgehe, abdingbar sei, demnach auch die gesellschaftsrechtliche Treuepflicht.[546]

Dem hält eine andere Ansicht der Literatur in Übereinstimmung mit der Argumentation bei einer Einstufung der Treuepflicht als Hauptpflicht respektive wesentliche Pflicht entgegen,[547] dass es sich bei den gesellschaftsvertraglichen Regelungen um Verträge handele, die sich infolge der Verpflichtung der dauernden Zweckförderung strukturell elementar von normalen Austauschverträgen unterschieden, und dass schon bei diesen der Grundsatz von Treu und Glauben mit geringerer Intensität gelte. Daher stelle es – auch im Falle der Herleitung der Treuepflicht aus § 242 BGB – eine Missachtung der gesetzlichen Wertung dar, bei Verträgen, die höhere Anforderungen stellten, geringere „Treuepflichten" zuzulassen.[548] Gleichzeitig spreche der funktionale Vergleich hinsichtlich des zugelassenen Umfangs der Abdingbarkeit des originären § 242 BGB gegen die Möglichkeit der vollständigen Abdingbarkeit. Auch dessen Anwendung könne nicht gänzlich ausgeschlossen, sondern nur konkretisiert werden.[549]

Eine ältere Gegenauffassung nahm den argumentativen Standpunkt ein, dass der § 242 BGB ausnahmslos zwingendes Recht beinhalte und demnach alles, was aus ihm abgeleitet werde, der Dispositionsbefugnis der Beteiligten entzogen sei.[550]

---

546 *Geier*, Gestaltungsfreiheit, S. 87; *Hellgardt*, FS Hopt, S. 765, 775 f.; vgl. *Lieder*, in: Michalski, GmbHG, § 13 GmbHG, Rn. 150 ff.; vgl. *Seibt*, in: Scholz, GmbHG, § 14 GmbHG, Rn. 72; *Waclawik*, DB 2005, 1151, 1153; vgl. *C. Weber*, Privatautonomie, S. 271; insoweit dogmatisch folgend *Kampf*, Abdingbarkeit, S. 152; *Schmolke*, Grenzen der Selbstbindung, S. 601.

547 Siehe oben E) § 3 II 1, E) § 3 II 1 b).

548 *Armbrüster*, ZGR 2014, 333, 350; vgl. *Emmerich/Bitter*, in: Scholz, GmbHG, 11. Aufl., § 13 GmbHG, Rn. 38c; vgl. *Kumpan*, Der Interessenkonflikt, S. 133; vgl. *Röhricht*, Hdb Corporate Governance, 1. Aufl., S. 516.

549 *Armbrüster*, ZGR 2014, 333, 350; *Bachmann, Eidenmüller, Engert, Fleischer, Schön*, Rechtsregeln, S. 46; vgl. *Emmerich/Bitter*, in: Scholz, GmbHG, 11. Aufl. § 13 GmbHG, Rn. 38c; vgl. *A. Teichmann*, Gestaltungsfreiheit, S. 170; *Wilhelmi*, in: Beck'scher Online Kommentar GmbHG, § 13 GmbHG, Rn. 185a; *Winter*, Treuebindungen, S. 216.

550 *Gleiss/Hootz*, NJW 1963, S. 1338, 1339; *Heimann*, Zulässigkeit von Wettbewerbsverboten, S. 15, 16.

2. *Stellungnahme*

Der erstgenannten Ansicht ist zuzustimmen. Denn die obigen zu der Hauptpflicht geäußerten Erwägungen gelten entsprechend bei einer Herleitung der Treuepflicht aus § 242 BGB, soweit sie das Merkmal der erhöhten Pflichtenbindung innerhalb der gesellschaftsrechtlichen Rechtsverhältnisse betreffen oder auf die Struktur der Verträge abstellen.[551]

Weiter hat die Norm des § 242 BGB grundsätzlich – von den wenigen Fällen abgesehen, dass auf ihrer Grundlage eine Inhaltskontrolle der vertraglichen Vereinbarung durchgeführt wird oder der Grundsatz der Redlichkeit gänzlich beseitigt werden soll –[552] keinen unmittelbaren Einfluss auf den Vertragsinhalt selbst. Als generelle Schranke in Form der Vorgabe eines bestimmten Vertragsinhalts fungiert er, von wenigen Ausnahmen abgesehen, jedoch regelmäßig nicht.[553] Der Grundsatz von Treu und Glauben ist originär nicht geeignet, der Abbedingung der Treuepflicht Grenzen zu setzen. Er setzt das Bestehen einer Befugnis voraus. Das durch die Vereinbarungen der Beteiligten konkretisierte Rechtsverhältnis bestimmt die Intensität von Treu und Glauben. Darauf aufbauend kann der § 242 BGB im Einzelfall rechtsbeschränkend wirken. Indessen betrifft die Frage der Abdingbarkeit der Treuepflicht die Festsetzung des Inhalts und des Pflichtenumfangs des Rechtsverhältnisses selbst und nicht die Einschränkung der eingeräumten Befugnisse.[554]

Eine Pervertierung der gesetzlichen Wertung ist im Falle der pauschalen Abbedingung gleichfalls nicht anzunehmen: Soweit die gesellschaftsrechtliche Treuepflicht aus § 242 BGB abgeleitet wird, ist zu beachten, dass sie keine eindeutige, ausdrückliche gesetzliche Niederlegung erfahren hat und es im Grundsatz der gesetzlichen Wertung[555] entspricht, umfassend rechtsgestaltend auf das Gesellschaftsverhältnis einwirken zu dürfen.

Dem Ansatz der älteren Literaturauffassung ist zweierlei entgegenzuhalten. Zum einen ist nach heutigem Verständnis anerkannt, dass der § 242 BGB nicht ausnahmslos zwingendes Recht beinhaltet. Übereinstimmend wird angenommen, dass einzelne ausgewählte Ausprägungen hinsichtlich des Tatbestands

---

551 Siehe oben E) § 3 II 1 c).

552 Siehe zu § 242 BGB als Rechtsgrundlage der Inhaltskontrolle einzelner Klauseln des Gesellschaftsvertrags *Roth*, in: Baumbach/Hopt, HGB, § 109 HGB, Rn. 3.

553 *Kreutz*, ZGR 1983, 109, 116; *A. Teichmann*, Gestaltungsfreiheit, S. 65; *Zöllner*, FS 100 Jahre GmbHG, S. 85, 92.

554 Vgl. oben C) § 4.

555 Siehe oben D) § 2.

und der Rechtsfolge modifizierbar sind, soweit nicht die Geltung des Grundsatzes der Redlichkeit gänzlich aufgehoben wird.[556] Zum anderen postuliert die gesellschaftsrechtliche Treuepflicht mit ihrem Inhalt, eigene Interessen teilweise komplett auszublenden oder fremde Interessen verstärkt zu berücksichtigen, Anforderungen, die grundsätzlich über diejenigen des § 242 BGB hinausgehen.[557] Wie von den liberalen Ansätzen zutreffend angenommen, ist der Grundsatz von Treu und Glauben im Falle der Abbedingung der Treuepflicht nicht ausgeschlossen. Unter Berücksichtigung der Tatsache, dass lediglich das Spezifikum der entsprechenden Regel abbedungen wird,[558] gilt ein abgestuftes Maß an Rücksichtnahme und Pflichtenbindung, das „normalen" Austauschverträgen entspricht.[559]

§ 5 Differenzierende Ansichten

Eine weitere Ansicht stellt, bezogen auf die mitgliedschaftliche Treuepflicht, je nach Sachlage auf den § 242 BGB oder auf den § 705 BGB ab.[560] Der § 242 BGB sei infolge der dahin gehend bestehenden funktionellen Übereinstimmung der Rechtsausübungsbegrenzung der Treuepflicht als Rechtsgrundlage heranzuziehen, sofern die Begrenzung der Ausübung der Befugnisse betroffen sei, die in keinem unmittelbaren Zusammenhang mit den zweckbezogenen Angelegenheiten stünden.[561] Soweit ein am Gesellschaftszweck orientiertes positives Handeln gefordert sei, sei hingegen auf den § 705 BGB abzustellen, da insofern eine Einstufung als Hauptpflicht gerechtfertigt sei.[562]

---

556 *Grüneberg*, in: Palandt, BGB, § 242 BGB, Rn. 20; *Looschelders/Olzen*, in: Staudinger, Kommentar zum BGB, 2015, § 242 BGB, Rn. 108; *Schubert*, in: MünchKommBGB, § 242 BGB, Rn. 97; *A. Teichmann*, in: Soergel, BGB, 12. Aufl., § 242 BGB, Rn. 107 ff.; a. A. Vgl. *Mansel*, in: Jauernig, BGB, § 242 BGB, Rn. 2.

557 Siehe oben B) § 2.

558 Siehe oben C) § 5 II.

559 So jetzt auch *Kampf*, Abdingbarkeit, S. 91 f.; 152; grundsätzlich kritisch gegenüber einem normalen Standard des § 242 BGB *Hennrichs*, AcP 195 (1995), 221, 227.

560 Etwa *Nehls*, Die gesellschaftsrechtliche Treuepflicht, S. 39, 50; vgl. *Lieder*, in: Michalski, GmbHG, § 13 GmbHG, Rn. 135; *Pentz*, in: Rowedder, GmbHG-Kom., § 13 GmbHG, Rn. 36; *Winter*, Treuebindungen, S. 13 ff.

561 *Winter*, Treuebindungen, S. 13 ff.; skeptisch gegenüber dieser Differenzierung *Immenga*, FS 100 Jahre GmbHG, S. 189, 197.

562 *Pentz*, in: Rowedder, GmbHG-Kom., § 13 GmbHG, Rn. 36; *Winter*, Treuebindungen, S. 13 ff.

Dieser differenzierte dogmatische Ansatz zwingt zu keiner abweichenden Beurteilung der Zulässigkeit der pauschalen Abdingbarkeit. Je nachdem, welche Befugnis betroffen ist, gelten entweder die Erwägungen zu § 242 BGB oder zu § 705 BGB.[563]

§ 6 Richterrecht

Schließlich werden die mitgliedschaftliche Treuepflicht und die organschaftliche Treuepflicht im Personengesellschaftsrecht als überpositives Rechtsprinzip eingeordnet. Dessen Grundlage soll in der richterlichen Rechtsfortbildung zu sehen sein.[564] Als gesetzliche Ableitungsbasis für diese richterliche Generalklausel dienen nach dieser Ansicht die Rechtsgedanken der Normen §§ 705, 242 BGB und verschiedene Teilelemente des Personen- und Kapitalgesellschaftsrechts.[565] Begründet wird dieser Ansatz mit der Entwicklungsgeschichte der Treuepflicht, mit ihrem Wesen als Generalklausel, das per se keinen subsumptionsfähigen Rechtssatz umfasse, sowie mit der Unzulänglichkeit der anderen Begründungsansätze, die umfassenden Pflichtenbindungen zu erklären.[566]

Abweichende Bewertungen hinsichtlich der Zulässigkeit der pauschalen Abdingbarkeit sind indes auch diesem Ansatz nicht zu entnehmen. Er knüpft ebenfalls an die Normen der §§ 705, 242 BGB an.[567] Demzufolge haben die jeweiligen Ausführungen zur mangelnden Konsequenz für die Zulässigkeit der pauschalen Abbedingung grundsätzlich entsprechend zu gelten.[568] Schließlich ist generell hervorzuheben, dass Richterrecht gemeinhin nicht in der Lage ist, zwingendes Recht zu setzen.[569]

---

563 Siehe oben E) § 3 II 1 c), E) § 4 II 2.

564 *Bungeroth*, in: MünchKommAktG, Vor § 53a AktG, Rn. 20; *Henze*, RWS-Forum 8, S. 1, 7; *Hüffer*, FS Steindorff, S. 59, 68 ff.; vgl. *Röhricht*, Hdb Corporate Governance, 1. Aufl., S. 515; *Wiedemann*, ZGR-Sonderheft 13 (1998), 5, 21 ff.

565 *Erker*, Kompensation für Steuern, S. 70; *Henze/Notz*, in: GroßkommAktG, 4. Aufl., Anh § 53a AktG, Rn. 19; *Hey*, Freie Gestaltung, S. 329; *Hüffer*, FS Steindorff, S. 59, 68 ff. Als Normen in diesem Kontext werden unter Berufung auf *Hüffer*, FS Steindorff, S. 59, 72, regelmäßig die §§ 723 Abs. 2 S. 1 BGB, 112, 113 HGB sowie die §§ 61 GmbHG, 53a, 93 Abs. 1, 117, 243 Abs. 1, 2 AktG genannt.

566 *Bungeroth*, in: MünchKommAktG, Vor § 53a AktG, Rn. 20; *Henze/Notz*, in: GroßkommAktG, 4. Aufl., Anh § 53a AktG, Rn. 19; *Hüffer*, FS Steindorff, S. 59, 72 f.

567 Ähnlich *Armbrüster*, ZGR 2014, 333, 336.

568 So auch zur mitgliedschaftlichen Treuepflicht *Schmolke*, Grenzen der Selbstbindung, S. 301.

569 Siehe oben § 4 III 3.

§ 7 § 43 Abs. 1 GmbHG

Teilweise wird die organschaftliche Treuepflicht des GmbH-Geschäftsführers aus der Norm des § 43 Abs. 1, Abs. 2 GmbHG abgeleitet.[570] Relevanz für die pauschale und eingeschränkte Abdingbarkeit hat dies aber nur, soweit dem § 43 Abs. 1, 2 GmbHG in seiner Funktion als Pflichtenquelle schlichtweg und umfänglich ein zwingender Charakter zuzusprechen ist. Mit der herrschenden Meinung ist dies jedoch zu verneinen.[571] Unter Beachtung der gesetzlichen Struktur des GmbHG und der eingeschränkten Fähigkeit, Regelungen aus Gründen des Beteiligungsschutzes zu rechtfertigen, kann die Dispositionsfreiheit nur dort eingeschränkt sein, wo es um die Einhaltung der Pflichten geht, die zwingend im Interesse der Allgemeinheit oder der Gläubiger gegenüber der Gesellschaft bestehen.[572] Dies ist jedoch bei der Treuepflicht im Gesamten nicht der Fall.[573] Nicht überzeugend kann aus genannten Gründen[574] gegen eine gänzlich abzulehnende Disponibilität des § 43 Abs. 1 GmbHG die treuhänderähnliche Stellung des Organvertreters angeführt werden.[575]

§ 8 Fazit

Unabhängig davon, welcher Rechtssatz als Stabilisierung für die Treuepflicht bevorzugt wird, hat dies keine Änderungen für das Ergebnis hinsichtlich der Frage nach ihrer Abdingbarkeit zur Folge. Es wird jeweils das identische Ergebnis erzielt. Ungeachtet dessen, worin die Rechtsgrundlage der Treuepflicht im Gesellschaftsrecht konkret zu sehen ist, ergibt sich die Zulässigkeit der pauschalen und demnach auch der eingeschränkten Abdingbarkeit.

---

570 Etwa *Armbrüster*, ZIP 1997, 1269, 1276; *Haas*, WM 2006, 1417, 1418; vgl. *von der Osten*, GmbHR 1989, 450, 453.

571 Vgl. BGH NJW 2002, 3777, 3778; vgl. OLG Brandenburg, NZG 1999, 210, 211; *Haas*, WM 2006, 1417, 1418; *Kleindiek*, in: Lutter/Hommelhoff, GmbHG, § 43 GmbHG, Rn. 60; *Mertens*, in: Hachenburg, GmbHG, § 43 GmbHG, Rn. 5; *Zöllner/Noack*, in: Baumbach/Hueck, GmbHG, § 43 GmbHG, Rn. 5. Siehe auch *Schnorbus*, in: Rowedder, GmbHG-Kom., § 43 GmbHG, Rn. 7, der allerdings eine pauschale Abbedingbarkeit der Treuepflicht verneint.

572 Siehe oben D) § 2.

573 Siehe oben D) § 5 I 3.

574 Siehe oben E) § 3 IV 4 c).

575 Vgl. in diese Richtung aber *Koppensteiner/Gruber*, in: Rowedder, GmbHG-Kom., 5. Aufl., § 43 GmbHG, Rn. 4 zur Reduzierung des Sorgfaltsmaßstabs.

Von einer anderen Seite betrachtet, wiederholt sich damit der Befund der Literatur, der für die dogmatische Herleitung der (mitgliedschaftlichen) Treuepflicht geäußert wurde, dass dieser Meinungsstreit im Ergebnis für die Treuepflicht selbst keine praktische Bedeutung hat.[576]

Gleichzeitig zeigt die Parallelität der systematischen Argumentationsmuster, die jeweils im Kern identisch zur Abdingbarkeit oder zur Unabdingbarkeit der organschaftlichen und mitgliedschaftlichen Treuepflicht vorgebracht werden, wiederholt, dass die verschiedenen Treuepflichten mehr als „nur den Namen gemeinsam“[577] haben.[578]

576 *Henze/Notz*, in: GroßkommAktG, 4. Aufl., Anh § 53a AktG, Rn. 13; *Schäfer*, in: Staub, GroßkommHGB, § 105 HGB, Rn. 233; *Wellenhofer-Klein*, RabelsZ 64 (2000), 564, 575.

577 *Lutter*, ZHR 162 (1998), 164, 176.

578 Siehe oben B) § 2.

F Konsequenzen der Abbedingung der Treuepflicht sowie die Außengrenzen der Gestaltungsfreiheit

§ 1 Konsequenzen der Abbedingung bei den zweckbezogenen Treuepflichten

I. Eingeschränkter Wirkungsradius der Treuepflicht

Wie die liberalere Ansicht in der Literatur[579] zutreffend ausführt, berührt die Abbedingung nicht die Pflicht zur Erfüllung der wesentlichen Pflichten gegenüber der Gesellschaft. Insoweit sind andere Pflichtenkreise betroffen. Für die Gesellschafter gilt, dass sie dem abgegebenen Versprechen, die Beiträge bzw. die Einlage (§§ 706 f. BGB, 14 GmbHG) zu leisten, zu folgen haben und sich ihm, unabhängig von der GmbH-spezifischen Anordnung des § 19 Abs. 2 S. 1 GmbHG, durch die Berufung auf die Abbedingung der Treuepflicht nicht entziehen können.[580] Durch das vorangegangene Versprechen, die Einlage zu leisten, wurde der Konfliktsituation zwischen den eigenen Interessen und den Interessen der Gesellschaft die Grundlage genommen.

Entsprechendes gilt auch für die maßgebliche Pflicht des Geschäftsleiters, seine Arbeitskraft und -zeit der Gesellschaft zur Verfügung zu stellen, soweit er sich dazu verpflichtet hat.[581] Bei der organschaftlichen Treuepflicht des Geschäftsleiters ist zusätzlich zu beachten, dass diese sich lediglich auf die Geschäftsführung bezieht.[582] Sie stellt nach allgemeiner und gängiger Definition jede zur Förderung des Gesellschaftszweckes bestimmte, für die Gesellschaft wahrgenommene Tätigkeit dar, mit Ausnahme solcher Maßnahmen, die die

579 *Hellgardt*, FS Hopt, S. 765, 785.

580 *Hellgardt*, FS Hopt, S. 765, 785.

581 *Hellgardt*, FS Hopt, S. 765, 785; siehe auch *Armbrüster*, ZIP 1997, 1269, 1270, 1276, *Fleischer*, WM 2003, 1045, 1051; *Fleischer*, in: MünchKommGmbHG, § 43 GmbHG, Rn. 169, die die Pflicht des Geschäftsleiters, uneingeschränkt die Arbeitskraft der Gesellschaft zur Verfügung zu stellen, ebenfalls aus der Treuepflichtproblematik ausklammern.

582 *Fleischer*, in: MünchKommGmbHG, § 43 GmbHG, Rn. 161 ff.; vgl. *Hellgardt*, FS Hopt, S. 765, 785.

Grundlagen der Gesellschaft betreffen.[583] Bei den Personenhandelsgesellschaften kommt gem. § 116 Abs. 1, 2 HGB noch die Einschränkung auf die gewöhnlichen Geschäfte hinzu. Das heißt, die Zuständigkeit der Gesellschafter für die maßgeblichen[584] Fragen bleibt bestehen. Der Geschäftsführer hat die ihm durch den Gesellschaftsvertrag und das Gesetz gesetzten Kompetenzgrenzen fortwährend zu beachten.[585] Verbunden ist damit zum einen die fehlende Konfrontation mit dem als zwingend angesehenen Grundsatz der Verbandsautonomie im Falle der Abbedingung der organschaftlichen Treuepflicht des GmbH-Fremdgeschäftsführers.[586] Zum anderen ist notwendig festzustellen, dass, sofern ein Kompetenzverstoß des Geschäftsführers gegeben ist, dessen Haftung gleichwohl bejaht werden kann, ohne auf die organschaftliche Treuepflicht abstellen zu müssen.[587]

583 So die allgemeingültige Definition von *Schäfer*, in: MünchKommBGB, § 709 BGB, Rn. 7 m. w. N.

584 Etwa Änderung des Gesellschaftszweckes, Kapitalerhöhung oder -herabsetzung, Formwechsel, Abschluss von Unternehmensverträgen, Erhöhung der Beiträge, Neustrukturierung von Ressorts, Veräußerung betriebswesentlicher Teile der Gesellschaft, gänzliche Neuausrichtung der Geschäftspolitik, Änderung des Gesellschaftsvertrags, Auflösung der Gesellschaft, Aufnahme neuer Gesellschafter (*Schöne,* in: Beck'scher Online Kommentar BGB, § 709 BGB, Rn. 17; *Wiedemann*, Gesellschaftsrecht Bd. 1, § 6 III 1, S. 323 ff.).

585 Vgl. weiter zur Personenhandelsgesellschaft *Roth*, in: Baumbach/Hopt, HGB, § 116 HGB, Rn. 1 ff.; für die GmbH *Stephan/Tieves*, in: MünchKommGmbHG, § 37 GmbHG, Rn. 11 ff.; *Zöllner/Noack*, in: Baumbach/Hueck, GmbHG, § 37 GmbHG, Rn. 2 ff.

586 *Wiedemann*, WM 1990, Sonderbeilage Nr. 8, 1, 20; *Zöllner/Noack*, in: Baumbach/Hueck, GmbHG, § 45 GmbHG, Rn. 7. Dessen Gebot ist, dass das Schicksal der Gesellschaft nicht Personen überlassen werden darf, die dieser nicht angehören. Er soll die Freiheit von Fremdeinfluss gewährleisten und sicherstellen, dass die Angelegenheiten der Gesellschaft unabhängig von Dritten bestimmt werden können (*Schockenhoff*, AcP 193 (1993), 35, 39). Die Abbedingung der mitgliedschaftlichen Treuepflicht oder der organschaftlichen Treuepflicht bei den Personengesellschaften steht ohnehin in keinem Konflikt mit diesem. Soweit die Abbedingung in Rede steht, ist sie Folge der selbst wahrgenommenen Gestaltung des Rechtsverhältnisses der Mitglieder. Zugleich würde weiter ein Mitglied der Gesellschaft – wie von diesem gefordert – über die Belange der Gesellschaft entscheiden.

587 Näher zur Haftung im Falle eines Kompetenzverstoßes bei den Personenhandelsgesellschaften *Schäfer*, in: Staub, GroßkommHGB, § 114 HGB, Rn. 58; für die GmbH *Zöllner/Noack*, in: Baumbach/Hueck, GmbHG, § 43 GmbHG, Rn. 17.

II. Schutzwirkung des Maßstabs der Sittenwidrigkeit

Allein durch das festgestellte Stufenverhältnis der Sittenwidrigkeitsschranke der §§ 138, 826 BGB zur gesellschafterlichen Treuepflicht wird verhindert,[588] dass in einer nicht mehr hinzunehmenden Weise die persönlichen Eigeninteressen über die Interessen der Gesellschaft gestellt werden.[589] Wie im Falle des Bestehens der Treuepflicht wäre eine „grobe Missachtung des Mindestmaßes an Loyalität und Rücksichtnahme“[590] nicht gestattet. Einem besonders gravierenden Fehlverhalten ist im Falle der pauschalen wie teilweisen Abbedingung der Treuepflicht ein „Riegel“ vorgeschoben.[591]

Allgemein wäre – diesem Stufenverhältnis folgend – auf der ersten Stufe der Wirksamkeitskontrolle[592] und der dahin gehend fehlenden Dispositionsbefugnis[593] der Beteiligten nicht jedes Rechtsgeschäft zulässig. Rechtsgeschäften, die zwischen der Gesellschaft und dem Treuepflichtbefreiten abgeschlossen wurden, wäre die Wirksamkeit zu versagen, falls deren Inhalt oder Gesamtcharakter gegen die maßgeblichen Wertevorstellungen der Rechtsordnung verstoßen und sie damit die Maßstäbe des § 138 BGB überschreiten.[594]

Das wäre etwa bei der Verleitung zum Vertragsbruch oder bei Verträgen mit einem nicht mehr hinnehmbaren Missverhältnis von Leistung und Gegenleistung der Fall.[595]

Dagegen kann nicht eingewandt werden, dass es im Falle der Abbedingung der gesellschaftsrechtlichen Treuepflicht nicht möglich sei, den Maßstab der

---

588 Siehe oben B) § 2 und E) § 3 II 1 c) bb).

589 Vgl. *Merkt*, ZHR 159 (1995), 423, 453.

590 Vgl. BGH, WM 1989, 1335, 1339 (sog. Neue-Heimat-Urteil); siehe soweit auch in der Literatur *Winter*, Treuebindungen, S. 215 f.; allgemein zu § 138 BGB *Grziwotz*, in: MünchHdb GmbH, § 18, Rn. 12.

591 Zu dieser Einschränkung der Gestaltungsfreiheit siehe *Haberer*, Zwingendes Kapitalgesellschaftsrecht, S. 90; spezifisch zur organschaftlichen Treuepflicht *Kumpan*, Der Interessenkonflikt, S. 130; allgemeiner *Hellgardt*, FS Hopt, S. 765, 780: „Extremfälle, in denen sich ein geschäftsführender Gesellschafter die Ausplünderung der Gesellschaft zulasten der Minderheit selbst genehmigt, lassen sich ohne weiteres mit der Sittenwidrigkeitsschranke des § 138 BGB einfangen.“

592 Siehe soweit allgemein *Grziwotz*, in: MünchHdb GmbH, § 18, Rn. 19; vgl. *K. Schmidt*, Gesellschaftsrecht, § 16 II 4 b aa, S. 463.

593 Siehe oben D) § 2 I 2.

594 *Wendtland*, in: Beck'scher Online Kommentar BGB, § 138 BGB, Rn. 20 f.; sehr anschaulich BGH, WM 1989, 1335, 1339 (sog. Neue-Heimat-Urteil).

595 *Kampf*, Abdingbarkeit, S. 92.

Sittenwidrigkeit zu ermitteln.[596] Es hat sich innerhalb des § 138 BGB, unabhängig von den Anforderungen der gesellschaftsrechtlichen Treuepflicht, ein gefestigtes System entwickelt,[597] um Fragen der Sittenwidrigkeit zu beantworten.[598]

An diesen Maßstab anknüpfend, verhindert der § 826 BGB zum Schutz der Beteiligten weitere tatsächliche Verhaltensweisen. Dazu zählen etwa die Fälschung von Belegen, die Integration von rechtswidrigen Strukturen zulasten der Gesellschaft, die Sabotage des Betriebsablaufs der Gesellschaft (etwa mittels Telefonterror) oder ein rücksichtsloses Verhalten gegenüber der Gesellschaft, das zu deren Ruin führt. Sie sind allesamt als sittenwidrige Schädigungen einzustufen.[599]

Dem kann nicht entgegengehalten werden, dass die jeweiligen Voraussetzungen tatsächlich im Einzelfall schwer zu erfüllen seien und der damit durch § 826 BGB vermittelte Schutz weitgehend wirkungslos sei.[600] Die gerichtliche Praxis behilft sich im Falle des § 826 BGB regelmäßig damit, einen Zusammenhang zwischen dem für die Haftung notwendigen Vorsatz und der Gefährlichkeit der Handlung durch entsprechende Rückschlüsse herzustellen.[601]

III. Fortgeltung der §§ 226, 242 BGB

Von der festgestellten „Besonderheit“[602] abgesehen, stellt die gesellschaftsrechtliche Treuepflicht kein gegenüber dem allgemeinen Zivilrecht alleinstehendes Spezifikum dar. Zum einen enthält das allgemeine Zivilrecht Pflichten, die nicht im Einzelnen normiert sind, sondern aus Generalklauseln (§ 242 BGB)

---

596 Vgl. *Kuntz*, Gestaltung von Kapitalgesellschaften, S. 502: „Welche Maßstäbe für die Annahme einer solchen Schikane oder sittenwidrigen Beeinträchtigung gälten, bliebe ebenfalls unklar.“

597 Siehe dazu nur *Armbrüster*, in: MünchKommBGB, § 138 BGB, Rn. 11 ff.; *Sack/Fischinger*, in: Staudinger, Kommentar zum BGB, 2017, § 138 BGB, Rn. 8 ff.

598 Zu den Eigengeschäften des Organmitglieds mit seiner Gesellschaft vgl. *Kampf*, Abdingbarkeit, S. 244, Fn. 1275.

599 Siehe soweit LG Köln, Urteil vom 27. 11. 2009 – 82 – O 192/09 (zur Integration rechtswidriger Strukturen und zum „Abrechnungsbetrug“); LG Berlin, Urteil vom 02. 09. 2009 36 O 288/04 (Betreiben einer ruinösen Geschäftspolitik allein gerichtet auf die Zerstörung der Gesellschaft und der Schädigung des Mitgesellschafters).

600 Auf diesen Punkt stellt maßgeblich *Wiedemann*, Gesellschaftsrecht Bd. 1, § 8 II 1, S. 425 f. (zu §§ 138, 826 BGB) ab.

601 Siehe zu diesem Befund *Haas*, WM 2006, 1417, 1421 m. w. N. explizit zur Spekulationshaftung des GmbH-Geschäftsführers nach § 826 BGB; grundsätzlich sehr kritisch gegenüber diesem Vorgehen *Förster*, AcP 209 (2009), 399, 422 f.

602 Siehe oben B) § 3.

hergeleitet werden und das bestehende vertragliche Gefüge verschieben können. Zum anderen kann der uneingeschränkten und grenzenlosen, schadensgeneigten Ausübung der durch die Abbedingung eingeräumten Möglichkeiten im Einzelfall durch die geringeren Anforderungen des § 242 BGB eine Grenze gezogen werden.[603] Dies gilt auch, falls angenommen wird,[604] dass die Folge der pauschalen Abbedingung der Treuepflicht darin bestehe, dass die jeweiligen Entscheidungen sodann im freien Ermessen der Beteiligten stünden. Innerhalb einer systemkonformen Berücksichtigung begrenzt der § 242 BGB in diesen Konstellationen ebenfalls die schrankenlose Rechtsausübung.[605]

Gleichzeitig beinhaltet die Abbedingung des spezifischen Gehalts der gesellschaftsrechtlichen Treuepflicht das Ergebnis, dass der § 242 BGB in seiner Grundform vermehrt an Bedeutung gewinnt. Dadurch werden Ausprägungen des § 242 BGB als Schutzinstrument wieder aufgedeckt, die während der Geltung der gesellschaftsrechtlichen Treuepflicht keinen eigenen spezifischen Anwendungsbereich beanspruchen.[606]

1. *Maßstab des § 242 BGB*

Nach dem heutigen, extensiven Verständnis des § 242 BGB ist jedermann verpflichtet, in der Ausübung seiner Rechte und in der Erfüllung seiner Pflichten nach Treu und Glauben zu handeln.[607] Aufbauend auf diesen prägenden und den Ausgangspunkt der Konkretisierung der Generalklausel des § 242 BGB bildenden Satz lässt sich ein Wertungssystem entwickeln, das in drei Ebenen aufteilbar ist und eine uneingeschränkte Ausübung der bestehenden, durch die Abbedingung der Treuepflicht erweiterten Befugnisse des Gesellschafters oder

---

603 Siehe auch *Lieder*, in: Michalski, GmbHG, § 13 GmbHG, Rn. 152 ff.; *Seibt*, in: Scholz, GmbHG, § 14 GmbHG, Rn. 72.

604 Vgl. soweit *Armbrüster*, ZGR 2014, 333, 352 f.

605 Siehe dazu allgemein BGH NJW-RR 1989, 1057, 1059; vgl. *Mansel*, in: Jauernig, BGB, § 242 BGB, Rn. 7; *A. Teichmann*, in: Soergel, BGB, 12. Aufl., § 242 BGB, Rn. 290. Konkret zu dem Fall der Abbedingung der Treuepflicht im Gesellschaftsrecht: *Lieder*, in: Michalski, GmbHG, § 13 GmbHG, Rn. 152 ff.

606 *Hellgardt*, FS Hopt, S. 765, 786; vgl. *Schubert*, in: MünchKommBGB, § 242 BGB, Rn. 477; vgl. auch dementsprechend in die umgekehrte Richtung *Henze*, BB 1996, 489, 494, *K. Schmidt*, Gesellschaftsrecht, § 20 IV 3, S. 594 f., die die Fälle des Rechtsmissbrauchs nach § 242 BGB in die gesellschaftsrechtliche Treuepflicht integrieren.

607 BAG NJW 2005, 775, 778; *Böttcher*, in: Erman, BGB-Kom., § 242 BGB, Rn. 1 ff.; *Grüneberg*, in: Palandt, BGB, § 242 BGB, Rn. 1; vgl. *Mansel*, in: Jauernig, BGB, § 242 BGB, Rn. 1.

des Organvertreters innerhalb der zweckbezogenen Angelegenheiten im Einzelfall untersagt. Ähnlichkeiten zum System der mitgliedschaftlichen Treuepflicht sind nicht zu leugnen.[608]

Basierend auf der Grundlage des extensiven Verständnisses des § 242 BGB („in der Ausübung seiner Rechte und in der Erfüllung seiner Pflichten") ist auf der ersten Stufe eine Interessenberücksichtigung bzw. -ermittlung durchzuführen. Innerhalb der weiteren zwei Stufen hat sich, um ein Handeln wider Treu und Glauben feststellen zu können, eine Interessenbewertung sowie Interessenabwägung anzuschließen.[609]

Allgemein gilt, dass ein gewisses Ineinandergreifen der einzelnen Ebenen nicht auszuschließen ist. Teilweise stellt es eine „freie" Wertungsfrage dar, auf welcher Ebene gewisse Sachfragen gelöst werden.

a) Ebene 1 – Interessenermittlung

In einem ersten Schritt sind die von den Beteiligten verfolgten Interessen zu identifizieren. Anhand der Wertungen des Gesetzes und der ungeschriebenen, gültigen Rechtsregeln[610] sind diese auf ihre rechtliche Berechtigung zu überprüfen. Die Abbedingung der Treuepflicht wirkt sich auf der ersten Ebene derart aus, dass im Gegensatz zum Normalzustand nicht mehr nur die Interessen der Gesellschaft im Vordergrund stehen. Vielmehr ist das Spektrum der zu berücksichtigenden Interessen zu erweitern. Innerhalb der Interessenanalyse wird durch diese Extension grundsätzlich die Möglichkeit für die Treuepflichtbefreiten anerkannt, Sondervorteile zulasten der Gesellschaft verfolgen zu dürfen.[611] Insoweit halten gesellschaftsfremde Drittinteressen im weiteren Sinne Einzug in die gesellschafterliche Sphäre.

Der § 242 BGB beinhaltet jedoch den allgemeingültigen Rechtssatz, dass die Wahrnehmung oder Ausübung einer Befugnis nicht zulässig ist, falls im Einzelfall keine oder keine schützenswerten Interessen verwirklicht werden sollen.[612]

---

608 Siehe oben B) § 2 II 4.

609 Siehe zur grundsätzlichen Notwendigkeit, im Falle der Anwendung des § 242 BGB eine ausführliche Interessenabwägung vorzunehmen, BAG NJW 2005, 775, 778; *Grüneberg*, in: Palandt, BGB, § 242 BGB, Rn. 7; *Mansel*, in: Jauernig, BGB, § 242 BGB, Rn. 4.

610 So zur mitgliedschaftlichen Treuepflicht der Gesellschafter untereinander *Hennrichs*, AcP 195 (1995), 221, 251.

611 Siehe oben § 5 III 1 a) cc) 4) 1 und insgesamt zum breiteren Ansatz des § 242 BGB *Grundmann*, Der Treuhandvertrag, S. 275 f.; ähnlich *Klöhn*, AcP 216 (2016), 281, 318.

612 *Mansel*, in: Jauernig, BGB, § 242 BGB, Rn. 38 ff.; *Schubert*, MünchKommBGB, § 242 BGB, Rn. 243 ff., 438.

Allein dies führt schon dazu, dass eine Reihe von Schutzlücken, die im Falle der Abbedingung der Treuepflicht angenommen werden könnten, gar nicht erst auftreten. So gilt, dass derjenige, der unter Ausnutzung einer formalen Position keine schützenswerten Interessen für sein Handeln geltend machen kann, unabhängig von einem etwaigen Schadenseintritt, sich schlussendlich schikanös nach §§ 226, 242 BGB verhält.[613] In entsprechender Weise ist auf der „Habenseite“ der Gesellschaft zu berücksichtigen, ob der Organvertreter oder der Gesellschafter durch vorangegangene Handlungen einen entsprechenden Vertrauenstatbestand gesetzt hat. Jener ist auch im Falle der Abbedingung konsequent – sichergestellt durch eine entsprechende Interessenbewertung oder -abwägung – fortwährend zu beachten.[614] Ein Vertrauenstatbestand kann etwa durch die Heranziehung einer Geschäftschance und die Aufnahme der Tätigkeit zugunsten der Gesellschaft[615] oder den Abschluss entsprechender Vereinbarungen[616] entstanden sein.

Zusätzlich beschränkt sich die Interessenberücksichtigung des § 242 BGB nicht darauf, die Interessen der unmittelbar Beteiligten in die Interessenbewertung mit einfließen zu lassen. Sie ist weit umfassender. Sowohl öffentliche Interessen als auch die Interessen Dritter stellen einen relevanten Abwägungsfaktor dar.[617] Abschließende Konsequenz dessen kann auf der dritten Ebene sein, dass öffentliche Interessen oder Interessen Dritter einer Rechtsausübung entgegenstehen können, die allein nach der abschließenden Abwägung der Interessen der jeweils unmittelbar Betroffenen gestattet wäre.[618] Daher ist zusätzlich[619] – entgegen der Ansicht von *Kuntz* – nicht zu befürchten, dass „den Richtern

---

613 *Hennrichs*, AcP 195 (1995), 221, 237; *A. Teichmann*, in: Soergel, BGB, 12. Aufl., § 242 BGB, Rn. 291.

614 Sog. Fallgruppe des „venire contra factum proprium“ als Ausprägung der unzulässigen Rechtsausübung; speziell zur andauernden Einschränkung durch jene *Hellgardt*, FS Hopt, S. 765, 786; vgl. *Weisser*, Corporate Opportunities, S. 224; allgemein zu dieser Fallgruppe *Grüneberg*, in: Palandt, BGB, § 242 BGB, Rn. 55; *Mansel*, in: Jauernig, BGB, § 242 BGB, Rn. 48; *Schubert*, in: MünchKommBGB, § 242 BGB, Rn. 309 ff.

615 *Hellgardt*, FS Hopt, S. 765, 786; vgl. *Weisser*, Corporate Opportunities, S. 224.

616 Vgl. dazu den unter dem Aspekt der Treuepflicht gelösten Fall BGH NJW 1999, 781.

617 Vgl. *Hennrichs*, AcP 195 (1995), 221, 250 f.; *Looschelders/Olzen*, in: Staudinger, Kommentar zum BGB, 2015, § 242 BGB, Rn. 224; *Schubert*, MünchKommBGB, § 242 BGB, Rn. 56, 220; sehr restriktiv dagegen *Hey*, Freie Gestaltung, S. 333 f.

618 Allgemein zur Einbeziehung öffentlicher Interessen in die Abwägungsentscheidung innerhalb des § 242 BGB vgl. *Hennrichs*, AcP 195 (1995), 221, 251; *Looschelders/Olzen*, in: Staudinger, Kommentar zum BGB, 2015, § 242 BGB, Rn. 151, 224; zur Einschränkung der Rechtsausübung *Schubert*, MünchKommBGB, § 242 BGB, Rn. 56, 220.

619 Zur zusätzlich beschränkten Wirkung der Abbedingung im Falle der mitgliedschaftlichen Treuepflicht bei der GmbH infolge der Grenzen der §§ 30, 31 GmbHG und

mangels einschlägiger gesetzlicher Vorschrift oder Vertragsbestimmung keine juristischen Hilfsmittel zur Verfügung stehen", um einen innergesellschaftlichen Konflikt zu klären, und dass deswegen an sich wirtschaftlich gesunde Unternehmen in die Insolvenz getrieben werden.[620] Insoweit kann der „Zusammenbruch" eines funktionierenden, wirtschaftlichen Zweckgebildes als relevanter Punkt des öffentlichen Interesses[621] in die Abwägung miteinbezogen werden und einen entsprechenden Streitentscheid zu dessen Gunsten gewährleisten.

b) Ebene 2 – Interessenbewertung

Vor der abschließenden Ebene der Interessenabwägung sind auf der zweiten Ebene, erneut in Parallele zur Vorgehensweise bei der mitgliedschaftlichen Treuepflicht,[622] die einzelnen relevanten Interessen zu gewichten. Notwendig ist dies, um abschließend auf der dritten Ebene feststellen zu können, ob ein Beteiligter „unverhältnismäßig" im engeren Sinne von der Ausübung der zustehenden Befugnis des anderen Beteiligten getroffen wird.[623]

Zu bejahen ist dies, wenn die Interessen des negativ betroffenen Beteiligten evident überwiegen und in sachlich nicht mehr vertretbarer Weise durch die Wahrnehmung der Befugnis der anderen Seite beeinträchtigt werden.

Den Interessen des Organvertreters oder Gesellschafters ist in diesem Zusammenhang regelmäßig und nicht nur im Ausnahmefall im Gegensatz zur „gesetzlichen" Ausgangslage ein erhöhter Bedeutungsgehalt zuzusprechen. Bedingt ist dies durch die Fortführung der genannten Konsequenzen der Abbedingung der gesellschaftlichen Treuepflicht und der darauf aufbauenden Reduktion der

---

der Haftung wegen existenzvernichtenden Eingriffs gem. §826 BGB siehe oben §4 V 2 a) aa). Insoweit bietet es sich auch an, infolge des damit intendierten Schutzes keine Geschäfte auf Kosten der Gläubiger zu tätigen, eine Interessenberücksichtigung auf der ersten Stufe abzulehnen. Alternativ könnte auch auf der zweiten Stufe, basierend auf jenen (gesetzlichen) Wertungen, diesen Interessen ein solches Übergewicht zugeordnet werden, dass auf der dritten Stufe das Ergebnis eindeutig feststeht. Diese Vorgehensweise ist grundsätzlich auf alle Pflichten, die im öffentlichen Interesse (etwa Unterzeichnung der Bilanz, Anmeldungen zum Handelsregister) oder aus Gründen des Gläubigerschutzes zwingend sind, übertragbar.

620 *Kuntz*, Gestaltung von Kapitalgesellschaften, S. 503.

621 *Kuntz*, Gestaltung von Kapitalgesellschaften, S. 503; *Kübler/Assmann*, Gesellschaftsrecht, §7 VI 3, S. 90 f.; *Lutter*, AcP 180 (1980), 84, 150.

622 Siehe oben B) §2 II 4.

623 *Looschelders/Olzen*, in: Staudinger, Kommentar zum BGB, 2015, §242 BGB, Rn. 263; *Schubert*, in: MünchKommBGB, §242 BGB, Rn. 450; *A. Teichmann*, in: Soergel, BGB, 12. Aufl., §242 BGB, Rn. 290.

Pflicht zur erhöhten Rücksichtnahme auf die Belange der Gesellschaft.[624] Generell verbunden ist damit, dass Faktoren, die grundsätzlich für die Bestimmung der Intensität der Treuepflicht relevant sein können, wie etwa das Vorhandensein alternativer Handlungsmöglichkeiten, die Wahrscheinlichkeit einer Rechtsgutsbeeinträchtigung, der Grad der Zumutbarkeit und die Notwendigkeit für die Gesellschaft sowie das Profitinteresse der Gesellschaft, stärker oder geringer zu gewichten sind.[625] Abhängig ist dies jeweils davon, welche Seite betroffen ist.

c) Ebene 3 – Verhältnismäßigkeit im engeren Sinne

Abschließend ist die eigentliche Interessenabwägung durchzuführen. Hier wäre sodann erneut von den allgemeinen Leitsätzen der Treuepflicht, wie sie gegenüber dem Organvertreter oder dem Mitglied bei den zweckbezogenen Befugnissen gelten, abzuweichen. Es könnte nicht mehr per se davon ausgegangen werden, dass gleich- oder höherrangige eigene Interessen gegenüber den Belangen der Gesellschaft zurückzustellen sind. Als weitere „negative" Rückwirkung der Abbedingung und als abschließender Wertungsmaßstab, der gewissermaßen das Gewicht von Beginn an zuungunsten der Gesellschaft verschiebt, wirkt sich zusätzlich der Satz aus, dass eine Rechtsausübung im Sinne des § 242 BGB nur dann missbräuchlich ist, wenn sie mit groben Nachteilen für jene verbunden ist.[626] Konsequenz dessen ist unter anderem, dass, soweit allgemein die zweckbezogenen Rechte betroffen sind, bei einem Interessengleichstand oder leichtem Übergewicht zugunsten des Treuepflichtbefreiten eine Interessenabwägung für ihn positiv ausfallen muss. Anders gewendet bedeutet dies, dass von ihm in jenen Fällen nicht mehr gefordert werden kann, von der Ausübung seiner Machtbefugnisse zu seinem eigenen, privaten Vorteil abzusehen.

Aufbauend auf der Nähe zum Vorwurf der Sittenwidrigkeit[627] und auf der Tatsache, dass diese Befugnis im Falle der Abbedingung im engeren Sinne grundsätzlich nicht eingeräumt wird,[628] müsste jedoch unter eine unverhältnismäßige, auch im Rahmen des § 242 BGB nicht mehr hinnehmbare Rechtsfolge die

---

624 Siehe allgemein dazu *Hellgardt*, FS Hopt, S. 765, 785; vgl. *Kampf*, Abdingbarkeit, S. 91; *C. Weber*, Privatautonomie, S. 271.

625 Siehe soweit allgemein zur mitgliedschaftlichen Treuepflicht *Hennrichs*, AcP 195 (1995), 221, 252; *Hey*, Freie Gestaltung, S. 335 und oben B) § 2 II 1.

626 Vgl. *Grüneberg*, in: Palandt, BGB, § 242 BGB, Rn. 2; *Looschelders/Olzen*, in: Staudinger, Kommentar zum BGB, 2015, § 242 BGB, Rn. 216 ff.; vgl. *Schubert*, in: MünchKommBGB, § 242 BGB, Rn. 208.

627 Siehe soweit oben F) § 1 II.

628 Siehe oben E) § 3 II 1 c) bb).

vorsätzliche absolute Zerstörung der Gesellschaft selbst oder ihres wirtschaftlichen Wertes subsumiert werden.

Ist diese Grenze jedoch nicht erreicht, ist es dem Organvertreter oder dem Gesellschafter regelmäßig gestattet, freier zu agieren. Diese könnten beispielsweise die risikoarmen Geschäftschancen der Gesellschaft für sich nutzen, wohingegen die risikoreichen fortwährend mit der Gesellschaft realisiert werden[629] oder ein eigenes Unternehmen ohne die Restriktionen (Einschränkung der Kundenwerbung; lokale Marktzutrittsbeschränkungen) der Treuepflicht aufbauen.[630]

d) *Anwendungsmuster*

Im Grundsatz sind zwei „zeitliche" Anknüpfungspunkte des auf § 242 BGB aufbauenden Schutzsystems denkbar. Einerseits kann dieses auf der ersten, vorgelagerten Stufe innerhalb des originär gesellschafterlichen Bereichs der genannten Treuepflichten zur Anwendung gelangen. In jenem Bereich kann es – bedingt durch die Situation der Gesellschaft – angezeigt sein, von der grundsätzlichen Befugnis, im Rahmen der §§ 138, 826 BGB zum Nachteil der Gesellschaft tätig zu werden, keinen Gebrauch zu machen. Dies kann sich etwa darin äußern, keine unangemessenen Geschäfte zu tätigen respektive keine Geschäftschancen der Gesellschaft an sich zu ziehen. Andererseits kann auf einer nachgelagerten, zweiten Stufe, die sodann entsprechend zur Treuepflicht auch den außergesellschaftlichen Bereich umfasst, das Schutzsystem des § 242 BGB dazu anhalten, die Befugnisse, die infolge der Befreiung der Treuepflicht zulasten der Gesellschaft begründet wurden, nur einschränkend zu nutzen. An die grundsätzliche Überprüfung, ob das abgeschlossene Geschäft den Anforderungen des § 138 BGB entspricht, schließt sich demnach die Prüfung an, ob die Wahrnehmung der daraus resultierenden Rechte den spezifizierten Anforderungen des § 242 BGB genügt.

Nicht überzeugend ist in diesem Kontext generell die Annahme, dass der § 242 BGB und das vorangestellte „Regelungsmuster" im Falle der Abbedingung der gesellschaftsrechtlichen Treuepflicht weitgehend ausfallen, da sich stets eigene berechtigte Belange zuungunsten der anderen Interessen finden ließen.[631] Umgekehrt ist gleichsam nicht der Einwand durchgreifend, dass infolge der

---

629 Zum ansonsten bestehenden Verbot der „Rosinenpickerei" OLG Koblenz, NZG 2010, 1182.

630 Sehr anschaulich zu den ansonsten bestehenden Restriktionen LG München I, Teilurteil vom 15. Oktober 2012 – 14 HK O 9289/07.

631 *Kuntz*, Gestaltung von Kapitalgesellschaften, S. 502; ähnlich *Cahn*, FS Wiese, S. 71, 81.

extensiven Geltung des § 242 BGB im Endergebnis durch die „Hintertür" doch eine allgemeine Treuepflicht eingeführt werde.[632]

Die Wirkungsstärke der Treuepflicht im Gesellschaftsrecht wird teilweise überschätzt und diejenige des § 242 BGB unterschätzt. Zum einen wird das existierende, aus § 242 BGB ableitbare System ignoriert, das in der Lage ist, anhand einer umfassenden Sachverhaltsanalyse eine Entscheidung zu ermitteln.[633] Zum anderen spricht die Auswertung des tatsächlich von den Gerichten entschiedenen und von der Literatur angeführten Fallmaterials zur mitgliedschaftlichen Treuepflicht, das sich insoweit Rechtsform und Kommentar übergreifend stets wiederholt, eine andere Sprache. In der Praxis ist von keinem großflächigen Anwendungsausfall auszugehen. Einer Reihe von Fallkonstellationen, die typischerweise mit der gesellschaftsrechtlichen Treuepflicht gelöst und verbunden werden,[634] ist im Kern allein mit der erstgenannten, durch den § 242 BGB bedingten Einschränkung zu begegnen. Jenen ist gemein, dass kein erkennbares Interesse an der verfolgten oder unterlassenen Maßnahme besteht.[635]

Dem Vorwurf der Einführung einer allgemeinen Treuepflicht durch die „Hintertür"[636] ist entgegenzuhalten, dass es einen erheblichen Unterschied beinhaltet, ob generell die Befugnis besteht, zulasten der Gesellschaft in den Grenzen

---

632 So aber vgl. *Cahn*, FS Wiese, S. 71, 80; vgl. *Fillmann*, Treuepflichten, S. 207; vgl. *Fleischer/Harzmeier*, NZG 2015, 1289, 1295 f.; vgl. *Kuntz*, Gestaltung von Kapitalgesellschaften, S. 450.

633 Vgl. insgesamt zu § 242 BGB ausf. *Schubert*, in: MünchKommBGB, § 242 BGB, Rn. 50 ff.

634 Siehe überblicksartig dazu *Maul*, in: G/E/S, GmbHG, § 13 GmbHG, Rn. 41 ff.

635 Veranlassung zur aussichtslosen Klageerhebung OLG Düsseldorf, ZIP 1994, 619 ff.; Verhinderung der notwendigen Abberufung des Geschäftsführers, obwohl kein Grund gegeben war, *C. Weber*, Privatautonomie, S. 271.; entgegengesetzt, Abberufung eines Gesellschafter-Geschäftsführers aus Rache, *Emmerich/Bitter*, in: Scholz, GmbHG, 11. Aufl., § 13 GmbHG, Rn. 41, 45; *Merkt*, in: MünchKommGmbHG, § 13 GmbHG, Rn. 134; *Pentz*, in: Rowedder, GmbHG-Kom., § 13 GmbHG, Rn. 58; vgl. entsprechend zur OHG, GbR *Freitag*, in: E/B/J/S, § 119 HGB, Rn. 39; Abberufung eines Abschlussprüfers ohne Vorliegen eines Grundes BGH WM 1991, 1951; grundlose Verweigerung oder fehlende anerkennenswerte Gründe gegen ein pflichtwidrig handelndes Organmitglied, Schadensersatzansprüche geltend zu machen, *C. Weber*, Privatautonomie, S. 271; angenommen, dass der Sachverhalt des Klägers zutreffend war, kollusiv wirkende Zusammenarbeit eines Gesellschafters mit dem Hauptauftraggeber der Gesellschaft zulasten der Gesellschaft, OLG Jena, Urteil vom 20. 02. 2008 – 7 U 486/07; Stellung eines Insolvenzantrags, allein um die Gesellschaft zu diskreditieren, OLG München, ZIP 2015, 826.

636 *Kuntz*, Gestaltung von Kapitalgesellschaften, S. 502.

der §§ 138, 226, 826 BGB agieren zu dürfen und nur im Einzelfall von dieser Befugnis keinen Gebrauch machen zu dürfen, oder ob ein generelles – nur im Einzelfall disponibles – Verbot besteht, zu ihren Lasten zu handeln. Durch die Abbedingung des spezifischen Elements der zweckbezogenen Treuepflichten wird das Regel-Ausnahme-Verhältnis von Verbot und Gestattung umgekehrt.[637]

e) Tauglichkeit der Einschränkung der Mehrheitsherrschaft

Anschließend ist festzustellen, dass im Falle der Abbedingung der mitgliedschaftlichen Treuepflicht bei einer mehrheitlichen Abstimmung über eine zweckbezogene Maßnahme nicht die Essenz der berühmten Hibernia-Entscheidung[638] gilt, dass Mehrheit gleich Mehrheit ist und damit die jeweilige Entscheidung bei Erfüllung der formalen Voraussetzungen ausreichend legitimiert ist. *Wiedemanns*[639] im Falle des Fehlens der Treuepflicht angedeutete Befürchtung, dass kein geeigneter, effektiver Maßstab mehr für die Kontrolle der Mehrheitsherrschaft existiere, da es an einem objektiven Kontrollmaßstab, orientiert am Gesellschaftsinteresse, fehle und es damit nicht mehr möglich sei, anzugeben, wann die Herrschaft der Mehrheit ende, ist nicht zu teilen. Bedingt ist dies durch das dargelegte existente Schutzsystem des § 242 BGB und des durch ihn weiterhin vermittelten Schutzes zugunsten der Beteiligten.

f) Aktualisierungsfunktion des § 242 BGB

Infolge der Weitergeltung des § 242 BGB existieren damit zugleich ausreichend Möglichkeiten, um zu einer Entscheidungsfindung zu gelangen und die Selbstregulierungsfähigkeiten der Gesellschaft aufrechtzuerhalten.[640] Entsprechend der Funktionsweise[641] der gesellschafterlichen Treuepflicht übernimmt der § 242 BGB durch das dargelegte Anwendungsschema die Funktion, die

637 Vgl. auch *Lieder*, in: Michalski, GmbHG, § 13 GmbHG, Rn. 153.

638 RGZ 68, 235 ff.

639 *Wiedemann*, Gesellschaftsrecht Bd. 1, § 8 II, S. 425 ff.

640 *Lieder*, in: Michalski, GmbHG, § 13 GmbHG, Rn. 153; a. A. *Kuntz*, Gestaltung von Kapitalgesellschaften, S. 500 ff.

641 Diese Funktion der Treuepflicht im Gesellschaftsrecht ist auch als Resultat der historischen Entwicklung der gesellschaftsrechtlichen Treuepflicht aus den Grundsätzen von Treu und Glauben anzusehen. Siehe dazu *Wiedemann*, WM 2009, 1: „Dabei können Gesetz und Statut durch Verfahrensvorschriften für eine Aufbereitung interner Streitigkeiten sorgen, die meisten Sachentscheidungen können indes erst sachgebunden fallen. Um auch dafür Maßstäbe des korrekten Verhaltens zur Verfügung zu haben, entwickelte man Generalklauseln, die sich an die Erfahrungen mit der bona fide oder mit Treu und Glauben anlehnen konnten."

bestehende unvollständige Vereinbarung zu ergänzen, den Pflichteninhalt zu konkretisieren und Konflikte zu bewältigen.[642] Die Rechtsordnung hat dabei die Entscheidung, dass Drittinteressen im weiteren Sinne stärker bei der Entscheidungsfindung zu berücksichtigen sind, als einen Akt der Selbstbestimmung grundsätzlich anzuerkennen. Jedem Gesellschafter steht es als Privatrechtssubjekt frei, festzulegen, welchen Fremdinteressen er sich aussetzt. Allein der weitergehende Einfluss eines Drittinteresses im umfassenderen Sinne übertritt nicht die Grenzen der Gestaltungsfreiheit.[643]

2. *Weiteres mangelndes Spezifikum der gesellschaftsrechtlichen Treuepflicht*

Konsequenz der Bestimmung des spezifischen Gehalts der Treuepflicht im Gesellschaftsrecht ist, dass gewisse Bereiche der organschaftlichen wie der mitgliedschaftlichen Treuepflicht nicht als Ausdruck des charakterisierenden Gedankens der gesellschaftsrechtlichen Treuepflicht anzusehen sind, da sie ebenfalls in „artverwandten" Regelungen und anderen allgemeinen Rechtsgrundsätzen ihren Ausdruck gefunden haben (§§ 226, 242 BGB).[644] Dazu zählt etwa das Verbot, sich ruf- oder kreditschädigend gegenüber der Gesellschaft zu verhalten.[645]

---

642 *Grüneberg*, in: Palandt, BGB, § 242 BGB, Rn. 23 f.; *Kähler*, Begriff und Rechtfertigung abdingbaren Rechts, S. 370; *Lieder*, in: Michalski, GmbHG, § 13 GmbHG, Rn. 153; vgl. *Möslein*, Dispositives Recht, S. 37; *Schubert*, MünchKommBGB, § 242 BGB, Rn. 169.

643 Vgl. *C. Weber*, Privatautonomie, S. 175; wohl a. A. Vgl. *Kuntz*, Gestaltung von Kapitalgesellschaften, S. 498 ff. eben unter einem Rekurs auf den Funktionenschutz.

644 Vgl. *Grundmann*, Der Treuhandvertrag, S. 169 ff.; vgl. *Fillmann*, Treuepflichten, S. 207; vgl. *Fleischer*, in: Spindler/Stilz, Aktiengesetz, § 93 AktG, Rn. 130; vgl. *Hennrichs*, AcP 195 (1995), 221, 228; vgl. *Immenga*, FS 100 Jahre GmbHG, S. 189, 197 f.; *Waclawik*, DB 2005, 1151, 1153; *C. Weber*, Privatautonomie, S. 271; vgl. *Weipert*, in: MünchHdb PersG, § 6, Rn. 37 und siehe oben F) § 1 I.

645 Zur Zuordnung speziell zum Gesellschafter *Altmeppen*, in: *Roth/Altmeppen*, GmbHG, § 13 GmbHG, Rn. 51; *Bayer*, in: Lutter/Hommelhoff, GmbHG, § 14 GmbHG, Rn. 35; *G. Hueck*, Gesellschaftsrecht, S. 52; *Lutter*, AcP 180 (1980), 84, 111; *Merkt*, in: MünchKommGmbHG, § 13 GmbHG, Rn. 144; *Pentz*, in: Rowedder, GmbHG-Kom., § 13 GmbHG, Rn. 62; *Seibt*, in: Scholz, GmbHG, § 14 GmbHG, Rn. 115; zur organschaftlichen Treuepflicht *Fleischer*, WM 2003, 1045, 1050 f.; *Hopt/Roth*, in: GroßkommAktG, 5. Aufl., § 93 AktG, Rn. 239; vgl. *Lutter*, AcP 180 (1980), 84, 111; *U. H. Schneider*, in: Scholz, GmbHG, 11. Aufl., § 43 GmbHG, Rn. 151; zur zutreffenden Feststellung des mangelnden Spezifikums bzw. des allgemeinen Pflichteninhalts des § 242 BGB vgl. schon *Fechner*, Die Treuebindung des Aktionärs, S. 100 f.; *Fleischer*,

IV. Organschaftliche Treuepflicht: Weitere Kontrollmechanismen

Die organschaftliche Treuepflicht ist nicht das einzige Instrument des deutschen Gesellschaftsrechts, um den Organvertreter der Gesellschaft zu kontrollieren und an die Interessen der Gesellschaft zu binden.[646] Vernachlässigt werden im Folgenden die eher weichen, tatsächlichen Kontrollmechanismen des „Arbeitsmarkts" für Geschäftsleiter oder des „guten" Rufs.[647]

1. Sorgfaltspflicht

Als weitere gesellschaftsübergreifende[648] Pflichtenquelle des geschäftsführenden Organs ist dessen Sorgfaltspflicht zu nennen. Entgegen einer älteren Auffassung[649] ist eine Gleichsetzung der organschaftlichen Sorgfaltspflicht mit der organschaftlichen Treuepflicht nach der heute herrschenden Meinung[650] abzulehnen. Die Sorgfaltspflicht ist eine eigene Pflichtenkategorie, die von der organschaftlichen Treuepflicht strikt zu trennen ist. Die Sorgfaltspflicht ist ihrer Struktur nach auf die aktive und rechtmäßige Leitung des Unternehmens, sprich die korrekte Ausrichtung des Unternehmens im wirtschaftlichen Wettbewerb, zugeschnitten.[651] Dagegen dient die organschaftliche Treuepflicht – mit ihrer Zielsetzung, die Berücksichtigung von Sonderinteressen zu unterbinden – vornehmlich der

---

WM 2003, 1045, 1051; *Fleischer*, in: Spindler/Stilz, Aktiengesetz, § 93 AktG, Rn. 130; *Grundmann*, Der Treuhandvertrag, S. 166 ff., 171 ff.

646 *Haberer*, Zwingendes Kapitalgesellschaftsrecht, S. 89.

647 Vertiefend *Haberer*, Zwingendes Kapitalgesellschaftsrecht, S. 89; *Hellgardt*, FS Hopt, S. 765, 784, 788; *Kloka*, Innovationsfinanzierung, S. 134 ff.; 155 ff.; *Klöhn*, AcP 216 (2016), 281, 318.

648 Zu den Personengesellschaften *Roth*, in: Baumbach/Hopt, HGB, § 114 HGB, Rn. 12; *Schäfer*, in: Staub, GroßkommHGB, § 114 HGB, Rn. 55; zur Diskussion um die Anwendung des Haftungsmaßstabs § 708 BGB bei den Geschäftsführern einer Personengesellschaft *U. H. Schneider*, ZGR 1978, 1, 15; *Wiedemann*, WM 1992, Beil. Nr. 7, 1, 15 ff.

649 *Von der Osten*, GmbHR 1989, 450, 453; vgl. *Röhricht*, WPg 1992, 766, 767.

650 *Möllers*, Hdb Corporate Governance, 2. Aufl., S. 429 f.; *Kumpan*, Der Interessenkonflikt, S. 117; ehemals a. A. *Wiedemann*, FS Heinsius, S. 949, 950, der die Sorgfaltspflichten den Treuepflichten zuordnete bzw. mit ihnen gleichsetzte; nunmehr aber differenzierend *Wiedemann*, WM 2009, 1, 2.

651 Näher zu den einzelnen Pflichtenbereichen der Sorgfaltspflicht *Fleischer*, in: MünchKommGmbHG, § 43 GmbHG, Rn. 21 ff.; *Fleischer*, in: Spindler/Stilz, Aktiengesetz, § 93 AktG, Rn. 14 ff.; *Spindler*, in: MünchKommAktG, § 93 AktG, Rn. 22 ff.

Vermeidung und Lösung innergesellschaftlicher Interessenkollisionen. Sie verfolgt maßgeblich das Ziel, die Betätigungs- und Entfaltungsmöglichkeiten des Organvertreters zum eigenen Vorteil zu beschränken.[652]

Die dogmatische Unterscheidung der beiden Pflichten wird durch den Unterschied des jeweils bestehenden Entscheidungsspielraums bestätigt. Bei Entscheidungen, die im Kontext mit der organschaftlichen Sorgfaltspflicht stehen, wird dem Organvertreter ein eigenes „unternehmerisches Ermessen" zugestanden. Innerhalb eines gewissen Rahmens ist der Organvertreter frei, zwischen einzelnen Handlungsalternativen zu wählen.[653] Im Gegensatz dazu verfügt der Organvertreter bei Entscheidungen, die im Kontext zur organschaftlichen Treuepflicht stehen, bei der bestehenden normtypischen Ausgangsposition über keinen Ermessensspielraum.[654] Es gibt nur „richtig" oder „falsch".

Bedingt durch diese Differenzierung ist die zwingende Wirkung der Treuepflicht folglich nicht damit zu begründen,[655] dass es im Falle ihrer Abbedingung gestattet wäre, notwendige Investitionen und Rationalisierungsmaßnahmen, die für das Überleben und die Wirtschaftlichkeit der Gesellschaft nötig sind, aufzuschieben oder gegenüber Dritten nicht mit der gebotenen Härte aufzutreten.[656] Die Sorgfaltspflicht ist im Falle der eingeschränkten oder pauschalen Abbedingung der organschaftlichen Treuepflicht weiter zu beachten. Ihr Beitrag zur Vermeidung der Zerstörung der Gesellschaft wird aufrechterhalten.

2. Abberufungsmöglichkeit – Wiederherstellung des „Normalzustandes"

Als zusätzlicher Schutzmechanismus für die Beteiligten, der die Folgen der Abbedingung der Treuepflicht einschränkt, kommt die Kontrollmöglichkeit der

---

652 Siehe oben B) § 2 I.

653 Siehe vertiefend zum „unternehmerischen Ermessen" nur *Spindler*, in: MünchKomm-AktG, § 93 AktG, Rn. 54 ff. (verallgemeinerungsfähig).

654 *Grundmann*, Der Treuhandvertrag, S. 277; vgl. *Mertens/Cahn*, in: Kölner Kommentar zum AktG, § 93 AktG, Rn. 25; vgl. *Möllers*, Hdb Corporate Governance, 2. Aufl., S. 430.

655 In diese Richtung aber andeutungsweise vgl. *Polley*, Wettbewerbsverbot und Geschäftschancenlehre, S. 93.

656 Weitere Sorgfaltspflichtverletzungen würden weiter etwa die nachlässige Buchführung, der nachlässige Forderungseinzug sowie die leichtfertige Warenausgabe auf Kredit gegenüber Dritten darstellen (*K. Schmidt*, Gesellschaftsrecht, § 36 II 4 a, S. 1078; *M. Weber*, Vormitgliedschaftliche Treuebindungen, S. 63). Gleichsam müssten Ansprüche, die der Gesellschaft gegen Dritte oder gegen weitere Gesellschafter zustehen, wie gehabt durchgesetzt werden.

Entziehung der Organposition in Betracht.[657] Im Falle der Abbedingung verlagert sich zwar das Risiko zulasten der Gesellschafter respektive der Gesellschaft. Denn es kann nur verzögert auf ein etwaiges Fehlverhalten oder eine Fehleinschätzung der Gesellschafter, ohne über Schadensersatzansprüche zu verfügen, reagiert werden. Vor dem Hintergrund des Vorrangs der Privatautonomie und der Möglichkeit der eigenständigen Festsetzung, wie hoch das einzugehende Risiko sein soll, ist jedoch die Fähigkeit dieses Ansatzes, eine Einschränkung der Privatautonomie zu begründen, abzulehnen. Ausschlaggebend hat zu sein, ob tatsächlich eine rechtliche Reaktionsmöglichkeit existiert.[658]

a) GmbH-Fremdgeschäftsführer

Eine in diesem Sinne ausreichende Ausstiegsmöglichkeit ist beim GmbH-Fremdgeschäftsführer aus zwei Gründen gegeben. Erstens steht beim gesetzlichen Normalstatut gem. § 38 Abs. 1 GmbHG den Gesellschaftern das Recht zu, den Geschäftsführer ohne Anknüpfung an einen Grund mittels eines einfachen Beschlusses[659] jederzeit wieder abzuberufen. Der Organvertreter steht unter dem Vorbehalt der „permanenten Billigung“[660] durch die Gesellschafter.

Der zweite Grund liegt im kooperationsrechtlichen Vorrang des Gesellschaftsvertrags der GmbH:[661] Die Abbedingung der Treuepflicht steht unter dem Vorbehalt der jederzeitigen Änderung des Gesellschaftsvertrags. Falls eine Änderung des Gesellschaftsvertrags wirksam umgesetzt wird und die Treuepflicht wieder uneingeschränkt gelten soll, hat sich der Organvertreter unmittelbar daran zu halten.[662] Diese Änderung wirkt sofort und unabhängig vom daneben bestehenden Angestelltenverhältnis. Die zentrale und bedeutende Möglichkeit der Gesellschafter, ihre Gesellschaft an die veränderten Umstände und Wünsche anzupassen, bleibt bestehen.[663] Unerheblich ist, ob sich die Gesellschafter aus Furcht vor Konsequenzen in Folge einer etwaigen Verletzung des Anstellungsvertrags[664] rein faktisch gezwungen sehen, diese Lösungsmöglichkeiten

---

657 Vertiefend zu diesem Kontrollmechanismus *Haberer*, Zwingendes Kapitalgesellschaftsrecht, S. 89; *Kuntz*, Gestaltung von Kapitalgesellschaften, S. 452 f.

658 Siehe oben D) § 2 III und vgl. sogleich F) § 1 IV 2 a).

659 Zu dem tatsächlichen Problem, entsprechende Mehrheiten zu organisieren, *Kuntz*, Gestaltung von Kapitalgesellschaften, S. 501.

660 *Haberer*, Zwingendes Kapitalgesellschaftsrecht, S. 97.

661 Siehe oben E) § 3 IV 2 b).

662 *Paefgen*, in: Ulmer, GmbHG, § 35 GmbHG, Rn. 241.

663 Zu der Bedeutung dieser Änderungsmöglichkeit siehe *Zöllner/Noack*, in: Baumbach/Hueck, GmbHG, § 45 GmbHG, Rn. 6 ff.

664 Vertiefend zu diesen Konsequenzen *Goette*, DStR 1998, 938 ff.

nicht zu nutzen.[665] Wie das Ehescheidungsrecht zeigt, existiert kein genereller Grundsatz, dass ein Schutz vor unvorteilhaften wirtschaftlichen Entwicklungen im Falle der Loslösung zu gewähren ist.[666] Eine Einschränkung der gesellschaftsrechtlichen Privatautonomie ist daher mit dem Argument der finanziellen Folgenbelastung, aufbauend auf entsprechenden Schadensersatzansprüchen, nicht zu legitimieren.[667] Gleichzeitig ist dieser Betrachtungsweise entgegenzuhalten, dass die Frage, ob die privatautonome Gestaltung anzuerkennen ist, im Kern von Zufälligkeiten – nämlich von dem Umfang der Konsequenzen im Einzelfall – abhängig wäre. Dies kann aber kein allgemeingültiges, rechtfertigendes Prinzip zu deren Einschränkung darstellen.[668] Ebenfalls sprechen die zwingenden Kündigungsrechte nach den §§ 314, 626, 723 BGB, 133 HGB gegen diesen Ansatz. Deren unmittelbare rechtliche Schutzwirkung beschränkt sich darauf, zu gewährleisten, dass die wirtschaftliche wie persönliche Unabhängigkeit wiederhergestellt werden kann. Sie sind lediglich zukunftsbezogen. Bereits realisierte Pflichten und Ansprüche werden hingegen nicht berührt.

b) *Mitgliedschaftlicher Geschäftsführer*

aa) Problemlage

Abweichend stellt sich die Situation sowohl bei den Personengesellschaften als auch bei der GmbH dar, wenn ein Gesellschafter der Geschäftsführer der Gesellschaft ist.[669] Bei den Personengesellschaften ist dies infolge des Prinzips der Selbstorganschaft notwendig der Fall. Die bei der GmbH existente gesetzliche Abberufungs- und Kontrollmöglichkeit dürfte den negativ betroffenen Beteiligten jeweils nur eingeschränkt nutzen.

Der Stimmrechtsausschluss gem. § 47 Abs. 4 GmbHG soll nach der herrschenden Meinung[670] nur dann greifen, wenn ein wichtiger Grund nach § 38 Abs. 2 GmbHG vorliegt. Der mit dem Stimmrechtsausschluss verbundene Rollentausch durch den Ausschluss der Mehrheit und das „Erstarken“ der Minderheit zu den „leitenden“ Herren der Gesellschaft findet folglich nicht statt.

---

665 Vgl. *Kuntz*, Gestaltung von Kapitalgesellschaften, S. 501.

666 Vgl. allgemein *Zöllner*, FS 100 Jahre GmbHG, S. 85, 123 f.

667 Vgl. *C. Weber*, Privatautonomie, S. 312; vgl. *Wedemann*, Gesellschafterkonflikte, S. 331; vgl. allgemein zur Wirksamkeit von Abfindungsbeschränkungen *Zöllner*, FS 100 Jahre GmbHG, S. 85, 123 f.

668 Vgl. *Hey*, Freie Gestaltung, S. 260.

669 *Kuntz*, Gestaltung von Kapitalgesellschaften, S. 502 ff.

670 *Zöllner/Noack*, in: Baumbach/Hueck, GmbHG, § 38 GmbHG, Rn. 34 m. w. N.

Entsprechendes gilt für die spiegelverkehrte Situation, sofern die Minderheit eine Sperrminorität innehat und damit über entsprechende Einflussmöglichkeiten verfügt, um eine Abberufung zu verhindern.

Die Problemlage existiert gleichermaßen bei den Personengesellschaften. Bei diesen bedarf es bei Bestehen der gesetzlichen Ausgangslage gem. §§ 712 Abs. 1 BGB, 117 HGB für die Entziehung der Geschäftsführerposition entweder eines einstimmigen Beschlusses oder der entsprechend notwendigen einvernehmlichen Mitwirkung bei der Klageerhebung der übrigen Gesellschafter in Kombination mit einem wichtigen Grund.

Aufgrund des mit der Aufgabe der Geschäftsleiterposition verbundenen Verlusts an Einfluss und an etwaigen Verdienstmöglichkeiten ist es insgesamt schwer vorstellbar, dass ein Gesellschafter entgegen seinem Willen seine eigene Abberufung vorantreibt.

Erschwerend kommt hinzu, dass, auch wenn ein wichtiger Grund nach den §§ 712 Abs. 1 BGB, 117 HGB, 38 Abs. 2 GmbHG in Rede steht und damit der Stimmrechtsausschluss nach § 47 Abs. 4 GmbHG bzw. §§ 712 Abs. 1 BGB, 117 HGB grundsätzlich gilt, infolge der Rückkoppelung der Abbedingung der Treuepflicht auf die Beurteilung eines wichtigen Grundes dieser schwerer zu bejahen ist als üblich.[671] Nach einer Auffassung ist zusätzlich zu beachten, dass, soweit angenommen werde, dass die Aufhebung der zweckbezogenen Treuepflichten eine Änderung des Zweckes beinhalte, auch deren Wiedereinführung eine Zweckänderung darstelle.[672] Notwendige Folge dieser Einschätzung sei, dass es für ihre Wirksamkeit gem. § 33 Abs. 1 S. 2 BGB analog der Zustimmung aller Gesellschafter bedürfe. Aus ähnlichen Gründen wie dem Vorantreiben der eigenen Abberufung sei damit erneut tatsächlich die Möglichkeit genommen, auf das „Fehlverhalten" des Organmitglieds reagieren zu können, mit dem Resultat eines entsprechenden Schutzdefizits.[673]

Diese Wirkungen sind jedoch irrelevant, falls trotz dieser negativen Auswirkungen auf die rechtlichen Reaktionsmöglichkeiten das von der Rechtsordnung geforderte Maß an Ausstiegsmöglichkeiten vorhanden ist. Spezifisch personengesellschaftsrechtlich ist insoweit jedoch allein ein Verweis auf die vollständige

---

671 Siehe zu dieser Rückkoppelung *Hellgardt*, FS Hopt, S. 765, 787; *Kuntz*, Gestaltung von Kapitalgesellschaften, S. 502; entgegen *Kuntz*, Gestaltung von Kapitalgesellschaften, S. 502 misst *Hellgardt*, FS Hopt, S. 765, 782 dieser Auswirkung auf die Beurteilung eines wichtigen Grundes allgemein nicht eine solche Bedeutung zu, dass eine vollständige Abbedingung abzulehnen wäre.

672 Siehe unten H) § 1 I 4.

673 Vgl. *Kuntz*, Gestaltung von Kapitalgesellschaften, S. 502 f., 505, 511.

Abdingbarkeit[674] der §§ 712 Abs. 1 BGB, 117 HGB nicht genügend, um eine solche zu begründen. Im Falle der Abbedingung jener Vorschriften verschiebt sich der Fokus hin zu den Reaktionsmöglichkeiten der §§ 723 Abs. 1, 3, 737 BGB, 133, 140 HGB.[675]

Grundsätzlich anzumerken ist, dass sich die gesamte Problematik aufgrund identischer Anknüpfungspunkte[676] ungeachtet eines Anwendungsausfalls der §§ 712 BGB, 117 HGB oder des § 38 GmbHG parallel stellt, soweit das Mitglied der Gesellschaft keine Geschäftsleiterstellung innehat, jedoch entsprechende Treuepflichten zu erfüllen hat. Daher ist Nachfolgendes entsprechend auf diese Konstellation übertragbar.

bb) Austrittsrechte des Gesellschafters

Unter Austrittsrechten sind solche Rechte zu verstehen, die es dem Gesellschafter erlauben, sich vom Verband zu lösen, ohne dass die Auflösung der Gesellschaft selbst damit verbunden ist.[677] Sie sollen dem Erhalt der Freiheit der Selbstbestimmung bzw. deren Wiedererlangung dienen.[678] Es ist zwischen zwei Arten von Austrittsrechten zu differenzieren: Dem ordentlichen und dem außerordentlichen.[679]

(1) Personengesellschaften

(a) Allgemeines

Entgegen der gesetzlichen Grundgestaltung nach §§ 723, 724 BGB bei der GbR werden bei dieser regelmäßig sog. Fortsetzungsklauseln etabliert (§ 736 BGB), d.h., eine Kündigung des Gesellschafters führt nicht zur Auflösung der Gesellschaft im Gesamten, sondern beschränkt sich auf die Mitgliedschaft des

---

674 Siehe oben D) § 4 II 3.

675 *Jickeli*, in: MünchKommHGB, § 117 HGB, Rn. 79 f.; *Schäfer*, in: MünchKommBGB, § 712, Rn. 23.

676 Vgl. *Fastrich*, in: Baumbach/Hueck, GmbHG, Anh § 34 GmbHG, Rn. 3; *Schäfer*, in: Staub, GroßkommHGB, § 133 HGB, Rn. 25 f.; *Schäfer*, in: MünchKommBGB, § 723 BGB, Rn. 31 f.

677 Näher zum Begriff *Wiedemann*, WM 1992, Beil. Nr. 7, 1, 48; *Wiedemann*, Gesellschaftsrecht Bd. 2, § 3 III 4 a, S. 265.

678 *Flume*, Personengesellschaft, § 13 II, S. 192; *Immenga*, ZGR 1974, 385, 407; vgl. *Schäfer*, in: MünchKommBGB, § 723 BGB, Rn. 61; *C. Weber*, Privatautonomie, S. 213; *Westermann*, Vertragsfreiheit, S. 237; *Wiedemann*, WM 1990, Sonderbeilage Nr. 8, 1, 20.

679 *Hofmann*, Minderheitenschutz, S. 475; *Wiedemann*, Gesellschaftsrecht Bd. 2, § 3 III 4 c, S. 268 ff.; näher zu den Rechtsfolgen des Austritts *Hofmann*, Minderheitenschutz, S. 475.

Gesellschafters. Es handelt sich um eine sog. Austrittskündigung.[680] Eine alternative Möglichkeit, um die Fortführung trotz des Fehlens einer entsprechenden Klausel zu gewährleisten, stellt ein entsprechender Ad-hoc-Beschluss der übrigen Gesellschafter dar.[681] Bei der OHG entspricht die Fortführung der Gesellschaft nach dem Austritt des einzelnen Gesellschafters der gesetzlichen Ausgangslage (§ 131 Abs. 3 S. 1 Nr. 3 HGB). Da die ordentlichen Austrittskündigungsrechte, mit Ausnahme der §§ 723 Abs. 1 S. 2, Abs. 2 BGB, 132 HGB und soweit keine wirksame Befristung der Gesellschaft selbst vereinbart wurde, weitgehend frei, ohne sachlich eingeschränkt zu sein, ausgeübt werden können[682] und damit eine Rückwirkung der Abbedingung der Treuepflicht auf diese Austrittsmöglichkeit zu verneinen ist, beschränkt sich die nähere Untersuchung auf das außerordentliche Austrittsrecht des Gesellschafters.

Jene verfolgen den Zweck, zu gewährleisten, dass jeder Gesellschafter sich von gesellschaftlichen Rechtsbeziehungen, die für ihn unerträglich sind, aus einem wichtigen Grund lösen kann.[683] Nach *Wiedemann* zählt das außerordentliche Austrittsrecht des (Personen-)Gesellschafters „zu den zwingenden und unverzichtbaren Mitgliedschaftsrechten".[684] Damit ist die Frage aufgeworfen, ob die Gestaltung der Abbedingung der gesellschafterlichen Treuepflicht[685] gegen die dem Gesellschafter zustehenden außerordentlichen Austrittsmöglichkeiten aus einem wichtigen Grund verstößt. Konsequenz dessen wäre die Ablehnung einer ausreichenden Möglichkeit, sich von dem eingegangenen Rechtsverhältnis im oben genannten Sinn wieder „befreien" zu können.

---

680 *Wiedemann*, Gesellschaftsrecht Bd. 2, § 3 III 5 c, S. 268 f.

681 *Wiedemann*, Gesellschaftsrecht Bd. 2, § 3 III 5 c, S. 268 f.

682 *Hofmann*, Minderheitenschutz, S. 475; *Wiedemann*, Gesellschaftsrecht Bd. 2, § 3 III 5 c, S. 268 f. Eine Einschränkung durch die mitgliedschaftliche Treuepflicht ist abzulehnen, um das „freie" Austrittsrecht des Gesellschafters nicht zu konterkarieren.

683 *Wiedemann*, Gesellschaftsrecht Bd. 2, § 3 III 5 d, S. 273 f.

684 *K. Schmidt*, Gesellschaftsrecht, § 35 IV 3, S. 1064; *Wiedemann*, Gesellschaftsrecht Bd. 2, § 3 III 5 d, S. 274.

685 Gemäß *Wiedemann*, Gesellschaftsrecht Bd. 2, § 5 III 5 d bb, S. 275 f. zählen in Anlehnung an die Normen der §§ 723 Abs. 1 S. 3 BGB, 133 Abs. 2 HGB zu den gesellschafterbedingten Austrittsgründen etwa Pflichtverletzungen bei der Ausübung der Tätigkeit als Organ oder die Zerstörung des Vertrauensverhältnisses. Insgesamt handelt es sich dabei um Gründe, die als Verletzung der Treuepflicht zu bewerten sind. Als konkretisierendes Beispiel kann insoweit der Verkauf von Waren an die Gesellschaft zu unangemessenen Preisen angeführt werden (vgl. *K. Schmidt*, in: MünchKommHGB, § 133 HGB, Rn. 31 f.).

(b) Privatautonome Gestaltungsbefugnis hinsichtlich der Bestimmung des wichtigen Grundes

(i) Fragestellung

Im Vordergrund steht damit die Frage, welche Anforderungen die Rechtsordnung tatsächlich an eine ausreichende Lösungsmöglichkeit infolge eines wichtigen Grundes stellt. Zu klären ist, inwieweit innerhalb des Gesellschaftsvertrags ein Spielraum für die mittelbare Festlegung und konkretisierende Definition des wichtigen Grundes im Sinne dieser Rechte besteht und „Treuepflichtverstöße" zulässigerweise ausgenommen werden können.

Obwohl das Gesetz die Voraussetzungen der Austrittskündigung im Gegensatz zu der Auflösungskündigung nach § 723 BGB und der Auflösungsklage nach § 133 HGB nicht normiert hat,[686] ist trotz der Unterschiede hinsichtlich ihrer Rechtsfolge die Diskussion um die Zulässigkeit der Einschränkungsmöglichkeit der Auflösung aus einem wichtigen Grund aufzugreifen. Diese Rechtsbehelfe verfolgen den gleichen Regelungszweck, und die Literatur[687] greift zur Präzisierung der Gründe für die Austrittskündigung auf die Normen der §§ 723 Abs. 1 S. 3 BGB, 133 Abs. 2 HGB zurück. Deutlich wird damit, dass zwischen den beiden Lösungsmöglichkeiten hinsichtlich ihrer Voraussetzungen kein materieller Unterschied besteht. Bestätigt wird dies insoweit, dass teilweise innerhalb des Schrifttums[688] bezüglich der Diskussion um die Einschränkbarkeit zwischen den einzelnen Lösungsrechten nicht präziser differenziert wird.[689]

(ii) Die restriktiven und liberalen Ansätze

Nach einer Ansicht gilt, dass der vertragliche, negativ wirkende Ausschluss des Rechts, die Gesellschaft außerordentlich zu kündigen oder die Möglichkeit durch Ausklammerung bestimmter Sachverhalte zu erschweren, nicht wirksam sei, soweit damit tatsächlich wichtige Gründe eingeschränkt würden.[690]

Die herrschende Gegenposition erachtet es dagegen mit Verweis auf die Herrschaft der Privatautonomie für zulässig, gewisse Geschehnisse von der Wichtigkeit im Sinne der genannten Vorschrift auszunehmen und damit den

---

686 *K. Schmidt*, Gesellschaftsrecht, § 50 II 4 a, S. 1454; *Wiedemann*, Gesellschaftsrecht Bd. 2, § 3 III 5 d, S. 274.

687 *Wiedemann*, Gesellschaftsrecht Bd. 2, § 3 III 5 d bb, S. 275 f.

688 Siehe etwa vgl. *Lorz*, in: E/B/J/S, § 133 HGB, Rn. 44, 48; *Schäfer*, in: MünchKommBGB, § 723 BGB, Rn. 74.

689 Zum Verständnis der Terminologie *Wiedemann*, WM 1992, Beil. Nr. 7, 1, 49.

690 *Immenga*, ZGR 1974, 385, 410.

ausfüllungsbedürftigen, unbestimmten Rechtsbegriff[691] des „wichtigen Grundes“ zu konkretisieren.[692] Den Parteien sei es zu überlassen, festzulegen, welche künftigen Störungen sie als zumutbar für eine Fortsetzung erachteten. Zudem müsse es möglich sein, die aus der Verwendung unbestimmter Rechtsbegriffe resultierende Rechtsunsicherheit zu reduzieren.[693] Diese Definitionsweite wird jedoch für Extremfälle eingeschränkt. Derartige Klauseln können nach der herrschenden Meinung nicht ausschließen, dass unter Umständen infolge des Eintritts unvorhergesehener Ereignisse im Einzelfall eine abweichende Bewertung der Zumutbarkeit vorzunehmen sei.[694]

(iii) Stellungnahme

Dem liberalen Ansatz ist zu folgen. Nur er ist geeignet, eine Übereinstimmung mit den Wertungen des Gesetzes herzustellen. Werden die Rechtsprechung und die Literatur[695] hinsichtlich der Annahme eines wichtigen Grundes im Falle der Verletzung der Treuepflicht als Maßstab herangezogen und mit den gesetzlichen Wertungen[696] hinsichtlich ihrer Abdingbarkeit abgeglichen (§§ 112, 109 HGB), so wird deutlich, dass es möglich sein muss, bestimmte Ereignisse, die grundsätzlich im Falle des Fehlens einer abweichenden vertraglichen „Grund“-Gestaltung als wichtiger Grund angesehen werden, tatsächlich auszuklammern.

Der Wortlaut der Regelbeispiele des wichtigen Grundes innerhalb des Personengesellschaftsrechts nach §§ 723 Abs. 1 S. 3 Nr. 1 BGB, § 133 Abs. 2 HGB bestätigt dieses Ergebnis. Übereinstimmend bestimmt der gesetzliche Wortlaut,

---

691 Als unbestimmter Rechtsbegriff wird allgemein ein Begriff verstanden, der weder in Bezug auf seinen Inhalt noch in Bezug auf seinen Umfang gewiss ist (*Engisch*, Juristisches Denken, S. 108).

692 RG JW 1938, 521, 522 f.; vgl. *Behr*, ZGR 1985, 475, 489; *A. Hueck*, OHG, § 25 V 1 a, S. 379; *Röttger*, Kernbereichslehre, S. 209; *Schäfer*, in: MünchKommBGB, § 723 BGB, Rn. 75; *K. Schmidt*, in: MünchKommHGB, § 133 HGB, Rn. 68; *Westermann*, Vertragsfreiheit, S. 242.

693 *Lorz*, in: E/B/J/S, § 133 HGB, Rn. 44; *Schäfer*, in: MünchKommBGB, § 723 BGB, Rn. 75.

694 *Haas*, in: Baumbach/Hueck, GmbHG, § 61 GmbHG, Rn. 3; *Lorz*, in: E/B/J/S, § 133 HGB, Rn. 44; *Schäfer*, in: MünchKommBGB, § 723 BGB, Rn. 75; *K. Schmidt*, in: MünchKommHGB, § 133 HGB, Rn. 68.

695 Nach der Rechtsprechung und Literatur ist ein außerordentlicher Kündigungsgrund grundsätzlich in den Fällen eines Verstoßes gegen das Wettbewerbsverbot gegeben, siehe soweit ROHG 20, 265; RG LZ 1913, 67; *Schäfer*, in: Staub, GroßkommHGB, § 133 HGB, Rn. 25 f.; *Schäfer*, in: MünchKommBGB, § 723 BGB, Rn. 31 f.

696 Siehe unten G).

dass ein wichtiger Grund insbesondere dann vorliegt, wenn ein anderer Gesellschafter eine ihm nach dem Gesellschaftsvertrag obliegende wesentliche Verpflichtung vorsätzlich oder grob fahrlässig verletzt hat. Klargestellt wird damit, dass sich der wichtige Grund der §§ 723 Abs. 1, 133 Abs. 1 HGB im Sinne einer conditio-sine-qua-non maßgeblich an dem gesellschaftsvertraglich festgelegten Pflichtenprogramm orientiert.

Jenes können die Gesellschafter aber frei in den Grenzen des § 138 Abs. 1 BGB bestimmen und damit zumindest mittelbar durch die damit verbundene Koppelung des wichtigen Grundes mit der vertraglichen Pflicht auch den wichtigen Grund näher definieren.[697] Konform mit dem liberalen Ansatz ist gleichzeitig das Bedürfnis der Beteiligten anzuerkennen, die dem unbestimmten Rechtsbegriff des „wichtigen Grundes“ innewohnende Rechtsunsicherheit zu reduzieren, indem ein gewisses Konkretisierungsniveau zugelassen wird.[698]

Im Übrigen ist erneut der eingeschränkte Umfang der Abbedingung der gesellschaftsrechtlichen Treuepflicht zu berücksichtigen. Die Gesellschafter sind durch die fortwährende Geltung der §§ 138, 226, 242, 826 BGB nicht gänzlich schutzlos gestellt.[699] Nicht jedes Verhalten ist zulässig und die Einschränkung der Austrittsrechte ist nicht absolut. In einer Vielzahl der bisher angenommenen Austrittsgründe aus einem wichtigen Grund ist keine abweichende Bewertung angezeigt. Demnach sind in den Fällen des Erwerbs von völlig unangemessenen Gegenständen zum persönlichen Gebrauch mit Unternehmensmitteln, der Annahme von Schmiergeldern, des unredlichen Verhaltens gegenüber den Mitgesellschaftern oder der Herbeiführung einer Existenzgefährdung der Gesellschaft – wie bisher[700] – wichtige Gründe im Sinne dieser Vorschriften zu bejahen. Wie von der Rechtsordnung (§§ 314, 626, 723 BGB) gefordert, existiert weiter eine „rudimentäre Beendigungsmöglichkeit für Extremsituationen“[701].

Infolgedessen ist insgesamt, d. h. auch für die Auflösungskündigung, eine nicht hinnehmbare Rückkoppelung durch die Abbedingung der Treuepflicht auf die Beurteilung des wichtigen Grundes zu verneinen. Aufbauend auf der grundsätzlich ausreichend bestehenden Lösungsmöglichkeit im Falle der Abbedingung

---

697 Siehe insoweit oben D) § 2.

698 Vgl. entsprechend zum § 276 Abs. 3 BGB und zu der Frage, inwieweit diese Norm abdingbar ist, *Kähler*, Begriff und Rechtfertigung abdingbaren Rechts, S. 35.

699 Siehe oben F) § 1 II, F) § 1 III.

700 *Kilian*, in: Henssler/Strohn, Gesellschaftsrecht, § 723 BGB, Rn. 12 f.; *Roth*, in: Baumbach/Hopt, HGB, § 133 HGB, Rn. 8; *Schäfer*, in: Münchener Kommentar zum BGB, § 723 BGB, Rn. 31 f.; *K. Schmidt*, in: MünchKommHGB, § 133 HGB, Rn. 31 f.

701 *Behr*, ZGR 1985, 475, 489.

ist zugleich die Berechtigung des Einwandes, der auf § 33 Abs. 1 S. 1 BGB analog Bezug nimmt,[702] abzulehnen.

(2) Außerordentliches Austrittsrecht

Ein zum Personengesellschaftsrecht entsprechendes, im Grunde unverzichtbares außerordentliches Austrittsrecht ist im Gegensatz zu einem ordentlichen Austrittsrecht auch für den GmbH-Gesellschafter anerkannt. Dies gilt unabhängig davon, ob eine Regelung im Gesellschaftsvertrag existiert oder nicht.[703] Das Recht des GmbH-Gesellschafters, bei Vorliegen eines wichtigen Grundes aus der Gesellschaft auszutreten, zählt – wie bei den Personengesellschaften – zu dessen zwingenden, unverzichtbaren Mitgliedschaftsrechten.[704]

Im Recht der GmbH laufen die vertretenen Ansichten in Bezug auf die Frage der Möglichkeit zur Einschränkbarkeit der außerordentlichen Austrittskündigung im Vergleich zum Personengesellschaftsrecht parallel. Einerseits werden entsprechende liberalere Ansätze vertreten,[705] andererseits existieren auch restriktivere Ansätze, die einer Erschwerung des Austritts aus einem wichtigen Grund ablehnend gegenüberstehen.[706]

Infolge der Strukturgleichheit der GmbH in Bezug auf die Gestaltungsfreiheit des Innenverhältnisses im Vergleich zu den Personengesellschaften,[707] infolge der Identität der Gründe der Unabdingbarkeit der zwingenden Lösungsrechte und des gedanklichen Ursprungs des zwingenden Austrittsrechts im Recht der GmbH, das auf einer entsprechenden Parallele zu den Rechten

---

702 Vgl. *Kuntz*, Gestaltung von Kapitalgesellschaften, S. 502 f., 505, 511 und siehe oben F) § 1 IV 2 b) aa).

703 *Fastrich*, in: Baumbach/Hueck, GmbHG, Anh § 34 GmbHG, Rn. 1; *K. Schmidt*, Gesellschaftsrecht, § 35 IV 3, S. 1064 f.

704 BGHZ 116, 359, 369; *Hofmann*, Minderheitenschutz, S. 484; *Ulmer*, in: Hachenburg, GmbHG, § 53 GmbHG, Rn. 130 f.; *Wiedemann*, Gesellschaftsrecht Bd. 2, § 3 III 5 d, S. 274; zu den Problemen hinsichtlich der Rechtsfolgen *K. Schmidt*, Gesellschaftsrecht, § 35 IV 3 d, S. 1066.

705 *Altmeppen*, in: *Roth/Altmeppen*, GmbHG, § 60 GmbHG, Rn. 71; *Strohn*, in: MünchKommGmbHG, § 34 GmbHG, Rn. 194; *Wicke*, in: Wicke, GmbHG, Anh § 34 GmbHG, Rn. 8.

706 *Fastrich*, in: Baumbach/Hueck, GmbHG, Anh § 34 GmbHG, Rn. 1, 27; *Fleischer*, in: Henssler/Strohn, Gesellschaftsrecht, § 34 GmbHG, Rn. 27; *Sosnitza*, in: Michalski, GmbHG, Anh § 34, Rn. 46, 67; *Schindler*, in: Beck'scher Online Kommentar GmbHG, § 34, Rn. 163.

707 Siehe oben D) § 2 I 3.

im Personengesellschaftsrecht gründet,[708] und aufgrund des gleichlaufenden Umfangs der Folgen der Abbedingung der Treuepflicht hat das zu den Personengesellschaften erkannte Ergebnis auch für die GmbH zu gelten.

cc) Ausschlussrechte der Gesellschaft

Eine entsprechende Rückwirkung ist auch auf die Ausschlussrechte gegenüber dem einzelnen Gesellschafter aufgrund eines wichtigen Grundes zu bejahen. Treuepflichtverletzungen können Anlass und Berechtigung zum Ausschluss eines Gesellschafters infolge eines wichtigen Grundes aus der Gesellschaft geben.[709]

(1) Personengesellschaften

Im Personengesellschaftsrecht hat sich jedoch die Diskussion, ob auch im Falle der Abbedingung eine ausreichende Lösungsmöglichkeit besteht, auf den Einzelnen und nicht generell auf die Lösungsmöglichkeiten der Gesellschaft vom Organvertreter respektive vom Gesellschafter zu fokussieren. Ein unauflösbarer Konflikt mit den Ausschlussrechten nach §§ 737 BGB, 140 HGB ist zu verneinen. Die Rechte zum Ausschluss eines einzelnen Gesellschafters aus einem wichtigen Grund sind bei den Personengesellschaften vollständig modifizierbar.[710]

(2) GmbH

Das bei der GmbH hinsichtlich des außerordentlichen Austrittsrechts erkannte Ergebnis hat für die weitgehend parallel geführte Diskussion[711] um das bei der GmbH als zwingend angesehene Ausschlussrecht aus einem wichtigen Grund[712] in Bezug auf den einzelnen Gesellschafter entsprechend zu gelten. Bedingt ist dies durch die gleich laufenden Wertungsparameter. Zum einen sind die rechtlichen Strukturen exakt oder annähernd identisch. Infolge der

---

708 Vgl. *Armbrüster*, ZGR 2014, 333, 341; *Fastrich*, in: Baumbach/Hueck, GmbHG, Anh § 34 GmbHG, Rn. 1, 3; vgl. *Schindler*, in: Beck'scher Online Kommentar GmbHG, § 34, Rn. 162; *Schäfer*, in: Staub, GroßkommHGB, § 133 HGB, Rn. 25 f.; *Schäfer*, in: MünchKommBGB, § 723 BGB, Rn. 31 f.

709 *Armbrüster*, ZIP 1997, 261; *Hellgardt*, FS Hopt, S. 765, 787.

710 Zur GbR *Schäfer*, in: MünchKommBGB, § 737 BGB, Rn. 16; zur OHG *Roth*, in: Baumbach/Hopt, HGB, § 140 HGB, Rn. 28.

711 Vgl. *Fastrich*, in: Baumbach/Hueck, GmbHG, Anh § 34 GmbHG, Rn. 16; *Fleischer*, in: Henssler/Strohn, Gesellschaftsrecht, § 34 GmbHG, Rn. 27; *Sosnitza*, in: Michalski, GmbHG, Anh § 34 GmbHG, Rn. 67.

712 Grundlegend zu diesem BGH, NJW 1953, S. 780 ff.; *Wiedemann*, Gesellschaftsrecht Bd. 1, § 7 II 2 a aa, S. 383.

Konkretisierungswirkung des § 140 Abs. 1 HGB für das GmbH-Recht[713] ist eine unmittelbare Rückbindungsmöglichkeit mit dem entsprechenden Resultat[714] an den § 133 Abs. 1, 2 HGB gegeben. Die Gestaltungsfreiheit ist in identischer Weise umfassend eingeräumt und der Umfang der Abbedingung der Treuepflicht in gleicher Weise eingeschränkt. Zum anderen besteht ein gleichlaufendes Bedürfnis hinsichtlich der Reduzierung der Rechtsunsicherheit.

Daneben lässt sich noch, soweit mit *K. Schmidt*[715] der notwendig wichtige Grund für einen Ausschluss eines einzelnen Gesellschafters in Übereinstimmung mit dem § 211 Abs. 1 S. 2 RefE GmbHG 1969 und dem § 207 Abs. 1 S. 2 RegE GmbHG 1971/1973 dahin gehend definiert wird, dass ein solcher nur vorliegt, „wenn der Gesellschafter durch seine Person oder durch sein Verhalten die Erreichung des Gesellschaftszweckes unmöglich macht oder erheblich gefährdet oder sein Verhalten in der Gesellschaft untragbar erscheinen läßt," anführen, dass die beiden erstgenannten Tatbestandsalternativen infolge der eingeschränkten Wirkung der Abbedingung der Treuepflicht nicht erfüllt sind.

3. *Alternative: Kontrollgremium*

Die Einrichtung entsprechender Kontrollgremien ist als Alternative denkbar, um die Folgen der Abbedingung der organschaftlichen Treuepflicht zu mildern und um ein erhöhtes Maß an Kontrolle zu gewährleisten.[716]

Die vorgebrachten Zweifel an der Wirksamkeit solcher Kontrollgremien stellen keine rechtlich relevanten Hinderungsgründe dar, um diese zu integrieren.[717] Die Einwände gründen auf der Furcht vor dem Verlust der Effektivität der Arbeitsteilung, der Entstehung eines ungebührlichen Überwachungsaufwands sowie einer

---

713 Siehe zur Anbindung der Beurteilung, ob ein wichtiger Grund vorliegt, der zum Ausschluss eines Gesellschafters berechtigt, an § 140 HGB *Fleischer*, in: Henssler/Strohn, Gesellschaftsrecht, § 34 GmbHG, Rn. 25; *Strohn*, in: MünchKommGmbHG, § 34 GmbHG, Rn. 123.

714 Siehe oben F) § 1 IV 2 b) bb).

715 *K. Schmidt*, Gesellschaftsrecht, § 35 IV 2 b, S. 1061.

716 *Hellgardt*, FS Hopt, S. 765, 785.

717 Siehe für eine präzise Darstellung der unterschiedlichen Ansichten und der angenommenen Grenzen der Zulässigkeit hinsichtlich der Einführung eines Kontrollgremiums bei der GmbH *Wedemann*, Gesellschafterkonflikte, S. 310 ff; zu den Personengesellschaften *Enzinger*, in: MünchKommHGB, § 119 HGB, Rn. 55; *Nitschke*, Personengesellschaft, S. 103 ff.; *Schäfer*, in: Staub, GroßkommHGB, § 109 HGB, Rn. 48 ff.; allgemein *K. Schmidt*, Gesellschaftsrecht, § 14 III 3, S. 418.

Verlagerung der Agency-Problematik auf die des Kontrollgremiums.[718] Angenommen wird, dass jene Gremien der erforderlichen unternehmerischen Geschwindigkeit nicht gewachsen seien, da die Durchführung der tatsächlichen Kontrolle zu zeitaufwendig und deshalb der Verlust einer vorteilhaften geschäftlichen Situation zu befürchten sei.[719]

Die grundsätzliche gesetzliche Struktur der GbR, welche anerkanntermaßen auch zu Erwerbszwecken eingesetzt werden kann, ist hinsichtlich ihrer Geschäftsführung gem. § 709 Abs. 1 BGB auf die Geltung des Einstimmigkeitsprinzips und der gemeinschaftlichen Geschäftsführung ausgerichtet. Ähnliches gilt für die GmbH, falls mehr als ein Geschäftsführer bestellt und keine Ressorttrennung vereinbart wird. Dies folgt aus der analogen Anwendung[720] der Norm des § 77 Abs. 1 S. 1 AktG. Gleichfalls besteht bei der OHG die Möglichkeit, entgegen der gesetzlichen Grundkonzeption des § 115 Abs. 1 HGB eine gemeinschaftliche Geschäftsführung gem. § 115 Abs. 2 HGB in Verbindung mit dem Prinzip der Einstimmigkeit zu etablieren.

Bedingt durch die damit umfassende Entscheidungsbefugnis jedes einzelnen Geschäftsleiters leidet die wirtschaftliche Dynamik, da die Entscheidungsfindung verzögert wird. Verbunden ist damit die Feststellung, dass eine fehlende unternehmerische Tatkraft, die mit der Einführung eines solches Gremiums möglicherweise verknüpft ist, kein rechtliches, gegen die Etablierung derartiger Gremien sprechendes Argument beinhaltet. Das Gesetz erkennt die Struktur der schwerfälligen Entscheidungsfindung an oder setzt diese teilweise sogar voraus. Dass die weiteren angenommenen Schwierigkeiten auf der tatsächlichen Ebene zu einer uneingeschränkten Ablehnung dieser Lösung führen sollen, leuchtet ebenfalls nicht ein. Gegen die Befürchtung des Missbrauchs des Amts oder einer unzureichenden Amtserfüllung infolge persönlicher Verflechtungen[721] sind die

---

718 *Kumpan*, Der Interessenkonflikt, S. 132 ff.; ähnlich *Kuntz*, Gestaltung von Kapitalgesellschaften, S. 505.

719 *Kumpan*, Der Interessenkonflikt, S. 131; vgl. *Rhein*, Der Interessenkonflikt der Manager, S. 183.

720 *Zöllner/Noack*, in: Baumbach/Hueck, GmbHG, § 37 GmbHG, Rn. 29.

721 Siehe soweit *Kuntz*, Gestaltung von Kapitalgesellschaften, S. 505, der annimmt, dass auf tatsächlicher Ebene die Einrichtung jener Gremien infolge persönlicher Verwobenheit und der dadurch entstehenden Interessenkonflikte keine Besserung der Sachlage erwarten lasse und deshalb die Etablierung eines Kontrollgremiums als taugliches Kompensationsinstrument abzulehnen sei: „Gerade in Fällen von Interessenkonflikten kann eine Kontrolle durch den Aufsichtsrat oder ein anderes Kontrollgremium, etwa einen Beirat, schwierig werden, sofern dessen Mitglieder teilweise mit dem Mehrheitsinhaber verbunden sind.“

üblichen Kontrollmechanismen des Rechts – Pflicht und Haftung – anzuführen. Diese existieren ebenfalls für ein solches Kontrollgremium und sollten für eine ausreichende „Motivationslage“ sorgen.[722] Die dadurch unter Umständen ausgelöste Verlagerung der Agency-Problematik und bedingte „Sinnlosigkeit“ der Maßnahme ist aus rechtlicher Perspektive irrelevant. Maßgeblich ist nur, dass diese Regelung tatsächlich gewollt ist.[723]

Für die Einrichtung eines solchen Gremiums lassen sich hingegen – neben der Tatsache, dass die abweichende eigene Gestaltung von Konfliktlagen eine Ausübung der Privatautonomie par excellence darstellt und den Beteiligten nicht genommen werden sollte – auf tatsächlicher Ebene gewichtige Argumente anführen: Den ersten Vorteil begründet das Wesen der organschaftlichen Treuepflicht. Sie ist eine Generalklausel, die es im Einzelfall zu konkretisieren gilt. Dadurch beinhaltet jene eine Rechtsunsicherheit, die durch die Etablierung eines gemeinhin akzeptierten Kontrollgremiums reduzierbar ist. Dieses ist – eine entsprechende Kompetenzausstattung vorausgesetzt – leichter in der Lage, präzisere Vorgaben zu setzen und flexibler auf unvorhergesehene Umstände des wirtschaftlichen Umfelds zu reagieren, als dies die Treuepflicht vermag.

Ein weiterer Vorteil eines Kontrollgremiums besteht darin, dass jenes im Gegensatz zu den Gerichten mit erheblicher spezifischer Fach- und Sachkompetenz, gewährleistet durch eine entsprechende Personalbesetzung, ausgestattet sein kann und zusätzlich nicht hauptsächlich ex-post tätig werden muss.[724] Dies kann zu einer verstärkten Akzeptanz seiner Entscheidung sowie der längeren Aufrechterhaltung des innergesellschaftlichen „Friedens“ führen.[725]

4. *Fazit*

Die Treuepflicht ist von den Sorgfaltspflichten zu unterscheiden. Resultat dessen ist, dass diese von der Abbedingung der Treuepflicht nicht berührt sind. Die Pflichten, die aus ihr folgen, sind nicht zu vernachlässigen. Konsequenz ist, dass

---

722 Siehe zu den Pflichten und der Haftung des Beirats der GmbH *Altmeppen*, in: *Roth/Altmeppen*, GmbHG, § 52 GmbHG, Rn. 82 f.; *Spindler*, in: MünchKommGmbHG, § 52 GmbHG, Rn. 759, 761 ff.; zum disziplinierenden Charakter der Haftung *Wedemann*, Gesellschafterkonflikte, S. 332.

723 Vgl. oben D) § 2, D) § 4 II.

724 Vgl. *K. Schmidt*, Gesellschaftsrecht, § 16 III 1 a, S. 467; vgl. *Wiedemann*, Gesellschaftsrecht Bd. 2, § 3 II 3 b, S. 196; allgemein sehr positiv zu den Wirkungen eines Beirats etwa *Flume*, Personengesellschaft, § 14 VII, S. 240.

725 Siehe vertiefend *Wedemann*, Gesellschafterkonflikte, S. 275 ff.; 456 ff.

grundsätzlich ein Schutzniveau fortbesteht, das es unterbindet, außerhalb des Konflikts mit den eigenen Interessen die Gesellschaft zu „zerstören".

Im Falle der Abbedingung der organschaftlichen oder der mitgliedschaftlichen Treuepflicht bestehen fortwährend Möglichkeiten, um in adäquater Weise auf zukünftige Ereignisse reagieren zu können. Die aufgezeigten, tatsächlich eingeschränkten Reaktionsmöglichkeiten können vor dem Hintergrund des unterschiedlichen Intensitätsgrades von Sittenwidrigkeit, der Anforderungen der gesellschaftsrechtlichen Treuepflicht, des bestehenden Normenprogramms sowie des eingeschränkten Umfangs der Abbedingung eine Einschränkung der Gestaltungsfreiheit nicht rechtfertigen.

Ein Kontrollgremium kommt als kompensatorisches Regelungsmodell für die Abbedingung der organschaftlichen Treuepflicht in Betracht.

§ 2 Überblick über die Konsequenzen der Abbedingung bei den nicht unmittelbar zweckbezogenen Treuepflichten

I. Kontrollinstanz Treuepflicht - Auswirkungen

Die mitgliedschaftliche Treuepflicht verpflichtet speziell bei der Ausübung der nichtzweckbezogenen Befugnisse gegenüber der Gesellschaft und generell bei Maßnahmen, die einen Eingriff in die gesellschafterlichen Interessen der Mitgesellschafter bedeuten, dazu, die Grundsätze der Verhältnismäßigkeit zu wahren.[726] Bedingt durch die damit bestehende grundsätzliche materielle Identität der Anforderungen der Treuepflicht auf dieser (zweiten) Stufe und die daraus resultierende Folge, dass die Unterscheidung teilweise eher einen formalen Charakter aufweist,[727] wird im Folgenden nicht großflächig differenziert. Dies gilt ungeachtet der damit verbundenen Diskrepanz zwischen der existenten eigenständigen Organisationsstruktur der hier untersuchten Gesellschaftsformen und den damit im Grundsatz äußerlich abweichenden Begünstigten.[728] Zweck dieser fehlenden Differenzierung ist es, unnötige Doppelungen zu vermeiden, die infolge des gleichlaufenden Wertungsmaßstabs und Umfangs der Abbedingung eintreten würden. Infolgedessen ist insoweit von einem funktional verstandenen mitgliedschaftlichen Treuepflichtbegriff auszugehen.

---

726 Siehe oben B) § 2.

727 Vgl. auch *Lutter*, ZHR 153 (1989), 446, 455.

728 Siehe oben zum materiell für die Einschränkung der Gestaltungsfreiheit maßgeblich Geschützten durch die Treuepflicht D) § 1.

1. *Auswirkungen auf den Prüfungsmaßstab der Verhältnismäßigkeit*

a) *Allgemeines*

Als maßgeblicher und zu den normalen zweiseitigen schuldrechtlichen Vertragsverhältnissen abgrenzender Ausdruck dieser Ausübungskontrolle am Maßstab der mitgliedschaftlichen Treuepflicht ist zu verstehen, dass die strikte Einhaltung des Verhältnismäßigkeitsgrundsatzes gefordert wird.[729] Diese Abgrenzung basiert auf dem im Normalfall existenten mehrstufigen treuepflichtgeleiteten Kontrollsystem[730] und der notwendigen Differenzierung zwischen groben Verstößen des gesellschafterlichen Miteinanders, die den Tatbestand der Sittenwidrigkeit (§§ 138, 826 BGB) erfüllen,[731] sowie den „normalen" Anforderungen des § 242 BGB.

In Fortführung zu den genannten dogmatischen Konsequenzen der Abbedingung bei den zweckbezogenen Rechten führt dies dazu, dass die Abbedingung allein dieses spezifische Element umfasst.[732] Konsequenz ist, dass das zu den zweckbezogenen Treuepflichten dargestellte, aus § 242 BGB entwickelbare Schutzsystem der reduziert strengen Ausübungskontrolle, von wenigen treuepflichtspezifischen Modifikationen fortgeführt, anzuwenden ist.[733] Unterschiede ergeben sich nur im Detail.

Gleichermaßen gilt, dass durch die Abbedingung der § 242 BGB verstärkt an Bedeutung gewinnt, respektive verschiedene Konstellationen mit dessen weniger strengem Maßstab gelöst werden können. Für deren Bewältigung muss nicht auf das Spezifikum der mitgliedschaftlichen Treuepflicht auf der zweiten Anforderungsebene zurückgegriffen werden.[734]

---

729 Siehe oben B) § 3.

730 Siehe oben B) § 3.

731 Vgl. insoweit erneut BGH, WM 1989, 1335, 1339 (sog. Neue-Heimat-Urteil) und etwa BGH WM 1974, 1151, 1153 zur sittenwidrigen Machtausnutzung der Mehrheit gegenüber der Minderheit innerhalb der Beschlussfassung.

732 Vgl. *Fillmann*, Treuepflichten, S. 207 f. (im Ergebnis lehnt er aber die pauschale Abdingbarkeit der Treuepflicht ab); vgl. *Klöhn*, AcP 216 (2016), 281, 317 f.; *Waclawik*, DB 2005, 1151, 1153; *C. Weber*, Privatautonomie, S. 271; vgl. *Winter*, Treuebindungen, S. 215 f. (im Ergebnis lehnt aber auch er die pauschale Abdingbarkeit der Treuepflicht ab) und vgl. oben E) § 3 II 1 c).

733 Vgl. *Klöhn*, AcP 216 (2016), 281, 318: „Die Bindungen, die sich in jedem Schuldverhältnis aus § 242 BGB ergeben, bleiben also – unabhängig davon, ob man auch das allgemeine Rechtsmissbrauchsverbot für dispositiv hält – auch bei umfassender Abwahl grundsätzlich bestehen; das Verbot treuwidrigen Verhaltens wird durch eine solche Abwahl also auf ein Verbot des large scale opportunism zusammengeschrumpft."

734 Siehe oben F) § 1 III.

Als ein generell daneben bestehendes Schutzinstrument, das die Folgen der Abbedingung überschaubarer gestaltet und insoweit der reinen Willkür Grenzen setzt, existiert notwendig die Einschränkung, dass die Einräumung gewisser Befugnisse an besondere, teilweise schwer zu erfüllende Tatbestandsvoraussetzungen geknüpft ist. Dies ist etwa bei einem Ausschluss aus einem wichtigen Grund, der Kündigung bzw. der Auflösung der Gesellschaft aus einem wichtigen Grund sowie der Entziehung der Geschäftsführungsbefugnis aus einem wichtigen Grund der Fall.[735]

b) Ebene 1 – Interessenermittlung

Im Gegensatz zur Abbedingung bei den zweckbezogenen Treuepflichten wirkt sich infolge der schon existierenden Erlaubnis, die eigenen Interessen bei der einzelnen nichtzweckbezogenen Maßnahme zu berücksichtigen, die Abbedingung der Treuepflicht nicht dahin gehend aus, dass dort der Korridor der berücksichtigungsfähigen Interessen erweitert wird.[736] Gleichzeitig realisiert die erste Stufe der nunmehr reduziert strengen Ausübungskontrolle fortwährend ein Schutzniveau, das einer schrankenlosen Ausübung der Befugnisse des treuepflichtbefreiten Mitgesellschafters gegenüber der Gesellschaft oder den Mitgesellschaftern entgegensteht. Maßgeblich sind hiervon die Konstellationen betroffen, in denen allein, ohne einen rechtfertigenden Grund geltend machen zu können, schikanös zum Schaden des Mitgesellschafters oder der Gesellschaft agiert wird. Jenes Verhalten ist grundsätzlich als ein Akt der nach §§ 226, 242 BGB verbotenen Schikane zu bewerten. Eine solche Vorgehensweise ist fortwährend nicht gestattet, da sie nicht[737] von der Abbedingung als erfasst anzusehen ist respektive der Gestaltungsbefugnis der Beteiligten ohnehin entzogen ist.[738] Diese Tatsache in das hier angenommene System der Ausübungskontrolle des § 242 BGB einordnend, fehlt es auf der ersten Ebene an einem zu berücksichtigenden Interesse, das für die Berechtigung der Ausübung der Handlung des schädigenden Gesellschafters streitet und schlussendlich auf der dritten Ebene eine Interessenabwägung zu dessen Gunsten verhindert.

Nach § 242 BGB ist ein Recht gleichsam dann nicht schützenswert, wenn der verfolgte Zweck tatsächlich „unter keinem denkbaren Gesichtspunkt

---

735 Vgl. BGH NJW 1977, 2316, 2317.

736 Siehe oben F) § 1 III 1 a).

737 *Klöhn*, AcP 216 (2016), 281, 316 ff.; *C. Weber*, Privatautonomie, S. 271.

738 Zum zwingenden Charakter des Schikaneverbots BGH NJW 1987, 2808; *Fleischer/Harzmeier*, NZG 2015, 1289, 1284; *Hellgardt*, FS Hopt, S. 765, 785.

gerechtfertigt ist“[739] und das formal zustehende Recht zweckwidrig dazu eingesetzt wird, ungerechtfertigte Vorteile zu erlangen. All dies hat im Falle der Abbedingung, wie dargelegt, erhöhte Berücksichtigung zu finden.[740] Daraus ergibt sich unter anderem, dass es weiterhin als unzulässig gegenüber den Mitgesellschaftern einzustufen ist, wenn die Auflösung einer Gesellschaft unter Verlagerung ihrer Vermögenswerte betrieben wird, um nicht gerechtfertigte Liquidationsvorteile zu erlangen, ohne die Mitgesellschafter daran partizipieren zu lassen.[741] Der mit der Auflösung tatsächlich verfolgte Zweck ist nicht von der Rechtsordnung als geschützt anzusehen.[742] Ebenfalls entspricht es keinem spezifischen gesellschaftsrechtlichen, auf der mitgliedschaftlichen Treuepflicht basierenden Rechtsgedanken,[743] dass es unzulässig ist, sich zu seinen Gunsten auf den Eintritt oder Nichteintritt eines Ereignisses zu berufen, obwohl dieses wider Treu und Glauben herbeigeführt oder unterbunden wurde.[744] Dieser Gedanke ist auf die allgemeine Norm des § 162 BGB zurückzuführen. Diese ist ihrerseits wiederum selbst als unmittelbarer Ausfluss des § 242 BGB zu verstehen.[745] Konsequenz dessen ist erneut, dass eine solche Rechtsposition nicht als rechtlich geschützt anzusehen ist und auf der ersten Stufe nicht zu berücksichtigen ist.[746]

---

739 BGH NJW 1987, 1946, 1947.

740 Vgl. auch erneut *Schubert*, in: MünchKommBGB, § 242 BGB, Rn. 477.

741 Siehe zu diesen Konstellationen etwa BGHZ 76, 352, 354 ff.; 103, 194 ff. (sog. Linotype-Urteil).

742 Allgemein *Grundmann*, Der Treuhandvertrag, S. 173; spezifisch zu dieser Konstellation *Grunewald*, Gesellschaftsrecht, § 10 III 1 b Rn. 45, S. 261; *Lutter*, ZHR 153 (1989), 446, 449 ff.; *Schubert*, in: MünchKommBGB, § 242 BGB, Rn. 477; kritischer *Cahn*, FS Wiese, S. 71, 80.; ausdrücklich a. A. zu dieser spezifischen Konstellation BGHZ 103, 192 ff. (sog. Linotype-Urteil).

743 Vgl. dazu etwa *Emmerich/Bitter*, in: Scholz, GmbHG, § 13 GmbHG, 11. Aufl., Rn. 45; *Schäfer*, in: MünchKommBGB, § 705 BGB, Rn. 230.

744 Insoweit ähnlich der BGH, der darauf hingewiesen hat, dass eine außerordentliche Kündigung trotz des Vorliegens eines wichtigen Grundes wegen Rechtsmissbrauchs unwirksam ist, falls der Kündigende die Kündigungslage arglistig verursacht hat (BGH, NJW 2000, 3491, 3492; OLG München, NZG 2002, 85, 86).

745 *Mansel*, in: Jauernig, BGB, § 162 BGB, Rn. 4; *Westermann*, in: MünchKommBGB, § 162 BGB, Rn. 1.

746 Speziell dürfte diese Konsequenz bei den Ausschlussklauseln Bedeutung erlangen. Regelmäßig werden über die gesetzlichen Ausschlussgründe hinaus weitere gesellschaftsvertraglich in der Weise statuiert, dass deren Wirkung vom Eintritt oder Ausbleiben eines Ereignisses abhängig ist. Siehe dazu *Fastrich*, in: Baumbach/Hueck, GmbHG, Anh § 34 GmbHG, Rn. 1; *Schäfer*, in: Staub, GroßkommHGB, § 131 HGB, Rn. 105. Weitere Fallbeispiele, die grundsätzlich anhand der mitgliedschaftlichen

c) Ebene 2 – Interessenbewertung

In tatsächlich erheblicher Weise realisiert sich auf der zweiten Ebene der Ausübungskontrolle zum ersten Mal das durch die Abbedingung der mitgliedschaftlichen Treuepflicht bedingte reduzierte Schutzniveau. Maßgeblich ist insoweit, dass es sich innerhalb der durchzuführenden Interessenbewertung weitgehend nicht mehr negativ auswirkt, dass alternative Handlungsmöglichkeiten existieren,[747] die die Folgen der Wahrnehmung der Befugnisse für den Mitgesellschafter oder für die Gesellschaft mildern.[748] In funktionaler Übereinstimmung und Fortführung der Abbedingung bei den zweckbezogenen Treuepflichten gilt,[749] dass die weiteren relevanten Faktoren, wie die Personalität der gesellschafterlichen Strukturen, die Bedeutung des betroffenen Interesses für die Gesellschaft bzw. die Mitgesellschafter, die verwandtschaftlichen Beziehungen oder die Dauer der gesellschafterlichen Verbindung, im Gegensatz zum Normalfall geringfügigere Berücksichtigung finden, um eine Rechtseinschränkung zu begründen.[750]

Insgesamt erweitert sich damit das Handlungstableau des in die Interessen des Mitgesellschafters oder in die Interessen der Gesellschaft eingreifenden

---

Treuepflicht gelöst werden, bei denen jedoch übereinstimmend ein schützenswertes Interesse fehlt, orientieren sich mehr am einzelnen Gesellschafter oder an der Minderheit. Regelmäßig werden Individual- oder Minderheitsbefugnisse, die gegenüber der Gesellschaft bestehen, ausgeübt, obwohl dies evident sinnlos ist. Siehe entsprechend zur Anfechtungsklage etwa BGHZ 107, 296, 311. Ein evident sinnloser Fall und damit ein Rechtsmissbrauch nach § 242 BGB wird angenommen, wenn die Informationsanliegen (§§ 716 BGB, 118 HGB, 51a GmbHG) der Minderheit bzw. der Gesellschafter schon beschieden wurden oder ihre Informationsrechte lediglich dazu eingesetzt werden sollen, den Betriebsablauf der Gesellschaft zu beeinträchtigen, siehe hierzu *Hillmann*, in: MünchKommGmbHG, § 51a GmbHG, Rn. 81; *Merkt*, in: MünchKommGmbHG, § 13 GmbHG, Rn. 167; *Schöne,* in: Beck'scher Online Kommentar BGB, § 716 BGB, Rn. 10; *Zöllner/Noack*, in: Baumbach/Hueck, GmbHG, § 51a GmbHG, Rn. 28 f.; Entsprechendes gilt für das Minderheitenrecht nach § 50 GmbHG, siehe hierzu *Liebscher*, in: MünchKommGmbHG, § 50 GmbHG, Rn. 37.

747 Siehe oben B) § 2 II 4.

748 So wird beispielsweise bei der Abberufung eines GmbH-Gesellschafter-Geschäftsführers aus einem wichtigen Grund – aufbauend auf der mitgliedschaftlichen Treuepflicht – gefordert, dass vorrangig mildere Mittel, wie etwa die Anordnung einer Gesamtgeschäftsführung anstatt der Einzelgeschäftsführung, zu ergreifen sind (*Altmeppen*, in: Roth/Altmeppen, GmbHG, § 38 GmbHG, Rn. 67; *Wicke*, in: Wicke, GmbHG, § 38 GmbHG, Rn. 10).

749 Siehe oben F) § 1 III 1 b).

750 Siehe oben B) § 2 II 4.

Gesellschafters bzw. wird spiegelbildlich dessen Pflicht zur Suche nach Alternativen reduziert.[751]

Generell anzumerken ist, dass es innerhalb der ersten beiden Ebenen möglich ist, die mitgliedschaftliche Treuepflicht teilweise abzubedingen respektive zu konkretisieren. Insoweit ist es denkbar, gesellschaftsvertraglich zu bestimmen,[752] dass gewisse Aspekte, wie beispielsweise das verwandtschaftliche Näheverhältnis oder die Dauer der gesellschafterlichen Beziehung, innerhalb der vorzunehmenden Verhältnismäßigkeitsprüfung der Treuepflicht auszublenden (Ebene 1) oder mit dem Faktor „Null" zu bewerten sind (Ebene 2).

d) Ebene 3 – Verhältnismäßigkeit im engeren Sinne

Auf der dritten Stufe ist erneut eine Interessenabwägung durchzuführen. Diese gelangt infolge des reduziert geltenden Maßstabes der Verhältnismäßigkeit im engeren Sinne innerhalb des § 242 BGB[753] erst dann zu einem nicht mehr hinnehmbaren Ergebnis, wenn mit der Ausübung der bestehenden Befugnisse erhebliche, d. h. grobe[754] Nachteile verbunden sind.

2. Anwendungsbeispiel: Ausschließung eines Gesellschafters aus einem wichtigen Grund

Einer der gravierendsten Eingriffe in die mitgliedschaftliche Position des Gesellschafters ist der durch die übrigen Gesellschafter unfreiwillig vorangetriebene Ausschluss eines Gesellschafters. Als dessen Folge erlöschen die Mitgliedschaft

---

751 Entgegen der Grundkonstellation (*Bitter/Heim*, Gesellschaftsrecht, § 5 5 c, S. 186 f.; *Roth*, in: Baumbach/Hopt, HGB, § 128 HGB, Rn. 27) ist der Personengesellschafter, der eine Schuld der Gesellschaft begleicht, demnach im Falle der Abbedingung nicht mehr verpflichtet, das aus der mitgliedschaftlichen Treuepflicht abgeleitete Subsidiaritätsverhältnis einzuhalten. Denn jenes ist insoweit als Ausdruck der Pflicht, weniger belastende Maßnahmen im Interesse der Mitgesellschafter wahrzunehmen, zu begreifen und mithin als die Pflicht zur Suche nach Alternativen zu verstehen. Demnach kann, ohne einen vorherigen, erfolglosen Rückgriffversuch bei der Gesellschaft unternommen zu haben, entsprechend der Beteiligungsverhältnisse innerhalb der Gesellschaft unmittelbar der Mitgesellschafter zur Befriedigung des Aufwendungsersatzanspruchs nach §§ 713, 670 BGB in Anspruch genommen werden.

752 Vgl. unten H).

753 Siehe oben F) § 1 III 1 c).

754 Etwa Auslösung einer erheblichen Notlage beim negativ betroffenen Gesellschafter durch den Entzug der Geschäftsleiterposition und den damit regelmäßig verbundenen Verlust an Verdienstmöglichkeiten (vgl. *Jickeli*, in: MünchKommHGB, § 117 HGB, Rn. 81).

und alle mit ihr verbundenen Rechte.[755] An ihre Stelle tritt lediglich ein Anspruch auf Abfindung.[756] Maßnahmen, die den Ausschluss eines Mitglieds durch die Mitgesellschafter aus einem wichtigen Grund betreffen, müssen gemäß dem allgemeinen Gedanken der mitgliedschaftlichen Treuepflicht dem Grundsatz der Verhältnismäßigkeit entsprechen.[757] Es gilt, dass der Ausschluss eines Gesellschafters nur dann betrieben werden darf, wenn keine alternativen Sanktionsmaßnahmen existieren, die die Interessen der Gesellschaft und Mitgesellschafter in (nahezu) identischer Weise befriedigen.[758]

Gemäß der dargestellten Prüfungsweise gilt es, im ersten Zugriff die rechtlich schützenswerten Interessen herauszufiltern. Auf der Seite der den Ausschluss betreibenden Gesellschafter sind grundsätzlich auf der „Habenseite" das Änderungsinteresse, das seine rechtliche Anerkennung zusätzlich durch die gesetzlich bzw. vertraglich niedergelegte Etablierung des Mehrheitsprinzips erfahren haben kann,[759] anzuführen und die grundsätzlich bestehende Befugnis der Gesellschafter, im Falle des Vorliegens eines wichtigen Grundes einen Mitgesellschafter aus der Gesellschaft ausschließen zu können. Generell weiterhin nicht als zu berücksichtigende Interessen auf der ersten Stufe anerkennenswert sind Motive wie Rache, Missgunst oder der zweckwidrige Einsatz des Ausschlussrechts, etwa um den Mitgesellschafter zu einem gewünschten Verhalten zu motivieren, auf das kein Anspruch besteht.[760] Mangels eines rechtlichen Schutzes oder einer rechtlichen Anerkennung können diese – wie bisher – einen Ausschluss im Rahmen der auf der dritten Stufe durchzuführenden Interessenabwägung nicht erleichtern. Demgegenüber sind – wie im Falle des Bestehens der Treuepflicht – auf der Seite des auszuschließenden Mit- bzw. Minderheitsgesellschafters dessen Interesse an seinem Verbleib innerhalb der Gesellschaft und unter Umständen die Wichtigkeit der Erträge der Gesellschaft für seine Lebensführung zu berücksichtigen.

Auf der zweiten Ebene der Interessengewichtung realisiert sich in erheblicher Weise das durch die Abbedingung gesetzte Risiko. Es gilt, dass die Belange der den Ausschluss Betreibenden höher zu bewerten sind. Demgegenüber erfahren spiegelbildlich die Belange der auszuschließenden Gesellschafter eine geringere

755 *Lettl*, AcP 202 (2002), 3, 20; vgl. *Wiedemann*, Gesellschaftsrecht Bd. 1, § 7 II 2 a, S. 382.

756 *Lettl*, AcP 202 (2002), 3, 20; *K. Schmidt*, Gesellschaftsrecht, § 50 IV 1, S. 1474.

757 Siehe oben B) § 2 II.

758 BGH NZG 2003, 625 ff.; OLG Jena NZG 1998, 343, 346; OLG Karlsruhe NZG 2008, 785, 788; *Wiedemann*, Gesellschaftsrecht Bd. 1, § 8 I 1 a, S. 412.

759 Vgl. soweit *Hey*, Freie Gestaltung, S. 340 ff.

760 Vgl. *Verse*, DStR 2007, 1822, 1828.

Gewichtung. Dies erzielt speziell dahin gehend einen Effekt, dass es sich hinsichtlich der Interessengewichtung nicht mehr reduzierend auf die Berechtigung der Belange der Gesellschafter auswirkt, dass alternative Handlungsweisen wie etwa eine Neustrukturierung der Organpositionen innerhalb der Gesellschaft bestehen.[761] Wie festgestellt, gilt der Ultima-Ratio-Gedanke des Ausschlusses, dem im Kern eine reduzierte Interessengewichtung des Änderungswunsches immanent ist, nicht mehr. Gleichfalls treten Faktoren, die die Ausschließung des Mitgesellschafters erschweren könnten, wie die personale Struktur der Gesellschaft,[762] die Dauer der gesellschaftsvertraglichen Bindung, die Verdienste des Gesellschafters in der Vergangenheit, als „negative" Bewertungsparamater zurück.[763]

Abschließend ist auf der dritten Stufe die Interessenabwägung im engeren Sinne durchzuführen. Diese dürfte jedoch regelmäßig zugunsten der änderungswilligen Gesellschafter ausfallen. Zu begründen ist dies damit, dass grundsätzlich weiterhin die schwer zu erfüllenden Anforderungen[764] eines wichtigen Grundes vorhanden sein müssen. Gleichzeitig fällt auf der zweiten Stufe die Bewertung der Interessen des „änderungsfeindlichen" Gesellschafters schlechter aus.[765] Zuungunsten des Mitgesellschafters dürfte zudem regelmäßig zu berücksichtigen sein, dass er eine finanzielle Kompensation erhält, die die Folgen des Ausschlusses für ihn regelmäßig mildert.[766]

---

761 Vgl. insoweit auch zum vergleichbaren Fall der Neustrukturierung der Geschäftsleiterposition *Wicke*, in: Wicke, GmbHG, § 38 GmbHG, Rn. 10 (zur GmbH, aber allgemeingültig).

762 Allgemein gilt, abgeleitet aus der Treuepflicht, dass ein Ausschluss leichter zu rechtfertigen ist, soweit sich der Gesellschafter-Geschäftsführer innerhalb einer kleinen, auf personale Zusammenarbeit angelegten GmbH gegenüber der Gesellschaft schädlich verhalten hat, als in der umgekehrten Situation eines Kleinstgesellschafters in einer großen Publikumsgesellschaft, siehe soweit oben B) § 2.

763 Siehe soweit oben B) § 2 II 4.

764 Siehe insoweit den dahin gehend verbundenen schützenden Nebeneffekt für den auszuschließenden Gesellschafter F) § 2 I 1 a).

765 Allgemein *Hofmann*, Minderheitenschutz, S. 400; zum Personengesellschaftsrecht *K. Schmidt*, in: Schlegelberger, HGB, § 140 HGB, Rn. 8, 10; *Schäfer*, in: Staub, GroßkommHGB, § 140 HGB, Rn. 6 ff.

766 Anzumerken ist, dass sich im Kern ähnliche Resultate in der umgekehrten Situation im Rahmen der Ausübung der nichtzweckbezogenen Befugnisse „Kündigung der Gesellschaft oder der Erhebung der Auflösungsklage" zeigen. Auch dort wäre der Gesellschafter gleichsam nicht mehr den Beschränkungen des in dieser Konstellation aus der Treuepflicht abgeleiteten Ultima-Ratio-Gedankens (OLG Jena, NZG 1998, 343, 346) unterworfen, sondern freier in der Wahl seiner Mittel.

II. Auswirkungen auf die materielle Beschlusskontrolle

1. Allgemeines

Wird die materielle Beschlusskontrolle aus der mitgliedschaftlichen Treuepflicht abgeleitet, hat deren Abbedingung gemäß dem allgemeinen Grundsatz dieser Untersuchung, dass jeweils nur das spezifische Element der gesellschaftsrechtlichen Treuepflicht aufgehoben wird,[767] ein Resultat zur Folge, das im Wesentlichen eine Kombination der bisher erzielten Abbedingungsergebnisse darstellt.[768]

Wie bei den zweckbezogenen Befugnissen zeigt die Abbedingung auf der ersten Ebene ihre Wirkung.[769] Das strikte Erfordernis der Rechtfertigung, gerichtet auf das Gesellschaftsinteresse, das in gewisser Parallelität zu den zweckbezogenen Treuepflichten eine Berücksichtigung der eigenen Interessen weitgehend unterbindet,[770] wird aufgehoben. Die Auswahl der berücksichtigungsfähigen Interessen wird erweitert.[771]

In entsprechender Übereinstimmung mit der Aufhebung der treuepflichtgeleiteten Ausübungskontrolle im Einzelfall wird zudem auf der zweiten Ebene das Niveau der Erforderlichkeit respektive der Verhältnismäßigkeit reduziert.[772] Infolgedessen wird auf der dritten Ebene – diesen Ergebnissen auf der zweiten Stufe folgend – eine Unverhältnismäßigkeit im engeren Sinne des Beschlusses seltener anzunehmen sein.[773]

In diesem Zusammenhang ist generell anzumerken, dass das modifizierte Schutzniveau des § 242 BGB, die weiteren zwingenden[774] gesetzlichen

---

767 Siehe oben E) § 3 II 1 c) bb).

768 Siehe zum Inhalt und Spezifikum der materiellen Beschlusskontrolle oben B) § 2 II 6 b).

769 Siehe insoweit oben F) § 1 III 1 a).

770 Siehe oben B) § 2 II 6 b) aa).

771 Ähnlich *Klöhn*, AcP 216 (2016), 281, 317 f.

772 Siehe näher zu den Konsequenzen oben F) § 2 I 1.

773 Siehe insoweit oben F) § 2 I 1.

774 Siehe soweit die §§ 33 Abs. 1 S. 2, 35, 138, 226, 314, 626, 707, 716 Abs. 2, 723 BGB, und zudem die §§ 118 Abs. 2, 133 Abs. 3 HGB, 51a Abs. 3, 53 Abs. 3 GmbHG. Mit Verweis auf § 138 BGB unterbundene Änderungen der Struktur der Mitgliedschaft oder der Gesellschaft: absolut nicht mehr hinnehmbare Verschiebung des Gleichgewichts durch die Ausgestaltung des Bezugsrechts (DR 1941, 1305); unverhältnismäßige Einschränkung des Abfindungsanspruchs (BGHZ 116, 359, 368 ff.; 201, 65, 71, Rn. 15 ff.); Einführung sachgrundloser Ausschlussmöglichkeiten (insgesamt strittig, BGHZ 68, 212 ff.; 81, 263; BGH NJW 2004, 2013, 2014; *K. Schmidt*, Gesellschaftsrecht, § 50 III 3 a, S. 1471 (h. M.); kritisch *Behr*, ZGR 1985, 475, 491; *Loritz*, JZ 1986, 1073, 1081 ff.; *Koller*, DB 1984, 545 ff.; *Kreutz*, ZGR 1983, 109 ff.; *Verse*, DStR 2007, 1822 ff.).

Wertungen und die notwendige Voraussetzung, dass der Anwendungsbereich der Mehrheitsherrschaft überhaupt eröffnet sein muss, die Grenzen der durch die Abbedingung ausgelösten Machtbefugnisse bestimmen. Eine Unterwerfung der Gesellschafter unter zukünftige beliebige Vertragsänderungen durch die Mehrheit, die als sittenwidrig einzustufen wären,[775] wird damit ohnehin unterbunden. Dies gilt unabhängig davon, ob auf die Kontrollinstrumente der einzelnen ausgerichteten Treuepflichtkontrolle oder der institutionell wirkenden Beschlusskontrolle nicht mehr zurückgegriffen werden kann.

2. *Anwendungsbeispiel: „Leben" innerhalb der Gesellschaft, Gewinnverwendung bei der GmbH*

Die Entscheidung über die Rücklagenbildung genügt den Anforderungen der subsidiär anzuwendenden mitgliedschaftlichen Treuepflicht nur dann, wenn die Rücklagenbildung zur Erhaltung der Unternehmenssubstanz nach vernünftiger kaufmännischer Betrachtung erforderlich ist und nicht außer Verhältnis zur Einschränkung der Gewinnrechte steht. Abzuleiten ist aus diesem strengen Begründungserfordernis, dass der Beschluss über die Gewinnverwendung dem Segment der materiellen Beschlusskontrolle zuzuordnen ist.[776]

Der maßgebliche und insoweit „legalisierende" Faktor eines solchen Rücklagenbeschlusses ist die Notwendigkeit der finanziellen Ressourcen zur Förderung des Gesellschaftszweckes. Nicht unmittelbar zu berücksichtigen sind in diesem Zusammenhang die privaten Interessen der Gesellschafter, wie die private Ausgabenplanung.[777] Ausgenommen sind wiederum die Fälle der allgemeinen Dividendenerwartung und die Konstellation, dass die Struktur der Gesellschaft darauf ausgerichtet ist, den Lebensunterhalt des Gesellschafters zu sichern.[778]

Im Falle der Abbedingung sind auf der ersten Ebene – wie im Falle des Bestehens der gesellschafterlichen Treuepflicht – auf der Seite des Mehrheitsgesellschafters seine Interessen an der Stärkung der Kapitalausstattung der Gesellschaft zu berücksichtigen. Auf der Seite des Minderheitsgesellschafters wäre – wie üblich – dessen Interesse an der Partizipation am Gewinn, um seinen Lebensunterhalt zu finanzieren, in die Abwägung hineinzustellen.

---

775 *Roth*, in: Baumbach/Hopt, HGB, § 105 HGB, Rn. 60.

776 Ähnlich *Hofmann*, Minderheitenschutz, S. 159; *M. Weber*, Vormitgliedschaftliche Treuebindungen, S. 96 ff. und oben B) § 2 II 6 b).

777 *Fastrich*, in: Baumbach/Hueck, GmbHG, § 29 GmbHG, Rn. 32; vgl. *Mock*, in: Michalski, GmbHG, § 29 GmbHG, Rn. 185.

778 *Hofmann*, Minderheitenschutz, S. 682.

Dem allgemeinen Verständnis dieser Untersuchung folgend, dass ein formal zustehendes Recht, das zweckwidrig eingesetzt wird, kein rechtlich schützenswertes Interesse beinhaltet,[779] sind aber dem sogenannten „Aushungern der Minderheit"[780] mit dem eigentlichen Ziel des Hinausdrängens, basierend auf der Strategie, lediglich in erheblich restriktiver Weise Gewinne auszuschütten, gewisse Grenzen gesetzt.

Auf der ersten Ebene aufbauend, realisiert sich auf der zweiten Ebene für die Minderheit der Faktor der Abbedingung negativ. Mit dieser verbunden ist die reduzierte Notwendigkeit der Beachtung des Verhältnismäßigkeitsgrundsatzes. Daher wirkt es sich nicht mehr negativ auf die Interessenbewertung der Mehrheit aus, falls beispielsweise gleich effektive alternative, aber weniger belastende Finanzierungsmittel für das jeweilige Vorhaben vorhanden sind. Anders gewendet: Die Mehrheit ist freier in der Wahl ihrer Mittel und muss sich nicht frühzeitig den Vorwurf der „Treuwidrigkeit" gefallen lassen. Daran anschließend ist das Interesse der Mehrheit an der Stärkung der Finanzlage stärker als üblich zu bewerten. Notwendige spiegelbildliche Konsequenz dessen ist die reduzierte Berücksichtigung des Interesses der Minderheit, laufende Gewinne zu erhalten. Diese Interessenbewertung ändert sich jedoch auch innerhalb des § 242 BGB mit fortschreitendem Zeitablauf, soweit die Gesellschaft stets hohe Jahresüberschüsse erzielt und dieser Ertrag der Minderheit jahrelang vorenthalten wird.

Demnach ist die dritte maßgebliche Konsequenz neben der Erweiterung der berücksichtigungsfähigen Interessen und der erhöhten Freiheit in Bezug auf die Wahl der Mittel, dass der Minderheit länger als beim „Normalzustand" der Gewinn vorenthalten werden kann. Maßgeblich bedingt durch die Bewertung der genannten Faktoren innerhalb der zweiten Stufe fällt das Abwägungsergebnis auf der dritten Stufe aus.

Jene Konsequenzen sind jedoch nicht geeignet, eine Einschränkung der Privatautonomie zu rechtfertigen. Dies folgt aus der grundsätzlichen Zulässigkeit der sog. „societas leonina"[781], der Möglichkeit der Parteien, alternativ

779 Siehe oben F) § 1 III 1 a) und oben F) § 2 I 1 b).

780 Siehe allgemein dazu *Fastrich*, in: Baumbach/Hueck, GmbHG, § 29 GmbHG, Rn. 29; *Roth*, in: *Roth/Altmeppen*, GmbHG, § 29 GmbHG, Rn. 20; näher zur Entstehung des Gewinnanspruchs und den Beschlussinhalt bei der GmbH und den Personengesellschaften *Ehricke*, in: E/B/J/S, § 121 HGB, Rn. 14; *Fastrich*, in: Baumbach/Hueck, GmbHG, § 29 GmbHG, Rn. 2, 38, 47; *Priester*, in: MünchKommHGB, § 121 HGB, Rn. 10; *Hofmann*, Minderheitenschutz, S. 677; *Strohn*, in: Henssler/Strohn, Gesellschaftsrecht, § 29 GmbHG, Rn. 33 ff.; *Wedemann*, Gesellschafterkonflikte, S. 47.

781 Siehe dazu *Fastrich*, in: Baumbach/Hueck, GmbHG, § 29 GmbHG, Rn. 36; *Priester*, in: MünchKommHGB, § 121 HGB, Rn. 37; *Roth*, in: *Roth/Altmeppen*, GmbHG, § 29 GmbHG, Rn. 22; *Mock*, in: Michalski, GmbHG, § 29 GmbHG, Rn. 55.

schützende Gewinnverteilungsregeln zu vereinbaren,[782] der generellen Gestattung der Rechtsordnung, riskante Geschäfte abzuschließen,[783] sowie aus der Tatsache, dass die Gesellschafter insgesamt durch die Rücklagenbildung infolge der Wertsteigerung des Anteils in positiver Weise wirtschaftlich an der Gesellschaft partizipieren.

III. Originäre Pflichtenquelle

Im Falle der Abbedingung der aus der mitgliedschaftlichen Treuepflicht abgeleiteten strengeren originären Pflichten tritt eine „Normalisierung“ der Verhältnisse ein. Es folgt eine Angleichung an das „normale“ Pflichtenprogramm der „normalen“ Austauschverträge.

Bei der aus der mitgliedschaftlichen Treuepflicht abgeleiteten besonderen Aufklärungspflicht ändert sich beispielsweise im Ergebnis in Übereinstimmung mit der Abbedingung der organschaftlichen Treuepflicht[784] die Zuweisung der Initiativlasten. In Annäherung an die Verträge des Interessengegensatzes ist eine erhöhte Aufmerksamkeit der Mitgesellschafter zu verlangen. Nicht gestattet ist es aber, infolge des insoweit weiterhin vorhandenen Schutzniveaus nach §§ 123, 826 BGB, 263 StGB auf ein geäußertes Informationsbegehren wahrheitswidrig zu antworten oder Aussagen „ins Blaue hinein“ zu tätigen respektive die Mitgesellschafter durch Lügen zu einem gewünschten Verhalten zu animieren.[785]

Ähnliches gilt bei der Einschränkung der Geltendmachung von Rechten durch die Verwirkung. Infolge der gesellschaftsrechtlichen Treuepflicht wird grundsätzlich angenommen, dass eine kurzfristigere Geltendmachung von Rechten als im sonstigen Vertragsrecht angezeigt ist, um eine inhaltliche Begrenzung des Rechts zu vermeiden.[786] Jene Einschränkung würde nicht mehr gelten. Vielmehr gelangen die „normalen“ Zeitmaßstäbe des § 242 BGB zur Anwendung.

Basierend auf der für die Rechtfertigung zwingender Regeln notwendigen Entmündigung[787] und auf der mangelnden Notwendigkeit[788] einer über das

---

782 Siehe weiter zu den einzelnen Gestaltungsmöglichkeiten *Schmidt-Diemetz*, RWS-Forum 8, S. 79 ff.; *Wedemann*, Gesellschafterkonflikte, S. 211 ff. (jeweils zur GmbH).

783 Siehe oben C), D).

784 Siehe unten G) § 1 II.

785 Siehe zur originären Fassung dieses Sachverhalts „gezielte Falschinformation, um Mitgesellschafter zur Veräußerung zu animieren“ unter die gesellschafterliche Treuepflicht *Lutter*, AcP 180 (1980), 84, 126.

786 *Looschelders/Olzen*, in: Staudinger, Kommentar zum BGB, 2015, § 242 BGB, Rn. 1035.

787 Siehe oben D) § 2 III.

788 Siehe oben E) § 3 II 1 c).

allgemeine Vertragsrecht hinausgehenden Rücksichtnahme im Gesellschaftsrecht kann diese Reduzierung des Schutzniveaus jedoch keine Einschränkung der Gestaltungsfreiheit begründen.

IV. Mitwirkungspflicht – Instrument der Vertragsanpassung

Die Urteile der Rechtsprechung[789] zeigen in Übereinstimmung mit der Literatur[790], dass ein weitergehender Anspruch auf die Anpassung des Gesellschaftsvertrags an die veränderten Umstände auf der Grundlage der gesellschaftsrechtlichen Treuepflicht – dem allgemeinen „Wesen" des dispositiven Rechts folgend[791] – nur gegeben ist, falls eine vertragliche Risikovorsorge bzw. -verteilung fehlt. Die gesellschaftsrechtliche Treuepflicht greift nur subsidiär ein. Daraus ist der Rückschluss zu ziehen, dass diese „Ausprägung" der Treuepflicht nicht indisponibel ist und eine weite Gestaltungsfreiheit der Beteiligten anzunehmen ist, ohne dass ein Einschreiten aus Gründen des Funktionenschutzes oder des Beteiligtenschutzes nötig ist.

Ersatzweise ist auch in dem Bereich der Umgestaltung des Gesellschaftsvertrags auf den § 242 BGB zurückzugreifen.[792] Jener ist nicht, wie die ehemalige Rückführung der Grundsätze der Störung der Geschäftsgrundlage und die Herleitung eines Auskunftsanspruchs aus dieser Norm zeigen, dogmatisch überfordert, das bestehende Pflichten- und Vertragsgefüge im Ausnahmefall umzugestalten.[793] Im Kern dürften die Auswirkungen der Abbedingung innerhalb dieses Bereichs

789 BGH NJW 2011, 1667, 1669, Rn. 21 ff.; BGH NZG 2015, 995, 997, Rn. 23 ff. Schließlich noch BGH NJW 2011, 1667, 1669, Rn. 21: „Grundlage solcher Treuepflichten eines Gesellschafters kann jedoch stets nur die auf dem konkreten Gesellschaftsverhältnis beruhende berechtigte Erwartungshaltung der übrigen Gesellschafter sein. Der Gesellschaftsvertrag bildet die Grundlage der gesellschafterlichen Treuepflicht und bestimmt damit auch deren Inhalt und Umfang; der einzelne Gesellschafter ist nur insoweit verpflichtet, wie er es im Gesellschaftsvertrag versprochen hat. Erlaubt das eingegangene Gesellschaftsverhältnis keine berechtigte Erwartungshaltung gegenüber einzelnen Gesellschaftern, besteht auch keine Treuepflicht, diese zu erfüllen. Der Gesichtspunkt der gesellschafterlichen Treuepflicht rechtfertigt es nicht, in eine sachlich nicht unvertretbare gesellschaftsvertragliche Regelung ändernd einzugreifen, nur weil dies für angemessener erachtet wird."

790 Vgl. *Baier*, NZG 2004, 356, 358 f.; *Lettl*, AcP 202 (2002), 3, 4; *Looschelders/Olzen*, in: Staudinger, Kommentar zum BGB, 2015, § 242 BGB, Rn. 1006.

791 Siehe oben C) § 3.

792 A. A. Vgl. *Lieder*, in: Michalski, GmbHG, § 13 GmbHG, Rn. 187.

793 Vgl. *Hennrichs*, AcP 195 (1995), 221, 233; vgl. *Hey*, Freie Gestaltung, S. 330; a. A. *Hüffer*, FS Steindorff, S. 59, 71; *Kollhosser*, FS Westermann, S. 275, 278; vgl. *Wackerbarth/Eisenhardt*, Gesellschaftsrecht II, S. 126.

rechtsformübergreifend sehr gering sein. Zum einen sind schon im Falle des Bestehens der Treuepflicht die Voraussetzungen der Zustimmungspflicht sehr eng gefasst. Zum anderen bauen die maßgeblich innerhalb der Rechtsprechung entschiedenen und in der Literatur behandelten Fälle in einer erheblichen Mehrzahl der Fälle darauf auf, dass keine Interessen geltend gemacht werden können, die einer solchen Pflicht entgegengesetzt werden könnten.[794]

§ 3 Außengrenzen der Gestaltungsfreiheit

Nach dem bisherigen Ergebnis dieser Untersuchung sind die pauschale und dementsprechend erst recht die einschränkte Abdingbarkeit der gesellschafterlichen Treuepflichten zu bejahen. Ihre innere Regelungsstruktur (Schutzzwecke, Umfang und Auswirkung der Abbedingung und innerer systematischer Zusammenhang) rechtfertigt die Annahme einer zwingenden Regelung nicht respektive ist jene nicht in der Lage, die Vermutung zugunsten des disponiblen Rechts zu widerlegen. Fraglich ist jedoch, ob die Gestaltungen der Abbedingung gegen die zu beachtenden[795] äußeren Grenzen der Gestaltungsfreiheit verstoßen.[796]

I. Verstoß gegen den § 138 BGB

1. Grundsätzliches Meinungsbild

Mit der Feststellung des Umfangs der pauschalen Abbedingung der gesellschaftsrechtlichen Treuepflicht ist in Übereinstimmung mit der herrschenden Meinung[797] schon im Wesentlichen die Frage beantwortet, ob die gewählte Gestaltung der Abbedingung gegen den § 138 Abs. 1 BGB verstößt.

---

794 Fehlende Erteilung der notwendigen Zustimmung zur Übertragung der Anteile, der Einführung der Nachfolgeklauseln oder sonstige fehlende Mitwirkung, um die Existenz der Gesellschaft zu sichern oder Schaden von ihr abzuwenden, obwohl jeweils keine anerkennenswerten Interessen vorliegen, BGH NJW 1960, 434 f.; BGH NJW 1961, 724, 725; BGH NJW 1985, 974, 975; BGHZ 88, 320, 328; OLG Hamm, NJW-RR 2001, 109 ff.; OLG München NJW-RR 2004, 192, 193; *Fastrich*, in: Baumbach/Hueck, GmbHG, § 13 GmbHG, Rn. 29; *Hoffmann*, in: Michalski, GmbHG, § 53 GmbHG, Rn. 109 f.; *Hüffer*, FS Steindorff, S. 59, 77; *Seibt*, in: Scholz, GmbHG, § 14 GmbHG, Rn. 98, § 15 GmbHG, Rn. 127; *C. Weber*, Privatautonomie, S. 271.

795 Siehe oben D) § 2 III.

796 Auf die Ausführungen bezüglich der bestehenden Außengrenze des wichtigen Grundes wird verwiesen, siehe oben F) § 1 IV 2.

797 Allgemeiner *Hellgardt*, FS Hopt, S. 765, 775 (insoweit aber restriktiver, indem ein sachlicher Grund gefordert wird oder eine kompensatorische Regelung); *Kampf*, Abdingbarkeit, S. 118 (allein aus der rechtsdogmatischen Perspektive betrachtend);

Abzulehnen ist die ältere Gegenposition, die sich entweder argumentativ auf die Mitteilung[798] des Ergebnisses beschränkt oder unausgesprochen ein weites Verständnis des § 138 BGB andeutet.[799] Die Abbedingung des speziell gesellschaftsrechtlichen Gehalts der Treuepflicht bis zum „normalen" Niveau des § 242 BGB gerät infolge des Stufenverhältnisses, das den § 242 BGB zum § 138 Abs. 1 BGB auszeichnet, nicht in Konflikt mit dem § 138 Abs. 1 BGB.[800] Zutreffenderweise ist ein „enger" Begriff der Sittenwidrigkeit anzulegen, der wiederum die Berücksichtigung spezifischer Wertungen einzelner Rechtsgebiete unterbindet.[801] Gleichzeitig ist es nicht als sittenwidrig anzusehen, soweit die Rechtsordnung die Gestaltungsfreiheit anerkennt und gestattet, atypische Gesellschaftsformen zu kreieren, wenn der Gesellschaftsvertrag Positionen enthält, die denen von Austauschverträgen entsprechen.[802]

2. *Notwendigkeit eines sachlichen Grundes oder einer kompensatorischen Regelung für die Anerkennung der Abbedingung*

Ableitend aus der Norm des § 138 Abs. 1 BGB fordert *Hellgardt*, dass sachliche Gründe, wie etwa eine familiäre Verbundenheit oder die Motivation, einen besonders fähigen Geschäftsleiter zu gewinnen, für die pauschale Abbedingung vorhanden sind. Falls jene Gründe jedoch fehlten, müssten ihm zufolge kompensatorisch absichernde Regelungen etabliert werden, um die Wirksamkeit der vollständigen Abbedingung der Treuepflicht anzuerkennen.[803] Als Ausgleichsregelungen werden zusätzliche Kündigungs- oder Austrittsrechte, die Einrichtung eines Kontrollorgans oder die Etablierung positiver Anreizsysteme vorgeschlagen.[804]

---

zur mitgliedschaftlichen Treuepflicht vgl. *Geier*, Gestaltungsfreiheit, S. 87; *Schmolke*, Grenzen der Selbstbindung, S. 601 (allein aus der dogmatischen Perspektive betrachtend); *Waclawik*, DB 2005, 1151, 1153.

798 *A. Teichmann*, Gestaltungsfreiheit, S. 170.

799 *Winter*, Treuebindungen, S. 216.

800 *Grüneberg*, in: Palandt, BGB, § 242 BGB, Rn. 18; *Ellenberger*, in: Palandt, BGB, § 138 BGB, Rn. 14; *Hellgardt*, FS Hopt, S. 765, 775 f.; vgl. *Mansel*, in: Jauernig, BGB, § 242 BGB, Rn. 13; vgl. *Wendtland*, in: Beck'scher Online Kommentar BGB, § 138 BGB, Rn. 8; nochmals speziell zum Stufenverhältnis von §§ 138, 242 BGB zur gesellschaftsrechtlichen Treuepflicht *Cahn*, FS Wiese, S. 71, 80 ff.; *Merkt*, ZHR 159 (1995), 423, 451 f.

801 Siehe oben D) § 2 I 1 c).

802 Vgl. *Loritz*, JZ 1986, 1073, 1078.

803 *Hellgardt*, FS Hopt, S. 765, 788.

804 *Hellgardt*, FS Hopt, S. 765, 788 f.

In der Rechtsprechung und der Literatur ist die „Technik" anerkannt, dass Gestaltungen, die sich möglicherweise benachteiligend für eine Seite auswirken können, durch das Vorliegen eines sachlichen, rechtfertigenden Grundes kompensiert werden können und sich damit dem negativen Urteil der Sittenwidrigkeit nach § 138 Abs. 1 BGB entziehen.[805]

Diese Methode ist jedoch abzulehnen. Zugegebenermaßen ist es wünschenswert, dass ein sachlicher Grund für eine gewählte Gestaltung existiert. Gefordert werden kann er für ihre wirksame Anerkennung durch die Rechtsordnung jedoch nicht.[806] Jeder privatautonomen Gestaltung wohnt ein gewisser Akt der Willkür inne. Ob eine Vereinbarung getroffen wird, zu welchem Ziel und mit welchem Inhalt, ist innerhalb des Systems der Privatautonomie den Beteiligten zu überlassen.[807] Die Zulässigkeit der Abweichung vom dispositiven Recht darf nicht unter das Erfordernis der Abgabe einer Begründung in Form eines sachlichen Grundes gestellt werden.[808] Die Negierung der Notwendigkeit weiterer Begründungserfordernisse ist nötig, um eine Umkehrung der Verhältnisse von zwingendem und disponiblem[809] Recht zu unterbinden und die Wahrung des Grundsatzes der Verhältnismäßigkeit zu gewährleisten. Basierend auf dem Grundsatz der Verhältnismäßigkeit ist einer Ausübungskontrolle im Einzelfall auf dem fortbestehenden Niveau des § 242 bGB gegenüber der generellen Vertragskontrolle, die einen sachlichen Grund für die Anerkennung der fraglichen Klausel verlangt, der Vorrang zu gewähren.[810]

---

805 Siehe etwa zu den freien Hinauskündigungsklauseln BGH NJW-RR 2007, 913, 914, Rn. 9; *K. Schmidt*, Gesellschaftsrecht, § 50 III 3, S. 1471 ff.

806 *Fastrich*, Inhaltskontrolle, S. 37; vgl. *Koppensteiner*, GesRZ 2009, 197, 200.

807 *Fastrich*, Inhaltskontrolle, S. 37.

808 *Bachmann*, JZ 2008, 11, 14; *Fastrich*, Inhaltskontrolle, S. 37; vgl. *Hey*, Freie Gestaltung, S. 72; *Kähler*, Begriff und Rechtfertigung abdingbaren Rechts, S. 167; *Möslein*, Dispositives Recht, S. 1 f., 12, 17; *Stückemann*, Generalklausel, S. 119 f.; *Wiedemann*, WM 1990, Sonderbeilage Nr. 8, 1, 17; *A. Wolf*, Grenzen, S. 3.

809 *Hey*, Freie Gestaltung, S. 113: „Das Charakteristikum dispositiven Rechts liegt gerade darin, dass die Vertragsparteien von ihm abweichen dürfen; einen sachlichen Grund für eine solche Abweichung müssen die Parteien daher weder haben noch gar auf irgendeine Weise dokumentieren, solange nicht Anderen gegenüber eine diesbezügliche Verpflichtung eingegangen oder anderweitig eine Pflichtenstellung begründet wurde." Ähnlich *Möslein*, Dispositives Recht, S. 55 und siehe oben C) § 3.

810 Siehe auch oben D) § 3.

Regelmäßig realisiert sich der unter Umständen anzunehmende Missbrauchscharakter einer vertraglichen Gestaltung ohnehin erst in der Wahrnehmung der eingeräumten Befugnis.[811]

Schließlich ist nur diese Sichtweise in der Lage, keine Widersprüchlichkeiten zur grundsätzlichen Wertung der mangelnden Sittenwidrigkeit der Vereinbarung der Abbedingung nach § 138 Abs. 1 BGB auszulösen.

Bedingt durch die Geltung dieser Grundsätze, der Einräumung der Gestaltungsfreiheit in Bezug auf das Innenverhältnis der hier untersuchten Rechtsformen sowie der Vermutung des Rechts zugunsten der abdingbaren Norm, ist es zudem irrelevant, ob ein rechtspraktisches Bedürfnis[812] für die vollständige Abdingbarkeit der Treuepflicht existiert.[813]

Beruhend auf der mangelnden Anwendung des Gleichbehandlungsgrundsatzes bei der ursprünglichen Gestaltung des Gesellschaftsvertrags[814] ist im Übrigen auch dieser nicht geeignet, als Ableitungsbasis – auch soweit nur ein einzelner Gesellschafter von der Beachtung der Treupflichten befreit werden soll – für das Erfordernis eines sachlichen Grundes zu fungieren.

Dementsprechend ist auch die Einführung anderweitiger Sicherungsmechanismen nicht zur zwingenden Wirksamkeitsvoraussetzung der pauschalen Abbedingung zu erheben. Ein anderes Ergebnis würde im logischen Widerspruch zur Reichweite der Privatautonomie, der mangelnden Konfrontation mit den äußeren Grenzen der Gestaltungsfreiheit in der vorliegenden Konstellation sowie

---

811 Vgl. zum Vorrang der Ausübungskontrolle hinsichtlich des Gleichbehandlungsgrundsatzes und dessen Abbedingung *K. Schmidt*, Gesellschaftsrecht, § 16 II 4 b aa, S. 463; insgesamt ausf. zum vorzugswürdigen Vorrang der Ausübungskontrolle im Einzelfall *Hey*, Freie Gestaltung, S. 313 ff.; *Loritz*, JZ 1986, 1073, 1078 ff.

812 In diese Richtung aber *Fleischer/Harzmeier*, NZG 2015, 1289, 1296. Regelmäßig werden unter Verweis auf *Hellgardt*, FS Hopt, S. 765, 766 Bedürfnisse der Risikokapitalbranche genannt. So heißt es bei *Hellgardt*, FS Hopt, S. 765, 766 selbst: „Ein praktisches Bedürfnis, Treuepflichten abzubedingen, besteht vor allem im Bereich der alternativen Investments und der Innovationsfinanzierung, also bei Hedgefonds, Private Equity Fonds und Venture-Capital-Firmen. Das Geschäftsmodell derartiger Anlagevehikel bringt es häufig mit sich, dass die vermögensverwaltenden Manager mehrere Fonds parallel betreuen und dabei etwa sich auftuende Geschäftschancen nur mit einer bestimmten Gesellschaft realisieren anstatt mit den Schwestergesellschaften." Ebenfalls auf ein existierendes praktisches Bedürfnis verweisend *Seibt*, in: Scholz, GmbHG, § 14 GmbHG, Rn. 72. Weiterführend zu der Motivationslage bei einer pauschalen Abbedingung der Treuepflicht *Klöhn*, AcP 216 (2016), 281, 318.

813 Ähnlich auch *Lieder*, in: Michalski, GmbHG, § 13 GmbHG, Rn. 153.

814 Siehe oben D) § 3 V.

der Befugnis stehen, die Privatautonomie sachgrundlos ausüben zu dürfen. Aus dogmatischer Sicht ist es infolgedessen irrelevant, ob eine Vollkompensation der pauschalen Abbedingung durch einen Preisabschlag oder die Etablierung „neuer" Schutzinstrumente, bedingt durch die genannten Verhaltensanomalien, realisiert werden kann.[815]

3. *Notwendigkeit weiterer Faktoren*

Um die Sittenwidrigkeit der vollständigen Abbedingung der Treuepflicht begründen zu können und die Rechtsfolge der Nichtigkeit herbeizuführen, müssten demnach generell weitere Umstände hinzutreten.[816] Zu diesen zählt die Ausnutzung einer Monopolstellung oder einer Zwangslage des anderen Vertragspartners.[817] Bei der Beurteilung dieser Sachlage würden jedoch spezifische Wertungsgesichtspunkte mit einfließen, die mit der Frage der grundsätzlichen Zulässigkeit der pauschalen Abdingbarkeit der Treuepflicht in keinem unmittelbaren inneren Zusammenhang stehen, sondern von außen an diese herantreten. Sie können daher nicht als Ansatzpunkt dienen, um eine allgemeine Grenze der Privatautonomie ohne Ansehung der „äußeren" Umstände des Einzelfalls festzulegen.[818]

4. *Einordnung der Treuepflicht als rechtsethisches Prinzip – Hindernis der Abdingbarkeit?*

Die Unabdingbarkeit der Treuepflicht ist auch nicht mit *Wiedemanns* Rückgriff auf die Einordnung der Treuepflicht als rechtsethisches Rechtsprinzip und mit seiner Feststellung, dass Rechtsprinzipien als „solche nicht verhandelbar"[819] oder „zwingender Bestandteil jeder Gemeinschaftsethik"[820] seien, zu rechtfertigen.

---

815 Zu diesem Einwand *Kampf*, Abdingbarkeit, S. 152; *Kuntz*, Gestaltung von Kapitalgesellschaften, S. 503; siehe insgesamt zur eingeschränkten Bedeutung der verhaltensökonomischen Erkenntnisse für die Einstufung der Geltungsform der Norm § 4 IV 2; siehe zu den absoluten Grenzen der Gestaltungsfreiheit D) § 4 III.

816 Ähnlich auch *Seibt*, in: Scholz, GmbHG, § 14 GmbHG, Rn. 72.

817 Vertiefend zu den genannten Gründen *Ellenberger*, in: Palandt, BGB, § 138 BGB, Rn. 8; *Wendtland*, in: Beck'scher Online Kommentar BGB, § 138 BGB, 21 f.

818 Vgl. allgemein dazu *Busche*, Privatautonomie, S. 92; *Röttger*, Kernbereichslehre, S. 31; *A. Teichmann*, Gestaltungsfreiheit, S. 59.

819 *Wiedemann*, Gesellschaftsrecht Bd. 2, § 3 II 3 c, S. 198.

820 *Wiedemann*, WM 1992, Beil. Nr. 7, 1, 18.

Wiedemann selbst gesteht zu, dass eine solche Einordnung mehr normativ fordern als logisch ableiten könne.[821]

Denn Rechtsprinzipien werden als abstrakte Grundsätze und Leitgedanken verstanden, die jeweils der Konkretisierung bedürfen und als Argumente für die individuellen Rechte des einzelnen Rechtssubjekts oder als Rechtfertigung für eine rechtliche Entscheidung dienen können. Sie determinieren im Grundsatz jedoch keine konkreten[822] und zwingenden Regeln.[823] Sofern der Gesetzgeber sie nicht dementsprechend positivrechtlich ausgestaltet hat,[824] kann kein Rechtsprinzip[825] alleinige Geltung beanspruchen.[826]

Soweit zusätzlich auf „rechtsethische Maßstäbe" verwiesen wird, um den zwingenden Charakter der Treuepflicht und damit einen allgemeinen Schrankenvorbehalt im Privatrecht zu statuieren,[827] ist Zurückhaltung geboten. Neben der begrifflichen Unklarheit[828] und der damit zu befürchtenden Uferlosigkeit der Einschränkung der Privatautonomie folgt dies aus der angezeigten restriktiven Anwendung der Norm des § 138 Abs. 1 BGB („rechtsethisches Minimum")[829]

821 *Wiedemann*, Gesellschaftsrecht Bd. 2, § 3 II 3 c, S. 198; gegenüber dieser Einordnung auch kritisch *Schmolke*, Grenzen der Selbstbindung, S. 668. *Behr*, ZGR 1985, 475, 491 stellt in einem ähnlichen Zusammenhang fest, dass „mit einem nicht weiter differenzierten Rückgriff auf rechtsethische Grundwertungen die Problematik in einen Bereich verlagert [wird], der aus sich heraus kaum arbeitsfähige Maßstäbe zu liefern vermag." Anschließend *Fleischer/Harzmeier*, NZG 2015, 1289, 1295, *Fleischer*, ZGR 2016, 36, 80.

822 *Larenz/Canaris*, Methodenlehre, S. 240.

823 *Bachmann, Eidenmüller, Engert, Fleischer, Schön*, Rechtsregeln, S. 19; *Busche*, Privatautonomie, S. 17; *Grigoleit*, Gesellschafterhaftung, S. 19 f.; *Larenz/Canaris*, Methodenlehre, S. 240.

824 *Bartsch*, Die Entwicklung der Treuepflicht, S. 5; *Busche*, Privatautonomie, S. 61; vgl. *Enderlein*, Rechtspaternalismus, S. 83; *Esser*, Grundsatz und Norm, S. 134, 137; *Grigoleit*, Gesellschafterhaftung, S. 19 f.; vgl. *Penski*, JZ 1983, 105, 114; vgl. *Riesenhuber*, Selbstverantwortung, S. 1, 7.

825 Abgesehen von dem Prinzip der Unantastbarkeit der Menschenwürde siehe *Penski*, JZ 1983, 105, 107.

826 *Bachmann, Eidenmüller, Engert, Fleischer, Schön*, Rechtsregeln, S. 19; vgl. *Busche*, Privatautonomie, S. 61; *Grigoleit*, Gesellschafterhaftung, S. 19 f.

827 So allgemein etwa auch *Kähler*, Begriff und Rechtfertigung abdingbaren Rechts, S. 361 ff.

828 *Busche*, Privatautonomie, S. 83; *Lieb*, DNotZ, 1989, 274, 295; vgl. *Looschelders/Roth*, Juristische Methodik, S. 203; *Schur*, Leistung und Sorgfalt, S. 97.

829 Siehe oben D) § 2 I 1 c).

und der damit zum Ausdruck kommenden negativen Wertung gegenüber der Integration erhöhter rechtsethischer Maßstäbe in das Recht.[830]

Mit der Berufung auf rechtsethische Grundsätze kann damit, soweit diese über die Anforderungen des § 138 Abs. 1 BGB hinausgehen sollen, wie allgemein bei den Rechtsprinzipien ohne gesetzliche Normierung keine zwingende Regelung gerechtfertigt werden.[831] Dieses Begründungsmuster ist auch auf das Argument der rechtsethischen Notwendigkeit[832] eines Minderheitenschutzes im Gesellschaftsrecht, der weiter als die gesetzlichen Bestimmungen reicht, zu übertragen.[833]

II. § 276 Abs. 3 BGB als Hindernis der Modifikation

Sowohl die Verletzung der mitgliedschaftlichen Treuepflicht als auch diejenige der organschaftlichen Treuepflicht können Schadensersatzansprüche der Gesellschaft und unter bestimmten Voraussetzungen auch der Gesellschafter nach sich ziehen.[834] Eine Ansicht der Literatur bejaht daher unter Rekurs auf die dispositionsbeschränkende Norm des § 276 Abs. 3 BGB eine Abdingbarkeit der Treuepflicht.[835] Die Gegenauffassung wendet ein, dass sich die dispositionsbeschränkende Wirkung jener Norm nicht entfalte, da die Abdingbarkeit der Treuepflicht nicht den Haftungsmaßstab[836], sondern die vorgelagerte Frage des Pflichtenmaßstabs betreffe.[837]

Der zweitgenannten Ansicht ist zuzustimmen. Der § 276 Abs. 3 BGB, der als Grenze der Gestaltungsfreiheit innerhalb des Gesellschaftsrechts anzuerkennen

---

830 Vgl. *Armbrüster*, in: MünchKommBGB, § 138 BGB, Rn. 13; *Behr*, ZGR 1985, 475, 491; vgl. *Busche*, Privatautonomie, S. 83; vgl. *Looschelders/Roth*, Juristische Methodik, S. 203; vgl. *Möslein*, Dispositives Recht, S. 68; vgl. *Fastrich*, Inhaltskontrolle, S. 43; vgl. *Zöllner*, FS 100 Jahre GmbHG, S. 85, 101.

831 *Busche*, Privatautonomie, S. 83; *Fastrich*, Inhaltskontrolle, S. 43; vgl. *Hefermehl*, in: Soergel, BGB, § 138 BGB, Rn. 1; a. A. wohl *Kähler*, Begriff und Rechtfertigung abdingbaren Rechts, S. 362.

832 *Wiedemann*, Gesellschaftsrecht Bd. 1, § 8 I 1, S. 405.

833 Ebenfalls skeptisch gegenüber der rechtsethischen Begründung des Minderheitenschutzes vgl. *K. Schmidt*, Gesellschaftsrecht, § 16 III 1 a, S. 467, der anführt, dass jene unter Umständen etwas zu hochgreifend sein könnte.

834 Siehe zu den Folgen eines Treuepflichtverstoßes nur *K. Schmidt*, Gesellschaftsrecht, § 20 V 4, S. 595.

835 Vgl. *Immenga*, Die personalistische Kapitalgesellschaft, S. 267.

836 Zur unterschiedlichen Verwendung des Begriffs der Haftung im Zivilrecht *Olzen*, in: Staudinger, Kommentar zum BGB, 2015, Einl zum SchuldR, Rn. 239.

837 *Hellgardt*, FS Hopt, S. 766, 768 f.

ist und verbietet, einen Freibrief für jegliches Handeln auszustellen,[838] ist keine Pflichtenquelle. Er legt fest, unter welchen Voraussetzungen der Schuldner im Falle der nicht vertragsgemäßen Erfüllung der Schuld in Form einer Schadensersatzpflicht einstehen muss.[839] Der § 276 BGB kommt erst an sekundärer Stelle zur Anwendung, nämlich dann, wenn feststeht, ob eine Verletzung des Geschuldeten vorliegt. Die Frage der Abdingbarkeit der Treuepflicht betrifft aber, wie *Hellgardt* zutreffend ausführt,[840] die vorgelagerte, mithin primäre Ebene der Festlegung des geschuldeten Pflichteninhalts. Auf dessen Gestaltung wirkt der § 276 Abs. 3 BGB ähnlich wie der § 242 BGB[841] jedoch nicht einschränkend. Dementsprechend beinhaltet auch die Frage der Abdingbarkeit der organschaftlichen Treuepflicht keinen unmittelbaren Bezug zu dem Streit, ob und wie weit der Haftungsmaßstab des § 43 Abs. 1, Abs. 2 GmbHG reduzierbar ist.[842]

Im Übrigen ist anzumerken, dass insgesamt das Rechtsfolgensystem, das auf eine Treuepflichtverletzung aufbaut und diese sanktionieren möchte,[843] im Falle der Abbedingung nicht mehr bei spezifischen Treuepflichtverletzungen zur Anwendung gelangt. So ist etwa eine Stimmabgabe, die entgegen dem Gesellschaftszweck zur Erlangung von Sondervorteilen erfolgt, nicht mehr als treuwidrig zu werten.

§ 4 Fazit

Die systematischen Bezüge der Treuepflicht sprechen in Verknüpfung mit ihrem Telos für die pauschale sowie eingeschränkte Abdingbarkeit. Die bestehenden Grenzen der Gestaltungsfreiheit, des Verbots der Aufgabe der Selbstbestimmung

---

838 RG JW 1935, 696; *Westermann*, Vertragsfreiheit, S. 221; siehe jedoch erneut zu der Frage, inwieweit der § 276 Abs. 3 BGB abdingbar ist, *Kähler*, Begriff und Rechtfertigung abdingbaren Rechts, S. 35.

839 *Caspers*, in: Staudinger, Kommentar zum BGB, 2014, § 276 BGB, Rn. 1; *Grundmann*, in: MünchKommBGB, § 276 BGB, Rn. 1 f.; *Stadler*, in: Jauernig, BGB, § 276 BGB, Rn. 1 f.; vgl. *Weller*, Die Vertragstreue, S. 32.

840 *Hellgardt*, FS Hopt, S. 766, 768 f.

841 Siehe oben E) § 4 II 2.

842 Ausf. zu diesem Streitstand *Altmeppen*, in: *Roth/Altmeppen*, GmbHG, § 43 GmbHG, Rn. 125 ff.; *Bastuck*, Enthaftung, S. 88; *Kleindiek*, in: Lutter/Hommelhoff, GmbHG, § 43 GmbHG, Rn. 61 ff.; *Lohr*, NZG 2000, 1204, 1209; *Lutter*, GmbHR 2000, 301, 311; *Oetker*, in: Henssler/Strohn, Gesellschaftsrecht, § 43 GmbHG, Rn. 10; *U. H. Schneider*, FS Werner, S. 795, 806 ff.; *Wicke*, in: Wicke, GmbHG, § 43 GmbHG, Rn. 9 ff.; *Zöllner/Noack*, in: Baumbach/Hueck, GmbHG, § 43 GmbHG, Rn. 5, 46.

843 Siehe insgesamt dazu *K. Schmidt*, Gesellschaftsrecht, § 20 V 4, S. 595.

und der Funktionssicherung respektive Bestandssicherung der Gesellschaft werden durch den begrenzten Umfang der Abbedingung, der weiteren Geltung der §§ 138, 226, 242, 826 BGB sowie des grundsätzlich gegenständlich eingeschränkten Anwendungsbereichs der Treuepflicht nicht negativ berührt. Zusätzlich gelten weiterhin die zwingenden Regelungen im Hinblick auf den Gläubigerschutz und das öffentliche Interesse. Die Reichweite der Abbedingung ist damit nicht so groß, wie es „auf den ersten Blick“ erscheint.

Gleichzeitig ist es für die Frage der Abbedingung der Treuepflicht irrelevant, worin ihre Rechtsgrundlage zu sehen ist.

Aus rechtsdogmatischer Sicht ist es daher für die Einstufung der Rechtsnatur der Treuepflicht fortwährend irrelevant, dass verhaltensökonomische Studien zur Abdingbarkeit der Treuepflicht zu dem Ergebnis gelangen, dass die Beteiligten unfähig seien, die Folgen der Abbedingung zu überblicken, und sie daher aus dieser Perspektive nicht als vollständig respektive eingeschränkt abdingbar einzustufen sei.

Die zwingenden Lösungsrechte der Gesellschafter respektive der Gesellschaft werden ungeachtet der Rückwirkung der Abbedingung der Treuepflicht auf die Beurteilung eines wichtigen Grundes nicht in dem Maße negativ berührt, dass deren vollständige Abbedingung zu verneinen ist. Durch die Weitergeltung von Treu und Glauben werden die insoweit vom Gesetz gestellten Anforderungen („rudimentäre Beendigungsmöglichkeit für Extremsituationen“[844]) gewahrt. Gleichsam spricht die gesetzliche Wertung dafür, dass es möglich ist, die Voraussetzungen des wichtigen Grundes mittelbar zu definieren.

Basierend auf dem eingeschränkten Umfang der Abbedingung der Treuepflicht ist ein Konflikt mit der Außengrenze der Gestaltungsfreiheit des § 138 BGB zu verneinen. Darauf aufbauend kann in Kombination mit weiteren Faktoren kein sachlicher Grund oder die Einrichtung anderweitiger Sicherungsmechanismen gefordert werden, um die pauschale Abbedingung der Treuepflicht anzuerkennen.

Mangels Eröffnung des Anwendungsbereichs von § 276 Abs. 3 BGB kann dieser nicht der pauschalen sowie eingeschränkten Anwendung der Treuepflicht entgegengehalten werden.

844 *Behr*, ZGR 1985, 475, 489.

G Wertung des „Wortlauts“ des Gesetzes bei den zweckbezogenen Treuepflichten und die Abdingbarkeit einzelner Ausprägungen

Ob das bisher erzielte Ergebnis der vollständigen Abdingbarkeit mit dem „Wortlaut des Gesetzes im weiteren Sinne“ bei den zweckbezogenen Treuepflichten übereinstimmt oder ein Konflikt der verschiedenen Kriterien für die Bestimmung der Rechtsnatur einer „Norm“ auftritt, bedarf unter der fortwährenden Beachtung der systematischen Determinanten und des Telos der Treuepflicht der Klärung.

Partiell wird mit einem Rückgriff auf die lediglich vereinzelt disponible gesetzliche Niederlegung der Treuepflicht (§§ 109, 112 HGB) vertreten, dass sie kein notwendiger Vertragsinhalt sei.[845] Die Gegenauffassung verneint die Möglichkeit eines so weitreichenden Schlusses. Jene ist der Ansicht, dass, soweit auf die gesetzlich angedeuteten Ausprägungen der Treuepflicht und deren Disponibilität abgestellt werde, Zurückhaltung geboten sei. Eine Abbedingung der Treuepflicht insgesamt oder einer ihrer Ausprägungen ist nach jener Literaturmeinung nur zuzulassen, falls dies das Gesetz ausdrücklich gestatte.[846] Noch restriktiver ist eine neuere Literaturmeinung, die sich auf die GmbH bezieht. Jene verneint die Zulässigkeit der Abbedingung einzelner Teilausprägungen bei dieser Rechtsform insgesamt. Sie möchte in Anlehnung an das gesetzliche Grundmuster des § 88 Abs. 1 AktG[847] lediglich eine Einwilligung gestatten.[848]

Diese „Blaupausen“[849]-Argumentationen geraten jeweils zu kurz. Für entsprechende Verallgemeinerungen fehlt es – unabhängig vom vertretenen Ergebnis – an der Feststellung, ob ein „legislatorischer Masterplan“[850] hinsichtlich der

---

845 Zur organschaftlichen Treuepflicht *Hellgardt*, FS Hopt, S. 765, 775, 781 f.; zur mitgliedschaftlichen Treuepflicht hinsichtlich dieses Arguments zustimmend, soweit nur die dogmatische Seite des Problems betroffen ist, *Schmolke*, Grenzen der Selbstbindung, S. 668.

846 Zur organschaftlichen Treuepflicht bei der Kapitalgesellschaft *Kumpan*, Der Interessenkonflikt, S. 133; eine ähnliche Richtung schlägt *Kampf*, Abdingbarkeit, S. 83 ein, der – bezogen auf das GmbH-Recht – anführt, dass keine allgemeinen Vorgaben des Gesetzes in Bezug auf die Abdingbarkeit der Treuepflicht existieren würden.

847 Siehe zu diesem unten G) § 3 I.

848 *Kuntz*, Gestaltung von Kapitalgesellschaften, S. 505 ff.

849 Zum Ausdruck *Hellgardt*, FS Hopt, S. 765, 779, 781 f.

850 *Möslein*, Dispositives Recht, S. 177.

Abdingbarkeit der Treuepflicht existiert. Einzelne Normen gestatten nur dann eine allgemeine Folgerung auf den zwingenden oder den nicht zwingenden Charakter anderer Rechtssätze, wenn hinter dem einzelnen Regelungsansatz ein zusammenhängendes, in sich stimmiges System zu erkennen ist.[851]

§ 1 Informationspflichten

I. Allgemeines – Organschaftliche Treuepflicht

Die organschaftliche Treuepflicht verpflichtet den Organvertreter zu unbedingter Offenheit gegenüber der Gesellschaft, sobald ein Interessenkonflikt virulent wird.[852] Diese wesentliche Komponente der organschaftlichen Treuepflicht ist anderen Ausprägungen der Treuepflicht notwendig vorgelagert. Die Informationspflicht verleiht diesen einen prozeduralen Flankenschutz, indem sie es erleichtert, sachgerecht durch entsprechende Maßnahmen (Abberufung, Ausschluss, Erheben einer Schadensersatzklage) auf ein Fehlverhalten des Organvertreters zu reagieren.[853]

Der § 666 Var. 1 BGB bildet die gesetzliche Grundlage dieses Gebots.[854] Pflichteninhalt des § 666 Var. 1 BGB ist es, im Falle der Geschäftsführung unaufgefordert[855] die Gesellschaft zu informieren, sobald erhebliche Gefahren für diese drohen oder ansonsten deren Interessen beeinträchtigt sein könnten.[856]

---

851 *Kähler*, JJZ 2002, 181, 188; *Kähler*, Begriff und Rechtfertigung abdingbaren Rechts, S. 353; *Möslein*, Dispositives Recht, S. 177.

852 *Mestmäcker*, Verwaltung, S. 215; *Möllers*, Hdb Corporate Governance, 2. Aufl., S. 431; *Rhein*, Der Interessenkonflikt der Manager, S. 82; zum Vorstandsmitglied einer AG *Hopt/Roth*, in: GroßkommAktG, 5. Aufl., § 93 AktG, Rn. 275; *Spindler*, in: MünchKommAktG, § 93 AktG, Rn. 108.

853 *Fleischer*, in: MünchKommGmbHG, § 43 GmbHG, Rn. 163; vgl. *Kumpan*, Der Interessenkonflikt, S. 127, 287; vgl. *Hofmann*, Minderheitenschutz, S. 348; *Wiedemann*, Gesellschaftsrecht Bd. 2, § 3 III 4 c, S. 256.

854 Vgl. *Grundmann*, Der Treuhandvertrag, S. 29; vgl. *Henssler*, AcP 196 (1996), 37, 47; vgl. *Hopt*, ZGR 2004, 1, 2; vgl. *Schmitt*, Treuepflichten der Vorstandsmitglieder, S. 45; *Wiedemann*, WM 1992, Beil. Nr. 7, 1, 44; vgl. *Wiedemann*, Gesellschaftsrecht Bd. 2, § 4 II 2 a bb, S. 331.

855 Dies unterscheidet § 666 Var. 1 BGB von § 666 Var. 2, 3 BGB, siehe hierzu *Beuthien*, in: Soergel, BGB, § 666 BGB, Rn. 6, 8, 11.

856 Allgemein *Beuthien*, in: Soergel, BGB, § 666 BGB, Rn. 6 f.; zum Personengesellschafts-Geschäftsführer *Schäfer*, in: Staub, GroßkommHGB, § 110 HGB, Rn. 36; *Wiedemann*, Gesellschaftsrecht Bd. 2, § 3 III 4 c, § 4 II 4 b bb, S. 256, 343; zu den Kapitalgesellschaften *Fleischer*, in: MünchKommGmbHG, § 43 GmbHG, Rn. 160; *Kumpan*, Der Interessenkonflikt, S. 127, 258; vgl. *Löhnig*, Treuhand, S. 215, 217.

Der §666 Var. 1 BGB enthält damit aufgrund seiner tatbestandlichen Weite die Anforderungen, die die organschaftliche Treuepflicht an ihre Geschäftsführer stellt. Eine gesellschaftsrechtliche Verwertung dieser Norm wird durch die Verweisungen der §§27 Abs. 3 BGB,[857] 713 BGB, 105 Abs. 3 HGB und der weithin[858] angenommenen Treuhänderstellung des Organvertreters gegenüber seiner Gesellschaft ermöglicht. Das Innenrecht treuhändischer Rechtsverhältnisse findet nach allgemeiner Ansicht seine gesetzliche Grundlage in den §§662ff. BGB.[859]

II. Abdingbarkeit

Partiell wird – dogmatisch im engeren Sinne irrelevant[860] und ohne ausdrücklichen Normanknüpfungspunkt – als Rechtfertigung für eine vollständige Abbedingung dieser Treuepflichtausprägung angeführt, dass es für eine generelle Befreiung gute Gründe geben könne. Beispielhaft genannt werden etwa Punkte wie ein uneingeschränktes Vertrauen in die Arbeit des Organvertreters oder eine geringere Belastung der Gesellschaft(er) durch Informationen.[861]

Eine restriktive Literaturmeinung negiert hingegen die einschränkungslose Abdingbarkeit der kollektiv ausgerichteten Informationspflicht nach §666 Var. 1 BGB in Verbindung mit §§27 Abs. 3, 713 BGB, 105 Abs. 3 HGB.[862] Unabhängig von der grundsätzlichen Disponibilität[863] des §666 BGB und seiner unmittelbaren Anwendung innerhalb des Auftragsrechts folgt nach einer Argumentationslinie der Literatur aus der Natur des Organverhältnisses die

857 *Beuthien*, in: Soergel, BGB, §666 BGB, Rn. 19; *Kumpan*, Der Interessenkonflikt, S. 258. Da der Verein als die Grundform der juristischen Person zu sehen ist, ist diese Verweisung für die Kapitalgesellschaften grundsätzlich verallgemeinerungsfähig.

858 A. A. *Dubovitskaya*, NZG 2015, 983ff.

859 *Grundmann*, Der Treuhandvertrag, S. 29 und siehe oben D) §1 I.

860 Siehe oben F) §3 I 2.

861 Bachmann, Eidenmüller, Engert, Fleischer, Schön, Rechtsregeln, S. 104.

862 *Kumpan*, Der Interessenkonflikt, S. 50; *Rawert*, in: MünchKommHGB, §114 HGB, Rn. 51; vgl. *Roth*, in: Baumbach/Hopt, HGB, §114 HGB, Rn. 14; *Schade*, Sorgfalts- und Loyalitätspflichten, S. 288; *Seiler*, in: Münchener Kommentar zum BGB, §666 BGB, Rn. 18.

863 *Mansel*, in: Jauernig, BGB, §666 BGB, Rn. 1; *Martinek*, in: Staudinger, Kommentar zum BGB, 2017, §666 BGB, Rn. 17; *Seiler*, in: Münchener Kommentar zum BGB, §666 BGB, Rn. 18.

Unmöglichkeit der vollständigen Abdingbarkeit.[864] Im Falle der Abbedingung der Offenbarungspflichten sei nach jener Ansicht nicht mehr von einem Interessenwahrungsverhältnis zu sprechen. Die Gesellschaft wäre durch die weitere Zunahme von Informationsasymmetrien absolut schutzlos gestellt und es bestünden für sie keine Möglichkeiten mehr, die den Offenbarungspflichten nachgelagerten Pflichten sachgerecht zu überwachen und die aus einer Verletzung dieser Pflichten resultierenden Sanktionsmöglichkeiten umzusetzen.[865] Spezifisch personengesellschaftsrechtlich wird die persönliche Haftung der Gesellschafter als Begründung angeführt, um eine vollständige Abbedingung abzulehnen.[866]

In Übereinstimmung mit der liberalen Position[867] ist – unter Wahrung der allgemeinen Grenze der Gestaltungsfreiheit des § 138 Abs. 1 BGB – eine vollständige Abdingbarkeit dieser Pflicht jedoch zu bejahen. Dieses Ergebnis basiert auf der gesetzlichen Ausgangslage,[868] dem fehlenden, einer Abbedingung entgegenstehenden Wortlaut bei den Normen der §§ 27 Abs. 3, 666 Var. 1, 713 BGB sowie der Herstellung der Konformität zu der gesetzlich ausdrücklich zugelassenen Disponibilität der §§ 716 Abs. 2 BGB, 118 Abs. 2 HGB.[869] Schließlich ist noch als weiteres Indiz für die vollständige Abdingbarkeit dieser Pflicht vergleichend auf die zugelassene Reichweite der Gestaltungsfreiheit bei der Norm des

864 *Rawert*, in: MünchKommHGB, § 114 HGB, Rn. 51; vgl. *Roth*, in: Baumbach/Hopt, HGB, § 114 HGB, Rn. 14; vgl. *Seiler*, in: Münchener Kommentar zum BGB, § 666 BGB, Rn. 18.

865 *Kumpan*, Der Interessenkonflikt, S. 50; *Schade*, Sorgfalts- und Loyalitätspflichten, S. 288; *Seiler*, in: Münchener Kommentar zum BGB, § 666 BGB, Rn. 18.

866 *Rawert*, in: MünchKommHGB, § 114 HGB, Rn. 51; vgl. *Roth*, in: Baumbach/Hopt, HGB, § 114 HGB, Rn. 14.

867 Vgl. *Beuthien*, in: Soergel, BGB, § 666 BGB, Rn. 14; vgl. *Hey*, Freie Gestaltung, S. 247 f.; vgl. *Löhnig*, Treuhand, S. 220; *Servatius*, in: Henssler/Strohn, Gesellschaftsrecht, § 713 BGB, Rn. 15; *A. Teichmann*, Gestaltungsfreiheit, S. 214.

868 Siehe insoweit oben D) § 2.

869 Entgegengesetzt zur Reichweite der gesetzlich ausdrücklich zugelassenen Disponibilität der individuellen Informationsansprüche der Gesellschafter nach §§ 716 Abs. 2 BGB, 118 Abs. 2 HGB innerhalb des Personengesellschaftsrechts könnte im Übrigen – insoweit „rechtsformübergreifender" –, bedingt durch einen entsprechenden Umkehrschluss, als weiteres systematisches Argument auch darauf abgestellt werden, dass bei den kollektiv ausgerichteten Informationspflichten im Gegensatz zu den individuellen Informationsrechten der Gesellschafter eine zwingende Anordnung (§§ 716 Abs. 2 BGB, 118 Abs. 2 HGB, 51a Abs. 3 GmbHG) im Gesetz fehlt.

§ 46 Nr. 6 GmbHG[870] sowie bei der auftragsspezifischen Konstellation[871] zu verweisen.

Das erstgenannte Argument der Gegenansicht ignoriert den Unterschied zwischen dem Charakter der Pflicht und der Aussage über ihre zwingende oder nicht zwingende Geltung. Erneut gilt, dass die hinter einer Norm stehenden Schutzzwecke zu ermitteln sind und zu prüfen ist, ob diese fähig sind, eine zwingende Regelung zu rechtfertigen.[872] Der Zweck des § 666 Var. 1 BGB besteht darin, der Gesellschaft als Geschäftsherrn die Möglichkeit zur Interessenwahrung zu gewährleisten, indem die umfassende Informationspflicht es ermöglicht, Steuerungsmaßnahmen vorzubereiten und gegen das missliebige Verhalten des Organvertreters zu intervenieren. Jene Norm ist damit eine Schutzpflicht zugunsten der Gesellschaft und dient damit schlussendlich dem Beteiligtenschutz.[873] Damit ist es unter Beachtung des liberalen Verständnisses der Vertragsfreiheit den Parteien selbst zu überlassen, das ihnen zukommende Schutzniveau und dessen Prozedur zu bestimmen.[874] Dementsprechend ist auch nicht auf die persönliche Haftung der Gesellschafter zurückzugreifen, um die zwingende Wirkung jener Regelung zu legitimieren. Eine solche „Zwangsfürsorge" ist dem Recht der Personengesellschaften fremd.[875]

Schließlich spricht der Vergleich mit der weiterhin bestehenden Rechtslage gegen die Ablehnung einer vollständigen Abdingbarkeit. Ein gewisses Mindestschutzniveau wird aufrechterhalten. Die pauschale Abbedingung führt zu keinem vollständigen Verlust der Möglichkeit, sich ein „getreues Bild" über den Zustand der Gesellschaft und der Arbeitsleistung der Geschäftsleiter zu machen. Die Pflichten der §§ 666 Var. 2, Var. 3 BGB i. V. m. §§ 105 Abs. 3 HGB, 27 Abs. 3 BGB

---

870 Aus jener Norm wird eine ähnliche Berichtspflicht wie aus der organschaftlichen Treuepflicht hergeleitet (*K. Schmidt*, in: Scholz, GmbHG, 11. Aufl., § 46 GmbHG, Rn. 114). Die „Disponibilitätsgrenze" des § 46 Nr. 6 GmbHG ist nach der herrschenden Meinung erst erreicht, wenn kein Recht mehr zur Bestellung eines Sonderprüfers existiere und damit jegliche Überwachungsmöglichkeit hinsichtlich der Geschäftsführer beseitigt werde (*Hüffer/Schürnbrand*, in: Ulmer, GmbHG, § 46 GmbHG, Rn. 93; *Liebscher*, in: MünchKommGmbHG, § 46 GmbHG, Rn. 207; *Zöllner/Noack*, in: Baumbach/Hueck, GmbHG, § 46 GmbHG, Rn. 51).

871 Siehe soweit erneut *Mansel*, in: Jauernig, BGB, § 666 BGB, Rn. 1; *Martinek*, in: Staudinger, Kommentar zum BGB, 2017, § 666 BGB, Rn. 17; *Seiler*, in: Münchener Kommentar zum BGB, § 666 BGB, Rn. 18.

872 Siehe oben C) § 5 II, § C) § 5 III.

873 Siehe oben D) § 1 I.

874 Siehe oben D) § 7.

875 *K. Schmidt*, Gesellschaftsrecht, § 14 II d, S. 414.

bestehen fort. Die Gesellschaft hat unter Verlagerung der Initiativ- und Verantwortungslasten weiter die Möglichkeit, die erforderlichen Informationen zu erhalten.[876] Zu verneinen ist daher auch ein Verstoß gegen den § 138 Abs. 1 BGB, den das Schrifttum und die Rechtsprechung bei einem gänzlichen Ausschluss der Pflichten nach § 666 BGB annimmt.[877]

Im Übrigen besteht, bedingt durch den strukturellen Unterschied der Informationsrechte der Mitglieder (§§ 716 Abs. 1 BGB, 118 Abs. 1 HGB, 51a GmbHG) zu den organschaftlichen Treuepflichten,[878] kein Konflikt mit den Außengrenzen der Gestaltungsfreiheit nach §§ 716 Abs. 2 BGB, 118 Abs. 2 HGB, 51a Abs. 3 GmbHG im Falle der pauschalen Abbedingung jener Treuepflichtausprägung.[879]

§ 2 Eigengeschäfte

I. Organschaftliche Treuepflicht

1. Allgemeines

Ausgehend von dem allgemeinen Satz der organschaftlichen Treuepflicht, dass es verboten ist, die jeweiligen Eigeninteressen über das Gesellschaftsinteresse zu stellen, ist es den Organvertretern untersagt, die ihnen eingeräumte Stellung zum eigenen Nutzen auf Kosten der Gesellschaft derart zu nutzen, dass sie sich persönlich am Gesellschaftsvermögen bereichern.[880] Daraus ist – aufbauend auf der fehlenden Kontrollierbarkeit und dem Ausfall der Interessen ausgleichenden Funktion der Vertragsverhandlung – als eine ihrer wichtigsten

876 Siehe zur entsprechenden Folge bei der mitgliedschaftlichen Abbedingung F) § 2 III.

877 BGH WM 1965, 709, 710; *Hadding/Kießling*, in: Soergel, BGB, § 713 BGB, Rn. 7.

878 *Röttger*, Kernbereichslehre, S. 184; *K. Schmidt*, Gesellschaftsrecht, § 47 V 3, S. 1398; *Wiedemann*, Gesellschaftsrecht Bd. 2, § 3 III 4 d aa, S. 258.

879 Restriktiver *Hellgardt*, FS Hopt, S. 765, 787, der jedoch den Strukturunterschied der jeweiligen Rechte übergeht.

880 Zum Personengesellschafts-Geschäftsführer: *Janke*, Gesellschaftsrechtliche Treuepflicht, S. 56; *Wiedemann*, Gesellschaftsrecht Bd. 2, § 4 II 4 b bb, S. 342 f.; zum GmbH-Geschäftsführer: *Mertens*, in: Hachenburg, GmbHG, § 43 GmbHG, Rn. 37; *U. H. Schneider*, in: Scholz, GmbHG, 11. Aufl., § 43 GmbHG, Rn. 152; *Schnorbus*, in: Rowedder, GmbHG-Kom., § 43 GmbHG, Rn. 54; zum Vorstandsmitglied der AG 4.3.2. DCGK; *Hopt/Roth*, in: GroßkommAktG, 5. Aufl., § 93 AktG, Rn. 239 ff., Rn. 266 ff.; *Mertens/Cahn*, in: Kölner Kommentar zum AktG, § 93 AktG, Rn. 100; *Spindler*, in: MünchKommAktG, § 93 AktG, Rn. 108 f.

Unterausprägungen abzuleiten, dass Eigengeschäfte des Organvertreters mit der Gesellschaft nur eingeschränkt zulässig sind.[881]

2. Eingeschränkte Konkretisierung durch den § 181 BGB

Als eingeschränkte[882] gesetzliche Konkretisierung dieser Ausprägung der organschaftlichen Treuepflicht ist die Norm des § 181 BGB zu verstehen.[883] Unter Verfolgung des im Kern identischen Schutzzweckes werden durch die Norm des § 181 BGB wie bei der organschaftlichen Treuepflicht die Gefahren, die durch Interessenkollisionen entstehen können, begrenzt, indem durch das Verbot des In-sich-Geschäftes private Sonderinteressen von der Sphäre der Gesellschaft ferngehalten werden.[884]

Nach der allgemeinen Meinung können die Restriktionen dieser Norm bei den Personengesellschaften und der GmbH mit Verweis auf die Notwendigkeit und die Effizienz mancher Eigengeschäfte generell beseitigt werden. Lediglich die Einzelheiten der Umsetzung sind – vornehmlich bei der GmbH – umstritten.[885] Damit existiert ein erstes gesetzliches Indiz dafür, dass diese Ausprägung der organschaftlichen Treuepflicht nicht absolut ist.

Zweifelhaft ist jedoch, ob die Zulässigkeit der Abbedingung des § 181 BGB einen umfassenden Argumentationswert beinhaltet, um die vollständige Abdingbarkeit dieser Ausprägung begründen zu können. Infolge der regelmäßigen Wahrnehmung dieser bestehenden Befreiungsmöglichkeit durch die Praxis und der aus den vielfältigen Umgehungsmöglichkeiten resultierenden

---

881 *Hübener*, Interessenkonflikt, S. 229; *Kumpan*, Der Interessenkonflikt, S. 66; *Roth*, Das Treuhandmodell, S. 266; vgl. *U. H. Schneider*, ZGR 1978, 1, 17; *Wiedemann*, Gesellschaftsrecht Bd. 1, § 3 IV 1 b, S. 346.

882 Mit Ausnahme der AG. Bei dieser gilt die Norm des § 112 AktG. Nach dieser Norm wird die AG gegenüber den Vorstandsmitgliedern durch den Aufsichtsrat vertreten. Entsprechendes gilt im Falle der GmbH, soweit diese einen Aufsichtsrat hat (§ 52 Abs. 1 GmbHG).

883 Ähnlich *Kampf*, Abdingbarkeit, S. 50 ff.

884 Vertiefend zum Schutzzweck des § 181 BGB *Hübener*, Interessenkonflikt, S. 230.

885 Vertiefend *Altmeppen*, in: Roth/Altmeppen, GmbHG, § 35 GmbHG, Rn. 79 ff.; *Immenga*, Die personalistische Kapitalgesellschaft, S. 216; *Kleindiek*, in: Lutter/Hommelhoff, GmbHG, § 35 GmbHG, Rn. 52; *Schilken*, in: Staudinger, Kommentar zum BGB, 2014, § 181 BGB, Rn. 53; *K. Schmidt*, Gesellschaftsrecht, § 10 II 3 d, § 36 II 3 b, S. 262, 1075; *U. H. Schneider*, ZGR 1978, 1, 18; *Schramm*, in: Münchener Kommentar zum BGB, § 181 BGB, Rn. 37, 45, 47; *Zöllner/Noack*, in: Baumbach/Hueck, GmbHG, § 35 GmbHG, Rn. 132.

Schwäche[886] des § 181 BGB sah sich die Literatur, die nunmehr die herrschende Meinung repräsentiert, veranlasst, das damit bei den Eigengeschäften existierende Schutzdefizit durch weitere, auf der Basis der organschaftlichen Treuepflicht herzuleitende materielle Anforderungen zu kompensieren. Gestattet sind nach der herrschenden Auffassung Eigengeschäfte nur, falls das einzelne Eigengeschäft zu marktüblichen Konditionen abgeschlossen wird (wirtschaftlicher Drittvergleich) oder die Leistung und Gegenleistung, soweit ein Marktvergleich nicht möglich ist, in einem angemessenen Verhältnis zueinander stehen.[887]

Die Befreiung von den Restriktionen des § 181 BGB reicht damit nicht so weit, dass den Interessen der Gesellschaft kein Vorrang mehr gebührt. Lediglich das formal konkretisierte Schutzniveau der Treuepflicht wird reduziert, indem ein striktes Verbot der In-Sich-Geschäfte nicht mehr gegeben ist.[888]

3. *Materiell bezogener Schutz und dessen Abdingbarkeit*

Unabhängig von der begrenzten Aussagekraft der Möglichkeit der Befreiung von den Restriktionen des § 181 BGB beinhaltet dies gleichwohl noch keine abschließende Aussage darüber, ob die weiteren Einschränkungen absolut sind oder es dem Organvertreter über den Einzelfall[889] hinaus gestattet werden kann, unangemessene Geschäfte mit der Gesellschaft abzuschließen.

---

886 Siehe zum Ausfall des Schutzes des § 181 BGB, soweit die Vertreter nicht identisch sind, vertiefend *Immenga*, Die personalistische Kapitalgesellschaft, S. 215 f.

887 *Borsdorff*, Interessenkonflikte, S. 132; *Fleischer*, NJW 2006, 3229, 3244; *Hopt/Roth*, in: GroßkommAktG, 5. Aufl., § 93 AktG, Rn. 241; *Janke*, Gesellschaftsrechtliche Treuepflicht, S. 57; *Schnorbus*, in: Rowedder, GmbHG-Kom., § 43 GmbHG, Rn. 20; vgl. *Wiedemann*, Gesellschaftsrecht Bd. 2, § 3 I 2 b bb, S. 180; a. A. *Altmeppen*, in: *Roth/Altmeppen*, GmbHG, § 43 GmbHG, Rn. 28, der die Kontrolle solcher Geschäfte durch die organschaftliche Treuepflicht nicht für genügend erachtet und missbräuchlichen Geschäften durch die Verlagerung der Entscheidungskompetenz nach § 46 Nr. 5 GmbHG auf die Gesellschafterversammlung vorbeugen möchte, indem die betroffenen Fallgestaltungen als Elemente des Anstellungsvertrags verstanden werden.

888 *Leptien*, in: Soergel, BGB, § 181 BGB, Rn. 35; vgl. *Schramm*, in: Münchener Kommentar zum BGB, § 181 BGB, Rn. 47; speziell zur organschaftlichen Treuepflicht bei der GmbH *Fleischer*, in: MünchKommGmbHG, § 43 GmbHG, Rn. 172 f.; *Kampf*, Abdingbarkeit, S. 243.

889 Bezogen auf den Einzelfall nimmt die herrschende Meinung entsprechend ihrer allgemeinen Leitlinie die Möglichkeit der Einwilligung in das unangemessene Geschäft an, siehe soweit *Altmeppen*, in: *Roth/Altmeppen*, GmbHG, § 43 GmbHG, Rn. 28; *Fleischer*, WM 2003, 1045, 1057; *Kampf*, Abdingbarkeit, S. 242.

a) Positionen innerhalb der Literatur

Eine Literaturmeinung erachtet die Abbedingung des weitergehenden materiellen Schutzes unter Hinweis auf die allgemeine Treuepflichtdogmatik und den eingeschränkten Umfang der Abbedingung für zulässig.[890] Demgegenüber lehnt eine Gegenposition eine pauschale Abbedingung des materiellen Schutzes ab, da es vollkommen irrational sei, einem Geschäftsleiter zu gestatten, das Gesellschaftsvermögen zu seinen Gunsten zu reduzieren.[891] Angezeigt und erlaubt sei lediglich eine präzisere Festlegung der Rahmenbestimmungen einzelner, typischerweise regelmäßig auftretender Konstellationen,[892] um die Rechtssicherheit zu erhöhen.[893]

b) Stellungnahme

Wie im Folgenden erläutert wird, überzeugt der zweitgenannte Ansatz nicht.

aa) Disponibilität des § 667 BGB

Als gesetzlich umfassender materieller Anhaltspunkt dieser Ausprägung der organschaftlichen Treuepflicht ist der § 667 BGB anzusehen.[894] Gem. § 667 BGB ist der Beauftragte verpflichtet, dem Auftraggeber alles, was er zur Ausführung des Auftrags erhält (Alt. 1) und aus der Geschäftsbesorgung erlangt (Alt. 2), herauszugeben. Die zweite Alternative des § 667 BGB wird weit ausgelegt. Sie reicht von der Pflicht zur Herausgabe von Leistungen, die Dritte gewährt haben, bis zu selbst geschaffenen Vorteilen des Auftragnehmers (etwa technisches Knowhow, Schmiergelder oder Provisionen).[895] Diese Norm bildet somit einen weiten Bereich der organschaftlichen Treuepflichtausprägung „Vermögenspflicht" ab.[896]

---

890 Vgl. *Hellgardt*, FS Hopt, S. 765, 780; *Kampf*, Abdingbarkeit, S. 242 ff.

891 Vgl. *Janke*, Gesellschaftsrechtliche Treuepflicht, S. 230; *Schade*, Sorgfalts- und Loyalitätspflichten, S. 280.

892 Etwa Konditionen der Geschäftsführervergütungen, absehbare Austauschgeschäfte mit dem Organvertreter (*Schade*, Sorgfalts- und Loyalitätspflichten, S. 280 f.).

893 *Schade*, Sorgfalts- und Loyalitätspflichten, S. 280 f.

894 Allgemein *Grundmann*, Der Treuhandvertrag, S. 220; *Janke*, Gesellschaftsrechtliche Treuepflicht, S. 56; vgl. *Kübler*, FS Werner, S. 437, 441; vgl. zum Personengesellschafts-Geschäftsführer *Wiedemann*, Gesellschaftsrecht Bd. 2, § 4 II 4 b bb, S. 343; zum GmbH-Geschäftsführer vgl. *Altmeppen*, in: *Roth/Altmeppen*, GmbHG, § 43 GmbHG, Rn. 30; *Fleischer*, in: MünchKommGmbHG, § 43 GmbHG, Rn. 193; vgl. *Schnorbus*, in: Rowedder, GmbHG-Kom., § 43 GmbHG, Rn. 56.

895 *Servatius*, in: Henssler/Strohn, Gesellschaftsrecht, § 713 BGB, Rn. 11.

896 Allgemein *Grundmann*, Der Treuhandvertrag, S. 220; *Janke*, Gesellschaftsrechtliche Treuepflicht, S. 56; vgl. *Kübler*, FS Werner, S. 437, 441; vgl. zum Personen-

Damit erfasst sie auch deren Unterausprägung des Verbots des Abschlusses von Geschäften mit der Gesellschaft zu Zwecken der eigenen Bereicherung.

Der organschaftliche Treuepflichtcharakter jener Norm ist erneut mit der gesetzlichen Verweisung nach §§ 27 Abs. 3, 713 BGB, dem treuhänderischen Charakter des organschaftlichen Verhältnisses sowie mit der Parallelität der Regelungsziele und -gründe zu begründen.[897] Der § 667 BGB verfolgt wie die organschaftliche Treuepflicht den Zweck, Bereicherungen und eigennütziges Verhalten zulasten des Auftraggebers auszuschließen und die im Zusammenhang mit der Geschäftstätigkeit erworbenen Vermögensvorteile für den Auftraggeber zu sichern, indem er grundsätzlich den wirtschaftlichen Ertrag der Tätigkeit dem Auftraggeber zuordnet.[898] Gleichsam beruht diese Norm auf der Fremdnützigkeit der auszuführenden Tätigkeit.[899]

Unabhängig von ihrer mangelnden praktischen Bedeutung[900] im Gesellschaftsrecht ermöglicht die Rechtsnatur der Norm damit – in Parallele zu § 666 Var. 1 BGB –[901] Rückschlüsse auf die Abdingbarkeit dieser Ausprägung der organschaftlichen Treuepflicht.

Nach absolut herrschender Meinung können die am Rechtsverhältnis beteiligten Subjekte die Geltung dieser Norm, ohne Anknüpfung an sachliche Gründe und ohne gegenständlich beschränkt zu sein, abbedingen.[902] Dem wird auch – soweit ersichtlich und unabhängig von der tatsächlichen Relevanz – nicht

---

gesellschafts-Geschäftsführer *Wiedemann*, Gesellschaftsrecht Bd. 2, § 4 II 4 b bb, S. 343; zum GmbH-Geschäftsführer vgl. *Altmeppen*, in: *Roth/Altmeppen*, GmbHG, § 43 GmbHG, Rn. 30; *Fleischer*, in: MünchKommGmbHG, § 43 GmbHG, Rn. 193.

897 Siehe oben G) § 1 II.

898 Zur Zuordnungsfunktion des § 667 BGB *Grundmann*, Der Treuhandvertrag, S. 30.

899 *D. Fischer*, in: Beck'scher Online Kommentar BGB, § 667 BGB, Rn. 1; *Mansel*, in: Jauernig, BGB, § 667 BGB, Rn. 1; *Martinek*, in: Staudinger, Kommentar zum BGB, 2017, § 667 BGB, Rn. 1.

900 *Schäfer*, in: MünchKommBGB, § 713 BGB, Rn. 12; *Schöne*, in: Beck'scher Online Kommentar BGB, § 713 BGB, Rn. 10; *Servatius*, in: Henssler/Strohn, Gesellschaftsrecht, § 713 BGB, Rn. 11.

901 Siehe oben G) § 1 I.

902 BGH NJW-RR, 1997, 778; BGHZ 199, 355, 363, Rn. 21; *Beuthien*, in: Soergel, BGB, § 667 BGB, Rn. 1; *D. Fischer*, in: Beck'scher Online Kommentar BGB, § 667 BGB, Rn. 5; *Mansel*, in: Jauernig, BGB, § 667 BGB, Rn. 1; *Martinek*, in: Staudinger, Kommentar zum BGB, 2017, § 667 BGB, Rn. 3; *Seiler*, in: MünchKommBGB, § 667 BGB, Rn. 2; *Servatius*, in: Henssler/Strohn, Gesellschaftsrecht, § 713 BGB, Rn. 15.

entgegenhalten, dass diese Norm Ausdruck und Folge der Fremdnützigkeit des Auftrags ist und daher zwingend zu sein hat.[903]

Dieses Ergebnis überzeugt. Weder steht der Wortlaut der Norm selbst noch derjenige der Verweisungsnormen (§§ 27 Abs. 3 BGB, 713 BGB i. V. m. § 105 Abs. 3 HGB) einer solchen Auslegung im Wege. Ebenfalls spricht die alleinige Ausrichtung der Norm auf die Interessen des Auftraggebers respektive der Gesellschaft mit den bekannten Konsequenzen für eine vollständige Abdingbarkeit der Norm.[904] Allein mit der Abdingbarkeit dieser Norm wird grundsätzlich deutlich, dass ein absoluter Vermögensschutz zugunsten des jeweiligen Schutzadressaten vom Gesetz nicht intendiert ist und materielle Schädigungen vom Berechtigten über den Einzelfall hinaus gestattet werden können.

bb) Disponibilität der §§ 668 BGB, 111 HGB

Normspezifische Bestätigung erhält dieses Ergebnis durch die Disponibilität[905] der an die Herausgabepflicht des § 667 BGB anknüpfenden Verzinsungspflicht des § 668 BGB[906] und der insoweit spezielleren[907] Regelung des § 111 HGB. Beide Normen gebieten als Sanktion der vertragswidrigen Vorenthaltung von Geld gegenüber der Gesellschaft, dass dieses zulasten des Geschäftsleiters zu verzinsen ist. Damit beinhalten sie die mit der organschaftlichen Treuepflicht identische Grundaussage, dass eine Bereicherung durch die Verwendung der gesellschaftseigenen Vermögenswerte zulasten der Gesellschaft verboten ist. Gleichzeitig spiegeln sie den grundsätzlichen Mechanismus der organschaftlichen Treuepflicht wider, indem der Konflikt der eigenen Interessen mit denen der Gesellschaft zugunsten der Interessen der Gesellschaft gelöst wird.[908]

cc) Systematik der Treuepflicht

Abschließend zuzustimmen ist der Argumentationslinie, die auf die allgemeine Treuepflichtdogmatik und den beschränkten Umfang der Abbedingung abstellt. Ungeachtet der Aufhebung der Zulässigkeitsschranke „Angemessenheit“ sind

---

903 Vgl. insoweit allgemein oben E) § 3 IV 1.

904 Siehe oben D) § 7.

905 Zu § 111 HGB *Langhein*, in: MünchKommHGB, § 111 HGB, Rn. 19; *Roth*, in: Baumbach/Hopt, HGB, § 111 HGB, Rn. 2. Entsprechendes muss für die Norm des § 668 BGB gelten, da die Ausgangslage in Bezug auf die Gestaltungsfreiheit und die Schutzzwecke beider Normen identisch ist.

906 *Mansel*, in: Jauernig, BGB, § 668 BGB, Rn. 1.

907 *Roth*, in: Baumbach/Hopt, HGB, § 111 HGB, Rn. 1.

908 Siehe oben B) § 2 I.

weiterhin für das einzelne abzuschließende Eigengeschäft die durch den § 138 BGB gesetzten generellen Grenzen zu beachten.[909] Die abgeschlossenen Verträge dürfen nicht gegen den Maßstab der guten Sitten verstoßen. Resultat dessen ist, dass Verträge, die ein evidentes Missverhältnis von Leistung und Gegenleistung beinhalten oder die auf einer bewussten Ausnutzung der Gegebenheiten beruhen, als nichtig zu behandeln sind.[910] Entsprechendes gilt für Eigengeschäfte, die die Gesellschaft unangemessen lange binden und jegliche wirtschaftliche Bewegungsfreiheit beseitigen. Es lebt sozusagen der materielle Standard der ehemals herrschenden Literaturansicht auf. Diese beurteilte per se die Zulässigkeit solcher Geschäfte am Maßstab des § 138 BGB.[911]

Im Übrigen wäre neben dem § 826 BGB in doppelter Weise die bestehende Ausübungsschranke auf dem Niveau des § 242 BGB zu beachten.[912]

II. Übertragung der Ergebnisse auf die mitgliedschaftliche Treuepflicht

In Parallele zu den Organvertretern gilt für die Mitglieder der Gesellschaft aufgrund ihrer Treuepflicht gegenüber der Gesellschaft, dass sich die einzelnen Gesellschafter keine unberechtigten Vermögensvorteile – ungeachtet dessen, wie diese konkret hervorgerufen werden –[913] zukommen lassen dürfen.[914]

---

909 So auch vgl. *Hellgardt*, FS Hopt, S. 765, 780; *Kampf*, Abdingbarkeit, S. 244.

910 Vgl. etwa BGH, WM 1989, 1335, 1339 (sog. Neue-Heimat-Urteil); so auch *Hellgardt*, FS Hopt, S. 765, 780; *Kampf*, Abdingbarkeit, S. 244.

911 Siehe soweit *Hübener*, Interessenkonflikt, S. 169 f.

912 Ähnlich *Kampf*, Abdingbarkeit, S. 243 f. und siehe oben F) § 1 III 1 d).

913 Siehe insoweit oben B) § 2 II 2.

914 Vgl. *Altmeppen*, in: *Roth/Altmeppen*, GmbHG, § 43 GmbHG, Rn. 142; vgl. *Fastrich*, in: Baumbach/Hueck, GmbHG, § 13 GmbHG, Rn. 26, § 29 GmbHG, Rn. 73, 75; *Lieder*, in: Michalski, GmbHG, § 13 GmbHG, Rn. 166, 170; vgl. *Merkt*, in: MünchKommGmbHG, § 13 GmbHG, Rn. 143; *Seibt*, in: Scholz, GmbHG, § 14 GmbHG, Rn. 93. Eine prominente und konträre Fallproblematik zum „Aushungern der Minderheit“ stellt in diesem Zusammenhang die „Selbstmästung“ des Mehrheitsgesellschafters durch den Abschluss lukrativer Geschäftsführeranstellungsverträge dar. An deren Erlösen partizipiert er entweder infolge seiner Doppelrolle als Geschäftsführer und Gesellschafter oder infolge der persönlichen Verbundenheit mit dem Organvertreter (*Wedemann*, Gesellschafterkonflikte, S. 48 f.; vgl. *Zöllner*, Schranken, S. 303 f.). Grundsätzlich anzumerken ist, dass in diesem Themenfeld der Gleichbehandlungsgrundsatz als Schutzinstrument versagen kann, da bisweilen ausreichende Differenzierungskriterien hinsichtlich der einzelnen Gesellschafter existieren, um eine Ungleichbehandlung zu legitimieren (vgl. *Wiedemann*, Gesellschaftsrecht Bd. 1, § 8 II 2 b, S. 429 ff.).

Das systematische Korrelat zu § 181 BGB sind insoweit die Stimmverbote nach § 47 Abs. 4 S. 1 Alt. 2, S. 2 Alt. 1 GmbHG (analog).[915] Jene versuchen in ähnlicher Weise wie der § 181 BGB durch einen formalen Ausschluss von der Willensbeteiligung – hier der Stimmrechtsausübung – die privaten Sonderinteressen innerhalb der gesellschaftsinternen Willensbildung fernzuhalten und damit die Beachtung des Gesellschaftsinteresses zu gewährleisten.

In Übereinstimmung mit dem § 181 BGB kommen den Stimmverboten nach § 47 Abs. 4 S. 1 Alt. 2, S. 2 Alt. 1 GmbHG (analog) infolge ihrer faktischen Umgehung durch die Missachtung des formal einzuhaltenden Weges, der regelmäßig vorzufindenden Abbedingung sowie ihrer mangelnden Anwendung im Einzelfall jedoch nur beschränkte Schutzwirkungen zu.[916] In entsprechender Übereinstimmung mit den Eigengeschäften des Organvertreters mit der Gesellschaft wird daher in der Tendenz für die Anerkennung solcher Verträge auf der materiellen Ebene deren Angemessenheit vorausgesetzt.[917]

Insgesamt entspricht es jedoch sowohl bei den Personengesellschaften als auch bei der GmbH der übereinstimmenden Meinung, dass das Verbot der „Unangemessenheit“ nicht uneingeschränkt gilt. Bei der GmbH ist die absolut herrschende Meinung der Ansicht, dass in den Grenzen der §§ 30, 31 GmbHG oder der Existenzgefährdung Gewinne der Gesellschaft entzogen werden könnten und unangemessene Geschäfte getätigt werden dürften.[918]

---

915 Siehe zur Anwendung des § 47 Abs. 4 GmbHG auf die Personengesellschaften *Wiedemann*, Gesellschaftsrecht Bd. 1, § 8 III 1, S. 439.

916 Siehe zur regelmäßig mangelnden Anwendung des § 47 GmbHG im Falle der korporativen Rechtsakte oder des Abschlusses des Geschäftsführerdienstvertrags *K. Schmidt*, Gesellschaftsrecht, § 36 III 3 c, S. 1098; *Wiedemann*, Gesellschaftsrecht Bd. 1, § 8 III 1, S. 439; *Zöllner/Noack*, in: Baumbach/Hueck, GmbHG, § 47 GmbHG, Rn. 76 ff. (Bsp.: Im Falle der Festsetzung der Vergütung); zur Abdingbarkeit des § 47 Abs. 4 S. 1 Alt. 2, S. 2 Alt. 1 GmbHG *Bitter/Heim*, Gesellschaftsrecht, § 4 2 a cc bbb, S. 110; *K. Schmidt*, Gesellschaftsrecht, § 36 III 3 b, S. 1097 f.; *Zöllner/Noack*, in: Baumbach/Hueck, GmbHG, § 47 GmbHG, Rn. 106.

917 Siehe soweit zur Fallgruppe der Festlegung der Dienstbezüge BGHZ 111, 224, 227 ff.; OLG Frankfurt, GmbHR 2005, 550, 554.

918 Vgl. *Fastrich*, in: Baumbach/Hueck, GmbHG, § 3 GmbHG, Rn. 45; *Fleischer*, WM 2003, 1045, 1053; *Haberer*, Zwingendes Kapitalgesellschaftsrecht, S. 203; *Hellgardt*, FS Hopt, S. 765, 779, Fn. 83. Ein Rückgriff auf die Missachtung der innergesellschaftlichen Zuständigkeitsverteilung unter der Annahme, dass der Abschluss eines unangemessenen Geschäfts eine verdeckte Gewinnausschüttung darstellt und daher in die Verteilungs- und Verwendungszuständigkeit der Gesellschafter bzw. der Gesellschafterversammlung eingegriffen wird, um die Rechtswidrigkeit des entsprechenden Geschäfts zu begründen, scheidet im Falle der Abbedingung aus. Ein Fall der

Vergleichbares gilt auch für die Personengesellschaften. Bei diesen ist es anerkannt, dass ein Recht zum Abschluss (einseitig) begünstigender Verpflichtungen, etwa in Form von Bezugsrechten oder Lieferpflichten, zulasten der Gesellschaft statuiert werden kann.[919]

Dem ist gesellschaftsübergreifend über den Einzelfall hinaus zu folgen. Wie bei der organschaftlichen Treuepflicht[920] sprechen Gründe der Treuepflichtsystematik und die Tatsache, dass lediglich der Beteiligtenschutz betroffen ist, für eine Abdingbarkeit. Daneben sind Gründe der Wertungskonformität für dieses Ergebnis anzuführen. Es würde einen unlösbaren Widerspruch darstellen, wenn die Organvertreter von der genannten Pflicht befreit werden könnten, die Gesellschafter aber nicht, obwohl jene schlussendlich in erhöhtem Ausmaß die negativen Folgen einer Abbedingung zu tragen hätten.[921]

Spezifisch lässt die anerkannte Disponibilität der Norm des § 111 HGB, die für alle Gesellschafter gilt, bei der OHG mittelbar den Schluss zu, dass

---

verdeckten Gewinnausschüttung ist grundsätzlich zu verneinen, sofern der entsprechende Sachverhalt gesellschaftsvertraglich integriert wurde (vgl. *Fastrich*, in: Baumbach/Hueck, GmbHG, § 3 GmbHG, Rn. 45, § 29 GmbHG, Rn. 75; *Hellgardt*, FS Hopt, S. 765, 779 f., Fn. 83; vgl. *K. Schmidt*, Gesellschaftsrecht, § 37 III 1 f, S. 1137). Dementsprechend dürfte auch ein Verstoß gegen den Gleichbehandlungsgrundsatz zu verneinen sein (vgl. *Fastrich*, in: Baumbach/Hueck, GmbHG, § 29 GmbHG, Rn. 73; zu dessen grundsätzlicher Anwendung bei Individualrechtsgeschäften *Zöllner*, Schranken, S. 312 ff.). Sofern dagegen davon auszugehen ist, dass dessen begrenzte Schutzwirkung im Falle der Abbedingung weiter eingreifen soll, was durch eine entsprechende Auslegung der Vereinbarung zu ermitteln ist, §§ 133, 157 BGB, wären die einem Gesellschafter durch die Gesellschaft unangemessen gewährten Vorteile, soweit rechtlich zulässig, auch den noch nicht durch die Gesellschaft begünstigten Gesellschaftern zuzugestehen (zu der Rechtsfolge des Ausgleichs an den nicht begünstigten Gesellschafter im Falle des Verstoßes gegen den Gleichbehandlungsgrundsatz *Lieder*, in: Michalski, GmbHG, § 13 GmbHG, Rn. 129; *Wiedemann*, Gesellschaftsrecht Bd. 1, § 8 II 2 b, S. 430 f.). Konsequenz dessen wäre, dass sein spezifischer Schutz fortbestehen würde und, soweit ein von der Treuepflicht befreiter Gesellschafter von seiner zustehenden Befugnis Gebrauch machen möchte, unangemessene Geschäfte abzuschließen, dieser im Falle der Anwendung des Gleichbehandlungsgrundsatzes befürchten muss, dass seine unmittelbar an die Gesellschaft gebundenen Vermögensinteressen gleichsam beeinträchtigt werden. Diese Feststellung gilt im Grundsatz entsprechend umfassend bei einem Konflikt mit dem Gleichbehandlungsgrundsatz.

919 *Schäfer*, in: MünchKommBGB, § 705 BGB, Rn. 226.

920 Siehe soweit erneut *Kampf*, Abdingbarkeit, S. 242 ff. und oben G) § 2 I 3 b).

921 Vgl. oben D) § 1.

Vermögensverschiebungen zulasten der Gesellschaft gestattet werden können, soweit nur das Innenverhältnis betroffen ist.

Hinsichtlich der abgeschlossenen und infolge der Abbedingung grundsätzlich abschließbaren Geschäfte sind die Gesellschafter im Kern den gleichen (§§ 138, 242, 826 BGB)[922] bzw. darüber hinausgehenden (§§ 30, 31 GmbHG)[923] Einschränkungen wie die Organvertreter ausgesetzt.

§ 3 Wettbewerbsverbot

I. Allgemeines

Als anerkannte Ausprägung der Treuepflicht, gesetzlich präzisiert in den Normen der §§ 112 HGB, 88, 284 AktG und für sämtliche Geschäftsleiter einer Erwerbsgesellschaft gültig, ist das Wettbewerbsverbot zu nennen.[924] Den genannten gesetzlichen Normierungen ist als Regelungsmuster gemein, dass sie unter dem Erlaubnisvorbehalt der „Verfügungsberechtigten“ stehen und im Einzelfall eine Ausnahme vom Wettbewerbsverbot erteilt werden kann.[925] Das aktienrechtliche Wettbewerbsverbot des § 88 AktG für den Vorstand einer AG ist, wie schon der Wortlautvergleich zu § 112 HGB zeigt, das umfangreichere, da es nahezu jegliche unternehmerische Betätigung untersagt.[926] Zusätzlich wird dem § 88 AktG

922 Siehe oben F) § 1 II, F) § 1 III.

923 Siehe oben D) § 5 II 1 a).

924 Allgemein *Grigoleit*, ZGR 2010, 662, 665 f.; *K. Schmidt*, Gesellschaftsrecht, § 20 V 1 b, S. 596; *Wiedemann*, Gesellschaftsrecht Bd. 2, § 3 II 3 d cc, § 4 II 4 b bb, S. 204, 342; zum GbR-Geschäftsführer *Armbrüster*, ZIP 1997, 272; *Kübler/Assmann*, Gesellschaftsrecht, § 6 II 2 c aa, S. 49; *Schäfer*, in: MünchKommBGB, § 705 BGB, Rn. 235 ff.; zum OHG-Geschäftsführer *Armbrüster*, ZIP 1997, 265 ff.; *Schäfer*, in: Staub, GroßkommHGB, § 112 HGB, Rn. 1; zum GmbH-Geschäftsführer *Altmeppen*, in: *Roth/Altmeppen*, GmbHG, § 43 GmbHG, Rn. 29; *Schiessl*, GmbHR 1988, 53; *Schnorbus*, in: Rowedder, GmbHG-Kom., § 43 GmbHG, Rn. 57 f.; zum Vorstandsmitglied der AG 4.3.1. DCGK; *Armbrüster*, ZIP 1997, 1269; *Hopt/Roth*, in: GroßkommAktG, 5. Aufl., § 93 AktG, Rn. 247; *Möllers*, Hdb Corporate Governance, 2. Aufl., S. 435; *Spindler*, in: MünchKommAktG, § 93 AktG, Rn. 108; siehe zur Frage, wer insgesamt zum Kreis der Verpflichteten zu zählen ist, *Merkt*, ZHR 159 (1995), 423, 433 ff.; *Timm*, GmbHR 1981, 177 f.; *Weisser*, Corporate Opportunities, S. 136 ff.

925 Allgemein zur Treuepflicht und im Speziellen zu § 88 AktG *Kuntz*, Gestaltung von Kapitalgesellschaften, S. 499; zu § 112 HGB *Bergmann*, in: E/B/J/S, § 112 HGB, Rn. 24; *Langhein*, in: MünchKommHGB, § 112 HGB, Rn. 23.

926 Weiterführend *Armbrüster*, ZIP 1997, 1269; *Grigoleit*, ZGR 2010, 662, 666; *Merkt*, ZHR 159 (1995), 423, 433; *Rhein*, Der Interessenkonflikt der Manager, S. 91; *Timm*, GmbHR 1981, 177; *Weisser*, Corporate Opportunities, S. 135.

der nicht mit der organschaftlichen Treuepflicht zusammenhängende Schutzzweck[927] des Erhalts der vollen Arbeitskraft der Vorstandsmitglieder zum Vorteil der Gesellschaft attestiert.[928]

Das Wettbewerbsverbot gilt auch für den beherrschenden oder sonstigen Gesellschafter einer GmbH, der auf die Führung der Geschäfte relevanten – rechtlich[929] oder faktisch bedingt – Einfluss nehmen kann. Dieses Ergebnis basiert auf dem treuerechtlichen Geltungsgrund der herrschenden Meinung und der gesetzlichen Wertung der §§ 114 Abs. 1, 115, 164, 165 HGB, 76, 88 AktG.[930]

Im Gegensatz zur GbR wird bei den Gesellschaftern einer OHG nicht danach differenziert, ob diese die Position des Gesellschaftsführers innehaben oder nicht. Das Verbot gilt für jeden Gesellschafter.[931]

---

927 Dazu *Armbrüster*, ZIP 1997, 1269, 1270: „Dieses Ziel hat mit dem Zweck eines Wettbewerbsverbots nichts zu tun; vielmehr handelt es sich bei § 88 Abs. 1 AktG um eine rechtstechnische Koppelung zweier völlig verschiedenartiger Institute: dem der Gesellschaft die gesellschaftstreue, nicht fremdnützige Geschäftsführung sichernden Wettbewerbsverbot einerseits, dem ihr die Arbeitskraft sichernden (handelszweigunabhängigen) Betätigungsverbot andererseits." Siehe oben F) § 1 I.

928 *Armbrüster*, ZIP 1997, 1269 f.; *Grigoleit*, ZGR 2010, 662, 665 ff.; *Merkt*, ZHR 159 (1995), 423, 434; *Mertens/Cahn*, in: Kölner Kommentar zum AktG, § 88 AktG, Rn. 15; *Rhein*, Der Interessenkonflikt der Manager, S. 93; *Schiessl*, GmbHR 1988, 53; *Weisser*, Corporate Opportunities, S. 135.

929 Stellung als Mehrheitsgesellschafter; gesellschaftsvertraglich zugesicherte Informationsrechte oder Verwaltungsrechte, die über die gesetzliche Ausgangslage hinausgehen (*Cziupka*, in: Scholz, GmbHG, § 3 GmbHG, Rn. 83; *Merkt*, in: MünchKommGmbHG, § 13 GmbHG, Rn. 219). Daher ist es nicht ausreichend, dass der Gesellschafter der GmbH über ein besonderes Informationsrecht nach § 51a GmbHG verfügt, um für jedes Mitglied der Gesellschaft ein Wettbewerbsverbot zu begründen (*Altmeppen*, in: *Roth/Altmeppen*, GmbHG, § 13 GmbHG, Rn. 50); siehe vertiefend zu den weiteren relevanten Faktoren *Armbrüster*, ZIP 1997, 1269, 1273; *von der Osten*, GmbHR 1989, 450, 452.

930 *Altmeppen*, in: *Roth/Altmeppen*, GmbHG, § 13 GmbHG, Rn. 46, 50; *Armbrüster*, ZIP 1269, 1271; *Fastrich*, in: Baumbach/Hueck, GmbHG, § 13 GmbHG, Rn. 28; *Immenga*, FS 100 Jahre GmbHG, S. 189, 197; *Lieder*, in: Michalski, GmbHG, § 13 GmbHG, Rn. 264 ff.; *Merkt*, in: MünchKommGmbHG, § 13 GmbHG, Rn. 217; *Mertens*, in: Hachenburg, GmbHG, § 43 GmbHG, Rn. 39; *Pentz*, in: Rowedder, GmbHG-Kom., § 13 GmbHG, Rn. 62, 87 ff.; *Seibt*, in: Scholz, GmbHG, § 14 GmbHG, Rn. 113; *Timm*, GmbHR 1981, 177, 179; *M. Weber*, Vormitgliedschaftliche Treuebindungen, S. 54.

931 *Bergmann*, in: E/B/J/S, § 112 HGB, Rn. 4: *Finckh*, in: Henssler/Strohn, Gesellschaftsrecht, § 112 HGB, Rn. 6; *Roth*, in: Baumbach/Hopt, HGB, § 112 HGB, Rn. 2; *Schäfer*, in: MünchKommBGB, § 705 BGB, Rn. 235; *Weller*, ZHR 175 (2011), 110.

Das Wettbewerbsverbot hat bei allen Gesellschaftsformen den Zweck, präventiv den Missbrauch gesellschaftsbezogener und -interner Informationen zu verhindern, einen negativen Einfluss der Leitungsorgane im weiteren Sinne auf die Belange der Gesellschaft zu deren eigenem persönlichen Nutzen zu unterbinden sowie allgemein einer Schädigung der Gesellschaft entgegenzuwirken, die durch eine konkurrierende Tätigkeit und die Gefahren einer Interessenkollision entstehen kann.[932]

II. Befreiungsmöglichkeit vom Wettbewerbsverbot

1. Darstellung der Ansichten

Unter Anknüpfung an die Norm des § 109 HGB erachtet die herrschende Meinung die Befreiung des Organvertreters oder des Gesellschaftsmitglieds vom Wettbewerbsverbot innerhalb der OHG über den Einzelfall hinaus für zulässig.[933] Entsprechendes wird für die GbR-Erwerbsgesellschaft aufgrund der Ähnlichkeit der Rechtsformen hinsichtlich der Gestaltungsfreiheit und der Tatsache vertreten, dass der § 112 Abs. 1 HGB analog zur Bestimmung des Wettbewerbsverbots herangezogen wird.[934] Unabhängig von einer fehlenden ausdrücklichen gesetzlichen Normierung eines Wettbewerbsverbots bei der GmbH und der daraus resultierenden Uneinigkeit über den konkreten Normanknüpfungspunkt nimmt die herrschende Ansicht sowohl für den GmbH-Gesellschafter als auch für den GmbH-Geschäftsführer unter einer entsprechenden Begründung (§ 45 Abs. 2 GmbHG) ein dem Recht der Personengesellschaften entsprechendes Resultat an.[935]

---

932 *Weller*, ZHR 175 (2011), 110, 111.

933 *Armbrüster*, ZIP 1997, 261, 269; *Bergmann*, in: E/B/J/S, § 112 HGB, Rn. 40; *Koppensteiner*, GesRZ 2009, 197, 199; *Langhein*, in: MünchKommHGB, § 112 HGB, Rn. 36; *Löhnig*, Treuhand, S. 413; *Hadding/Kießling*, in: Soergel, BGB, § 705 BGB, Rn. 62; *Roth*, in: Baumbach/Hopt, HGB, § 112 HGB, Rn. 13; *U. H. Schneider*, ZGR 1978, 1, 29.

934 *Armbrüster*, ZIP 1997, 261, 272; *Schäfer*, in: MünchKommBGB, § 705 BGB, Rn. 226; *Stürner*, in: Jauernig, BGB, § 705 BGB, Rn. 3.

935 Zum GmbH-Gesellschafter *Armbrüster*, ZIP 1997, 1269, 1275; *Hellgardt*, FS Hopt, S. 765, 778 f.; 781 f.; *Kampf*, Abdingbarkeit, S. 206; *Lawall*, Wettbewerbsverbot, S. 126 f.; vgl. *Lieder*, in: Michalski, GmbHG, § 13 GmbHG, Rn. 229 f., 277 ff.; *Merkt*, in: MünchKommGmbHG, § 13 GmbHG, Rn. 273; *Raiser*, in: Ulmer, GmbHG, § 14 GmbHG, Rn. 111; *Röhricht*, WPg 1992, 766, 780 ff.; *Sina*, DStR 1991, 40, 41; *Verse*, in: Henssler/Strohn, Gesellschaftsrecht, Anh § 13 GmbHG, Rn. 37; *Wicke*, in: Wicke, GmbHG, § 13 GmbHG, Rn. 22; *Wilhelmi*, in: Beck'scher Online Kommentar GmbHG, § 13 GmbHG, Rn. 212; zum GmbH-Geschäftsführer *Altmeppen*, in: *Roth/Altmeppen*,

Dagegen verneint eine restriktivere Ansicht unter Rückgriff auf die dargelegten Verhaltensanomalien,[936] das Regelungsmuster des § 88 Abs. 1 AktG sowie den Sinn und Zweck des Wettbewerbsverbots die Möglichkeit, das organschaftliche Wettbewerbsverbot des GmbH-Geschäftsführers pauschal abzubedingen. Sie erachtet infolge des damit verbesserten Schutzes für die Beteiligten unter gleichzeitiger Verknüpfung mit dem somit realisierten Funktionenschutz für das „Gebilde" Gesellschaft lediglich eine Einwilligung im Einzelfall für zulässig.[937] Diese Argumentation ist auf die Personengesellschaften und Gesellschafter der GmbH übertragbar, da die Wertungsparameter (umfassende Gestaltungsfreiheit sowie ähnliche Gefährdungslage) und Regelungsmuster (§§ 112 (analog), 88 AktG (analog)) weitgehend identisch sind.

Eine ältere Literaturansicht begründete hingegen die zwingende Wirkung des Wettbewerbsverbots mit dessen Ableitung aus dem ihrer Ansicht nach absolut zwingenden § 242 BGB.[938]

2. *Stellungnahme*

Der herrschenden Meinung ist unter Anknüpfung an die systematischen Bezüge rechtsformübergreifend zu folgen. Dies gilt unabhängig davon, ob der normspezifische Anhaltspunkt des Wettbewerbsverbots des GmbH-Geschäftsführers

---

GmbHG, § 43 GmbHG, Rn. 31; *Armbrüster*, ZIP 1997, 1269, 1277; *Bueck-Heeb*, in: G/E/S, GmbHG, Anh § 6 GmbHG, Rn. 55; *Hellgardt*, FS Hopt, S. 765, 778 f.; 781 f.; *Kampf*, Abdingbarkeit, S. 206; *Koppensteiner/Gruber*, in: Rowedder, GmbHG-Kom., § 43 GmbHG, Rn. 19; *Merkt*, ZHR 159 (1995), 423, 425; *Paefgen*, in: Ulmer, GmbHG, § 43 GmbHG, Rn. 103; *Röhricht*, WPg 1992, 766, 780 ff.; *U. H. Schneider*, in: Scholz, GmbHG, 11. Aufl., § 43 GmbHG, Rn. 185; *Torwegge*, Treue- und Sorgfaltspflichten, S. 203; a. A. *Sina*, DStR 1991, 40, 41 für den GmbH-Geschäftsführer mit der Begründung, dass ansonsten ein nicht zu rechtfertigender Eingriff in den Kernbereich der Mitgliedschaft zu bejahen wäre; spezifisch auf die Gestaltungsfreiheit der Gesellschafter hinsichtlich ihres Innenverhältnisses als Argument abstellend *Bueck-Heeb*, in: G/E/S, GmbHG, Anh § 6 GmbHG, Rn. 55; *U. H. Schneider*, in: Scholz, GmbHG, 11. Aufl., § 43 GmbHG, Rn. 185.

936 Siehe oben D) § 4 I.

937 *Kuntz*, Gestaltung von Kapitalgesellschaften, S. 505 ff. In Bezug auf die durch die Verhaltensanomalien ausgelösten Konsequenzen nehmen *Kampf*, Abdingbarkeit, S. 191 und *Schmolke*, Grenzen der Selbstbindung, S. 670 eine gänzlich konträre Position ein und halten eine pauschale Teilabbedingung für zulässig.

938 *Gleiss/Hootz*, NJW 1963, S. 1338, 1339; *Heimann*, Zulässigkeit von Wettbewerbsverboten, S. 15, 16.

oder -Gesellschafters in § 88 AktG analog zu sehen ist,[939] die Norm des § 112 HGB analog[940] als gesetzliche Grundlage des Wettbewerbsverbots herangezogen wird oder auf einen gesetzlichen, ausdrücklich niedergelegten Anhaltspunkt für die Herleitung des Wettbewerbsverbots verzichtet und direkt auf die Treuepflicht abgestellt wird.[941] Die generelle Wertung des Gesetzes, ob diese Ausprägung der Treuepflicht abbedungen werden kann, ist jeweils identisch. Soweit das Innenverhältnis bei der OHG, GmbH und GbR betroffen ist, gilt im Gegensatz zum AktG (§ 23 Abs. 5 AktG)[942] der Grundsatz der Gestaltungsfreiheit. Für eine analoge, zwingend geltende Heranziehung des Regelungsmusters des § 88 Abs. 1 AktG fehlt es damit an einer vergleichbaren Regelungslage auf der Sekundärebene.

Diesem Ergebnis kann auch generell nicht entgegengehalten werden, dass der Verweis auf die Gestaltungsfreiheit nicht überzeuge, da es vorliegend um die Auslotung der Grenzen dieser Freiheit gehe und bei der Treuepflicht keine gesetzlich niedergelegte Wertung existiere, wie weit diese reiche.[943] Mit diesem Argument wird das Verhältnis des zwingenden Rechts zum disponiblen Recht ignoriert, die Begründungslasten werden entgegen der Grundsatzentscheidung zugunsten der Privatautonomie in ihr Gegenteil verkehrt und die gesetzlich existierende, fortgeführte Wertung zugunsten der Gestaltungsfreiheit wird bei den hier untersuchten Gesellschaftsformen grundsätzlich übergangen.[944]

---

939 Zum GmbH-Geschäftsführer *Kuntz*, Gestaltung von Kapitalgesellschaften, S. 505 ff.; *Löhnig*, Treuhand, S. 411; *Paefgen*, in: Ulmer, GmbHG, § 43 GmbHG, Rn. 82; *Zöllner/Noack*, in: Baumbach/Hueck, GmbHG, § 35 GmbHG, Rn. 43; zum Vorstandsmitglied: *Kort*, ZIP 2008, 717, 719.

940 Zum GmbH-Gesellschafter *Merkt*, in: MünchKommGmbHG, § 13 GmbHG, Rn. 215 ff.; *von der Osten*, GmbHR 1989, 450, 451. Gegen die analoge Heranziehung des § 112 HGB spricht freilich, dass der Geschäftsführer der GmbH kein Gesellschafter ist.

941 Allgemein *Timm*, GmbHR 1981, 177 f.; zum GmbH-Gesellschafter *Altmeppen*, in: *Roth/Altmeppen*, GmbHG, § 13 GmbHG, Rn. 47; *Armbrüster*, ZIP 1269, 1272; *Lawall*, Wettbewerbsverbot, S. 58; *Röhricht*, WPg 1992, 766, 771; zum GmbH-Geschäftsführer *Armbrüster*, ZIP 1997, 1269, 1276; *Sina*, DStR 1991, 40.

942 Siehe auch unten I) § 1.

943 So *Kuntz*, Gestaltung von Kapitalgesellschaften, S. 505 ff. konkret zur Aufhebung des organschaftlichen Wettbewerbsverbots des GmbH-Geschäftsführers.

944 Speziell zur GmbH *Münch*, NJW 1993, 225, 230: „Einen Anhaltspunkt mag jedoch § 71 des Regierungsentwurfes für ein GmbH-Gesetz von 1971 bieten, der sich für das Wettbewerbsverbot des Geschäftsführers einer GmbH zwar an § 88 AktG anlehnte, in Text und Begründung aber vorsah, daß das Verbot einer generellen Befreiung für die GmbH nicht gelten solle, da bei der GmbH kein Anlaß bestehe, in das Innenverhältnis zwischen der Gesellschaft und den Geschäftsführern durch zwingende Vorschriften

Im Übrigen ist darauf hinzuweisen, dass das Gesetz in Verknüpfung mit den Verweisungen auf die §§ 27 Abs. 3, 713 BGB, die wiederum zum weitgehend disponiblen Auftragsrecht führen, sehr wohl positive Wertungen hinsichtlich der Abdingbarkeit der zweckbezogenen Treuepflichten enthält, die sich nicht nur auf das Wettbewerbsverbot beschränken.[945]

Soweit auf Verhaltensanomalien in Verknüpfung mit dem Funktionenschutz als weiterer Rechtfertigungsebene abgestellt wird, um eine pauschale Teilabbedingung zu verneinen, ist auf die weitgehend mangelnde Eignung verhaltensökonomischer Erkenntnisse für die Einordnung der Geltungsform einer Norm und auf den generell begrenzten Umfang der Abbedingung zu verweisen. Resultat dessen ist, dass die Annahme der zwingenden Wirkung aus Gründen des Funktionenschutzes vorliegend zu weit reicht.[946]

Abschließend ist anzumerken, dass die ältere Auffassung übersieht, dass der § 242 BGB nur eingeschränkt zwingend[947] ist. In diesem Zusammenhang ist die gesellschaftsrechtliche Treuepflicht und somit konsequenterweise auch das Wettbewerbsverbot dem disponiblen Bestandteil des § 242 BGB zuzuordnen.[948]

III. Reichweite der Befreiung

Innerhalb der Ansichten, die eine pauschale Befreiung vom Wettbewerbsverbot für zulässig erachten, ist treuepflicht- und rechtsformübergreifend umstritten,

einzugreifen." Zum Strukturunterschied der AG zur GmbH führt *Hommelhoff*, ZGR-Sonderheft 13 (1998), 36, 46 aus, dass das Recht der GmbH nachdrücklich auf die Privatautonomie ausgerichtet sei und im Gegensatz zum Recht der AG auf eine „überbordende staatliche Fürsorge" verzichte. Entsprechendes hat infolge der weitgehend identischen Reichweite in Bezug auf die innergesellschaftliche Gestaltungsfreiheit auch für die OHG und GbR zu gelten. Generell sehr kritisch gegenüber den Übernahmen zwingender aktienrechtlicher Wertungen ist *Hey*, Freie Gestaltung, S. 269: „Die Übernahme von Wertungen, die letztlich aus dem Aktienrecht stammen, missachtet jedoch bereits von vornherein die unterschiedliche Ausgestaltung der verschiedenen Gesellschaftsrechtsformen durch den Gesetzgeber und damit auch die Wahlfreiheit der Rechtsform." Siehe generell auch schon oben zur eingeräumten Gestaltungsfreiheit für die Beteiligten bei der GmbH D) § 2.

945 Siehe oben G) § 1, G) § 2 I 3 b).

946 Siehe oben D) § 4 II, E) § 3 II 1 c) bb).

947 *Grüneberg*, in: Palandt, BGB, § 242 BGB, Rn. 20; *Schubert*, in: MünchKommBGB, § 242 BGB, Rn. 97.

948 Siehe oben E) § 4 II 2; ähnlich *Kampf*, Abdingbarkeit, S. 190 f.; *Lawall*, Wettbewerbsverbot, S. 133.

welche Konsequenzen der Befreiung vom Wettbewerbsverbot konkret zuzusprechen sind.[949]

1. *Restriktiver Ansatz*

Aufbauend auf dem ihrer Ansicht nach beschränkten Schutzzweck des Wettbewerbsverbots, nämlich der abstrakt formalen Vermeidung von Interessenkonflikten, nimmt eine Position in vorsichtiger Parallelität zu den Konsequenzen der Aufhebung des § 181 BGB an, dass die Befreiung vom Wettbewerbsverbot lediglich beinhalte, dass die konkrete Gefahr von Interessenkonflikten akzeptiert und das damit grundsätzlich vermittelte Schutzniveau reduziert werde.[950] Nach dieser Literaturmeinung umfasst die Aufhebung des Wettbewerbsverbots nicht die Einräumung der Befugnis, gezielt zum Schaden der Gesellschaft zu handeln.[951] Argumentativ unterstützend und in der Sache selbst umfassender wird auch davon ausgegangen, dass eine weiterreichende Aufhebung des Wettbewerbsverbots nicht mit der Verfolgung des gemeinsamen Zweckes vereinbar sei.[952]

2. *Liberaler Ansatz*

Die Gegenauffassung nimmt an, dass eine generelle Befreiung vom Wettbewerbsverbot die Erlaubnis der Beeinträchtigung der Belange der Gesellschaft umfasse bzw. es zulässig sei, eine solche Beeinträchtigung zu gestatten.[953] Der abweichenden Ansicht wird entgegengehalten, dass diese zu paternalistisch sei und sie zu einem abzulehnenden, indisponiblen, überindividuellen Eigeninteresse der

---

949 Nach der übereinstimmenden Ansicht im Schrifttum sind die Parteien in jedem Fall berechtigt, Verfahrensregeln, die vom Gesetz abweichen, über die hier aufgrund des Strukturunterschieds nicht näher interessierende Einwilligung in die konkurrierende Wettbewerbstätigkeit im Gesellschaftsvertrag aufzunehmen (*Bergmann*, in: E/B/J/S, § 112 HGB, Rn. 40).

950 *Kampf*, Abdingbarkeit, S. 190 f.; *Löffler*, NJW 1986, 223, 228 f.; *Münch*, NJW 1993, 225, 230; *Polley*, Wettbewerbsverbot und Geschäftschancenlehre, S. 142; *Schäfer*, in: Staub, GroßkommHGB, § 112 HGB, Rn. 33.

951 *Kampf*, Abdingbarkeit, S. 191; *Löffler*, NJW 1986, 223, 228 f.; *Münch*, NJW 1993, 225, 230; *Polley*, Wettbewerbsverbot und Geschäftschancenlehre, S. 142.

952 *Martens*, in: Schlegelberger, HGB, § 112 HGB, Rn. 25; vgl. *Schäfer*, in: Staub, GroßkommHGB, § 112 HGB, Rn. 33.

953 *Bergmann*, in: E/B/J/S, § 112 HGB, Rn. 40; *Hellgardt*, FS Hopt, S. 765, 781; *Langhein*, in: MünchKommHGB, § 112 HGB, Rn. 35; *Roth*, in: Baumbach/Hopt, HGB, § 112 HGB, Rn. 13.

Gesellschaft führe.[954] Ergänzend sei in Extremfällen auf einen einzelfallgeleiteten Schutz, basierend auf dem Schädigungsverbot, zurückzugreifen.[955]

3. *Stellungnahme*

Weite Teile der erstgenannten Ansicht unterschätzen die Schutzwirkung des Wettbewerbsverbots. Sie übersehen, dass dieses grundsätzlich den Versuch unternimmt, der Verwertung unternehmensspezifischer Informationen entgegenzuwirken, und dem Entzug der Geschäftschancen innerhalb der konkreten Unternehmenstätigkeit der Gesellschaft vorbeugen möchte.[956] Gleichzeitig werden materielle Belange der Gesellschaft durch das Wettbewerbsverbot, wie etwa die Rekrutierungsmöglichkeit von geeignetem Personal ohne Störfaktoren oder durch die Unterbindung der Erbringung von Serviceleistungen zulasten der Mitgesellschafter, geschützt, die in keinem unmittelbaren Zusammenhang mit einer Geschäftschance stehen,[957] sodass deren materieller Schutz leerläuft.[958]

Im Vordergrund muss demnach die Frage stehen, ob Beeinträchtigungen der Zweckverfolgung durch die Aufhebung des Wettbewerbsverbots gestattet werden können. Dies ist zu bejahen und der zweitgenannten Ansicht ist zu folgen.

Der Wortlaut des Gesetzes und dessen äußere Systematik (etwa §§ 109 HGB, 45 Abs. 2 GmbHG) lassen eine solche Einschränkung nicht erkennen. Sie stehen der vollständigen Aufhebung mit einer Erlaubnis der Zweckbeeinträchtigung nicht entgegen. Gleichzeitig spricht das Telos des Wettbewerbsverbots

---

954 *Hellgardt*, FS Hopt, S. 765, 782.

955 Vgl. *Langhein*, in: MünchKommHGB, § 112 HGB, Rn. 35, Fn. 142.

956 Siehe soweit *Weisser*, Corporate Opportunities, S. 227; *Timm*, GmbHR 1981, 177, 181, die annehmen, dass eine Befreiung vom Wettbewerbsverbot zugleich eine entsprechende Wahrnehmung der Geschäftschancen umfasse.

957 Insoweit ein sehr anschauliches Beispiel darstellend LG München I, Teilurteil vom 15. 10. 2012 – 14 HK O 9289/07: „Das Grundproblem ergibt sich wiederum hier, dass die Beklagte ein legitimes eigenes wirtschaftliches Interesse verfolgt bei der Rekrutierung von geeignetem Personal und dabei aber in Kollision gerät mit ihren gesellschaftsrechtlichen Treueverpflichtungen gegenüber der KMS KG. Diese Verstöße sind jedoch gerade kennzeichnend für ein Wettbewerbsverhältnis, welche im Hinblick auf den Gesellschaftsvertrag als Geschäftsgrundlage generell zu unterbinden sind und im Falle der Unmöglichkeit der Unterbindung eben eine Störung dieser Geschäftsgrundlage durch Wettbewerb darstellen."

958 Zum Interesse der Konkurrenz an den Unternehmensinformationen konkret *Kuntz*, Gestaltung von Kapitalgesellschaften, S. 507 f.; zum weiterreichenden Schutz des Wettbewerbsverbots *Grunewald*, Gesellschaftsrecht, § 2 II 2 Rn. 10, S. 101; *Schade*, Sorgfalts- und Loyalitätspflichten, S. 151.

gegen den restriktiven Ansatz. Das Wettbewerbsverbot dient weitgehend nur den Interessen der Beteiligten. Der Funktionenschutz wird in nicht relevanter Weise berührt.[959] Eine gläubigerschützende dispositionsbegrenzende Wirkung des Wettbewerbsverbots, wie es teilweise angenommen wird,[960] ist ebenfalls abzulehnen. Wie generell[961] bei der Treuepflicht gilt auch für das Wettbewerbsverbot als deren Einzelausprägung, dass weder ein indisponibles, dispositionsbeschränkendes Eigeninteresse[962] der Gesellschaft noch anderweitig eine gläubigerschützende Wirkung zu konstruieren ist.[963]

Unter Berücksichtigung der systematischen Bezüge der Treuepflicht selbst und des beschränkten Umfangs der Abbedingung ist die geforderte Einschränkung wie bei der allgemeinen Abbedingung der Treuepflicht unter Gesichtspunkten des Beteiligtenschutzes nicht nötig. Infolge des § 242 BGB kann es angezeigt sein, die schädigende konkurrierende Wettbewerbsfähigkeit zu unterlassen oder auf ein angemesseneres Maß zu reduzieren.[964] Bedingt durch die damit innewohnende Umkehrung des Regel-Ausnahme-Verhältnisses der Einschränkung der wirtschaftlichen Bewegungsfreiheit kann dem erneut nicht entgegengehalten werden, dass dieses Ergebnis weitgehend identisch zur erstgenannten Sicht sei.[965]

§ 4 Geschäftschancenlehre

I. Allgemeines

Ausgehend vom allgemeinen Leitsatz der gesellschaftsbezogenen Treuepflicht ist es Rechtsform[966] und Treuepflicht übergreifend nicht gestattet, vorteilhafte und realisierbare Geschäfte, die der Gesellschaft wirtschaftlich zuzurechnen sind, an sich zu ziehen und zum privaten Vorteil auszunutzen.[967] Dieses Verbot, das

---

959 Siehe oben allgemein D) § 6 I 1, F) § 1 III 1 und spezifisch G) § 3 II 2.

960 Vgl. *Henze*, NZG 2003, 649, 655.

961 Siehe oben D) § 5 I 3.

962 Darauf abstellend im weiteren Sinne bei dem Wettbewerbsverbot des Mehrheitsgesellschafters einer Kapitalgesellschaft *Henze*, NZG 2003, 649, 655.

963 *Armbrüster*, ZIP 1997, 261, 263.

964 Siehe oben F) § 1 III 1 d).

965 Siehe soweit nochmals oben F) § 1 III 1 d).

966 Jedenfalls soweit diese gewerblich tätig sind, siehe *BGH*, NJW-RR 2013, 363, 365, Rn. 20 f.; näher zur GbR *Fleischer*, NZG 2013, 361, 366 f.; vgl. zur AG 4.3.3. S. 2 DCGK.

967 Zum Personengesellschafts-Geschäftsführer BGH NJW 1986, 584, 585; *BGH*, NZG 2013, 216 ff.; *Fleischer*, NZG 2013, 361 ff.; *Roth*, in: Baumbach/Hopt, HGB, § 109 HGB, Rn. 26; *Schäfer*, in: Staub, GroßkommHGB, § 114 HGB, Rn. 46; *Weisser*, Corporate Opportunities, S. 127; *Wiedemann*, Gesellschaftsrecht Bd. 2, § 4 II 4 b bb, S. 342 f.;

seinen Ursprung im Recht der Vereinigten Staaten hat und zum „Kernbestand der organschaftlichen Treuepflichten“ zählt,[968] beruht auf dem Grundgedanken, dass der Gesellschaft keine „guten“ Geschäfte entzogen werden sollen. Es wirkt sich umfassend aus, da jenes selbst dann gilt, wenn durch die entsprechende Heranziehung der Geschäftschance kein Schaden für die Gesellschaft entsteht.[969]

Die konkrete Ausgestaltung dieser Treuepflichtausprägung selbst ist im Einzelnen äußerst umstritten. Einigkeit besteht noch dahin gehend, dass grundsätzlich nach den Umständen des Einzelfalls zu beurteilen ist, ob eine Geschäftschance der Gesellschaft zuzuordnen ist. Demgegenüber existiert hinsichtlich der Kriterien der Zuordnung keine Übereinstimmung mehr. Es werden verschiedene Ansätze diskutiert: Nähe zum Unternehmensgegenstand,[970] „Wesentlichkeit“ des zu erwerbenden Gegenstands für die Gesellschaft, möglicher Nutzen für die Gesellschaft, Beschluss der Gesellschaft oder ihr dahin geäußertes Interesse, die Geschäftschance zu ergreifen, Aufnahme oder Eintritt in Vertragsverhandlungen der Gesellschaft mit den etwaigen zukünftigen Vertragspartnern, Zugriff auf die Ressourcen der Gesellschaft, um die Geschäftschance realisieren zu können, oder[971] Gut- bzw. Bösgläubigkeit des Adressaten des Verbots.[972] Als

---

zum GmbH-Gesellschafter *Altmeppen*, in: *Roth/Altmeppen*, GmbHG, § 13 GmbHG, Rn. 45; *Bayer*, in: Lutter/Hommelhoff, GmbHG, § 14 GmbHG, Rn. 35; *Lieder*, in: Michalski, GmbHG, § 13 GmbHG, Rn. 214 ff.; *Pentz*, in: Rowedder, GmbHG-Kom., § 13 GmbHG, Rn. 91; *Timm*, GmbHR 1981, 177; *Seibt*, in: Scholz, GmbHG, § 14 GmbHG, Rn. 113; zum Organ bei den Kapitalgesellschaften *Fleischer*, WM 2003, 1045, 1054; *Kübler*, FS Werner, S. 437, 438 f.; *Merkt*, ZHR 159 (1995), 423, 430; *Mertens/Cahn*, in: Kölner Kommentar zum AktG, § 93 AktG, Rn. 105; *Rhein*, Der Interessenkonflikt der Manager, S. 94; *Schnorbus*, in: Rowedder, GmbHG-Kom., § 43 GmbHG, Rn. 61; *Spindler*, in: MünchKommAktG, § 93 AktG, Rn. 108.

968 *Fleischer*, NZG 2003, 985; *Fleischer*, NZG 2013, 361; *Hopt/Roth*, in: GroßkommAktG, 5. Aufl., § 93 AktG, Rn. 250; *Immenga*, Die personalistische Kapitalgesellschaft, S. 156 ff.; *Kübler*, FS Werner, S. 437, 442; *Mestmäcker*, Verwaltung, S. 166 ff.; *Schiessl*, GmbHR 1988, 53.

969 *Hopt*, ZGR 2004, 1, 12; vgl. *Lutter*, AcP, 1980, 84, 112, 116; *Immenga*, Die personalistische Kapitalgesellschaft, S. 267; vgl. *Röhricht*, WPg 1992, 766, 770.

970 Umstritten ist, ob der tatsächliche oder der satzungsgemäße Geschäftsgegenstand maßgeblich ist und angrenzende Geschäftsfelder ebenso umfasst sind, siehe *Fleischer*, NZG 2013, 361, 364; *Merkt*, ZHR 159 (1995), 423, 430, 439 ff.; *Schiessl*, GmbHR 1988, 53, 54; *Weisser*, Corporate Opportunities, S. 149 f.

971 Zur Frage, ob die einzelnen Tatbestandsvoraussetzungen kumulativ oder alternativ vorliegen müssen, siehe *Fleischer*, NZG 2013, 361, 364.

972 Allgemein *Merkt*, ZHR 159 (1995), 423, 430, 439 ff.; *Fleischer*, NZG 2003, 985, 986 f.; zum GbR-Geschäftsführer *Fleischer*, NZG 2013, 361, 363 ff.; zum Gesellschafter

Auslegungs- bzw. Zuordnungsregel hat sich insoweit jedoch etabliert, dass im Zweifel das Geschäft der Gesellschaft zuzuordnen ist.[973]

Als grundsätzliche Ausnahme von dem Verbot, die Geschäftschance zum eigenen Vorteil zu nutzen, ist im Sinne einer Einwilligung absolut anerkannt die Freigabe einer einzelnen Geschäftschance durch die Gesellschaft[974] respektive durch die weiteren Gesellschafter. Voraussetzung ist, dass umfassend Informationen erteilt wurden bzw. dass absolut keine Möglichkeit gefunden wurde, das Geschäft für die Gesellschaft zu realisieren.[975] Keinen Rechtfertigungsgrund beinhaltet hingegen die Ausführung des Geschäftsleiters, dass er als Privatmann Kenntnis von der Geschäftschance erlangt hat. Seine Treuepflicht ist insoweit unteilbar.[976]

II. Abdingbarkeit

In jedem Fall ist es von der Gestaltungsbefugnis der Beteiligten als umfasst anzusehen, dass diese abstrakt die Kriterien der Zuordnung gesellschaftsvertraglich bestimmen können, um dem damit verbundenen Meinungsstreit in ihrem

---

der GmbH *Altmeppen*, in: *Roth/Altmeppen*, GmbHG, § 13 GmbHG, Rn. 45; *Lieder*, in: Michalski, GmbHG, § 13 GmbHG, Rn. 216 ff.; *Timm*, GmbHR 1981, 177, 181; *Schiessl*, GmbHR 1988, 53 f.; zum gesamten Themenkreis ausf. *Kübler*, FS Werner, S. 437 ff.; *Polley*, Wettbewerbsverbot und Geschäftschancenlehre; *Weisser*, Corporate Opportunities. Die Struktur der Gesellschaft soll nicht als Abgrenzungskriterium herangezogen werden, da eine damit bezweckte Vereinfachung der Rechtslage nicht eintreten soll (ausf. *Fleischer*, NZG 2003, 985, 987). Die einzelnen verwendeten Begrifflichkeiten variieren, siehe ausf. *Merkt*, ZHR 159 (1995), 423, 439 f.

973 *Schiessl*, GmbHR 1988, 53, 54.

974 Soweit das Mehrheitsprinzip gilt, ist strittig, ob die Entscheidung der Mehrheit unter dem Vorbehalt der sachlichen Rechtfertigung und Verhältnismäßigkeit besteht (*Merkt*, ZHR 159 (1995), 423, 444).

975 Siehe nur BGH NJW 1986, 594 f.; *Fleischer*, NZG 2003, 985, 988; *Fleischer*, NZG 2013, 361, 365 f.; *Grunewald*, in: MünchKommHGB, § 165 HGB, Rn. 22; *Kübler*, FS Werner, S. 437, 446; *Lieder*, in: Michalski, GmbHG, § 13 GmbHG, Rn. 219; *Merkt*, ZHR 159 (1995), 423, 443 ff.; *Roth*, in: Baumbach/Hopt, HGB, § 109 HGB, Rn. 26; *Röhricht*, WPg 1992, 766, 770; *Schiessl*, GmbHR 1988, 53, 55; *Sieg/Zeidler*, in: Hauschka, Corporate Compliance, § 4, Rn. 17; *Weisser*, Corporate Opportunities, S. 206 ff.

976 BHG NJW 1986, 585; OLG Frankfurt a. M., GmbHR 1998, 376, 378; kritisch hingegen *Fleischer*, NZG 2013, 361, 365 f., der nach den Begleitumständen differenzieren möchte. Er führt an, dass für die Annahme der Unteilbarkeit der Treuepflicht der Beweis der Pflicht einer vollständigen, auf die Privatsphäre des Geschäftsführers durchschlagenden Amtstreue nötig sei.

Verhältnis die Grundlage zu entziehen.[977] Diese Befugnis findet ihre Rechtfertigung in der geringen Beeinträchtigung der Belange der Betroffenen, dem Wesen der Abbedingung als umfassender Neugestaltung der Rechtsverhältnisse für die Beteiligten sowie dem damit verbundenen Gewinn an Rechtssicherheit.[978]

1. *Darstellung der Ansichten*

Die herrschende Auffassung erachtet es – teilweise mit Einschränkungen – für zulässig, sowohl die Geschäftsleiter als auch die Gesellschafter vom Geschäftschancenverbot über den Einzelfall hinaus zu befreien.[979] Die Begründungen, weshalb dies möglich ist, variieren. Eine Ansicht bedient sich eines Analogieschlusses zur gesetzlich zulässigen Aufhebung des Wettbewerbsverbots nach §§ 109, 112 HGB.[980] Eine andere Ansicht verneint dagegen, aufbauend auf den angenommenen unterschiedlichen Schutzwirkungen des Wettbewerbsverbots zur Geschäftschancenlehre und auf den damit jeweils abweichend verbundenen Folgen einer Abbedingung der jeweiligen Treuepflichtausprägungen, die Tragfähigkeit dieser Argumentation. Sie stellt demgegenüber auf die allgemeine zivilrechtliche (Treuepflicht-)Systematik ab, um die generelle Abdingbarkeit jener Treuepflichtausprägung zu legitimieren.[981]

Partiell wird in Anlehnung an das Regelungsmodell des § 88 Abs. 1 S. 3 AktG und mit Blick auf die bessere Risikoübersicht lediglich eine Teilabbedingung in

---

977 So ist es etwa denkbar, Geschäftschancen infolge privat erlangten Wissens komplett aus dem kritischen Bereich auszuklammern und per se dem Gesellschafter oder Organvertreter zuzuordnen.

978 Siehe oben C) § 4.

979 Zu den Personengesellschaften vgl. *Armbrüster*, ZGR 2014, 333, 351; *Fleischer*, NZG 2013, 361, 366; zum GmbH-Gesellschafter *Bayer*, in: Lutter/Hommelhoff, GmbHG, § 14 GmbHG, Rn. 32; *Kampf*, Abdingbarkeit, S. 219 f.; vgl. *Kübler*, FS Werner, S. 437, 440; zum GmbH-Geschäftsführer *Hellgardt*, FS Hopt, S. 765, 781; *Kampf*, Abdingbarkeit, S. 219 f.; *Kübler*, FS Werner, S. 437, 440, 446 f.; *Kumpan*, Der Interessenkonflikt, S. 505 f.; vgl. *Merkt*, ZHR 159 (1995), 423, 434; *Mertens*, in: Hachenburg, GmbHG, § 43 GmbHG, Rn. 5; *Paefgen*, in: Ulmer, GmbHG, § 43 GmbHG, Rn. 103; *Polley*, Wettbewerbsverbot und Geschäftschancenlehre, S. 184; *Schade*, Sorgfalts- und Loyalitätspflichten, S. 159 f.; *Sieg/Zeidler*, in: Hauschka, Corporate Compliance, § 4, Rn. 21; *Torwegge*, Treue- und Sorgfaltspflichten, S. 203; *Zöllner/Noack*, in: Baumbach/Hueck, GmbHG, § 35 GmbHG, Rn. 43; gegen eine Abdingbarkeit *Schäfer*, in: Staub, GroßkommHGB, § 114 HGB, Rn. 46.

980 *Kumpan*, Der Interessenkonflikt, S. 505 f; *Sieg/Zeidler*, in: Hauschka, Corporate Compliance, § 4, Rn. 21; *Weisser*, Corporate Opportunities, S. 226.

981 *Kampf*, Abdingbarkeit, S. 219 f.

Form der Freigabe spezifizierter Geschäftsarten gestattet bzw. werden Geschäftschancen, die sich infolge gesellschaftsinterner Informationen eröffnet haben, gänzlich von einer Befreiungsmöglichkeit ausgeklammert. Zugelassen wird lediglich eine Einwilligungsmöglichkeit im Einzelfall.[982] Parallel zu der teilweise vertretenen eingeschränkten Reichweite der Abbedingung des Wettbewerbsverbots wird auch im Falle der allgemeinen Freigabe der Geschäftschancen vertreten, dass diese nicht dazu berechtige, die Ressourcen der Gesellschaft gezielt zu deren Schaden auszunutzen.[983]

Gegen diese Einschränkungen stellt sich wiederum eine liberalere Linie der Literatur. Unter Hinweis auf die eingeschränkte Wirkung der Abbedingung – Fortgeltung der §§ 138, 242 BGB, zwingende Regelungen zugunsten des Gläubigerschutzes – und der Bestimmungshoheit der Gesellschafter über das Interesse der Gesellschaft, werden solche Restriktionen generell abgelehnt.[984] Gleichzeitig wird ein umfänglicher Schluss aus § 88 Abs. 1 AktG abgelehnt, da es infolge der unterschiedlichen Regelungslage in Bezug auf den Adressaten des § 88 AktG und infolge der abweichenden Regelungssysteme des AktG hinsichtlich der eingeräumten Gestaltungsfreiheit an der Möglichkeit einer vollständigen Übertragbarkeit der Gesetzeskonstruktion auf die Mitglieder der Gesellschaft sowie auf die diskutierten Rechtsformen der Personengesellschaften und der GmbH generell fehle.[985]

2. *Stellungnahme*

In Übereinstimmung mit den systematischen Bezügen der Treuepflicht und ihres Telos ist dem liberalen Ansatz der Literatur zu folgen.

Ausgehend von der eingeschränkten Eignung, zwingende Regelungen aus Gründen des Beteiligtenschutzes zu rechtfertigen,[986] dem eingeschränkten Umfang der Abbedingung[987] und dem Grundsatz der Gestaltungsfreiheit bei den

---

982 Zur Beschränkung auf einzelne Kategorien *Fleischer*, NZG 2013, 361, 366; *Kumpan*, Der Interessenkonflikt, S. 505 f.; *Sieg/Zeidler*, in: Hauschka, Corporate Compliance, § 4, Rn. 17, 21; vgl. *Sina*, DStR 1991, 40, 41; *Weisser*, Corporate Opportunities, S. 227; zur weiteren Einschränkung *Weisser*, Corporate Opportunities, S. 227; insgesamt ähnlich auch zum Wettbewerbsverbot des GmbH-Geschäftsführers *Kuntz*, Gestaltung von Kapitalgesellschaften, S. 505 f.

983 Vgl. *Kübler*, FS Werner, S. 437, 447; *Polley*, Wettbewerbsverbot und Geschäftschancenlehre, S. 154.

984 *Kampf*, Abdingbarkeit, S. 220 ff.

985 Vgl. so zur GmbH *Kampf*, Abdingbarkeit, S. 221 f.

986 Siehe oben D) § 4 II 6.

987 Siehe oben E), G) § 1.

Personengesellschaften und der GmbH,[988] ist grundsätzlich von der generellen Disponibilität dieser Ausprägung der Treuepflicht auszugehen. Eine irgendwie geartete gegenständliche oder materielle Beschränkung ist zu verneinen.

Gleichsam lässt die allgemeine Disponibilität der §§ 667, 668 BGB, 111 HGB erkennen, dass der im Gesellschaftsrecht verfolgte materielle Vermögensschutz im Innenverhältnis nicht absolut ist.[989] Diese Wertung ist auch für die Abdingbarkeit der Geschäftschancenlehre nutzbar. Beide Ausprägungen der Treuepflicht weisen gewisse Verbindungen zueinander auf. Sie verfolgen den gleichen Schutzzweck. Jener besteht ausprägungsübergreifend darin, materielle Schädigungen des Gesellschaftsvermögens zu verhindern. Zudem sind Überschneidungen der einzelnen Anwendungsbereiche der beiden Treuepflichtausprägungen nicht ausgeschlossen. So beinhaltet der Abschluss eines unangemessenen Geschäfts mit der Gesellschaft zugleich auch den Entzug einer Geschäftschance der Gesellschaft.

Entgegen einer Ansicht der Literatur eignet sich aufgrund des von ihr unterschätzten Schutzzweckes und der inhaltlich möglichen Überschneidungslinien[990] zur Geschäftschancenlehre der Vergleich mit der gesetzlich zugelassenen Abdingbarkeit des Wettbewerbsverbots nach den §§ 109, 112 HGB[991] ebenfalls als Argument, um die Abdingbarkeit der Geschäftschancenlehre zu begründen. Soweit der § 88 Abs. 1 S. 3 AktG angeführt wird, um die Möglichkeit einer generellen Freistellung zu verneinen, ist in Übereinstimmung mit dem liberaleren Ansatz, ähnlich wie bei der Abdingbarkeit des Wettbewerbsverbots, Treuepflicht übergreifend darauf abzustellen,[992] dass diese Norm keine Einschränkung der Gestaltungsfreiheit im Recht der Personengesellschaften oder der GmbH begründen kann.

Hinsichtlich der Reichweite der Einschränkungen selbst gelten in allgemeiner Fortführung der Ergebnisse dieser Arbeit die aus den §§ 138, 242, 826 BGB und den §§ 30, 31 GmbHG folgenden Grenzen.[993]

---

988 Siehe oben D) § 2.

989 Siehe dazu oben F) § 2 I 3 b) aa); so wird auch teilweise aus § 667 BGB die Verpflichtung des Organvertreters abgeleitet, die Geschäftschance an die Gesellschaft herauszugeben, siehe soweit *Schäfer*, in: Staub, GroßkommHGB, § 114 HGB, Rn. 67.

990 Das Wettbewerbsverbot schützt zumindest im Bereich des gleichen bzw. gleichartigen Betätigungsfelds der Gesellschaft gleichermaßen vor dem Entzug konkreter Geschäftschancen, siehe soweit etwa *Kübler/Waltermann*, ZGR 1991, 161, 173.

991 Siehe soweit etwa *Kübler/Waltermann*, ZGR 1991, 161, 173.

992 Siehe oben G) § 3 II 2.

993 Siehe oben D) § 5 II 1, F) § 1 II, F) § 1 III.

§ 5 Pflicht zur Vermeidung von Interessenkonflikten

Die Treuepflicht gebietet den Geschäftsleitern, eine Situation, die eine Kollision der Interessen des Organvertreters im Verhältnis zu der Gesellschaft befürchten lässt, generell zu vermeiden.[994] Eine wie bei den anderen untersuchten Treuepflichtausprägungen vergleichbare Rückführung auf eine Norm des Gesetzes ist bei dieser Pflicht nicht unmittelbar möglich. Gleichwohl gibt das Gesetz durch die Möglichkeit der Aufhebung der übrigen Treuepflichtausprägungen aufgrund des Sachzusammenhangs Aufschluss darüber, dass diese Ausprägung der Treuepflicht nicht zwingend ist. Die Befreiung von den jeweiligen Ausprägungen der Treuepflicht würde es unmöglich machen, die genannte Pflicht zu erfüllen. Dementsprechend ist die gesetzlich angelegte Abbedingungsmöglichkeit der anderen Treuepflichtausprägungen zugleich als Beleg für die Befreiungsmöglichkeit von der Pflicht zur Vermeidung von Interessenkonflikten zu werten.[995]

§ 6 Fazit

Nach der Analyse des Wortlauts des Gesetzes im weiteren Sinne ist unter Berücksichtigung der systematischen Bezüge und des Telos der Treuepflicht festzustellen, dass die wesentlichen Ausprägungen der zweckbezogenen Treuepflichten der Organvertreter und der Gesellschafter auf disponible Normen zurückzuführen sind.

Sie sind – unter dem Vorbehalt des § 138 Abs. 1 BGB, der weiteren Fortwirkung des § 242 BGB und sonstiger zwingender Regelungen zugunsten des Schutzes der Gläubiger und des öffentlichen Interesses – vollständig abdingbar.

Die damit mögliche Rückführung der Treuepflichtausprägungen auf eine Vielzahl einzelner disponibler Normen in Verknüpfung mit dem „äußeren“ System der Gestaltungsfreiheit zeigt deutlich, dass ein zusammenhängendes, in sich stimmiges Regelungssystem, mithin ein „legislatorischer Masterplan“[996], existiert, das bzw. der im Sinne einer Gesamtanalogie den Schluss auf die Zulässigkeit der pauschalen Abdingbarkeit der zweckbezogenen Treuepflichten zulässt.

---

994 Vgl. *Hopt/Roth*, in: GroßkommAktG, 5. Aufl., § 93 AktG, Rn. 275; *Kort*, ZIP 2008, 717, 719; *Mertens/Cahn*, in: Kölner Kommentar zum AktG, § 93 AktG, Rn. 95; *Möllers*, Hdb Corporate Governance, 2. Aufl., S. 431; zur Kritik an dieser Ausprägung der Treuepflicht *Rhein*, Der Interessenkonflikt der Manager, S. 81 f.

995 Vgl. *Timm*, GmbHR 1981, 177, 183.

996 *Möslein*, Dispositives Recht, S. 177.

H Nachträgliche Abbedingung im Falle der Mehrheitsherrschaft

Die Wirksamkeit einer nachträglichen Änderung des Gesellschaftsvertrags beurteilt sich im Falle der Mehrheitsherrschaft im Gegensatz zu dessen ursprünglicher Gestaltung regelmäßig nach abweichenden strengeren Maßstäben.[997] Diese Differenzierung beruht auf dem fehlenden allseitigen Konsens der Beteiligten, der eingeschränkten Richtigkeitsgewähr jener Herrschaft und der deshalb entwickelten Schutzinstrumente.[998] Es stellt sich daher die Frage, welche Anforderungen an eine wirksame nachträgliche (Teil-)Abbedingung der Treuepflicht zu stellen sind.

§ 1 Zweckbezogene Treuepflichten

I. GmbH

1. Kompetenz

Die nachträgliche pauschale sowie auch die partielle Abbedingung sind Treuepflicht übergreifend als Änderung des Gesellschaftsvertrags einzustufen. Dies folgt aus der Koppelung der Treuepflicht an den Zweck der Gesellschaft,[999] ihrem Ursprung im Gesellschaftsvertrag,[1000] den bestehenden gesetzlichen Wertungen (§§ 45 Abs. 1 GmbHG, 112, 109 HGB)[1001] und schließlich aus der grundsätzlichen Orientierung des Organverhältnisses sowie der Mitgliedschaft am Gesellschaftsvertrag[1002]. Konsequenz dieser Charakterisierung ist, dass die Kompetenz für die nachträgliche Abbedingung Treuepflicht übergreifend

---

997 *Koppensteiner*, GesRZ 2009, 197; *Schmolke*, Grenzen der Selbstbindung, S. 523 ff.

998 Siehe oben B) § 2 II 6.

999 Siehe oben B) und *Kampf*, Abdingbarkeit, S. 93 f.

1000 Siehe oben E) § 1.

1001 *Kampf*, Abdingbarkeit, S. 93.

1002 Allgemein zur Präzisierung der Anforderungen des Organverhältnisses durch den Gesellschaftsvertrag *Rawert*, in: MünchKommHGB, § 114 HGB, Rn. 21 f.; *Roth*, in: Baumbach/Hopt, HGB, § 114 HGB, Rn. 9; *Schäfer*, in: MünchKommBGB, § 709 BGB, Rn. 3 (allesamt Personengesellschaften); vgl. *Röhricht*, WPg 1992, 766, 781 (GmbH).

in Übereinstimmung mit der herrschenden Meinung[1003] den Gesellschaftern zuzusprechen ist.

Ihren Grund findet diese Kompetenzzuweisung in der eingeschränkten Reichweite der Geschäftsführungsbefugnis, in der grundsätzlichen Zuständigkeit (§§ 33 Abs. 1, 705 BGB, 53 Abs. 1 GmbHG)[1004] der Gesellschafter für den Inhalt des Gesellschaftsvertrags sowie in der eingeschränkten Eignung schuldrechtlicher Vereinbarungen, die Treuepflicht zu modifizieren.[1005]

2. *Qualität einer materiellen Änderung des Gesellschaftsvertrags*

Sowohl die zweckbezogenen Treuepflichten im Gesamten als auch ihre einzelnen Ausprägungen sind materielle respektive echte Bestandteile des Gesellschaftsvertrags einer GmbH.[1006] Dieses Ergebnis basiert zum einen auf der engen Verknüpfung der Treuepflicht mit dem Gesellschaftszweck,[1007] da der Zweck der Gesellschaft stets als ein Bestandteil des Gesellschaftsvertrags anzusehen ist.[1008] Zum anderen folgt jenes Resultat aus der erheblichen Bedeutung[1009] der Treuepflicht für die gegenwärtigen und zukünftigen Regelungen der internen gesellschafterlichen Beziehungen.

Die nachträgliche (Teil-)Abbedingung hat demnach die Anforderungen zu erfüllen, die die §§ 53, 54 GmbHG an eine nachträgliche Änderung des Gesellschaftsvertrags stellen.[1010] Insoweit ist es irrelevant, ob einzelne Ausprägungen

---

1003 *Fleck*, ZHR 149 (1985), 387, 396; vgl. *Hellgardt*, FS Hopt, S. 765, 785; *Kampf*, Abdingbarkeit, S. 93 f.; vgl. *Merkt*, in: MünchKommGmbHG, § 13 GmbHG, Rn. 273; vgl. *Röhricht*, WPg 1992, 766, 781; vgl. *Schiessl*, GmbHR 1988, 53; vgl. *U. H. Schneider*, in: Scholz, GmbHG, 11. Aufl., § 43 GmbHG, Rn. 187.

1004 *Beuthien/Gätsch*, ZHR 156 (1992), 459, 473; *Hey*, Freie Gestaltung, S. 195; *K. Schmidt*, Gesellschaftsrecht, § 5 I 3 b, S. 84.

1005 Siehe auch oben E) § 3 IV 2 b) bb).

1006 Vgl. *Hartmann*, GmbHR 1999, 1061, 1065; vgl. insgesamt dazu *Marquardt*, in: MünchHdb GmbH, § 22, Rn. 9; *K. Schmidt*, Gesellschaftsrecht, § 5 I 1 d, § 5 I 2 c, S. 79, 82 f.

1007 Siehe oben B) § 3.

1008 Vgl. *Fleck*, ZHR 149 (1985), 387, 396; *Hartmann*, GmbHR 1999, 1061, 1064; *Lutter*, AcP 180 (1980), 84, 102; *Winter*, Treuebindungen, S. 198; *Zöllner*, Schranken, S. 318 ff.

1009 *Armbrüster*, ZIP 1997, 1269, 1277 und allgemein oben § 6 I.

1010 Vgl. *Armbrüster*, ZIP 1997, 1269, 1275 ff.; *Hartmann*, GmbHR 1999, 1061, 1065; *Hellgardt*, FS Hopt, S. 765, 781 ff.; *Kampf*, Abdingbarkeit, S. 96 f.; vgl. *Mertens*, in: Hachenburg, GmbHG, § 43 GmbHG, Rn. 42; vgl. *Münch*, NJW 1993, 225, 229; *Lawall*, Wettbewerbsverbot, S. 137; vgl. *Leuscher*, FS Ahrens, S. 637, 641; *Oetker*, in: Henssler/Strohn, Gesellschaftsrecht, § 35 GmbHG, Rn. 22; vgl. *Röhricht*, WPg 1992, 766, 781; *Sina*, DStR 1991, 40, 41; *Winter*, Treuebindungen, S. 198 ff.; vgl. *Weisser*, Corporate

der Treuepflicht oder jene im Gesamten im Gesellschaftsvertrag explizit konkretisiert wurden. Die ausdrückliche Niederlegung innerhalb des Gesellschaftsvertrags ist für die Charakterisierung als materielle bzw. echte Satzungsbestimmung unerheblich.[1011] Abzulehnen sind daher die Ansichten, die – ohne sich über die konkret erforderlichen Mehrheiten einig zu sein[1012] – einen einfachen Gesellschafterbeschluss ohne die Existenz einer entsprechenden gesellschaftsvertraglichen Grundlage für die Teilabbedingung einzelner Treuepflichten genügen lassen.[1013]

3. Resultierende Folgen aus der Annahme einer Änderung des Gesellschaftsvertrags

Grundsätzliche Voraussetzung für die Abbedingung der Treuepflicht bei der GmbH ist demnach, dass der Beschluss mit einer Drei-Viertel-Mehrheit der abgegebenen Stimmen gefasst, notariell beurkundet und gem. § 54 GmbHG in das Handelsregister eingetragen wird.[1014] Jene Voraussetzungen können generell,

Opportunities, S. 227 f.; *Ziemons,* in: Michalski, GmbHG, § 43 GmbHG, Rn. 245 f.; zu unterscheiden sind dahin gehend der hier nicht näher behandelte einzelfallgeleitete Dispens einer Ausprägung der Treuepflicht am Beispiel des Wettbewerbsverbots und die damit verbundenen Streitpunkte (Notwendigkeit einer Satzungsregelung, Beschlussmehrheiten, Stimmverbot nach § 47 Abs. 4 GmbHG, Erfordernis der sachlichen Rechtfertigung; siehe vertiefend *Merkt,* in: MünchKommGmbHG, § 13 GmbHG, Rn. 267; *Röhricht,* WPg 1992, 766, 781; *U. H. Schneider* in: Scholz, GmbHG, 11. Aufl., § 43 GmbHG, Rn. 190 ff.; *Zöllner/Noack,* in: Baumbach/Hueck, GmbHG, § 35 GmbHG, Rn. 43).

1011 *Kampf,* Abdingbarkeit, S. 101; speziell zur Aufhebung des Wettbewerbsverbots *Armbrüster,* ZIP 1997, 1269, 1275; *Harbarth,* in: MünchKommGmbHG, § 53 GmbHG, Rn. 254; *Lawall,* Wettbewerbsverbot, S. 135 ff.; *Lieder,* in: Michalski, GmbHG, § 13 GmbHG, Rn. 287; allgemein *Marquardt,* in: MünchHdb GmbH, § 22, Rn. 9; vgl. *Zöllner/Noack,* in: Baumbach/Hueck, GmbHG, § 53 GmbHG, Rn. 21.

1012 Einfache Mehrheit in Verbindung mit einem Stimmverbot nach § 47 Abs. 4 GmbHG *Altmeppen,* in: Roth/Altmeppen, GmbHG, § 43 GmbHG, Rn. 31 (Wettbewerbsverbot); *Polley,* Wettbewerbsverbot und Geschäftschancenlehre, S. 145 (Geschäftschancenlehre); allseitiger Gesellschafterbeschluss *Armbrüster,* ZIP 1997, 1269, 1277; *Kleindiek,* in: Lutter/Hommelhoff, GmbHG, Anh § 6 GmbHG, Rn. 23.

1013 *Kampf,* Abdingbarkeit, S. 206 ff.

1014 *Armbrüster,* ZIP 1997, 1269, 1275; *Hartmann,* GmbHR 1999, 1061, 1063; *Leuscher,* FS Ahrens, S. 637, 641; *Röhricht,* WPg 1992, 766, 781; *K. Schmidt,* Gesellschaftsrecht, § 38 I 1 a, S. 1188.

d. h. unabhängig davon, ob eine pauschale oder beschränkte Abbedingung umgesetzt werden soll, nicht mittels eines satzungsdurchbrechenden Beschlusses umgangen werden.[1015] Zu begründen ist dies mit dem dauerhaften, zustandsbegründenden Charakter der Abbedingung[1016] und der eingeschränkten Legalisierungswirkung eines solchen Beschlusses. Dessen Wirkung beschränkt sich in jedem Falle nur auf den Einzelfall und führt zu keiner dauerhaften Änderung des Gesellschaftsvertrags.[1017]

Eine Öffnungsklausel scheidet bei der pauschalen Abbedingung im Gegensatz zur spezifizierbaren Einzelabbedingung gewisser Ausprägungen gleichsam als Flexibilisierungsmittel[1018] der nachträglichen Abbedingung aus.[1019] Die inhaltliche Mindestanforderung einer wirksamen Öffnungsklausel besteht darin, dass sie sich auf einen speziellen Einzelfall beschränkt.[1020] Dagegen weist die Treuepflicht im Gesamten einen umfassenden, nicht unbedingt spezifizierbaren Anwendungsbereich auf.[1021] Bestätigt wird dieses Ergebnis im Sinne eines Erst-Recht-Schlusses durch die Beachtung der gängigen zulässigen Beispiele[1022]

1015 *Hartmann*, GmbHR 1999, 1061, 1064; *Kampf*, Abdingbarkeit, S. 101, 107; vgl. *Merkt*, in: MünchKommGmbHG, § 13 GmbHG, Rn. 269; vgl. *Röhricht,* WPg 1992, 766, 781 f.; *Winter*, Treuebindungen, S. 202.

1016 Siehe oben C) § 4.

1017 *Harbarth*, in: MünchKommGmbHG, § 53 GmbHG, Rn. 47; *Roth*, in: Roth/Altmeppen, GmbHG, § 53 GmbHG, Rn. 28; *K. Schmidt*, Gesellschaftsrecht, § 38 I 1 a, S. 1188; *Zöllner/Noack*, in: Baumbach/Hueck, GmbHG, § 53 GmbHG, Rn. 45.

1018 Dessen vereinfachende Wirkung realisiert sich dadurch, dass bei der konkreten Beschlussfassung auf formaler Seite nur noch das Vorhandensein einer einfachen Mehrheit und nicht die Erfüllung weiterer formaler Voraussetzungen für die Wirksamkeit des Beschlusses gefordert wird, siehe vertiefend zur Öffnungsklausel und zu ihren erleichterten Voraussetzungen *Harbarth*, in: MünchKommGmbHG, § 53 GmbHG, Rn. 47; *Priester*, in: Scholz, GmbHG, 11. Aufl., § 53 GmbHG, Rn. 27a.

1019 *Kampf*, Abdingbarkeit, S. 99 f.

1020 *Roth*, in: Roth/Altmeppen, GmbHG, § 53 GmbHG, Rn. 30a; *Priester*, in: Scholz, GmbHG, 11. Aufl., § 53 GmbHG, Rn. 27a. Daneben ist noch zu beachten, dass die gesellschaftsvertragliche Integration der Öffnungsklausel selbst wiederum den formellen wie materiellen Anforderungen zu genügen hat, die bei einer unmittelbaren Regelung der fraglichen Klausel gelten. Dazu zählen ebenfalls die Voraussetzungen, die sich aus den §§ 33 Abs. 1 S. 1 S. 2 BGB, 53, 54 GmbHG ergeben können (*Bayer*, in: Lutter/Hommelhoff, GmbHG, § 53 GmbHG, Rn. 34; *Harbarth*, in: MünchKommGmbHG, § 53 GmbHG, Rn. 49).

1021 Siehe oben B) § 2.

1022 Regelmäßig genannt werden insoweit: Die Abweichung von den Regeln zur Gewinnverwendung, die Befreiung eines Gesellschafters vom Wettbewerbsverbot gegenüber

einer Öffnungsklausel innerhalb der Literatur. Diese betreffen jeweils nur einzelne Unterausprägungen oder Modifikationen der Treuepflicht. Sie werden insoweit als eigene tatbestandlich begrenzte Satzungsbestandteile bewertet.

Abschließender, zugleich gläubigerschützender Reflex ist, dass sich die pauschale Abbedingung der Treuepflicht innerhalb des Handelsregisters (§ 54 GmbHG) vollzieht.[1023] Hinsichtlich der bei der Teilabbedingung zulässigen Integration der Öffnungsklausel wird eine eingeschränkte, erneut reflexive Schutzwirkung der Gläubiger hingegen dadurch realisiert, dass die Gläubiger Kenntnis von der Existenz dieser „Befreiungs-Klausel" nehmen können. Unabhängig von einem fehlenden intendierten Gläubigerschutz der Treuepflicht im Einzelnen wie im Gesamten[1024] sind sie damit vor einer entsprechenden Realisierung der Bestimmung außerhalb des Gesellschaftsvertrags ausreichend gewarnt. Dadurch bedingt können sie entsprechende, für sie günstige Maßnahmen ergreifen.[1025]

4. *Zustimmungspflicht aus § 33 Abs. 1 S. 2 BGB (analog) – qualifizierter Fall der Änderung des Gesellschaftsvertrags*

Unabhängig von den formellen Voraussetzungen sowie den einzelnen einzuhaltenden Mehrheitsanforderungen (§ 53 GmbHG; etwaige zusätzliche vertragliche Regelungen)[1026] und den daran anknüpfenden materiellen Schutzkonzepten[1027] ist jedoch die Möglichkeit der pauschalen Abbedingung durch die Mehrheit erheblich eingeschränkt bzw. für diese nicht existent.

Basierend auf der Zwecknähe und -orientierung der Treuepflicht und der immanenten Erlaubnis der Abbedingung, den Gesellschaftszweck zu beeinträchtigen, wird die Realisierung des Zweckes der Gesellschaft, nämlich die

---

der Gesellschaft sowie die Befreiung von den Restriktionen des Verbots des § 181 BGB (*Bayer*, in: Lutter/Hommelhoff, GmbHG, § 53 GmbHG, Rn. 34 m. w. N.).

1023 *Fleck*, ZHR 149 (1985), 387, 396; *Kampf*, Abdingbarkeit, S. 98 ff.; *Winter*, Treuebindungen, S. 200 f.

1024 Siehe oben D) § 5 I 3, G) § 3 III 3.

1025 *Armbrüster*, ZIP 1997, 1269, 1275; *Lawall*, Wettbewerbsverbot, S. 143; *U. H. Schneider*, in: Scholz, GmbHG, 11. Aufl., § 43 GmbHG, Rn. 188.

1026 Siehe generell zur Unterscheidung von Zustimmung und Beschlussfassung *Roth*, in: Roth/Altmeppen, GmbHG, § 53 GmbHG, Rn. 44 ff.

1027 Im Wesentlichen ist darauf abzustellen, dass die pauschale Abbedingung der Treuepflicht selbst wiederum treuepflichtgemäß erfolgen und den Anforderungen des Grundsatzes der Gleichbehandlung entsprechen muss, vgl. *Waclawik*, DB 2005, 1151, 1153.

Gewinnerzielungsabsicht, erheblich eingeschränkt. Dies ist, wie die allgemeine Ansicht zutreffend annimmt, als eine wesentliche Umgestaltung der gesellschafterlichen Verhältnisse anzusehen, die von ihrer Bedeutung entweder einer Änderung[1028] des Zweckes der Gesellschaft entspricht[1029] oder unmittelbar als eine solche anzusehen ist.[1030] Beruhend auf dem verallgemeinerungsfähigen, rechtsformübergreifenden Gedanken des § 33 Abs. 1 S. 2 BGB, bedarf die nachträgliche Abbedingung damit als zusätzlich zu erfüllende Wirksamkeitsvoraussetzung der Zustimmung aller Gesellschafter. Dieser Gedankengang ist grundsätzlich auf die Abbedingung derjenigen Teilausprägungen der Treuepflicht zu übertragen, deren Zweck es ist, materielle Beeinträchtigungen der vermögensrechtlichen Belange der Gesellschaft zu unterbinden.[1031] Die Folgen der Abbedingung sind wertungsmäßig nahezu identisch. Auch im Falle der Teilabbedingung wird der Zweck der Gesellschaft durch die reduzierte Pflicht, deren Interessen zu berücksichtigen, sowie durch die damit immanent verknüpfte Erlaubnis der Gesellschafter und Organvertreter in den Grenzen der §§ 138, 226, 242, 826 BGB, 30, 31 GmbHG, der Gesellschaft Schäden zuzufügen, erheblich modifiziert.

Wird hingegen eine Zustimmungspflicht aller Gesellschafter bei der Abbedingung einzelner materiell schützender Treuepflichtausprägungen[1032] abgelehnt und demgegenüber entweder ausschließlich[1033] auf die Schutzkonzeption des

---

1028 Nach *K. Schmidt*, Gesellschaftsrecht, § 4 II 3 a, S. 65 liegt, beruhend auf dem Urteil des BGH (BGHZ 96, 245, 251 f.), eine Änderung des Zweckes der Gesellschaft dann vor, wenn sich der „Charakter" der Gesellschaft ändere und ein Mitglied mit dessen Umgestaltung absolut nicht rechnen könne.

1029 *Kampf*, Abdingbarkeit, S. 98; vgl. *Leuscher*, FS Ahrens, S. 637, 639 f.

1030 *Hartmann*, GmbHR 1999, 1061, 1064 (auf den Fall der Existenzgefährdung beschränkt); *Hellgardt*, FS Hopt, S. 765, 785 ff.; vgl. *Lawall*, Wettbewerbsverbot, S. 136; vgl. *Lieder*, in: Michalski, GmbHG, § 13 GmbHG, Rn. 154; vgl. *Trölitzsch*, in: Beck'scher Online Kommentar GmbHG, § 53 GmbHG, Rn. 18a; *Winter* Treuebindungen, S. 200; a. A. Vgl. *Paefgen*, in: Ulmer, GmbHG, § 43 GmbHG, Rn. 103 (zur generellen Aufhebung des Geschäftschancenverbots).

1031 *Kampf*, Abdingbarkeit, S. 104 f.; vgl. *Leuscher*, FS Ahrens, S. 637, 639 f.; vgl. *Mertens*, in: Hachenburg, GmbHG, § 43 GmbHG, Rn. 42; vgl. *Zöllner/Noack*, in: Baumbach/Hueck, GmbHG, § 35 GmbHG, Rn. 43; a. A. *Hellgardt*, FS Hopt, S. 765, 783.

1032 Vgl. so zur Aufhebung des Wettbewerbsverbots *Bayer*, in: Lutter/Hommelhoff, GmbHG, § 14 GmbHG, Rn. 40; *Harbarth*, in: MünchKommGmbHG, § 53 GmbHG, Rn. 254; *Kleindiek*, in: Lutter/Hommelhoff, GmbHG, Anh § 6 GmbHG, Rn. 23; *Röhricht*, WPg 1992, 766, 781.

1033 Vgl. so zur Freigabe einer einzelnen Geschäftschance *Kübler/Waltermann*, ZGR 1991, 161, 171 f.

Stimmverbots nach § 47 Abs. 4 GmbHG zurückgegriffen[1034] oder dazu kumulativ[1035] noch auf die Grundsätze der materiellen Beschlusskontrolle abgestellt,[1036] ist gleichwohl festzustellen, dass ein sehr weitgehender Minderheitenschutz realisiert wird. Dieser basiert auf dem Schutzeffekt[1037] des § 47 Abs. 4 GmbHG und, soweit die Anwendung der materiellen Beschlusskontrolle bejaht wird, zusätzlich auf den hohen Anforderungen, die an die Rechtmäßigkeit des entsprechenden Befreiungsbeschlusses gestellt werden. Praktisch ist es, aufbauend auf dem Gedanken der Paradoxie und zusätzlich erschwert durch die infolge der Reichweite der Befreiung entstehenden Prognoseunsicherheiten[1038], kaum vorstellbar, dass es im Interesse der Gesellschaft liegt, eine dauerhafte, über den Einzelfall hinausreichende Beeinträchtigung des Zweckes, der entweder als Definitionsstütze des Interesses der Gesellschaft dient oder als dessen Synonym verwendet wird, zu gestatten.[1039]

1034 Jedenfalls soweit nur ein einzelner Gesellschafter von den einzelnen Restriktionen der Treuepflicht befreit werden soll (vgl. so zur Aufhebung des Wettbewerbsverbots *Harbarth*, in: MünchKommGmbHG, § 53 GmbHG, Rn. 254).

1035 Vgl. so zur Aufhebung des Wettbewerbsverbots *Kleindiek*, in: Lutter/Hommelhoff, GmbHG, Anh § 6 GmbHG, Rn. 23; *Merkt*, in: MünchKommGmbHG, § 13 GmbHG, Rn. 266 ff.; *Röhricht*, WPg 1992, 766, 781 ff.

1036 Explizit zur Treuepflicht *Hellgardt*, FS Hopt, S. 765, 783; vgl. so zur Aufhebung des Wettbewerbsverbots *Armbrüster*, ZIP 1997, 1269, 1275 ff.; *Bayer*, in: Lutter/Hommelhoff, GmbHG, § 13 GmbHG, Rn. 40; *Merkt*, in: MünchKommGmbHG, § 13 GmbHG, Rn. 271; *Röhricht*, WPg 1992, 766, 781 ff.

1037 Siehe oben F) § 1 IV 2, G) § 2 II.

1038 Im Gegensatz zur punktuell wirkenden Befreiung vom Wettbewerbsverbot oder vom Geschäftschancenverbot dürfte es regelmäßig an ausreichend konkreten Beurteilungskriterien fehlen, um festzustellen zu können, ob die gewünschte Befreiung tatsächlich dem Interesse der Gesellschaft dient. Vgl. im Gegensatz insoweit das Beispiel von *Timm*, GmbHR 1981, 177, 182, Fn. 68, der ausführt, dass es im Einzelfall nützlich sein könne, dass ein Gesellschafter – soweit der Gesellschaft die erforderlichen Ressourcen fehlten und diese auch nicht zu beschaffen seien – ein (lukratives) (Konkurrenz-)Unternehmen erwerbe, um mittelbar für die Gesellschaft ertragreiche Geschäftsbeziehungen zu festigen oder aufzubauen.

1039 Ähnlich vgl. *Kleindiek*, in: Lutter/Hommelhoff, GmbHG, Anh § 6, Rn. 23; *Kampf*, Abdingbarkeit, S. 242, 251 f.; *Kübler/Waltermann*, ZGR 1991, 161, 172.

II. Personengesellschaften

Die für die GmbH angestellten Erwägungen gelten im Grunde auch für die Personengesellschaften.[1040] Auszunehmen sind lediglich die zusätzlichen formalen Anforderungen der Handelsregistereintragung und der notariellen Beurkundung.

Erneut ist der Abbedingung der Treuepflicht unter Rückgriff auf die gesetzliche Wertung (§§ 109, 112 HGB) und auf ihre weitgehende Wirkung der Charakter als Geschäftsführungsmaßnahme zu versagen. Dementsprechende Konsequenz ist wiederholt, dass die Geschäftsführer nicht über die Kompetenz verfügen, die Treuepflicht abzubedingen.

Zudem gilt auch bei den Personengesellschaften infolge der identisch zur GmbH anzunehmenden Überlegungen der Änderung des Zweckes im Falle der (Teil-)Abbedingung der Treuepflicht, dass es der Zustimmung aller Gesellschafter für die nachträgliche pauschale wie eingeschränkte Abbedingung jener bedarf. Dies gilt ungeachtet einer etwaigen wirksamen sowie umfassenden Einführung des Mehrheitsprinzips. Die mit der Norm des § 33 Abs. 1 S. 2 BGB[1041] zusammenhängende Wertung hat regelmäßig eine Ausklammerung des Sachverhalts der Zweckänderung aus der Mehrheitsklausel zur Folge.[1042]

Soweit dieses Ergebnis hinsichtlich der Teilabbedingung nicht geteilt wird, wird der Minderheitenschutz erneut durch die anderweitig in Parallele[1043] zur GmbH aufgestellten respektive diskutierten Voraussetzungen tatsächlich realisiert.

1040 Vgl. entsprechend zur Einstufung der Änderung der Geschäftsführungsbefugnisse als Vertragsänderung bei den Personengesellschaften *Schäfer*, in: MünchKommBGB, § 709 BGB, Rn. 3; erneut zur grundsätzlichen Zuständigkeit der Gesellschafter für Vertragsänderungen *Beuthien/Gätsch*, ZHR 156 (1992), 459, 473; *Hey*, Freie Gestaltung, S. 195; *K. Schmidt*, Gesellschaftsrecht, § 5 I 3 b, S. 84.

1041 Siehe zum grundsätzlich disponiblen Charakter des § 33 Abs. 1 S. 1 BGB *Schäfer*, ZGR 2013, 237, 246.

1042 Vgl. *Schäfer*, ZGR 2013, 237, 246 und oben F) § 2 II 1.

1043 Explizit bei der Aufhebung einer Treuepflicht eine sachliche Rechtfertigung fordernd *Hellgardt*, FS Hopt, S. 765, 783; ein Stimmverbot bzw. eine sachliche Rechtfertigung fordernd (zur Befreiung vom Wettbewerbsverbot) *Finckh*, in: Henssler/Strohn, Gesellschaftsrecht, § 112 HGB, Rn. 26; *Langhein*, in: MünchKommHGB, § 112 HGB, Rn. 36; *Roth*, in: Baumbach/Hopt, HGB, § 112 HGB, Rn. 13; *Schäfer*, in: Staub, GroßkommHGB, § 112 HGB, Rn. 31.

§ 2 Nichtzweckbezogene Treuepflichten und die Treuepflicht der Gesellschafter untereinander

Ausgehend von der Tatsache, dass der Gesellschaftsvertrag im Kern die Grundlage für das Verhältnis der Gesellschafter untereinander bildet,[1044] hat die Abbedingung dieser Treuepflichten, unabhängig von ihren einzelnen gewählten Begründungsansätzen, innerhalb des Gesellschaftsvertrags durch die Gesellschafter zu erfolgen.[1045] Dies gilt auch vor dem Hintergrund, dass die Treuepflicht innerhalb der GmbH nach der herrschenden Meinung nicht durch schuldrechtliche Nebenabreden konkretisiert werden kann.[1046]

Angesichts der erheblichen Eingriffsintensität, die mit der Abbedingung dieser Treuepflichten verbunden ist, und aufgrund der durch diese Gestaltung ausgelösten erheblichen Annäherung des gesellschaftlichen Rechtsverhältnisses[1047] an die Struktur der Austauschverträge ist es unter Berücksichtigung der Definition einer Zweckänderung[1048] angemessen, auf die maximal verfügbare Form des Minderheiten- bzw. Individualschutzes zurückzugreifen: In Übereinstimmung mit der herrschenden Meinung ist die Zustimmung eines jeden Gesellschafters bei der Abbedingung dieser Treuepflichten zu fordern.[1049]

§ 3 Fazit

Die Abbedingung der Treuepflicht stellt eine implizite Änderung des Zweckes der Gesellschaft dar. Sie hat daher einstimmig durch die Gesellschafter zu erfolgen. Infolge der Notwendigkeit der Zustimmung und Mitwirkung aller Gesellschafter

---

1044 Zu den Personengesellschaften *Nitschke*, Personengesellschaft, S. 309; *Wiedemann*, Gesellschaftsrecht Bd. 2, § 2 II 2 a, S. 102; zur GmbH *Grziwotz*, in: MünchHdb GmbH, § 18, Rn. 1; *Ulmer*, in: Hachenburg, GmbHG, Einl, Rn. 23.

1045 Im Ergebnis identisch *Zöllner/Noack*, in: Baumbach/Hueck, GmbHG, § 53 GmbHG, Rn. 12.

1046 *Wicke*, DStR 2006, 1137, 1143 m. w. N.

1047 Vgl. insoweit nochmals die Grunddefinition und -vorstellung des BGH (BGHZ 81, 263, 266): „Der Gesellschaftsvertrag ist im Gegensatz zum reinen Austauschvertrag auf ein gedeihliches Zusammenwirken der Gesellschafter zur Erreichung eines gemeinsamen Zwecks angelegt." Gleichsam im Kern wie viele andere *Kübler/Assmann*, Gesellschaftsrecht, § 6 I, S. 45 ff.; *U. H. Schneider*, ZGR 1978, 1, 10; *Wiedemann*, Gesellschaftsrecht Bd. 2, § 2 I 1 a, S. 92.

1048 Insoweit ist erneut auf *K. Schmidt*, Gesellschaftsrecht, § 4 II 3 a, S. 65 in Verbindung mit BGHZ 96, 245, 251 f. zu verweisen.

1049 *Trölitzsch*, in: Beck'scher Online Kommentar GmbHG, § 53 GmbHG, Rn. 18a.

erübrigt sich damit auch die Frage, soweit nur ein Gesellschafter begünstigt werden soll, ob dieser nach § 47 Abs. 4 S. 1 GmbHG (analog) hinsichtlich der Frage der Abbedingung der Treuepflicht innerhalb des Gesellschaftsvertrags stimmberechtigt ist oder nicht. Ebenfalls bedarf es keiner zusätzlichen Überprüfung des vertragsändernden Beschlusses, der die Treuepflicht abbedingt, anhand der spezifischen Schranken des Gesellschaftsrechts, die im Falle der nachträglichen Änderung des Gesellschaftsvertrags durch die Mehrheit angewendet werden.

I Die Aktiengesellschaft

§ 1 Grundsatz der eingeschränkten Gestaltungsfreiheit und die Aussage des Gesetzes im weiteren Sinne als Anhaltspunkt

Im Gegensatz zu den Personengesellschaften und der GmbH besteht innerhalb des Innenverhältnisses der AG eine erheblich eingeschränkte Gestaltungsfreiheit.[1050] Gem. § 23 Abs. 5 AktG gilt das Prinzip der Satzungsstrenge. Neben den allgemeinen aufgezeigten Grenzen beinhaltet diese Norm eine aktienrechtlich spezifische Schranke der Gestaltungsfreiheit. Die klassischen Kriterien, um die Rechtsnatur einer Norm zu bestimmen,[1051] treten gegenüber diesem Prinzip in den Hintergrund.[1052]

Dies aufgreifend, muss sowohl eine pauschale als auch eine eingeschränkte Abbedingung der Treuepflicht ausscheiden, soweit die organschaftliche oder mitgliedschaftliche Treuepflicht in den Vorschriften des AktG verortet werden kann und deren Regelungskonzept weder ein ausdrückliches Abweichen von der Treuepflicht gestattet noch eine ergänzende Regelung im Sinne einer Abdingbarkeit zulässt (§ 23 Abs. 5 AktG).[1053]

Ist dies jedoch nicht der Fall und ergeben sich keine weiteren (Handlungs-) Grenzen aus den übrigen Normen des AktG, hat das Ergebnis, das zu den Personengesellschaften und der GmbH entwickelt wurde, entsprechend für die AG zu gelten. Neben dem § 23 Abs. 5 AktG sind sekundär die allgemeinen Gesetze und Grundsätze hinsichtlich der Grenzen der Privatautonomie zu beachten.[1054] Bedingt durch die rechtsformübergreifend gültigen Bewertungsparameter zur

---

1050 *J. Schmidt*, in: Michalski, GmbHG, Überblick, Rn. 43; vertiefend zur „rechtspolitischen" Rechtfertigung dieser Einschränkung *Koppensteiner*, GesRZ 2009, 197; *Kübler*, FS Werner, S. 437, 443; *Röhricht/Schall*, in: GroßkommAktG, 5. Aufl., § 23 AktG, Rn. 173 ff.; *Röttger*, Kernbereichslehre, S. 22.

1051 Siehe oben C) § 5.

1052 Vgl. *Röhricht/Schall*, in: GroßkommAktG, 5. Aufl., § 23 AktG, Rn. 173; vgl. *Zöllner*, in: Kölner Kommentar zum AktG, 2. Aufl., § 179 AktG, Rn. 62.

1053 Zur mitgliedschaftlichen Treuepflicht *Geier*, Gestaltungsfreiheit, S. 44 ff.; *Koch*, in: Hüffer, Aktiengesetz, § 53a AktG, Rn. 26; vgl. *Waclawik*, DB 2005, 1151, 1152; zur organschaftlichen Treuepflicht *Hellgardt*, FS Hopt, 765, 777; *Hopt*, ZGR 2004, 1, 16; *Kampf*, Abdingbarkeit, S. 7 f.; *Kuntz*, Gestaltung von Kapitalgesellschaften, S. 500.

1054 *Pentz*, in: MünchKommAktG, § 23 AktG, Rn. 167.

Bestimmung der Intensität der Treuepflichten, die regelmäßig identischen[1055] Fallgruppen der Treuepflicht im Aktienrecht[1056] sowie ihre gleichlaufende Schutzrichtung[1057] und die daraus resultierende, konsequenterweise übereinstimmende Wirkung der Reichweite der Abbedingung[1058] der Treuepflicht, ist ein Konflikt mit den generellen Grenzen der Gestaltungsfreiheit jedoch zu verneinen. Zugleich ist auf die generell mangelnde Überzeugungskraft gewisser Argumente, die im Wesentlichen innerhalb der aktienrechtlichen Literatur parallel zu den übrigen untersuchten Gesellschaftsformen geäußert werden,[1059] zu verweisen.[1060]

§ 2 Organschaftliche Treuepflichten des Vorstands – Regelungen im AktG

I. Irrelevante Faktoren

Die notwendige Differenzierung zwischen der Pflicht selbst und einer dahin gehenden Haftung im Falle ihrer Verletzung aufgreifend, ergibt,[1061] dass entgegen der Ansicht *Merkts*[1062] allein aus dem § 93 Abs. 4 S. 3 AktG noch nicht die mangelnde Disponibilität der organschaftlichen Treuepflicht folgt.[1063] Gleichzeitig kann die Integration einzelner Treuepflichten (Nr. 4.3 DCGK) im DCGK die grundsätzlich absolute Wirkung der organschaftlichen Treuepflichten nicht

---

1055 Dies gilt jedenfalls, soweit die Treuepflicht Anwendung beansprucht und den Aktionär tatsächlich verpflichtet.

1056 Siehe oben § 2 II und nochmals explizit zusammenfassend zur mitgliedschaftlichen Treuepflicht bei der AG *Bungeroth* in: MünchKommAktG, Vor § 53a AktG, Rn. 25 ff.; *Cahn/v. Spannenberg*, in: Spindler/Stilz, Aktiengesetz, § 53a AktG, Rn. 40; *Henze/Notz*, in: GroßkommAktG, 4. Aufl., Anh § 53a AktG, Rn. 52 ff.

1057 Vgl. spezifisch zum fehlenden Gläubigerschutz der Treuepflicht bei der AG *Bungeroth* in: MünchKommAktG, Vor § 53a AktG, Rn. 24; *Henze/Notz*, in: GroßkommAktG, 4. Aufl., Anh § 53a AktG, Rn. 43 ff.

1058 *Geier*, Gestaltungsfreiheit, S. 87; *Waclawik*, DB 2005, 1151, 1153.

1059 Wie etwa die zwingende Notwendigkeit erhöhter Rücksichtspflichten bei der AG, siehe soweit *Geiger*, Wettbewerbsverbote, S. 172; *Fillmann*, Treuepflichten, S. 207 f.; vgl. *Piepenburg*, Mitgliedschaftliche Treupflichten, S. 139.

1060 Siehe oben E) § 3 II 1 c).

1061 Siehe oben F) § 3 II.

1062 *Merkt*, ZHR 159 (1995), 423, 431.

1063 Ähnlich *Sieg/Zeidler*, in: Hauschka, Corporate Compliance, § 4, Rn. 21.

begründen. Die Vorschriften des DCGK sind nicht zwingend zu befolgen.[1064] Dies gilt ungeachtet der erheblichen faktischen Wirkung, die durch die Erklärungspflicht des § 161 AktG ausgelöst wird.[1065]

Demgegenüber ist der § 93 Abs. 4 S. 1 AktG ungeeignet, um als gesetzlicher Anknüpfungspunkt für die Abbedingung der organschaftlichen Treuepflichten zu fungieren. Zu begründen ist dies mit der nötigen Konkretisierung des legalisierenden Beschlusses der Hauptversammlung auf bestimmte Maßnahmen.[1066] Aufgrund dieser eingeschränkten Wirkung ist der § 93 Abs. 4 S. 1 AktG der Dispositionsform der Einwilligung zuzuordnen.[1067]

Kongruent zum GmbH-Recht werden entsprechende Treuepflichten aus dem regelmäßig daneben bestehenden Anstellungsvertrag des Vorstandsmitglieds abgeleitet und entsprechende Modifikationsmöglichkeiten diskutiert.[1068] Für die Frage der Abdingbarkeit der organschaftlichen Treuepflicht kommt jenem Ansatz jedoch wie bei der GmbH[1069] aufgrund der gleichermaßen im Aktienrecht bestehenden Prinzipien der Vorrangstellung der Satzung und des Trennungsprinzips keine Relevanz zu.[1070]

II. Wirkung der Rechtsgrundlage der organschaftlichen Treuepflicht des Vorstands als Hindernis der Abdingbarkeit

Entsprechend dem GmbH-Recht wird diskutiert, ob die Treuepflicht des Vorstands aus dem § 242 BGB oder aus dem spezifisch aktienrechtlichen § 93 Abs. 1, 2 AktG, der das aktienrechtliche Pendant zum § 43 Abs. 1, 2 GmbHG darstellt, herzuleiten ist.[1071]

1064 OLG Schleswig, NZG 2004, 669, 670; *Goette*, in: MünchKommAktG, 4. Aufl., § 161 AktG, Rn. 2; *Kähler*, Begriff und Rechtfertigung abdingbaren Rechts, S. 370; *Koch*, in: Hüffer, Aktiengesetz, § 161 AktG, Rn. 3.

1065 Siehe zum Einfluss einer solchen Erklärungspflicht auf die tatsächliche Prozedur der Abbedingung *Kähler*, Begriff und Rechtfertigung abdingbaren Rechts, S. 83 und speziell zu § 161 AktG *Goette*, in: MünchKommAktG, 4. Aufl., § 161 AktG, Rn. 2 m. w. N.

1066 Siehe zu dieser Anforderung *Fleischer*, in: Spindler/Stilz, Aktiengesetz, § 93 AktG, Rn. 267; *Spindler*, in: MünchKommAktG, § 93 AktG, Rn. 241.

1067 Siehe oben C) § 4.

1068 *Fleischer*, WM 2003, 1045, 1046; *Spindler*, in: MünchKommAktG, § 93 AktG, Rn. 108.

1069 Siehe oben E) § 3 IV 2 b) bb).

1070 Siehe soweit *Koch*, in: Hüffer, Aktiengesetz, § 84 AktG, Rn. 2; *Spindler*, in: MünchKommAktG, § 84 AktG, Rn. 10.

1071 Für § 242 BGB *Altmeppen*, ZIP 2008, 437, 440; *Janke*, Gesellschaftsrechtliche Treuepflicht, S. 48; *Wackerbarth/Eisenhardt*, Gesellschaftsrecht II, S. 28; *Weller*,

Im Gegensatz zum GmbH-Recht[1072] kommt dieser Auseinandersetzung für die pauschale Abdingbarkeit infolge des nach der allgemeinen Meinung vollumfänglich zwingenden Charakters (§ 23 Abs. 5 S. 1 AktG) des § 93 AktG entscheidende Bedeutung zu.[1073]

Die Ableitung der Treuepflicht aus § 93 Abs. 1, 2 AktG in Verknüpfung mit der Satzungsstrenge nimmt dann auch die herrschende Literaturmeinung zum Anlass, eine pauschale Abdingbarkeit zu verneinen.[1074]

Prima facie scheint eine Herleitung der organschaftlichen Treuepflicht aus dem § 93 Abs. 1, 2 AktG indes nicht überzeugend.

Auf den ausdrücklichen Wortlaut des § 93 Abs. 1 S. 1 AktG abstellend, ist diesem nämlich nur ein eindeutiger Hinweis („Sorgfalt") auf die von der Treuepflicht zu unterscheidende[1075] Sorgfaltspflicht zu entnehmen.

Gleichwohl spricht die mangelnde Gleichsetzung der Sorgfaltspflicht mit der Treuepflicht nicht dagegen, die Treuepflicht aus dem § 93 Abs. 1, 2 AktG abzuleiten. Einerseits erfährt sie eine leichte Andeutung durch das Wort „gewissenhaft"[1076]. Andererseits deutet der Gesetzgeber in der Begründung zu § 93 Abs. 1 S. 2 AktG an,[1077] dass er die organschaftliche Treuepflicht in der Norm des § 93 Abs. 1 S. 2 AktG sieht.

ZHR 175 (2011), 110, 115 ff.; andeutungsweise für § 242 BGB *Koch*, in: Hüffer, Aktiengesetz, § 84 AktG, Rn. 10; für § 93 Abs. 1, 2 AktG: *Borsdorff*, Interessenkonflikte, S. 114; *Hopt*, ZGR 2004, 1, 18; *Kübler/Waltermann*, ZGR 1991, 161, 166; *Mestmäcker*, Verwaltung, S. 212 ff.; *Weisser*, Corporate Opportunities, S. 137; andeutungsweise für § 93 Abs. 1, 2 AktG *Hellgardt*, FS Hopt, S. 765, 777; *Kuntz*, Gestaltung von Kapitalgesellschaften, S. 500.

1072 Siehe oben E) § 7.

1073 Zum zwingenden Charakter des § 93 AktG siehe *Hölters*, in: Hölters, Aktiengesetz, § 93 AktG, Rn. 11 ff.; *Koch*, in: Hüffer, Aktiengesetz, § 93 AktG, Rn. 2; *Krieger/Sailer-Coceani*, in: Schmidt/Lutter, Kommentar zum AktG, § 93 AktG, Rn. 3.

1074 *Hellgardt*, FS Hopt, S. 765, 777; *Kuntz*, Gestaltung von Kapitalgesellschaften, S. 500. *Hopt*, ZGR 2004, 1, 16: „Bei der organschaftlichen Interessenwahrung folgen die organschaftliche Stellung, etwa von Vorstand oder Aufsichtsrat, und die organschaftliche Treuepflicht dagegen in der Regel zwingend aus Gesetz (§§ 76, 93, 116 AktG)." Andeutungsweise *Kampf*, Abdingbarkeit, S. 8.

1075 Siehe oben F) § 1 IV 1.

1076 Vgl. *Kust*, WM 1980, 758, 759.

1077 BTAG, Drucksache 15/5092, S. 11.

Eine stärkere Argumentationskraft, die schließlich für eine dogmatische Ableitung der Treuepflicht aus dem § 93 Abs. 1, 2 AktG spricht, beinhaltet jedoch die Funktion des § 93 Abs. 1 S. 1 AktG. Nach der übereinstimmenden Meinung kommt dem § 93 Abs. 1 S. 1 AktG eine Doppelfunktion zu. Diese realisiert sich dadurch, dass er zusätzlich zu seiner Bestimmung als allgemein spezifizierter Verhaltensmaßstab die Aufgabe übernimmt, als aktiengesetzlich spezifisch auf den Vorstand zugeschnittene Generalklausel objektive Verhaltenspflichten des Vorstands zu begründen, soweit anderweitig tatbestandliche Umschreibungen fehlen.[1078] Dadurch beinhaltet das AktG einen rechtsformspezifischen, normtechnischen Anknüpfungspunkt für die organschaftliche Treuepflicht des Vorstands. Konsequenz dessen ist, dass damit Erwägungen des „lex specialis derogat legi generali"-Grundsatzes greifen und der § 242 BGB als allgemeinere, in Betracht kommende Rechtsgrundlage verdrängt wird.

In Übereinstimmung mit der herrschenden Meinung[1079] ist damit die organschaftliche Treuepflicht zwingend und der Interessenvorrang der AG weitgehend indisponibel. Daher sind gleichsam Teilabbedingungen der Treuepflicht, bedingt durch die damit zwingend verbundene, fortwährende Beseitigung des Interessenvorrangs, unzulässig. Möglich erscheint nur eine Gestattung des treuepflichtwidrigen Verhaltens für den Einzelfall.[1080]

III. Kohärentes treuepflichtspezifisches zwingendes Normsystem des AktG

Ungeachtet dessen existieren weitere Normen, die als eingeschränkt spezifische Ausschnitte der Treuepflicht zu verstehen sind. Durch ihre zwingende Wirkung dienen sie als weitere gesetzliche Indizien im Sinne eines „Masterplans"[1081] auf Sekundärebene, weshalb eine pauschale (Teil-)Abbedingung abzulehnen ist.

1078 *Koch*, in: Hüffer, Aktiengesetz, § 93 AktG, Rn. 5; *Mertens/Cahn*, in: Kölner Kommentar zum AktG, § 93 AktG, Rn. 10 f.; *Möllers*, Hdb Corporate Governance, 2. Aufl., S. 429; *Raiser/Veil*, Kapitalgesellschaften, § 14 IV 1, Rn. 65; *Spindler*, in: MünchKommAktG, § 93 AktG, Rn. 21.

1079 *Hellgardt*, FS Hopt, S. 765, 777; *Hopt*, ZGR 2004, 1, 16; *Kampf*, Abdingbarkeit, S. 8; *Kuntz*, Gestaltung von Kapitalgesellschaften, S. 500.

1080 *Fleischer*, WM 2003, 1045, 1050; *Kort*, ZIP 2008, 717, 719.

1081 *Möslein*, Dispositives Recht, S. 177.

1. *§ 181 BGB – § 112 AktG*

Den zu dem § 181 BGB geäußerten Gedanken unter entgegengesetzten Vorzeichen aufnehmend,[1082] dient der § 112 AktG als weiteres gesetzliches Indiz für die mangelnde Abdingbarkeit der organschaftlichen Treuepflicht. Er verfolgt den gleichen Schutzzweck wie der § 181 BGB, überlagert diese Norm jedoch im Aktienrecht weitgehend.[1083] Im Gegensatz zu § 181 BGB ist er zwingend (§ 23 Abs. 5 AktG), abweichende formelle Regelungskonzepte sind nicht zugelassen.[1084] Fortgeführt wird damit durch einen Erst-Recht-Schluss die grundsätzliche Wertung des Gesetzes, dass der Interessenvorrang der Gesellschaft uneingeschränkt sicherzustellen ist und dass auch das materielle Schutzniveau bei Geschäften mit den Mitgliedern des Vorstands generell nicht gesenkt werden soll.

2. *§ 89 AktG*

Der § 89 AktG normiert unter einem weit[1085] anzulegenden Verständnis die Kreditgewährung an Vorstandsmitglieder und regelt mithin einen Themenkomplex, der als „Musterbeispiel organschaftlicher Interessenkonflikte“[1086] bezeichnet wird. In genereller Übereinstimmung mit der organschaftlichen Treuepflicht[1087] besteht sein Regelungszweck[1088] darin, dass Missstände, die im Zusammenhang mit der Gewährung solcher Kredite verbunden sein können, unterbunden werden, indem ein Beschlusserfordernis des Aufsichtsrats statuiert wird.[1089] Basierend auf dieser Kongruenz, ist der § 89 AktG als Teilausprägung der organschaftlichen Treuepflicht zu verstehen.[1090] Nach allgemeiner Meinung sind abweichende

---

1082 Siehe oben G) § 2 I 2.

1083 *Fleischer*, WM 2003, 1045, 1052, *Koch*, in: Hüffer, Aktiengesetz, § 112 AktG, Rn. 1; siehe spezifisch zur Mehrvertretung *Hübener*, Interessenkonflikt, S. 250 f.; *Koch*, in: Hüffer, Aktiengesetz, § 78 AktG, Rn. 6 f.

1084 *Koch*, in: Hüffer, Aktiengesetz, § 112 AktG, Rn. 1; *Mertens/Cahn*, in: Kölner Kommentar zum AktG, § 112 AktG, Rn. 9; *U. H. Schneider*, ZGR 1978, 1, 18.

1085 *Fleischer*, WM 2004, 1045, 1057; *Koch*, in: Hüffer, Aktiengesetz, § 89 AktG, Rn. 2; *Spindler*, in: MünchKommAktG, § 89 AktG, Rn. 8 ff.

1086 *Fleischer*, WM 2004, 1045, 1057; *Hopt*, ZGR 2004, 1, 10.

1087 Siehe zu diesem B) § 2 I.

1088 *Kropff*, S. 113: „Zweck der Vorschrift ist es nicht, solche Kreditgeschäfte zu verhindern […] Die Vorschrift will vielmehr nur Mißbräuchen entgegentreten, die bei der Gewährung solcher Kredite auftreten können.“

1089 *Fleischer*, WM 2004, 1045, 1057; *Koch*, in: Hüffer, Aktiengesetz, § 89 AktG, Rn. 1; *Spindler*, in: MünchKommAktG, § 89 AktG, Rn. 1 ff.

1090 *Spindler*, in: MünchKommAktG, § 89 AktG, Rn. 1.

Satzungsbestimmungen, die wirtschaftlich unangemessene Kredite zulassen und eine abweichende Kompetenzverteilung festlegen, nichtig.[1091] Gleichzeitig ist der Regelung eine zusätzliche indisponible, materielle Schutzebene immanent. Abzuleiten ist dies aus der Tatsache, dass der Aufsichtsrat bei der Beschlussfassung im Gesellschaftsinteresse zwingend nach pflichtgemäßem Ermessen (§§ 93 Abs. 1, 116 AktG) über die Kreditgewährung zu entscheiden hat.

3. § 88 AktG

Eine Auffassung lehnt die Möglichkeit der Abdingbarkeit des organschaftlichen Wettbewerbsverbots des Vorstands ab. Sie erachtet es unter Rückgriff auf die dem § 88 AktG innewohnende Kompetenzverteilung lediglich für möglich, innerhalb der Satzung Ermessensleitlinien mit Abweichungsmöglichkeiten im Einzelfall für den Aufsichtsrat hinsichtlich der Erteilung oder der Versagung der Einwilligung festzulegen.[1092]

Demgegenüber lässt die herrschende Meinung, ohne stets den konkreten Umfang der Abbedingung zu bestimmen, eine Änderung des Wettbewerbsverbots im Sinne einer Ergänzung (§ 23 Abs. 5 S. 2 AktG) zu. Nach ihr beinhaltet der § 88 AktG keine abschließende Regelung. Auch rechtfertige sein Sinn und Zweck keine Einschränkung der Gestaltungsfreiheit.[1093]

Aufbauend auf der Sperrwirkung des § 23 Abs. 5 AktG gegenüber den allgemeinen Kriterien für die Bestimmung der Reichweite der Gestaltungsfreiheit, ist das zweitgenannte Argument nur von Belang,[1094] soweit der § 88 AktG eine Abweichung ausdrücklich zulässt (§ 23 Abs. 5 S. 1 AktG) oder eine ergänzende Bestimmung zuzulassen ist, da eine abschließende Regelung fehlt

---

1091 *Dauner-Lieb*, in: Henssler/Strohn, Gesellschaftsrecht, § 89 AktG, Rn. 1; *Fleischer*, in: Spindler/Stilz, Aktiengesetz, § 89 AktG, Rn. 2; *Spindler*, in: MünchKommAktG, § 89 AktG, Rn. 5.

1092 *Freudenberg*, Nebentätigkeitsrecht, S. 143 f.; *Mertens/Cahn*, in: Kölner Kommentar zum AktG, § 88 AktG, Rn. 8; unter der zusätzlichen Differenzierung der Kapitalmarktnähe der AG *Seibt*, in: Schmidt/Lutter, Kommentar zum AktG, § 88 AktG, Rn. 3; *Weber*, in: Hölters, Aktiengesetz, § 88 AktG, Rn. 13.

1093 *Armbrüster*, ZIP 1997, 1269, 1270; *Fleischer*, in: Spindler/Stilz, Aktiengesetz, § 88 AktG, Rn. 30; *Hefermehl*, in: G/H/E/K, AktG, § 88 AktG, Rn. 20; *Spindler*, in: MünchKommAktG, § 88 AktG, Rn. 28.

1094 Siehe insoweit oben H) § 1.

(§ 23 Abs. 5 S. 2 AktG).[1095] Da eine ausdrückliche Abweichungsmöglichkeit innerhalb des § 88 AktG fehlt, ist innerhalb einer Auslegung unter der Einbeziehung des Telos der bestimmten Vorschrift zu ermitteln, ob das Gesetz eine abschließende Regelung hinsichtlich der Frage der Abbedingung getroffen hat.[1096] Für die Existenz einer abschließenden Regelung und gegen den Ansatz, dass das Gesetz einen entsprechenden Regelungsinhalt im Sinne einer Abbedingung nicht enthält, sprechen neben der ausdrücklichen Kompetenzzuweisung an den Aufsichtsrat das Regelungskonstrukt des § 88 Abs. 1 S. 3 AktG sowie dessen Sinn und Zweck. Nach dem gesetzlichen Muster ist die Erteilung einer Blankoeinwilligung unmöglich, um den Missbrauchsgefahren einer abstrakten Aufhebung vorzubeugen.[1097] Konkret verhindert wird damit ein Zustand, der im Ergebnis infolge der damit verbundenen Strukturähnlichkeiten, nämlich der Erweiterung der Wirkung über den konkreten Einzelfall in Kombination mit einem dauernden Zukunftsbezug, der Abbedingung entspricht.[1098]

Mithin ist die herrschende Auffassung abzulehnen und der § 88 AktG als weiteres gesetzliches umfassendes[1099] Indiz der pauschalen oder partiellen Unabdingbarkeit der organschaftlichen Treuepflicht zu verstehen.

§ 3 Mitgliedschaftliche Treuepflicht

In Fortführung des durch den § 23 Abs. 5 AktG bedingten Prüfungsprogramms ist zu klären, ob der spezifische Gedanke der mitgliedschaftlichen Treuepflicht umfassend Ausdruck im AktG gefunden hat.[1100] Ohne nähere Betrachtung dieser Problematik, aber insoweit konsequent auf den Grundsatz der Satzungsstrenge aufbauend, verneint eine Ansicht mit Verweis auf die Satzungsstrenge

---

1095 *Koch*, in: Hüffer, Aktiengesetz, § 23 AktG, Rn. 37; *Möslein*, Dispositives Recht, S. 199 f.; *Pentz*, in: MünchKommAktG, § 23 AktG, Rn. 165; *Seibt*, in: Schmidt/Lutter, Kommentar zum AktG, § 23 AktG, Rn. 57.

1096 *Koch*, in: Hüffer, Aktiengesetz, § 23 AktG, Rn. 37; *Möslein*, Dispositives Recht, S. 199 f.; *Pentz*, in: MünchKommAktG, § 23 AktG, Rn. 165; *Seibt*, in: Schmidt/Lutter, Kommentar zum AktG, § 23 AktG, Rn. 57.

1097 *Armbrüster*, ZIP 1997, 1269, 1270; *Spindler*, in: MünchKommAktG, § 88 AktG, Rn. 5.

1098 Siehe oben C) § 4.

1099 Das Regelungskonzept des § 88 AktG wird regelmäßig auch auf die Geschäftschancenlehre übertragen, siehe *Hopt/Roth*, in: GroßkommAktG, 5. Aufl., § 93 AktG, Rn. 252; *Kort*, ZIP 2008, 717, 719; *Kübler*, FS Werner, S. 437, 440.

1100 *Geier*, Gestaltungsfreiheit, S. 44 ff.; *Waclawik*, DB 2005, 1151, 1152.

generell die Möglichkeit, die Treuepflichtbindungen pauschal aufzuheben.[1101] Demgegenüber vertritt eine Gegenauffassung den Ansatz, dass auf den Grundsatz der Satzungsstrenge als spezifische aktienrechtliche Gestaltungsgrenze nicht verwiesen werden könne, da die Treuepflicht im Aktienrecht keine ausdrücklich gesetzliche Normierung gefunden habe.[1102]

I. Vorschrift im Sinne dieses Gesetzes, § 23 Abs. 5 S. 1 AktG

Zuzustimmen ist dem nicht zu bezweifelnden Satz,[1103] dass die insoweit identisch[1104] und rechtsformübergreifend diskutierten Rechtsgrundlagen der mitgliedschaftlichen Treuepflicht im Aktienrecht keinen originär aktienrechtlichen Bezug beinhalten, sondern nahezu vollständig an Normen des BGB anknüpfen. Weitere Normen des AktG können jeweils nur als spezifischer Teilausschnitt der Treuepflicht verstanden werden, jedoch nicht als deren umfassende Kodifikation.

Unabhängig von einer vermuteten umfassenden faktischen Ausstrahlungswirkung auf den (Mehrheits- bzw. Mit-)Gesellschafter[1105] ist der nach § 53a AktG normierte Grundsatz der Gleichbehandlung im Gegensatz zur mitgliedschaftlichen Treuepflicht nur an die AG gerichtet.[1106] Gleichzeitig ist dessen sachlicher Anwendungsbereich im Gegensatz zur Treuepflicht erheblich eingeschränkt. Nach der allgemeinen Meinung unterbindet er lediglich die formale Ungleichbehandlung.[1107]

Ebenfalls ist die Regelung des § 243 Abs. 2 S. 1 AktG, ungeachtet teilweise bestehender übereinstimmender Ansätze mit dem Treuepflichtgedanken,[1108]

1101 *Bungeroth* in: MünchKommAktG, Vor § 53a AktG, Rn. 20; *Henze/Notz*, in: GroßkommAktG, 4. Aufl., Anh § 53a AktG, Rn. 126; *Koch*, in: Hüffer, Aktiengesetz, § 53a AktG, Rn. 26.

1102 *Geier*, Gestaltungsfreiheit und Gestaltungsgrenzen, S. 46 ff.; *Waclawik*, DB 2005, 1151, 1152.

1103 Vgl. *Henze/Notz*, in: GroßkommAktG, 4. Aufl., Anh § 53a AktG, Rn. 1, Fn. 2; *Geier*, Gestaltungsfreiheit, S. 56 f.; *Waclawik*, DB 2005, 1151, 1152.

1104 Siehe nur *Henze*, BB 1996, 489, 491 f.

1105 *Röhricht*, Hdb Corporate Governance, 1. Aufl., S. 528.

1106 *Henze/Notz*, in: GroßkommAktG, 4. Aufl., Anh § 53a AktG, Rn. 22.

1107 Siehe zu seinem eingeschränkten Anwendungsbereich *Henze/Notz*, in: GroßkommAktG, 4. Aufl., Anh § 53a AktG, Rn. 22; *Wiedemann*, Gesellschaftsrecht Bd. 1, § 8 II 2 b, S. 429 ff.

1108 *Beckerhoff*, Treuepflichten, S. 44; *Dreher*, ZHR 157 (1993), 150, 153; vgl. *Henze*, FS Kellermann, S. 141, 147; *Lutter*, ZHR 153 (1989), 446, 454; *K. Schmidt*, Gesellschaftsrecht, § 28 I 4 a, S. 800; *M. Weber*, Vormitgliedschaftliche Treuebindungen, S. 53; *Würthwein*, in: Spindler/Stilz, Aktiengesetz, § 243 AktG, Rn. 190.

nicht als umfassende Kodifikation der mitgliedschaftlichen Treuepflicht zu verstehen. Neben der ohnehin für die mitgliedschaftliche Treuepflicht nicht existierenden tatbestandlich eingeschränkten Anknüpfung an die vorsätzlich[1109] schadensgeneigte Stimmrechtsausübung[1110] ist jene im Verhältnis zu den Mitgesellschaftern nicht rein auf das Verbot, Sondervorteile zulasten der Gesellschaft oder Mitgesellschafter zu erzielen, beschränkt. Sie fordert etwa unter gewissen Umständen zusätzlich im Verhältnis zu diesen teilweise die Einhaltung des Grundsatzes der Verhältnismäßigkeit[1111], oder sie verpflichtet im Ausnahmefall[1112] zugunsten der Mitgesellschafter respektive der Gesellschaft zu einer positiven Mitwirkung innerhalb der Angelegenheiten der Gesellschaft.[1113]

Strukturell nicht überzeugend ist es, den § 117 AktG in seinem Kernbestand als aktienrechtsspezifischen Ausdruck der mitgliedschaftlichen Treuepflicht zu verstehen.[1114] Dogmatische Erwägungen sprechen gegen eine solche Einordnung.[1115] Durch seine Adressierung an jedermann („Wer") weist der § 117 AktG im Gegensatz zur mitgliedschaftlichen Treuepflicht, die vom Bestehen einer Sonderverbindung abhängig ist, eine deliktsrechtliche Konzeption auf.[1116]

In argumentativer Parallele zu dem § 117 AktG ist der § 311 AktG[1117] nicht als Ausdruck der mitgliedschaftlichen Treuepflicht zu verstehen. Im Gegensatz zur Treuepflicht knüpft der § 311 AktG nicht allein an die Gesellschafterstellung an (§ 311 AktG i. V. m. § 17 Abs. 1 Var. 2 AktG). Mitunter sind von seinem

1109 Zum Vorsatzerfordernis innerhalb des § 243 Abs. 2 S. 1 AktG siehe *Koch*, in: Hüffer, Aktiengesetz, § 243 AktG, Rn. 31, 34.

1110 Vgl. *Koch*, in: Hüffer, Aktiengesetz, § 53a AktG, Rn. 19.

1111 Siehe oben B) § 2 II 3.

1112 Siehe nochmals aktienrechtsspezifisch *Bungeroth*, in MünchKommAktG, Vor § 53a AktG, Rn. 25.

1113 Siehe allgemein dazu oben B) § 2 II 7.

1114 So aber *Henze*, FS Kellermann, S. 141, 148; *Lutter*, ZHR 153 (1989), 446, 456; *Röhricht*, Hdb Corporate Governance, 1. Aufl., S. 529; *M. Weber*, Vormitgliedschaftliche Treuebindungen, S. 57.

1115 *Beckerhoff*, Treuepflichten, S. 43; *Geier*, Gestaltungsfreiheit, S. 46; *Nehls*, Die gesellschaftsrechtliche Treuepflicht, S. 44 ff.; *Spindler*, in: MünchKommAktG, § 117 AktG, Rn. 4.

1116 *Beckerhoff*, Treuepflichten, S. 43; *Geier*, Gestaltungsfreiheit, S. 46; *Nehls*, Die gesellschaftsrechtliche Treuepflicht, S. 44 ff.; *Spindler*, in: MünchKommAktG, § 117 AktG, Rn. 4.

1117 Zur Einordnung als Ausprägung der Treuepflicht *Lutter*, ZHR 153 (1989), 446, 456 f.; *M. Weber*, Vormitgliedschaftliche Treuebindungen, S. 58.

Pflichtenkreis Unternehmen erfasst, die nicht Aktionäre des beherrschten Unternehmens sind.[1118]

Das entsprechende Ergebnis des mangelnden gesetzlichen Ausdrucks der mitgliedschaftlichen Treuepflicht gilt für den § 88 AktG. Unabhängig davon, ob man ein Wettbewerbsverbot für den einzelnen Mehrheitsaktionär anerkennt,[1119] ist er seinem Wortlaut nach eindeutig auf einen anderen Adressaten, nämlich auf das Mitglied des Vorstands bzw. über die Verweisungsnorm des § 116 AktG auf das Mitglied des Aufsichtsrats, bezogen.

II. Eingeschränkter Gestaltungsspielraum des AktG, § 23 Abs. 5 S. 1 AktG – real gemäßigte Auswirkung der Abbedingung

Basierend auf der Feststellung, dass die mitgliedschaftliche Treuepflicht keine Vorschrift im Sinne des AktG ist, ist dem Grunde nach eine pauschale Abbedingung mit den bekannten Konsequenzen zuzulassen.

Abgeleitet aus dem § 23 Abs. 5 AktG ist ein Gestaltungsspielraum der Beteiligten gleichwohl nur gegeben, soweit neben den allgemeinen Grenzen der Gestaltungsfreiheit kein Konflikt mit den übrigen Normen des AktG hervorgerufen wird, von denen das Gesetz keine Abweichungen gestattet.[1120] Verbunden ist damit eine real erheblich eingeschränkte Auswirkung der Abbedingung bei den vermögensrechtlich orientierten Ausprägungen der mitgliedschaftlichen Treuepflicht. Realisiert wird dies maßgeblich durch die Vorrangstellung des zwingenden § 57 AktG und die Reichweite[1121] seines Anwendungsbereichs. Jener steht einer verdeckten, außerhalb eines Gewinnverwendungsbeschlusses nicht einem objektiven Verhältnis von Leistung und Gegenleistung entsprechenden Verteilung von Vermögenswerten der AG entgegen.[1122]

1118 *Beckerhoff*, Treuepflichten, S. 44 ff.; *Nehls*, Die gesellschaftsrechtliche Treuepflicht, S. 46.

1119 Bejahend *Henze/Notz*, in: GroßkommAktG, 4. Aufl., Anh § 53a AktG, Rn. 78; *Lutter*, ZHR 153 (1989), 446, 464 ff.; ablehnend *Rieckers*, in: MünchHdb AktG, § 17, Rn. 26; die Materie umfassend betrachtend *J. Schneider*, Wettbewerbsverbote für Aktionäre.

1120 Vgl. *Röhricht/Schall*, in: GroßkommAktG, 5. Aufl., § 23 AktG, Rn. 179; *Waclawik*, DB 2005, 1151, 1152.

1121 *K. Schmidt*, Gesellschaftsrecht, § 18 II 2 c, S. 518; zur Anwendung des § 57 AktG und der Einordnung als verdeckte Gewinnausschüttung auf das Geschäftschancenverbot oder die Festlegung einer unangemessenen Vergütung siehe *Drygala*, in: Kölner Kommentar zum AktG, § 57 AktG, Rn. 59; *Lutter*, ZHR 153 (1989), 446, 464 ff.

1122 Vgl. *Geier*, Gestaltungsfreiheit, S. 91; vgl. *Henze/Notz*, in: GroßkommAktG, 4. Aufl., Anh § 53a AktG, Rn. 80, 126, 129; *Koch*, in: Hüffer, Aktiengesetz, § 53a AktG, Rn. 18, 26; *Waclawik*, DB 2005, 1151, 1153.

Entsprechend gestützt wird die mangelnde reale Auswirkung bei den materiell zweckbezogenen Treuepflichten durch die zwingenden §§ 117, 243 Abs. 2 S. 1 AktG[1123] respektive durch die Pflicht, nach § 243 Abs. 2 S. 2 AktG einen angemessenen Ausgleich an die Gesellschaft – falls die Ausübung des Stimmrechts den Zweck hat, zum Schaden der Gesellschaft einen Sondervorteil zu erlangen – zu leisten, um die Anfechtungsmöglichkeit der Stimmrechtsausübung nach § 243 Abs. 2 S. 1 AktG zu beseitigen.[1124] Um einen Verstoß gegen den § 57 AktG zu vermeiden, muss der innerhalb des § 243 Abs. 2 S. 2 AktG zu leistende Ausgleich wiederum dessen Anforderungen genügen.[1125]

Soweit dagegen keine unmittelbaren Beeinträchtigungen der Belange des Vermögens der Gesellschaft zugunsten eines Aktionärs bei der Ausübung der zweckbezogenen Befugnisse betroffen sind, sind die eingeschränkte Wirkung der Abbedingung und die fortbestehende Schutzwirkung des § 242 BGB zu beachten. Aufbauend auf dem Rechtsmissbrauchscharakter der in Rede stehenden Maßnahme wird regelmäßig keine abweichende Beurteilung der Rechtslage im Vergleich zum Bestehen der mitgliedschaftlichen Treuepflicht anzunehmen und keine Entstehung dahin gehender Schutzdefizite zu befürchten sein.[1126]

Entsprechendes[1127] gilt weitgehend für die fortbestehende Einschränkung der nichtzweckbezogenen Befugnisse und für gewisse Fallgruppen der

1123 Vom Tatbestand des Sondervorteils nach § 243 Abs. 2 S. 1 AktG sind gleichsam folgende Konstellationen umfasst, die einer materiellen Umverteilung des Vermögens der Gesellschaft im Wege stehen: Abschluss ungünstiger Geschäfte zulasten der Gesellschaft bzw. Zuleitung von Zuwendungen an den Aktionär, Überleiten von Geschäftschancen auf den Aktionär (*Austmann*, in: MünchHdb AktG, § 42, Rn. 62 ff.; *Koch*, in: Hüffer, Aktiengesetz, § 243 AktG, Rn. 35 f.; *K. Schmidt*, in: GroßkommAktG, 4. Aufl., § 243 AktG, Rn. 54 f.).

1124 *Hüffer/Schäfer*, in: MünchKommAktG, § 243 AktG, Rn. 95; *Koch*, in: Hüffer, Aktiengesetz, § 243 AktG, Rn. 40.

1125 Vgl. allgemein *Austmann*, in: MünchHdb AktG, § 42, Rn. 64; vgl. *Koch*, in: Hüffer, Aktiengesetz, § 179a AktG, Rn. 15 ff.

1126 Dies gilt, soweit der Mehraktionär oder der Minderheitsgesellschafter bei der Ausübung seines zweckbezogenen Stimmrechts (§§ 119 Abs. 2, 101, 84 Abs. 3 Satz 2, 120 AktG) sachgrundlos zum Schaden der Mitgesellschafter oder der Gesellschaft agieren möchte. Siehe soweit zu den einzelnen Konstellationen *Fleischer*, in: Schmidt/Lutter, Kommentar zum AktG, § 53a AktG, Rn. 56; *Henze/Notz*, in: GroßkommAktG, 4. Aufl., Anh § 53a AktG, Rn. 59; vgl. *Koch*, in: Hüffer, Aktiengesetz, § 142 AktG, Rn. 21; *Lutter*, ZHR 153 (1989), 446, 468; vgl. *C. Weber*, Privatautonomie, S. 271 f. und entsprechend verallgemeinerungsfähig oben F) § 1 III 1 d).

1127 In Fortführung der oben genannten Feststellungen (§ 6 I 3 a aa)) wäre auch weiterhin keine Erhebung der Anfechtungsklage möglich, deren Zweck allein darin bestünde,

Treuepflichten der Gesellschafter untereinander.[1128] In grundsätzlich identischer Weise wie bei den übrigen Gesellschaftsformen würde durch die Fortgeltung der §§ 226, 242, 826 BGB sowie aktienrechtsspezifisch durch die Normen der zwingenden §§ 117 AktG, 243 Abs. 2 AktG, die auch das Verhältnis zu den Mitaktionären[1129] betreffen und eine gewisse Anzahl treuepflicht-„belasteter" Konfliktkonstellationen[1130] lösen, das damit verbundene Schutzkonzept die Grenzen des zulässigen Verhaltens markieren[1131] und ein Verstoß gegen die allgemein geltenden Grenzen der Gestaltungsfreiheit unterbunden werden.[1132]

Von der Abbedingung betroffen wären weitgehend „nur" diejenigen Inhalte, die als ihre ungeschriebenen Teile angesehen werden können, über die ausdrücklichen Regelungen des Gesetzes hinausgehen sowie keine unmittelbare materiell vermögensbezogene Zweckrelevanz aufweisen. Beispielsweise wäre

---

der Gesellschaft oder einem Mitgesellschafter einen Schaden zuzufügen, indem eine Zahlung für die Klagerücknahme erpresst werden soll. Weitere insoweit relevante Fallkonstellationen sind: Nutzung des Rederechts nach § 118 AktG allein, um die Hauptversammlung zu stören; evident sinnwidrige Ausübung des Auskunftsrechts nach § 131 AktG. Wie oben schon dargelegt (siehe oben § 6 II 1 a) bb)), ist der dahin gehende Lösungsrückgriff auf die gesellschafterliche Treuepflicht respektive die begriffliche Zuordnung (*Henze*, BB 1996, 489, 494 ff.) zu dieser nicht als Ausdruck ihres abbedungenen Spezifikums zu verstehen. Zur ohnehin einschränkenden Wirkung durch die gesetzliche Regelung des § 131 AktG auf die Anwendung der rechtsbeschränkenden Wirkung der Treuepflicht *Bungeroth*, in: MünchKommAktG, Vor § 53a AktG, Rn. 26.

1128 Durch die Fortgeltung des § 242 BGB bedingt, entwickelt sich auch im Aktienrecht – auch wenn rein praktisch durch die umfassende Geltung des Mehrheitsprinzips ohnehin weitaus seltener als kritische Situation gegeben – kein abweichendes Ergebnis, soweit dies die Stimm- und Mitwirkungspflichten betrifft. Für deren Annahme wird ebenfalls auf ein mangelndes berücksichtigungsfähiges oder rechtlich nicht anerkennenswertes Interesse der Mitgesellschafter mit der Konsequenz unverhältnismäßiger Schäden abgestellt. Siehe soweit zu den Voraussetzungen der Stimmpflichten und der Identität der Fallgruppen *Henze/Notz*, in: GroßkommAktG, 4. Aufl., Anh § 53a AktG, Rn. 59, 82; *Lutter*, ZHR 153 (1989), 446, 468; vgl. *Marsch-Barner*, ZHR 157 (1993), 172, 179; vgl. *C. Weber*, Privatautonomie, S. 271 f.

1129 *Koch*, in: Hüffer, Aktiengesetz, § 117 AktG, Rn. 1 ff., § 243 AktG, Rn. 33 ff.

1130 So ist es beispielsweise weiterhin möglich, die Linotype-Konstellation mit dem § 243 Abs. 2 AktG zu lösen, siehe *Koch*, in: Hüffer, Aktiengesetz, § 243 AktG, Rn. 36, zudem mit weiteren Nachweisen des Sondervorteils *Lutter*, ZHR 153 (1989), 446, 475.

1131 Siehe oben F) § 1 II, F) § 1 III, H) § 1.

1132 So auch *Waclawik*, DB 2005, 1151, 1153 und siehe oben F) § 4.

einem aus der Treuepflicht herzuleitenden formell schützenden Wettbewerbsverbot des Mehrheitsaktionärs jegliche Ableitungsbasis[1133] genommen, oder in Parallele zu den anderen Rechtsformen würden die im Einzelfall[1134] geltenden Grundsätze der materiellen Beschlusskontrolle[1135] sowie die aus der Treuepflicht abgeleiteten erhöhten Rücksichtspflichten nicht mehr gelten.

1133 So auch *Geier*, Gestaltungsfreiheit, S. 91.

1134 Siehe oben B) § 2 II 6 b) und nochmals ausf. zum Aktienrecht *Engisch*, in: Hölters, Aktiengesetz, § 243 AktG, Rn. 40 ff.

1135 Vgl. *Geier*, Gestaltungsfreiheit, S. 91 zu den damit verbundenen entstehenden Verlusten an schützenden Rechten und siehe zu der notwendigen Differenzierung von sachlicher, positiver Rechtfertigung, Verhältnismäßigkeit sowie der Leistung eines angemessenen Ausgleichs *Hüffer/Schäfer*, in: MünchKommAktG, § 243 AktG, Rn. 72; 91; *Koch*, in: Hüffer, Aktiengesetz, § 243 AktG, Rn. 31; *Winter*, Treuebindungen, S. 301 ff.; nochmals ausf. zur materiellen Beschlusskontrolle *Henze/Notz*, in: GroßkommAktG, 4. Aufl., Anh § 53a AktG, Rn. 23. Dagegen ist auch nicht die Regelung des § 186 Abs. 4 AktG anzuführen, da das Gesetz mit jener Regelung lediglich die formellen Voraussetzungen des Bezugsrechtsausschlusses festlegt (*Koch*, in: Hüffer, Aktiengesetz, § 186 AktG, Rn. 20).

J Zusammenfassung der Ergebnisse in 25 Thesen

1. Die Geltung der gesellschaftsrechtlichen Treuepflicht ist im Gesamten anerkannt. Dies gilt unabhängig davon, welchem Begründungsansatz konkret zu folgen ist. Die Treuepflicht kann sich in jedem Fall auf eine ausreichende Legitimationsbasis berufen. Im Wesentlichen übernimmt sie die Funktion, innergesellschaftliche Konflikte zu lösen. Zu deren Lösung ist Treuepflicht übergreifend abstrakt eine Steigerungstrias der Anforderungen festzustellen.

2. Der Satz, dass die organschaftliche und mitgliedschaftliche Treuepflicht „nur den Namen gemeinsam“[1136] hätten, verliert somit schon nach einer ersten Analyse seine Berechtigung. Denn diese unterschiedlichen Ausprägungen der Treuepflicht bauen im Kern auf identischen Begründungsmustern auf, verfolgen die gleiche Funktion und nutzen den gleichen Modus der Konfliktlösung.

3. Die Privatautonomie und ihre Unterausprägung, die Vertragsfreiheit, stellen elementare, verfassungsrechtlich geschützte Strukturen der Rechtsordnung dar. Ihre Anerkennung ist notwendig daran gebunden, dass die Beteiligten, von äußersten Fällen abgesehen, selbst bestimmen können, was sie wollen.

4. Eingeschränkt wird die Privatautonomie durch das zwingende Recht. Aufgrund des damit verbundenen Eingriffs in die Privatautonomie bedarf jenes jedoch der Rechtfertigung. Im Gesellschaftsrecht ist es möglich, zwingende Regelungen durch den Beteiligtenschutz, den Gläubigerschutz sowie die Interessen der Allgemeinheit zu rechtfertigen. Der Schutz der Gesellschaft selbst beinhaltet keine Legitimationswirkung zugunsten des zwingenden Rechts, da ihr kein indisponibles Eigeninteresse zuzusprechen sowie ihre Existenz selbst wiederum auf natürliche Personen zurückzuführen ist.

5. Dem zwingenden Recht steht als geringere Eingriffsform das disponible Recht gegenüber, da es abweichende Gestaltungen durch die Beteiligten erlaubt. Infolge des damit verbundenen geringeren Eingriffscharakters existiert eine Vermutung zugunsten des disponiblen Rechts.

1136 *Lutter*, ZHR 162 (1998), 164, 176.

6. Insgesamt existieren drei Formen der Disposition, die sich jeweils durch ihre Reichweite und ihren Zeitbezug unterscheiden: die Abbedingung, die Einwilligung und der Verzicht. Von der ausdrücklichen wörtlichen Anordnung abgesehen, bestehen keine eindeutigen formalen Kriterien, um das zwingende Recht und das disponible Recht voneinander abzugrenzen. Maßgeblich hat die Differenzierung unter der Berücksichtigung des Telos, der systematischen Bezüge sowie des Wortlauts der entscheidenden Normen zu erfolgen.

7. Die Treuepflichten verfolgen übereinstimmend das identische Telos. Geschützt werden die Interessen der Beteiligten sowie der Allgemeinheit. Ein Schutz der Gläubiger kann dagegen nicht anerkannt werden, da die unterschiedlichen Treuepflichten lediglich eine innergesellschaftliche Funktionsweise beinhalten.

8. Da eine entgegenstehende, übergreifende gesetzliche Integration abweichender Maßstäbe fehlt, ist – aufbauend auf dem bestehenden Normenprogramm – von einem liberalen Verständnis der Vertragsfreiheit auszugehen. Zwingende Regelungen aus Gründen des Beteiligtenschutzes zu rechtfertigen, ist daher grundsätzlich nur in den äußersten Fällen möglich.

9. Aufgrund der begrifflichen Unklarheit, des entstehenden Widerspruchs zur weithin eingeräumten Gestaltungsfreiheit und der mangelnden Fähigkeit des Richterrechts, zwingendes Recht zu setzen, sind die ungeschriebenen Schranken des Gesellschaftsrechts nicht ausreichend legitimiert, um als zwingende Regelungen anerkannt zu werden. Der anzusetzende „enge“ Begriff der Sittenwidrigkeit des § 138 Abs. 1 BGB unterbindet eine dogmatische Integration dieser Schranken innerhalb des § 138 Abs. 1 BGB.

10. Aufbauend auf dem bestehenden Normenprogramm (§§ 104, 123, 138, 311b Abs. 2 BGB, 128 HGB), sind verhaltensökonomische Erkenntnisse außerhalb der absoluten Grenzen der Gestaltungsfreiheit ohne ausdrücklichen gesetzlichen Anknüpfungspunkt nicht geeignet, die Rechtsnatur einer Norm abschließend zu beurteilen. Aus rechtsdogmatischer Sicht ist es daher für die Einstufung der Rechtsnatur der Treuepflicht irrelevant, ob verhaltensökonomisch orientierte Ansichten zu dem Ergebnis gelangen, dass die Beteiligten die Folgen einer (Teil-)Abbedingung nicht zutreffend einschätzen könnten und daher die Treuepflicht nicht vollständig oder eingeschränkt abdingbar sei.

11. Die zwingenden Gläubigerschutzregelungen geraten zwar Treuepflicht übergreifend nicht mit der Abbedingung in Konflikt, begrenzen jedoch aufgrund ihrer Vorrangstellung gegenüber der Gestaltungsfreiheit der unmittelbar Beteiligten – vornehmlich bei der GmbH und AG – deren Folgen. Entsprechendes gilt für die zwingenden Pflichten im Interesse der Allgemeinheit.

12. Wie bei der Herleitung der Treuepflicht im Gesellschaftsrecht weist die Diskussion über ihre Rechtsgrundlage bei der Frage nach ihrer Abdingbarkeit keine praktische Relevanz auf. Unabhängig davon, worin die Rechtsgrundlage der Treuepflicht zu sehen ist, ergibt sich die Zulässigkeit ihrer vollständigen wie eingeschränkten Abdingbarkeit. Eine Ausnahme bildet lediglich die organschaftliche Treuepflicht des Vorstands einer AG, da sie im zwingenden § 93 AktG zu verorten ist.

13. Der grundsätzlich zwingende Charakter der Treuepflicht kann weder mit der differenzierten Struktur der Verträge noch mit ihrer angenommenen Wesentlichkeit für die gesellschaftsrechtlichen Rechtsverhältnisse gerechtfertigt werden. In Verbindung mit den Wertungen des Gesetzes lassen diese Systematisierungen mangels Rückgriffs auf die materiellen Rechtfertigungsgründe des zwingenden Rechts keinen Schluss auf die Rechtsnatur einer Norm bzw. einer Pflicht zu. Für die Bestimmung des zwingenden oder nicht zwingenden Charakters einer Pflicht ist maßgeblich zwischen der Primärebene als Haupt- oder Nebenpflicht und der Sekundärebene zu differenzieren.

14. Der spezifische Gedanke der Treuepflicht begrenzt den tatsächlichen Umfang ihrer Abbedingung. Sie reicht lediglich bis zur Grenze des „normalen" § 242 BGB. Die Beseitigung jeglicher rechtlicher Bindungen und Verpflichtungen der Beteiligten ist nicht mit der Abbedingung verbunden. Die allgemeinen Schranken der Privatautonomie in Form der §§ 138, 226, 242 BGB werden grundsätzlich nicht berührt. Unter Beachtung der Vermutung zugunsten des abdingbaren Rechts sind die mit der Abbedingung möglicherweise verbundenen Nachteile nicht so gravierend, dass sie eine Beschränkung der Freiheit zur Selbstbestimmung aufgrund der Erwägungen des Beteiligtenschutzes legitimieren können.

15. Eine systemkonforme Berücksichtigung des § 242 BGB verhindert regelmäßig das Entstehen von Schutzlücken oder reduziert zumindest die realen

„negativen“ Folgen der Abbedingung. Allein deshalb reicht die Abbedingung der Treuepflicht nicht so weit, wie allgemein angenommen wird. Aber selbst wenn durch die Abbedingung Schutzdefizite entstehen, die durch die Weitergeltung des § 242 BGB nicht kompensiert werden, ist zu berücksichtigen, dass der Wirkungsradius der gesellschaftsrechtlichen Treuepflicht infolge der spezifischen Bezugspunkte nicht grenzenlos ist. Dadurch werden wiederum die Folgen der Abbedingung reduziert.

16. Die Interessen der Allgemeinheit an einer flexiblen Anpassungsfähigkeit und an einem Fortbestand der Gesellschaften werden durch die hohe Schutzwirkung des dispositiven Rechts und die Weitergeltung des § 242 BGB nicht in einer solchen Art und Weise berührt, dass es gerechtfertigt wäre, die Treuepflicht als zwingend einzustufen.

17. Im Falle der Abbedingung kann fortwährend in rechtlich ausreichender Weise auf zukünftige „negative“ Ereignisse reagiert werden. Die tatsächliche Reduktion der Reaktionsmöglichkeiten aufgrund der Abbedingung genügt nicht, eine Einschränkung der Gestaltungsfreiheit zu rechtfertigen. Zu begründen ist dies mit den unterschiedlichen Maßstäben der Sittenwidrigkeit gegenüber der gesellschaftsrechtlichen Treuepflicht, dem bestehenden Normenprogramm sowie dem eingeschränkten Umfang der Abbedingung selbst.

18. Als kompensatorisches Regelungsmodell für die Abbedingung der organschaftlichen Treuepflicht kommt ein Kontrollgremium in Betracht. Die vorgebrachten Zweifel beinhalten keine rechtlich relevanten Hinderungsgründe.

19. Sachliche Gründe oder kompensatorische Regelungsmaßnahmen können für die wirksame Anerkennung der Abbedingung der Treuepflicht nicht gefordert werden. Zum einen würde mit diesen Voraussetzungen entgegen dem allgemeinen Grundsatz der Privatautonomie für ihre wirksame Ausübung ein Begründungserfordernis statuiert werden. Zum anderen würde ohne zwingende Notwendigkeit die grundsätzlich bis zur Grenze des § 138 BGB gewährte Gestaltungsbefugnis eingeschränkt werden.

20. Pflichteninhalt und Haftungsmaßstab sind dogmatisch zu unterscheiden. Die Gestaltungsgrenze des § 276 Abs. 3 BGB gerät daher nicht mit der Abbedingung der Treuepflicht im Gesellschaftsrecht in Konflikt.

21. Unter Berücksichtigung der systematischen Bezüge und des Telos der Treuepflicht ist festzustellen, dass die wesentlichen Ausprägungen der zweckbezogenen Treuepflichten der Organvertreter und der Gesellschafter auf disponible Normen zurückzuführen und unter dem Vorbehalt, dass andere zwingende Normen gelten, vollständig abdingbar sind.

22. Die damit mögliche Rückführung wesentlicher Ausprägungen der Treuepflicht auf eine Vielzahl einzelner disponibler Normen in Verknüpfung mit dem „äußeren" System der Gestaltungsfreiheit offenbart, dass ein kohärentes, in sich stimmiges Regelungssystem existiert, das im Sinne einer Gesamtanalogie den Schluss auf die Zulässigkeit der pauschalen Abdingbarkeit der zweckbezogenen Treuepflichten zulässt.

23. Die Abbedingung aller Arten der Treuepflicht hat als Grundlagengeschäft im Gesellschaftsvertrag durch die Gesellschafter zu erfolgen und kann aufgrund ihrer Parallelität bzw. Nähe zur Zweckänderung nur einstimmig umgesetzt werden. Daher greift im Falle der nachträglichen Abbedingung der Treuepflicht weder ein Stimmverbot nach § 47 Abs. 4 GmbHG (analog) noch erfolgt eine spezifische Überprüfung der Vertragsänderung anhand der Schranken der Mehrheitsherrschaft.

24. Die mitgliedschaftliche Treuepflicht des Aktionärs ist keine Vorschrift im Sinne des AktG. Ihre Abbedingung ist daher im Grundsatz auch nicht unmittelbar den Gestaltungsgrenzen des § 23 Abs. 5 AktG unterworfen. Die insoweit mögliche Abbedingung wird allerdings in der Realität durch die Weitergeltung und die Reichweite der §§ 57, 117, 243 Abs. 2 AktG, 242 BGB erheblich eingeschränkt.

25. Die Gesamtschau der gesellschaftsrechtlichen Treuepflichten zeigt, dass diese, unabhängig von ihrem im Einzelfall unterschiedlichen Pflichtengefüge, mehr „als nur den Namen gemeinsam"[1137] haben. Dies ergibt sich aus ihrer übereinstimmenden Funktion, dem identischen Schutzzweck und den gleichlaufend diskutierten Gründen für ihre Geltung. Schließlich weist die Antwort auf die Frage nach der Abdingbarkeit der unterschiedlichen Treuepflichten eine weitgehende Parallelität auf. Soweit dahin gehend

1137 *Lutter*, ZHR 162 (1998), 164, 176.

Abweichungen existieren, finden diese ihren Grund nicht in den Treuepflichten selbst, sondern vielmehr in den gegensätzlichen äußeren Systemen der gewährten Gestaltungsfreiheit.

Literaturverzeichnis

Ackermann, Thomas: Der Schutz des negativen Interesses, Tübingen 2007 [zitiert als: Der Schutz des negativen Interesses]

Adams, Michael: Was spricht gegen eine unbehinderte Übertragbarkeit der in Unternehmen gebundenen Ressourcen durch ihre Eigentümer?, in: AG 1990, S. 243–252.

Altmeppen, Holger: Kernbereichslehre, Bestimmtheitsgrundsatz und Vertragsfreiheit in der Personengesellschaft, in: NJW 2015, S. 2065–2071.

Altmeppen, Holger: Zum Vorstandsdoppelmandat in einer beherrschten AG & Co. KG, in: ZIP 2008, S. 437–444.

Armbrüster, Christian: Grenzen der Gestaltungsfreiheit im Personengesellschaftsrecht, in: ZGR 2014, S. 333–363.

Armbrüster, Christian: Grundlagen und Reichweite von Wettbewerbsverboten im Personengesellschaftsrecht, in: ZIP 1997, S. 261–273.

Armbrüster, Christian: Grundlagen und Reichweite von Wettbewerbsverboten im Kapitalgesellschaftsrecht, in: ZIP 1997, S. 1269–1279.

Aubel, Thomas van: Vorstandspflichten bei Übernahmeangeboten, München 1996 [zitiert als: Vorstandspflichten].

Bachmann, Daniel/Heckschen, Heribert: Mehrheitsklauseln bei Personengesellschaften, in: NZG 2015, S. 531–536.

Bachmann, Gregor: Optionsmodelle im Privatrecht, in: JZ 2008, S. 11–20.

Bachmann, Gregor: Private Ordnung, Tübingen 2000 [zitiert als: Private Ordnung].

Bachmann, Gregor/Eidenmüller, Horst/Engert, Andreas/Fleischer, Holger/Schön, Wolfgang: Rechtsregeln für die geschlossene Kapitalgesellschaft, in: ZGR Sonderheft 2012 [zitiert als: *Bachmann, Eidenmüller, Engert, Fleischer, Schön*, Rechtsregeln].

Baier, Klaus-Georg: Die Störung der Geschäftsgrundlage im Recht der Personengesellschaften, in: NZG 2004, S. 356–360.

Bartsch, Ralf: Die Entwicklung der personengesellschaftsrechtlichen Treuepflicht in der Rechtsprechung, Göttingen 1988 [zitiert als: Die Entwicklung der Treuepflicht].

Bastuck, Burkhard: Enthaftung des Managements: corporate indemnification im amerikanischen und deutschen Recht, Köln 1986 [zitiert als: Enthaftung].

Baumbach, Adolf/Hopt, Klaus J.: HGB, 37. Aufl., München 2016 [zitiert als: *Autor*, in: Baumbach/Hopt, HGB, § HGB, Rn.].

Baumbach, Adolf/Hueck, Alfred: GmbHG, 21. Aufl., München 2017 [zitiert als: *Autor*, in: Baumbach/Hueck, GmbHG, §, Rn.].

Becher, Hans: Wettbewerbsverbot und gesellschaftsmäßige Treupflicht, in: NJW 1961, S. 1998–2000.

Bechtold, Stefan: Die Grenzen zwingenden Vertragsrechts, Tübingen 2010 [zitiert als: Die Grenzen zwingenden Vertragsrechts].

Beckerhoff, Tom: Treuepflichten bei der Stimmrechtsausübung und Eigenhaftung des Stimmrechtsvertreters, Frankfurt am Main u. a. 1996 [zitiert als: Treuepflichten].

Beck'scher Online Kommentar: Kommentar zum GmbHG, 33. Edition, hrsg. v. Ziemons, Hildegard/Jaeger, Carsten, Stand 01. 11. 2017, München 2017 [zitiert als: *Autor* in: Beck'scher Online Kommentar GmbHG, § GmbHG, Rn.].

Beck'scher Online Kommentar: Kommentar zum BGB, 44. Edition, hrsg. v. Bamberger, Heinz Georg/Roth, Herbert/Hau, Wolfgang/Poseck, Roman, Stand 25. 01. 2017, München 2017 [zitiert als: *Autor* in: Beck'scher Online Kommentar BGB, § BGB, Rn.].

Behr, Volker: Der Ausschluß aus der Personengesellschaft im Spannungsfeld zwischen Vertrag und Status, in: ZGR 1985, S. 475–505.

Beuthien, Volker: Müssen Sonderrechte unentziehbar sein? Zum Begriff, Zweck und Schutz gesellschaftsrechtlicher Vorrechte, in: ZGR 2014, S. 24–44.

Beuthien, Volker/Gätsch, Andreas: Vereinsautonomie und Satzungsrecht Dritter, in: ZHR 156 (1992), S. 459–479.

Bitter, Georg/Heim, Sebastian: Gesellschaftsrecht, 3. Aufl., München 2016.

Bohlken, Lars/Sprenger, Regine: Minderheitenschutz bei Personengesellschaften, in: DB 2010, S. 263–267.

Bork, Reinhard/Schäfer, Carsten: GmbHG, 3. Aufl., Köln 2015 [zitiert als: *Autor*, in: Bork/Schäfer, GmbHG, § GmbHG, Rn.].

Borsdorff, Roland: Interessenkonflikte bei Organmitgliedern: eine Untersuchung zum deutschen und US-amerikanischen Aktienrecht, Frankfurt am Main u. a. 2010 [zitiert als: Interessenkonflikte].

Böhmer, Martin: Die Vereinbarung eines gemeinsamen Zwecks bei der Gesellschaft des bürgerlichen Rechts, in: JZ 1994, S. 982–990.

Brox, Hans: Fragen der rechtsgeschäftlichen Privatautonomie, in: JZ 1966, S. 761–767.

Brox, Hans/Walker, Wolf-Dietrich: Allgemeiner Teil des BGB, 41. Aufl., München 2017 [zitiert als: BGB AT].

Bruns, Alexander: Die Vertragsfreiheit und ihre Grenzen in Europa und den USA – Movement from Contract to Status?, in: JZ 2007, S. 385–394.

Bülow, Oskar: Dispositives Civilprozeßrecht und die verbindliche Kraft der Rechtsordnung, in: AcP 14 (1881), S. 1–109.

Busche, Jan: Privatautonomie und Kontrahierungszwang, Tübingen 1999 [zitiert als: Privatautonomie].

Bydlinski, Franz: Privatautonomie und objektive Grundlagen des verpflichtenden Rechtsgeschäfts, Wien u. a. 1967 [zitiert als: Privatautonomie].

Cahn, Andreas: Zur Treuepflicht im Arbeits- und Gesellschaftsrecht, in: Hanau, Peter u. a. (Hrsg.): Festschrift für Günther Wiese zum 70. Geburtstag, Neuried Kriftel 1998, S. 71–87.

Coester-Waltjen, Dagmar: Die Inhaltskontrolle von Verträgen außerhalb des AGBGB, in: AcP 190 (1990), S. 1–33.

Coing, Helmut: Die Treuhand kraft privaten Rechtsgeschäfts, München 1973 [zitiert als: Die Treuhand].

Cziupka, Johannes: Gestaltungsfreiheit, Satzungslücken und dispositive Satzungsunterstützung, in: Arnold, Stefan u. a. (Hrsg.): Gedächtnisschrift für Hannes Unberath, München 2015, S. 51–78 [zitiert als: GS Unberath].

Cziupka, Johannes: Dispositives Vertragsrecht, Tübingen 2010 [zitiert als: Dispositives Vertragsrecht].

Deinert, Olaf: Zwingendes Recht, Grenzen rechtsgeschäftlicher Gestaltungsmacht und Verbotsgesetz, Umgehungsproblematik und teilweise Aufrechterhaltung unzulässiger Rechtsgeschäfte, Köln u. a. 2002 [zitiert als: Zwingendes Recht].

Dembski, Jan: Gesellschaftsrechtliche Treubindungen von Nichtmitgliedern, insbesondere nachmitgliedschaftliche Treupflichten, Berlin 2009 [zitiert als: Treubindungen].

Dreher, Meinrad: Treuepflichten zwischen Aktionären und Verhaltenspflichten bei der Stimmrechtsbündelung, in: ZHR 157 (1993), S. 150–171.

Dubovitskaya, Elena: Sind Vorstandsmitglieder einer AG wirklich Treuhänder?, in: NZG 2015, S. 983–988.

Duden, Konrad: Grenzen der Vertragsfreiheit im Recht der Personengesellschaften, in: ZGR 1973, S. 360–379.

Ebenroth, Carsten Thomas/Boujong, Karlheinz/Joost, Detlev/Strohn, Lutz: HGB, Band 1, §§ 1– 342e, 3. Aufl., München 2014 [zitiert als: *Autor*, in: E/B/J/S, § HGB, Rn.].

Enderlein, Wolfgang: Rechtspaternalismus und Vertragsrecht, München 1996 [zitiert als: Rechtspaternalismus].

Engisch, Karl: Einführung in das juristische Denken, 8. Aufl., Stuttgart u. a. 1983 [zitiert als: Juristisches Denken].

Erker, Astrid: Kompensation für Steuern – Steuerrecht und gesellschaftsrechtliche Treuebindungen, Frankfurt am Main u. a. 2010 [zitiert als: Kompensation für Steuern].

Erman, Walter: Bürgerliches Gesetzbuch, Handkommentar, Band 1, §§ 1–761, AGG, 15. Aufl., hrsg. v. Barbara Grunewald u. a., Köln 2017 [zitiert als: *Autor*, in: Erman, BGB-Kom., §, Rn.].

Esser, Josef: Grundsatz und Norm in der richterlichen Rechtsfortbildung des Privatrechts, 3. Aufl., Tübingen 1974 [zitiert als: Grundsatz und Norm].

Esser, Josef/Schmidt, Eike: Schuldrecht Allgemeiner Teil, Band 1, Teilband 1, 8. Aufl., Heidelberg 1995 [zitiert als: Schuldrecht AT].

Fastrich, Lorenz: Funktionales Rechtsdenken am Beispiel des Gesellschaftsrechts, Berlin u. a. 2001 [zitiert als: Funktionales Rechtsdenken].

Fastrich, Lorenz: Richterliche Inhaltskontrolle im Privatrecht, München 1992 [zitiert als: Inhaltskontrolle].

Fechner, Erich: Die Treuebindung des Aktionärs, Weimar (Böhlhaus) 1942 [zitiert als: Die Treuebindung des Aktionärs].

Fillmann, Andreas: Treuepflichten der Aktionäre, Frankfurt am Main u. a. 1991 [zitiert als: Treuepflichten].

Fischer, Robert: Neue Wege im Recht der Personengesellschaften? Eine Besprechung des Buches „Die Personengesellschaft" von Werner Flume, in: ZGR 1979, S. 251–272.

Fischer, Robert: Die Grenzen bei der Ausübung gesellschaftlicher Mitgliedschaftsrechte, in: NJW 1954, S. 777–780.

Fleck, Hans-Joachim: Mißbrauch der Vertretungsmacht oder Treubruch des mit Einverständnis aller Gesellschafter handelnden GmbH-Geschäftsführers aus zivilrechtlicher Sicht, in: ZGR 1990, S. 31–41.

Fleck, Hans-Joachim: Die Drittanstellung des GmbH-Geschäftsführers, in: ZHR 149 (1985), S. 387–418.

Fleischer, Holger: Die geschlossene Kapitalgesellschaft im Rechtsvergleich, in: ZGR 2016, S. 36–83.

Fleischer, Holger: Die Geschäftschancenlehre im Recht der BGB-Gesellschaft, in: NZG 2013, S. 361–367.

Fleischer, Holger: Zur Privatsphäre von GmbH-Geschäftsführern und Vorstandsmitgliedern: Organpflichten, organschaftliche Zurechnung und private Umstände, in: NJW 2006, S. 3229–3344.

Fleischer, Holger: Aktienrechtliche Zweifelsfragen der Kreditgewährung an Vorstandsmitglieder, in: WM 2004, S. 1057–1067.

Fleischer, Holger: Gesetz und Vertrag als alternative Problemlösungsmodelle im Gesellschaftsrecht, in: ZHR 168 (2004), S. 673–707.

Fleischer, Holger: Gelöste und ungelöste Probleme der gesellschaftsrechtlichen Geschäftschancenlehre, in: NZG 2003, S. 985–992.

Fleischer, Holger: Zur organschaftlichen Treuepflicht der Geschäftsleiter im Aktien- und GmbH-Recht, in: WM 2003, S. 1045–1058.

Fleischer, Holger: Grundfragen der ökonomischen Theorie im Gesellschafts- und Kapitalmarktrecht, in: ZGR 2000, S. 1–32.

Fleischer, Holger/Harzmeier, Lars: Zur Abdingbarkeit der Treuepflichten bei Personengesellschaft und GmbH, in: NZG 2015, S. 1289–1297.

Flume, Werner: Allgemeiner Teil des Bürgerlichen Rechts, Band 2, Das Rechtsgeschäft, 4. Aufl., Berlin u. a. 1992 [zitiert als: Das Rechtsgeschäft].

Flume, Werner: Die Problematik der Zustimmungspflicht des Gesellschafters einer Personengesellschaft zu Gesellschafterbeschlüssen und zur Änderung des Gesellschaftsvertrags, in: Löwisch, Manfred u. a. (Hrsg.): Festschrift für Fritz Rittner zum 70. Geburtstag, München 1991, S. 119–132 [zitiert als: FS Rittner].

Flume, Werner: Allgemeiner Teil des Bürgerlichen Rechts, Band 1, Erster Teil: Die Personengesellschaft, Berlin u. a. 1977 [zitiert als: Personengesellschaft].

Flume, Werner: Rechtsgeschäft und Privatautonomie, in: Caemmerer, Ernst von u. a. (Hrsg.): Hundert Jahre deutsches Rechtsleben – Festschrift zum hundertjährigen Bestehen des Deutschen Juristentages 1860–1960, Band 1, Karlsruhe 1960, S. 135–238 [zitiert als: FS DJT].

Förster, Christian: Der Schwarze Ritter – § 826 BGB im Gesellschaftsrecht, in: AcP 209 (2009), S. 399–444.

Freudenberg, Hans: Das Nebentätigkeitsrecht der Vorstandsmitglieder nach § 88 Aktiengesetz, Frankfurt am Main u. a. 1989 [zitiert als: Nebentätigkeitsrecht].

Fröhlich, Ernst: Vom zwingenden und nichtzwingenden Privatrecht, Aarau 1922 [zitiert als: Vom zwingenden und nichtzwingenden Privatrecht].

Gehrlein, Markus: Die Existenzvernichtungshaftung im Wandel der Rechtsprechung, in: WM 2008, S. 761–769.

Gehrlein, Markus/Ekkenga, Jens/Simon, Stefan: GmbHG, 2. Aufl., Köln 2015 [zitiert als: *Autor*, in: G/E/S, GmbHG, § GmbHG, Rn.].

Geier, Bernd M.: Gestaltungsfreiheit und Gestaltungsgrenzen der mitgliedschaftlichen Treupflicht des Aktionärs, Frankfurt am Main u. a. 2007 [zitiert als: Gestaltungsfreiheit].

Geiger, Martin: Wettbewerbsverbote im Konzernrecht: eine Untersuchung zur Konzernbildungskontrolle im Recht der Personengesellschaften, der GmbH und der AG, Baden-Baden 1996 [zitiert als: Wettbewerbsverbote].

Geßler, Ernst/Hefermehl, Wolfgang/Eckardt, Ulrich/Kropff, Bruno: Aktiengesetz, Band 2, §§ 77–147, München 1974 [zitiert als: *Autor*, in: G/H/E/K, AktG, § AktG, Rn.].

Gieseke, Horst: Interessenkonflikte der GmbH-Geschäftsführer bei Pflichtenkollisionen, in: GmbHR 1996, S. 486–492.

Gleiss, Alfred/Hootz, Christian: Die kartellrechtliche Zulässigkeit des gesellschaftsrechtlichen Wettbewerbsverbots im Recht der OHG, in: NJW 1963, S. 1338–1340.

Goette, Wulf: Minderheitenschutz bei gesellschaftsvertraglicher Abweichung vom Einstimmigkeitsprinzip, in: Hommelhoff, Peter u. a. (Hrsg.): Festschrift für Walter Sigle zum 70. Geburtstag, Köln 2000, S. 145–161 [zitiert als: FS Sigle].

Goette, Wulf: Das Organverhältnis des GmbH-Geschäftsführers in der Rechtsprechung des Bundesgerichtshofs, in: DStR 1998, S. 938–943.

Goette, Wulf/Goette, Maximilian: Mehrheitsklauseln im Personengesellschaftsrecht, in: DStR 2016, S. 74–84.

Grigoleit, Hans Christoph: Wettbewerbsverbot und Vorstandsdoppelmandat in der AG & Co. KG, in: ZGR 2010, S. 662–678.

Grigoleit, Hans Christoph: Gesellschafterhaftung für interne Einflussnahme im Recht der GmbH, München 2006 [zitiert als: Gesellschafterhaftung].

Großkommentar zum Aktiengesetz, Band 2, Teilband 1, §§ 23–40, 5. Aufl., hrsg. v. Hirte, Heribert u. a., Berlin u. a. 2016 [zitiert als: *Autor*, in: GroßkommAktG, 5. Aufl., § AktG, Rn.].

Großkommentar zum Aktiengesetz, Band 4, Teilband 1, §§ 76–91, 5. Aufl., hrsg. v. Hirte, Heribert u. a., Berlin u. a. 2015 [zitiert als: *Autor*, in: GroßkommAktG, 5. Aufl., § AktG, Rn.].

Großkommentar zum Aktiengesetz, Band 4, Teilband 2, §§ 92–94, 5. Aufl., hrsg. v. Hirte, Heribert u. a., Berlin u. a. 2015 [zitiert als: *Autor*, in: GroßkommAktG, 5. Aufl., § AktG, Rn.].

Großkommentar zum Aktiengesetz, Band 7, Teilband 2, §§ 241–277, 4. Aufl., hrsg. v. Hopt, Klaus J./Wiedemann, Herbert, Berlin u. a. 2013 [zitiert als: *Autor*, in: GroßkommAktG, 4. Aufl., § AktG, Rn.].

Großkommentar zum Aktiengesetz, Band 2, §§ 53a–75, 4. Aufl., hrsg. v. Hopt, Klaus J./Wiedemann, Herbert, Berlin 2008 [zitiert als: *Autor*, in: GroßkommAktG, 4. Aufl., § AktG, Rn.].

Grundmann, Stefan: Der Treuhandvertrag, insbesondere die werbende Treuhand, München 1997 [zitiert als: Der Treuhandvertrag].

Grunewald, Barbara: Gesellschaftsrecht, 10. Aufl., Tübingen 2017.

Grunewald, Barbara: Die Privatrechtsgesellschaft im Bereich des Gesellschafts- und Kapitalmarktrechts, S. 311–322, in: Riesenhuber, Karl (Hrsg.): Privatrechtsgesellschaft – Entwicklung, Stand und Verfassung des Privatrechts, Tübingen 2007 [zitiert als: Privatrechtsgesellschaft].

Haar, Brigitte: Die Personengesellschaft im Konzern: Privatautonomie zwischen Vertrag und Organisation, Tübingen 2006 [zitiert als: Die Personengesellschaft im Konzern].

Haas, Ulrich: Die Disziplinierung des GmbH-Geschäftsführers im Interesse der Gesellschaftsgläubiger, Teil 2, in: WM 2006, S. 1417–1425.

Haberer, Thomas: Zwingendes Kapitalgesellschaftsrecht: Rechtfertigung und Grenzen, Wien 2009 [zitiert als: Zwingendes Kapitalgesellschaftsrecht].

Habersack, Mathias: Vertragsfreiheit und Drittinteressen, Berlin 1991 [zitiert als: Vertragsfreiheit].

Hachenburg, Max: Kommentar zum GmbHG, Band 3, §§ 53–85, 8. Aufl., hrsg. v. Ulmer, Peter, Berlin u. a. 1997 [zitiert als: *Autor*, in: Hachenburg, GmbHG, § GmbHG, Rn.].

Hachenburg, Max: Kommentar zum GmbHG, Band 2, §§ 35–52, 8. Aufl., hrsg. v. Ulmer, Peter, Berlin u. a. 1997 [zitiert als: *Autor*, in: Hachenburg, GmbHG, § GmbHG, Rn.].

Hachenburg, Max: Kommentar zum GmbHG, Band 1, §§ 1–34, 8. Aufl., hrsg. v. Ulmer, Peter, Berlin u. a. 1992 [zitiert als: *Autor*, in: Hachenburg, GmbHG, § GmbHG, Rn.].

Hartmann, Christian: Der Schutz der GmbH vor ihren Gesellschaftern, in: GmbHR 1999, S. 1061–1069.

Hauschka, Christoph E./Moosmayer, Klaus/Lösler, Thomas: Corporate Compliance, Handbuch der Haftungsvermeidung im Unternehmen, 3. Aufl., München 2016 [zitiert als: *Autor*, in: Hauschka, Corporate Compliance, §, Rn.].

Heimann, Klaus: Die kartellrechtliche Zulässigkeit von Wettbewerbsverboten in Gesellschaftsverträgen von OHG und KG, München 1966 [zitiert als: Zulässigkeit von Wettbewerbsverboten].

Heinrich, Christian: Formale Freiheit und materiale Gerechtigkeit, Tübingen 2000 [zitiert als: Formale Freiheit und materiale Gerechtigkeit].

Hellgardt, Alexander: Abdingbarkeit der gesellschaftsrechtlichen Treuepflicht, in: Grundmann, Stefan u. a. (Hrsg.): Festschrift für Klaus J. Hopt zum 70. Geburtstag, Band 1, Berlin u. a. 2010, S. 765–794 [zitiert als: FS Hopt].

Hennrichs, Joachim: Die Treuepflichten im Aktienrecht, in: AcP 195 (1995), S. 221–273.

Henssler, Martin: Treuhandgeschäft – Dogmatik und Wirklichkeit, in: AcP 196 (1996), S. 37–87.

Henssler, Martin/Strohn, Lutz: Gesellschaftsrecht, 3. Aufl., München 2016 [zitiert als: *Autor*, in: Henssler/Strohn, Gesellschaftsrecht, §, Rn.].

Henze, Hartwig: Gesichtspunkte des Kapitalerhaltungsgebotes und seiner Ergänzung im Kapitalgesellschaftsrecht in der Rechtsprechung des BGH, in: NZG 2003, S. 649–659.

Henze, Hartwig: Treuepflichtwidrige Stimmrechtsausübung und ihre Folgen, in: Henze, Hartwig u. a. (Hrsg.): Gesellschaftsrecht RWS-Forum 8, Köln 1999, S. 1–21.

Henze, Hartwig: Treuepflichten der Gesellschafter im Kapitalgesellschaftsrecht, in: ZHR 162 (1998), S. 186–195.

Henze, Hartwig: Die Treuepflicht im Aktienrecht, in: BB 1996, S. 489–499.

Henze, Hartwig: Zur Treuepflicht unter den Aktionären, in: Goerdeler, Reinhard (Hrsg.): Festschrift für Alfred Kellermann zum 70. Geburtstag, Berlin u. a. 1991, S. 141–152 [zitiert als: FS Kellermann].

Hey, Felix: Freie Gestaltung in Gesellschaftsverträgen und ihre Schranken, München 2004 [zitiert als: Freie Gestaltung].

Hirte, Heribert: Kapitalgesellschaftsrecht, 8. Aufl., Köln 2016.

Hofmann, Christian: Der Minderheitenschutz im Gesellschaftsrecht, Berlin u. a. 2010 [zitiert als: Minderheitenschutz].

Hölters, Wolfgang: Aktiengesetz, 3. Aufl., München 2017 [zitiert als: *Autor*, in: Hölters, Aktiengesetz, § AktG, Rn.].

Hommelhoff, Peter: Gestaltungsfreiheit im GmbH-Recht, in: ZGR-Sonderheft 13 (1998), Berlin u. a. 1998, S. 36–60.

Hommelhoff, Peter/Lutter, Marcus: GmbHG, 19. Aufl., Köln 2016 [zitiert als: *Autor*, in: Lutter/Hommelhoff, GmbHG, § GmbHG, Rn.].

Hönn, Günther: Inhaltskontrolle von Gesellschaftsverträgen, in: JA 1987, S. 337–344.

Hopt, Klaus J.: Interessenwahrung und Interessenkonflikte im Aktien-, Bank- und Berufsrecht, in: ZGR 2004, S. 1–52.

Hopt, Klaus J.: Gestaltungsfreiheit in Europa, in: ZGR-Sonderheft 13 (1998), Berlin u. a. 1998, S. 123–147.

Hueck, Alfred: Inwieweit besteht eine gesellschaftliche Pflicht des Gesellschafters einer Handelsgesellschaft zur Zustimmung zu Gesellschafterbeschlüssen?, in: ZGR 1972, S. 237–253.

Hueck, Alfred: Das Recht der offenen Handelsgesellschaft, 4. Aufl., Berlin u. a. 1971.

Hueck, Alfred: Der Treuegedanke im modernen Privatrecht, München 1947 [zitiert als: Der Treuegedanke].

Hueck, Alfred: Der Treuegedanke im Recht der offenen Handelsgesellschaft, in: Rechts- und Wirtschaftswissschaften Fakultät der Universität Jena: Festschrift für Rudolf Hübner zum 70. Geburtstag, Berlin 1935, S. 72–91 [zitiert als: FS Hübner].

Hueck, Goetz: Gesellschaftsrecht, 19. Aufl., München 1991.

Hübener, Ulrich: Interessenkonflikt und Vertretungsmacht, München 1977 [zitiert als: Interessenkonflikt].

Hüffer, Uwe: Aktiengesetz, 12. Aufl., München 2016 [zitiert als: *Autor*, in: Hüffer, Aktiengesetz, §, Rn.].

Hüffer, Uwe: Zur gesellschaftsrechtlichen Treuepflicht als richterrechtlicher Generalklausel, in: Baur, Jürgen u. a. (Hrsg.): Festschrift für Ernst Steindorff zum 70. Geburtstag, Berlin 1990, S. 59–78 [zitiert als: FS Steindorff].

Immenga, Ulrich: Bindung von Rechtsmacht durch Treuepflichten, in: Lutter, Marcus u. a. (Hrsg.): Festschrift 100 Jahre GmbH-Gesetz, Köln 1992, S. 189–208 [zitiert als: FS 100 Jahre GmbHG].

Immenga, Ulrich: Die Minderheitsrechte des Kommandisten, in: ZGR 1974, S. 385–426.

Immenga, Ulrich: Die personalistische Kapitalgesellschaft, Bad Homburg v. d. H. 1970 [zitiert als: Die personalistische Kapitalgesellschaft].

Janke, Matthias: Gesellschaftsrechtliche Treuepflicht, Neubewertung der richterrechtlichen Generalklausel im Rahmen einer rechtsvergleichenden und ökonomischen Analyse, Frankfurt am Main u. a. 2003 [zitiert als: Gesellschaftsrechtliche Treuepflicht].

Jauernig, Othmar: BGB, 16. Aufl., München 2015 [zitiert als: *Autor*, in: Jauernig, BGB, § BGB, Rn.].

Joch, Bernd: Mitbestimmungsgesetz und Gestaltungsfreiheit, Ebelsbach 1984 [zitiert als: Gestaltungsfreiheit].

Kähler, Lorenz: Begriff und Rechtfertigung abdingbaren Rechts, Tübingen 2012 [zitiert als: Begriff und Rechtfertigung abdingbaren Rechts].

Kähler, Lorenz: Private Disposition jenseits der Herrschaft des Gesetzes – zur Abdingbarkeit gesetzlicher Normen, in: JJZ 2002, S. 181–207.

Kampf, Henning Friedrich Bernard: Die Abdingbarkeit gesellschaftsrechtlicher Treuepflichten am Beispiel mitgliedschaftlicher und organschaftlicher Treuepflichten gegenüber der GmbH, Hamburg 2016 [zitiert als: Abdingbarkeit].

Kleinschmidt, Jens: Der Verzicht im Schuldrecht, Tübingen 2004 [zitiert als: Der Verzicht im Schuldrecht].

Klöhn, Lars: Minderheitenschutz im Personengesellschaftsrecht, in: AcP 216 (2016), S. 281–319.

Kloka, Paul Dominik: Rechtsformen und Rahmenbedingungen der Innovationsfinanzierung, Baden-Baden 2015 [zitiert als: Innovationsfinanzierung].

Koller, Ingo: Der Ausschluss ohne wichtigen Grund zum Buchwert bei Personengesellschaften, in: DB 1984, S. 545–549.

Kollhosser, Helmut: Zustimmungspflicht zur Abänderung von Gesellschaftsverträgen bei Personengesellschaften, in: Hefermühl, Wolfgang u. a. (Hrsg.): Festschrift für Harry Westermann zum 65. Geburtstag, Karlsruhe 1974, S. 275–307 [zitiert als: FS Westermann].

Kölner Kommentar: Kölner Kommentar zum AktG, Band 2, Teilband 2, §§ 95–117, 3. Aufl., hrsg. v. Zöllner, Wolfgang/Noack, Ulrich, Köln 2013 [zitiert als: *Autor*, in: Kölner Kommentar zum AktG, § AktG, Rn.].

Kölner Kommentar: Kölner Kommentar zum AktG, Band 1, §§ 1–75, 3. Aufl., hrsg. v. Zöllner, Wolfgang/Noack, Ulrich, Köln 2011 [zitiert als: *Autor*, in: Kölner Kommentar zum AktG, § AktG, Rn.].

Kölner Kommentar: Kölner Kommentar zum AktG, Band 2, Teilband 1, §§ 76–94, 3. Aufl., hrsg. v. Zöllner, Wolfgang/Noack, Ulrich, Köln 2010 [zitiert als: *Autor*, in: Kölner Kommentar zum AktG, § AktG, Rn.].

Kölner Kommentar: Kölner Kommentar zum AktG, Band 5, Teilband 1, §§ 179–240, 2. Aufl., hrsg. v. Zöllner, Wolfgang, Köln u. a. 1995 [zitiert als: *Autor*, in: Kölner Kommentar zum AktG, 2. Aufl., § AktG, Rn.].

Koppensteiner, Hans-Georg: Über Grenzen der Vertragsfreiheit im Innenverhältnis von GmbH und O(H)G, in: GesRZ 2009, S. 197–208.

Kort, Michael: Interessenkonflikte bei Organmitgliedern der AG, in: ZIP 2008, S. 717–725.

Kreutz, Peter: Hinauskündigungsklauseln im Recht der Personenhandelsgesellschaften, in: ZGR 1983, S. 109–122.

Kropff, Bruno: Aktiengesetz 1965, Düsseldorf 1965 [zitiert als: *Kropff*].

Kübler, Friedrich: Erwerbschancen und Organpflichten – Überlegungen zur Entwicklung der Lehre von den „coporate oppurtunities", in: Hadding, Walter u. a. (Hrsg.): Festschrift für Winfried Werner zum 65. Geburtstag, Berlin 1984, S. 437–448 [zitiert als: FS Werner].

Kübler, Friedrich/Assmann, Heinz-Dieter: Gesellschaftsrecht: Die privatrechtlichen Ordnungsstrukturen und Regelungsprobleme von Verbänden und Unternehmen, 6. Aufl., Heidelberg 2006.

Kübler, Friedrich/Waltermann, Jens: Geschäftschancen der Kommanditgesellschaft, in: ZGR 1991, S. 161–174.

Kühn, Manfred: Der Minderheitenschutz in der GmbH, in: GmbHR 1965, S. 132–137.

Kumpan, Christoph: Der Interessenkonflikt im Privatrecht, Tübingen 2014 [zitiert als: Der Interessenkonflikt].

Kuntz, Thilo: Gestaltung von Kapitalgesellschaften zwischen Freiheit und Zwang, Tübingen 2016 [zitiert als: Gestaltung von Kapitalgesellschaften].

Kust, Egon: Sorgfaltspflicht und Verantwortlichkeit eines ordentlichen und gewissenhaften Geschäftsleiters, in: WM 1980, S. 758–765.

Larenz, Karl/Canaris, Claus-Wilhelm: Methodenlehre der Rechtswissenschaft, 3. Aufl., Berlin u. a. 1995 [zitiert als: Methodenlehre].

Larenz, Karl/Wolf, Manfred: Allgemeiner Teil des Bürgerlichen Rechts, 9. Aufl., München 2004 [zitiert als: BGB AT].

Larenz, Karl/Wolf, Manfred: Allgemeiner Teil des Bürgerlichen Rechts, 8. Aufl., München 1997 [zitiert als: BGB AT, 8. Aufl.].

Lawall, Lars: Das ungeschriebene Wettbewerbsverbot des GmbH-Gesellschafters [zitiert als: Wettbewerbsverbot].

Leistner, Matthias: Das Prinzip der Selbstverantwortung: Grundlagen und Bedeutung im heutigen Privatrecht, in: Riesenhuber, Karl (Hrsg.): Das Prinzip der Selbstverantwortung – Verhaltensökonomische Grundlagen, Tübingen 2011, S. 101–117 [zitiert als: Selbstverantwortung].

Lettl, Tobias: Die Anpassung von Personengesellschaftsverträgen, in: AcP 202 (2002), S. 3–40.

Leuscher, Lars: Der Dispens vom Schädigungsverbot bei der GmbH, in: Büscher, Wolfgang u. a. (Hrsg.): Festschrift für Hans-Jürgen Ahrens zum 70. Geburtstag, Köln 2016, S. 637–651 [zitiert als: FS Ahrens].

Lieb, Manfred: Schutzbedürftigkeit oder Eigenverantwortlichkeit, in: DNotZ 1989, S. 274–296.

Limmer, Peter: Die Haftungsverfassung des faktischen GmbH-Konzerns, Köln 1992 [zitiert als: Die Haftungsverfassung].

Loacker, Leander D.: Verhaltensökonomik als Erkenntnisquelle für die Rechtsetzung, in: Verschraegen, Bea (Hrsg.), Interdisziplinäre Studien zur Komparatistik und zum Kollisionsrecht, Band 3, Wien 2012, S. 45–97 [zitiert als: Verhaltensökonomik].

Löffler, Joachim: Zur Reichweite des gesetzlichen Wettbewerbsverbots in der Kommanditgesellschaft, in: NJW 1986, S. 223–229.

Löhnig, Martin: Treuhand, Tübingen 2006 [zitiert als: Treuhand].

Lohr, Martin: Die Beschränkung der Innenhaftung des GmbH-GF, in: NZG 2000, S. 1204–1213.

Looschelders, von Dirk/Roth, Wolfgang: Juristische Methodik im Prozeß der Rechtsanwendung, Berlin 1996 [zitiert als: Juristische Methodik].

Loritz, Karl-Georg: Vertragsfreiheit und Individualschutz im Gesellschaftsrecht, in: JZ 1986, S. 1073–1082.

Lutter, Marcus: Haftung und Haftungsfreiräume des GmbH-Geschäftsführers, in: GmbHR 2000, S. 301–312.

Lutter, Marcus: Treuepflichten und ihre Anwendungsprobleme, in: ZHR 162 (1998), S. 164–184.

Lutter, Marcus: Die Treuepflicht des Aktionärs, in: ZHR 153 (1989), S. 446–471.

Lutter, Marcus: Theorie der Mitgliedschaft, in: AcP 180 (1980), S. 84–159.

Marsch-Barner, Reinhard: Treuepflichten zwischen Aktionären und Verhaltenspflichten bei der Stimmrechtsbündelung, in: ZHR 157 (1993), S. 172–195.

Medicus, Dieter: Der Grundsatz der Verhältnismäßigkeit im Privatrecht, in: AcP 192 (1992), S. 35–68.

Merkt, Hanno: Unternehmensleitung und Interessenkollision, in: ZHR 159 (1995), S. 423–452.

Mestmäcker, Ernst-Joachim: Über das Verhältnis des Rechts der Wettbewerbsbeschränkungen zum Privatrecht, in: AcP 168 (1968), S. 235–262.

Mestmäcker, Ernst-Joachim: Verwaltung, Konzerngewalt und Rechte der Aktionäre. Eine rechtsvergleichende Untersuchung nach deutschem Aktienrecht und dem Recht der Corporations in den Vereinigten Staaten, Karlsruhe 1958 [zitiert als: Verwaltung].

Meyer-Landrut, Joachim/Miller, F. Georg/Niehus, Rudolf J.: Kommentar zum GmbHG, Berlin u. a. 1987 [zitiert als: *Autor*, in: Meyer-Landrut, GmbHG, § GmbHG, Rn.].

Michalski, Lutz: Kommentar zum GmbHG, Band 2, §§ 35–85, 3. Aufl., München 2017 [zitiert als: *Autor*, in: Michalski, GmbHG, § GmbHG, Rn.].

Michalski, Lutz: Kommentar zum GmbHG, Band 1, §§ 1–34, 3. Aufl., München 2017 [zitiert als: *Autor*, in: Michalski, GmbHG, § GmbHG, Rn.].

Möllers, Thomas M. J.: Treuepflichten und Interessenkonflikte bei Vorstands- und Aufsichtsratmitgliedern, in: Hommelhoff, Peter von u. a. (Hrsg.): Handbuch Corporate Governance: Leitung und Überwachung börsennotierter Unternehmen in der Rechts- und Wirtschaftspraxis, 2. Aufl., Stuttgart 2009, S. 423–446 [zitiert als: Hdb Corporate Governance, 2. Aufl.].

Möslein, Florian: Privatrechtliche Regelsetzung, Governance und Verhaltensökonomik, in: ALJ 2014, S. 135–143.

Möslein, Florian: Dispositives Recht: Zwecke, Strukturen und Methoden, Tübingen 2011 [zitiert als: Dispositives Recht].

Mülbert, Peter. O.: Einheit der Methodenlehre? – Allgemeines Zivilrecht und Gesellschaftsrecht im Vergleich, in: AcP 214 (2014), S. 188–300.

Mülbert, Peter O.: Aktiengesellschaft, Unternehmensgruppe und Kapitalmarkt, 2. Aufl., München 1996 [zitiert als: *Mülbert*, Aktiengesellschaft].

Münch, Cristof: Befreiung vom Wettbewerbsverbot im Recht der GmbH – Stellungnahme zum BMF-Schreiben vom 04. 02. 1992, in: NJW 1993, S. 225–233.

Münchener Handbuch des Gesellschaftsrechts: Aktiengesellschaft, Band 4, 4. Aufl., hrsg. v. Hoffmann-Becking, Michael, München 2015 [zitiert als: *Autor*, in: MünchHdb AktG, §, Rn.].

Münchener Handbuch des Gesellschaftsrechts: BGB-Gesellschaft, OHG, PartG, EWIV, Band 1, 4. Aufl., hrsg. v. Gummert, Hans/Weipert, Lutz, München 2014 [zitiert als: *Autor*, in: MünchHdb PersG, §, Rn.].

Münchener Handbuch des Gesellschaftsrechts: Gesellschaft mit beschränkter Haftung, Band 3, 4. Aufl., hrsg. v. Priester, Hans-Joachim/Mayer, Dieter/Wicke, Hartmut, München 2012 [zitiert als: *Autor*, in: MünchHdb GmbH, §, Rn.].

Münchener Kommentar: Münchener Kommentar zum AktG, Band 3, §§ 118–178, 4. Aufl., hrsg. v. Goette, Wulf u. a., München 2018 [zitiert als: *Autor*, in: MünchKommAktG, 4. Aufl., § AktG, Rn.].

Münchener Kommentar: Münchener Kommentar zum AktG, Band 4, §§ 179–277, 4. Aufl., hrsg. v. Goette, Wulf u. a., München 2016 [zitiert als: *Autor*, in: MünchKommAktG, § AktG, Rn.].

Münchener Kommentar: Münchener Kommentar zum AktG, Band 1, §§ 1–75, 4. Aufl., hrsg. v. Goette, Wulf u. a., München 2016 [zitiert als: *Autor*, in: MünchKommAktG, § AktG, Rn.].

Münchener Kommentar: Münchener Kommentar zum AktG, Band 2, §§ 76–117, MitbestG, DrittelbG, 4. Aufl., hrsg. v. Goette, Wulf u. a., München 2014 [zitiert als: *Autor*, in: MünchKommAktG, § AktG, Rn.].

Münchener Kommentar: Münchener Kommentar zum BGB, Band 5, Schuldrecht Besonderer Teil III, §§ 705–853, PartGG, ProdHaftG, 7. Aufl., hrsg. v. Säcker, Jürgen u. a., München 2017 [zitiert als: *Autor*, in: MünchKommBGB, § BGB, Rn.].

Münchener Kommentar: Münchener Kommentar zum BGB, Schuldrecht Allgemeiner Teil, Band 2, §§ 241–432, 7. Aufl., hrsg. v. Säcker, Jürgen u. a., München 2016 [zitiert als: *Autor*, in: MünchKommBGB, § BGB, Rn.].

Münchener Kommentar: Münchener Kommentar zum BGB, Band 1, Allgemeiner Teil, §§ 1–240, ProstG, AGG, 7. Aufl., hrsg. v. Säcker, Jürgen u. a., München 2015 [zitiert als: *Autor*, in: MünchKommBGB, § BGB, Rn.].

Münchener Kommentar: Münchener Kommentar zum BGB, Band 4, Schuldrecht Besonderer Teil II, §§ 611–704, EFZG, TzBfG, KSchG, 7. Aufl., hrsg. v. Säcker, Jürgen u. a., München 2012 [zitiert als: *Autor*, in: MünchKommBGB, § BGB, Rn.].

Münchener Kommentar: Münchener Kommentar zum GmbHG, Band 3, §§ 53–85, 2. Aufl., hrsg. v. Fleischer, Holger/Goette, Wulf, München 2016 [zitiert als: *Autor*, in: MünchKommGmbHG, § GmbHG, Rn.].

Münchener Kommentar: Münchener Kommentar zum GmbHG, Band 2, §§ 35–52, 2. Aufl., hrsg. v. Fleischer, Holger/Goette, Wulf, München 2016 [zitiert als: *Autor*, in: MünchKommGmbHG, § GmbHG, Rn.].

Münchener Kommentar: Münchener Kommentar zum GmbHG, Band 1, §§ 1–34, 2. Aufl., hrsg. v. Fleischer, Holger/Goette, Wulf, München 2015 [zitiert als: *Autor*, in: MünchKommGmbHG, § GmbHG, Rn.].

Münchener Kommentar: Münchener Kommentar zum HGB, Band 2, §§ 105–160, 4. Aufl., hrsg. v. Schmidt, Karsten, München 2016 [zitiert als: *Autor*, in: MünchKommHGB, § HGB, Rn.].

Münchener Kommentar: Münchener Kommentar zum HGB, Band 3, §§ 161–237, 3. Aufl., hrsg. v. Schmidt, Karsten, München 2012 [zitiert als: *Autor*, in: MünchKommHGB, § HGB, Rn.].

Nehls, Albrecht: Die gesellschaftsrechtliche Treuepflicht im Aktienrecht, Hamburg 1993 [zitiert als: Die gesellschaftsrechtliche Treuepflicht].

Nitschke, Manfred: Die körperschaftlich strukturierte Personengesellschaft, Bielefeld 1970 [zitiert als: Personengesellschaft].

Odersky, Walter: Gestaltungsfreiheit und gerichtliche Kontrolle, in: ZGR-Sonderheft 13 (1998), Berlin u. a. 1998, S. 103–122.

Ohly, Ansgar: „Volenti non fit iniuria" – Die Einwilligung im Privatrecht, Tübingen 2002 [zitiert als: Die Einwilligung].

Ott, Claus/Schäfer, Hans-Bernd: Lehrbuch der ökonomischen Analyse des Zivilrechts, 3. Aufl., Berlin u. a. 2012 [zitiert als: Lehrbuch der ökonomischen Analyse].

Palandt, Otto: Bürgerliches Gesetzbuch Kommentar, 77. Aufl., München 2018 [zitiert als: *Autor*, in: Palandt, BGB, § BGB, Rn.].

Penski, Ulrich: Rechtsgrundsätze und Rechtsregeln, in: JZ 1983, S. 105–112.

Picker, Eduard: Richterrecht und Rechtsdogmatik. Zur rechtsdogmatischen Disziplinierung des Richterrechts, in: Bumke, Christian (Hrsg.): Richterrecht zwischen Gesetzesrecht und Rechtsgestaltung, Tübingen 2012, S. 85–119 [zitiert als: Richterrecht].

Piepenburg, Manfred: Mitgliedschaftliche Treupflichten der Aktionäre – Dogmatische Herleitung, Präzisierung und Anwendung einer richterrechtlichen Wertungsgrundlage, Hamburg 1996 [zitiert als: Mitgliedschaftliche Treupflichten].

Polley, Notker: Wettbewerbsverbot und Geschäftschancenlehre, Baden-Baden 1993 [zitiert als: Wettbewerbsverbot und Geschäftschancenlehre].

Priester, Hans-Joachim: Eine Lanze für die Kernbereichslehre, in: NZG 2015, S. 529–531.

Priester, Joachim: Die eigene GmbH als fremder Dritter. Eigensphäre der Gesellschaft und Verhaltenspflichten ihrer Gesellschafter, in: ZGR 1993, S. 512–533.

Raiser, Thomas/Veil, Rüdiger: Recht der Kapitalgesellschaften, 6. Aufl., München 2015.

Reuter, Dieter: Neuere Rechtsprechung zum Personengesellschaftsrecht – Teil 1, in: JZ 1986, S. 16–23.

Reuter, Dieter: Die Personengesellschaft als abhängiges Unternehmen, in: ZHR 146 (1982), S. 1–29.

Rhein, Tilman: Der Interessenkonflikt der Manager beim Management Buy-out: zugleich ein Beitrag zu den organschaftlichen Treuebindungen in

GmbH und Aktiengesellschaft, München 1996 [zitiert als: Der Interessenkonflikt der Manager].

Riesenhuber, Karl: Das Prinzip der Selbstverantwortung: Grundlagen und Bedeutung im heutigen Privatrecht, in: Riesenhuber, Karl (Hrsg.): Das Prinzip der Selbstverantwortung, Tübingen 2011, S. 1–20 [zitiert als: Selbstverantwortung].

Röhricht, Volker: Treuepflichten der Aktionäre, insbesondere des Mehrheitsgesellschafters, in: Hommelhoff, Peter von u. a. (Hrsg.): Handbuch Corporate Governance: Leitung und Überwachung börsennotierter Unternehmen in der Rechts- und Wirtschaftspraxis, 1. Aufl., Stuttgart 2003, S. 513–547 [zitiert als: Hdb Corporate Governance, 1. Aufl.].

Röhricht, Volker: Das Wettbewerbsverbot des Gesellschafters und Geschäftsführers, in: WPg 1992, S. 766–786.

Roth, Günter H.: Das Treuhandmodell des Investmentsrechts, Augsburg 1972 [zitiert als: Das Treuhandmodell].

Roth, Günter H./Altmeppen, Holger: GmbHG, 8. Aufl., München 2015 [zitiert als: *Autor*, in: Roth/Altmeppen, GmbHG, § GmbHG, Rn.].

Röttger, Robert: Die Kernbereichslehre im Recht der Personengesellschaften, Heidelberg 1989 [zitiert als: Kernbereichslehre].

Rowedder, Heinz/Schmidt-Leithoff, Christian: Kommentar GmbHG, 6. Aufl., München 2017 [zitiert als: *Autor*, in: Rowedder, GmbHG-Kom., § GmbHG, Rn.].

Rowedder, Heinz/Schmidt-Leithoff, Christian: Kommentar GmbHG, 5. Aufl., München 2013 [zitiert als: *Autor*, in: Rowedder, GmbHG-Kom., 5. Aufl., § GmbHG, Rn.].

Rumpf, Max: Wirtschaftsrechtliche Vertrauensgeschäfte, in: AcP 119 (1921), S. 1–156.

Schade, Stephan: Sorgfalts- und Loyalitätspflichten in US-amerikanischen Limited Partnerships und deutschen Kommanditgesellschaften, Aachen 2012 [zitiert als: Sorgfalts- und Loyalitätspflichten].

Schäfer, Carsten: Gibt es noch einen Schutz des Kernbereichs der Mitgliedschaft, in: ZIP 2015, S. 1313–1316.

Schäfer, Carsten: Vom Einstimmigkeitsprinzip zum treupflichtgetragenen Mehrheitsentscheid im Personengesellschaftsrecht, in: ZGR 2013, S. 237–272.

Schäfer, Carsten: Stimmrechtslose Anteile in der GmbH, Teil 2, in: GmbHR 1998, S. 168–174.

Scheuerle, Wilhelm: Das Wesen des Wesens, in: AcP 163 (1964), S. 429–471.

Schiessl, Maximilian: Die Wahrnehmung von Geschäftschancen der GmbH durch ihren Geschäftsführer, in: GmbHR 1988, S. 53–56.

Schlegelberger, Franz: Kommentar zum HGB, Band 3, Teil 1, §§ 105–160, 5. Aufl., München 1992 [zitiert als: *Autor*, in: Schlegelberger, HGB, § HGB, Rn.].

Schmidt, Karsten: Gesellschaftsrecht, 4. Aufl., Köln u. a. 2002.

Schmidt, Karsten/Lutter, Marcus: Kommentar zum AktG, Band 1, §§ 1–149, 3. Aufl., Köln 2015 [zitiert als: *Autor*, in: Schmidt/Lutter, Kommentar zum AktG, § AktG, Rn.].

Schmidt-Diemetz, Rolf: Gesellschafterkonflikte in der GmbH – Gestaltungsmöglichkeiten zur Verhinderung und Lösung von Konflikten, in: Henze, Hartwig u. a. (Hrsg.): Gesellschaftsrecht RWS-Forum 8, Köln 1999, S. 79–110.

Schmitt, Christian: Treuepflichten der Vorstandsmitglieder einer konzernunabhängigen Aktiengesellschaft nach deutschem und US-amerikanischem Recht, Frankfurt am Main u. a. 2003 [zitiert als: Treuepflichten der Vorstandsmitglieder].

Schmolke, Klaus-Ulrich: Grenzen der Selbstbindung im Privatrecht, Rechtspaternalismus und Verhaltensökonomik im Familien-, Gesellschafts- und Verbraucherrecht, Tübingen 2013 [zitiert als: Grenzen der Selbstbindung].

Schneider, Jörg: Wettbewerbsverbote für Aktionäre, Frankfurt am Main u. a. 2008 [zitiert als: Wettbewerbsverbote für Aktionäre].

Schneider, Uwe H.: Haftungsmilderung für Vorstandsmitglieder und Geschäftsführer bei fehlerhafter Unternehmensleitung?, in: Hadding, Walther u. a. (Hrsg.): Festschrift für Winfried Werner zum 65. Geburtstag, Berlin u. a. 1984, S. 795–818 [zitiert als: FS Werner].

Schneider, Uwe H.: Inhaltskontrolle in Gesellschaftsverträgen, in: ZGR 1978, S. 1–35.

Schockenhoff, Martin: Der Grundsatz der Vereinsautonomie, in: AcP 193 (1993), S. 35–67.

Scholz, Franz: Kommentar zum GmbH-Gesetz, Band 1, §§ 1–34, Konzernrecht, 12. Aufl., Köln 2018 [zitiert als: *Autor*, in: Scholz, GmbHG, § GmbHG, Rn.].

Scholz, Franz: Kommentar zum GmbHG, Band 3, §§ 53–87, 11. Aufl., Köln 2015 [zitiert als: *Autor*, in: Scholz, GmbHG, 11. Aufl., § GmbHG, Rn.].

Scholz, Franz: Kommentar zum GmbHG, Band 2, §§ 35–52, 11. Aufl., Köln 2014 [zitiert als: *Autor*, in: Scholz, GmbHG, 11. Aufl., § GmbHG, Rn.].

Scholz, Franz: Kommentar zum GmbH-Gesetz, Band 1, §§ 1–34, Konzernrecht, 11. Aufl., Köln 2012 [zitiert als: *Autor*, in: Scholz, GmbHG, 11. Aufl., § GmbHG, Rn.].

Schopp, Heinrich: Einberufung einer GmbH-Gesellschafterversammlung durch eine Minderheit, in: GmbHR 1976, S. 126–130.

Schubel, Christian: Verbandssouveränität und Binnenorganisation der Handelsgesellschaften, Tübingen 2003 [zitiert als: Verbandssouveränität].

Schultze-v. Lasaulx, Hermann: Zur Frage der Gestaltungsfreiheit für Gesellschaftsverträge. Eine Bestandsaufnahme. Abschied von Illusionen, in: ZfG 21 (1971), S. 325–351.

Schur, Wolfgang: Leistung und Sorgfalt, Tübingen 2001 [zitiert als: Leistung und Sorgfalt].

Seidel, Wolfgang: Die mangelnde Bedeutung mitgliedschaftlicher Treupflichten im Willensbildungsprozess der GmbH, Berlin 1998 [zitiert als: Die Bedeutung mitgliedschaftlicher Treupflichten im Willensbildungsprozess der GmbH].

Seidl, Otto: Richterliche Rechtsfortbildung und Verfassungsrecht, in ZGR 1988, S. 296–313.

Sina, Peter: Die Befreiung des GmbH-Geschäftsführers vom Wettbewerbsverbot, in: DStR 1991, S. 40–43.

Singer, Reinhard: Selbstbestimmung und Verkehrsschutz im Recht der Willenserklärungen, München 1992 [zitiert als: Selbstbestimmung].

Soergel, Hans Theodor: Bürgerliches Gesetzbuch mit Einführungsgesetz und Nebengesetzen, Kommentar, Band 11/1, Schuldrecht 9/1, §§ 705–758, 13. Aufl., Stuttgart 2012 [zitiert als: *Autor*, in: Soergel, BGB, § BGB, Rn.].

Soergel, Hans Theodor: Bürgerliches Gesetzbuch mit Einführungsgesetz und Nebengesetzen, Kommentar, Band 10, Schuldrecht 8, §§ 652–704, 13. Aufl., Stuttgart 2012 [zitiert als: *Autor*, in: Soergel, BGB, § BGB, Rn.].

Soergel, Hans Theodor: Bürgerliches Gesetzbuch mit Einführungsgesetz und Nebengesetzen, Kommentar, Band 2, Schuldrecht 1, §§ 241–242, 12. Aufl., Stuttgart u. a. 1990 [zitiert als: *Autor*, in: Soergel, BGB, 12. Aufl., § BGB, Rn.].

Soergel, Hans Theodor: Kommentar zum BGB, Band 1, Allgemeiner Teil 1, §§ 1–103, 13. Aufl., Stuttgart u. a. 2000 [zitiert als: *Autor*, in: Soergel, BGB, § BGB, Rn.].

Soergel, Hans Theodor: Kommentar zum BGB, Band 2, Allgemeiner Teil 2, §§ 104–240, 13. Aufl., Stuttgart u. a. 1999 [zitiert als: *Autor*, in: Soergel, BGB, § BGB, Rn.].

Sonnenberger, Hans J.: Gesellschaftsrechtliche Verantwortlichkeit geschäftsführender Organe von Kapitalgesellschaften, in: GmbHR 1973, S. 25–32.

Spindler, Gerald/Stilz, Eberhard: Kommentar zum Aktiengesetz, Band 2, §§ 150–410, IntGesR, SpruchG, SE-VO, 3. Aufl., München 2015 [zitiert als: *Autor*, in: Spindler/Stilz, Aktiengesetz, § AktG, Rn.].

Spindler, Gerald/Stilz, Eberhard: Kommentar zum Aktiengesetz, Band 1, §§ 1–149, 3. Aufl., München 2015 [zitiert als: *Autor*, in: Spindler/Stilz, Aktiengesetz, § AktG, Rn.].

Staub, Hermann: Kommentar zum HGB, Band 3, §§ 105–160, 5. Aufl., hrsg. v. Canaris, Claus-Wilhelm/Habersack, Mathias/Schäfer, Carsten, Berlin 2009 [zitiert als: *Autor*, in: Staub, GroßkommHGB, § HGB, Rn.].

Staudinger, Julius von: Kommentar zum Bürgerlichen Gesetzbuch mit Einführungsgesetz und Nebengesetzen, Buch 2, Recht der Schuldverhältnisse, §§ 662–675b (Auftrag und Geschäftsbesorgung), Neubearbeitung 2017, Berlin 2017 [zitiert als: *Autor*, in: Staudinger, Kommentar zum BGB, 2017, § BGB, Rn.].

Staudinger, Julius von: Kommentar zum Bürgerlichen Gesetzbuch mit Einführungsgesetz und Nebengesetzen, Buch 1, Allgemeiner Teil, §§ 134–138; Anh. zu § 138: ProstG (Gesetzliches Verbot, Verfügungsverbot, Sittenwidrigkeit), Neubearbeitung 2017, Berlin 2017 [zitiert als: *Autor*, in: Staudinger, Kommentar zum BGB, 2017, § BGB, Rn.].

Staudinger, Julius von: Kommentar zum Bürgerlichen Gesetzbuch mit Einführungsgesetz und Nebengesetzen, Buch 2, Recht der Schuldverhältnisse, Einleitung zum Schuldrecht; §§ 241–243 (Treu und Glauben), Neubearbeitung 2015, Berlin 2015 [zitiert als: *Autor*, in: Staudinger, Kommentar zum BGB, 2015, § BGB, Rn.].

Staudinger, Julius von: Kommentar zum Bürgerlichen Gesetzbuch mit Einführungsgesetz und Nebengesetzen, Buch 2, Recht der Schuldverhältnisse, §§ 255–304 (Leistungsstörungsrecht 1), Neubearbeitung 2014, Berlin 2014 [zitiert als: *Autor*, in: Staudinger, Kommentar zum BGB, 2014, § BGB, Rn.].

Staudinger, Julius von: Kommentar zum Bürgerlichen Gesetzbuch mit Einführungsgesetz und Nebengesetzen, Buch 1, Allgemeiner Teil, §§ 164–240 (Allgemeiner Teil 5), Neubearbeitung 2014, Berlin 2014 [zitiert als: *Autor*, in: Staudinger, Kommentar zum BGB, 2014, § BGB, Rn.].

Staudinger, Julius von: Kommentar zum Bürgerlichen Gesetzbuch mit Einführungsgesetz und Nebengesetzen, Buch 1, Allgemeiner Teil, §§ 134–163 (Allgemeiner Teil 4), Neubearbeitung 2003, Berlin 2003 [zitiert als: *Autor*, in: Staudinger, Kommentar zum BGB, 2003, § BGB, Rn.].

Staudinger, Julius von: Kommentar zum Bürgerlichen Gesetzbuch mit Einführungsgesetz und Nebengesetzen, Buch 2, Recht der Schuldverhältnisse, §§ 705–740 (Gesellschaftsrecht), Neubearbeitung 2003, Berlin 2003 [zitiert als: *Autor*, in: Staudinger, Kommentar zum BGB, 2003, § BGB, Rn.].

Stückemann, Achim: Generalklausel und Vertragsbindung beim vertraglichen Gesellschafterausschluß, Gelsenkirchen u. a. 1986 [zitiert als: Generalklausel].

Teichmann, Arndt: Gestaltungsfreiheit in Gesellschaftsverträgen, München 1970 [zitiert als: Gestaltungsfreiheit].

Teichmann, Christoph: Vertragsfreiheit im Innenverhältnis der GmbH-Gesellschafter, in: RNotZ 2013, S. 346–353.

Thalmann, Anton: Die Treuepflicht der Verwaltung der Aktiengesellschaft, Zürich 1975 [zitiert als: Die Treuepflicht der Verwaltung].

Thoma, Katrin: Eigengeschäfte des Vorstands mit der Aktiengesellschaft: eine vergleichende Untersuchung zum englischen, US-amerikanischen und deutschen Recht, Frankfurt am Main u. a. 2003 [zitiert als: Eigengeschäfte des Vorstands].

Thomas, Stefan: Die Haftungsfreistellung von Organmitgliedern, Tübingen 2010 [zitiert als: Haftungsfreistellung].

Timm, Wolfram: Treuepflichten im Aktienrecht, in: WM 1991, S. 481–494.

Timm, Wolfram: Wettbewerbsverbot und „Geschäftschancen" – Lehre im Recht der GmbH, in: GmbHR 1981, S. 177–186.

Torwegge, Christoph: Treue- und Sorgfaltspflichten im englischen und deutschen Gesellschaftsrecht: GmbH-Geschäftsführer versus Director der Private Limited Company, Wiesbaden 2009 [zitiert als: Treue- und Sorgfaltspflichten].

Ulmer, Peter/Habersack, Mathias/Löbbe, Marcus: GmbHG, Großkommentar Band 2, §§ 29–52, 2. Aufl., Tübingen 2014 [zitiert als: *Autor*, in: Ulmer, GmbHG, § GmbHG, Rn.].

Ulmer, Peter/Habersack, Mathias/Löbbe, Marcus: GmbHG, Großkommentar Band 1, Einleitung, §§ 1–28, 2. Aufl., Tübingen 2013 [zitiert als: *Autor*, in: Ulmer, GmbHG, § GmbHG, Rn.].

Unberath, Hannes: Die Vertragsverletzung, Tübingen 2007 [zitiert als: Die Vertragsverletzung].

Verse, Dirk A.: Inhaltskontrolle von „Hinauskündigungsklauseln" – eine korrekturbedürftige Rechtsprechung, zugleich Besprechung von BGH v. 19.3.2007, II ZR 300/05, DStR 2007, 914 und v. 7.5.2007, II ZR 281/05, DStR 2007, 1216, in: DStR 2007, S. 1822–1829.

Von der Osten, Dinnies: Das Wettbewerbsverbot von Gesellschaftern und Gesellschafter-Geschäftsführern in der GmbH, in: GmbHR 1989, S. 450–455.

Vorwerk, Klaus/Wimmers, Jörg: Treubindung des Mehrheitsgesellschafters oder der Gesellschaftermehrheit bei Beschlußfassung in der GmbH-Gesellschafterversammlun, in: GmbHR 1998, S. 717–723.

Wackerbarth, Ulrich/Eisenhardt, Ulrich: Gesellschaftsrecht II, Recht der Kapitalgesellschaften, Heidelberg u. a. 2013 [zitiert als: Gesellschaftsrecht II].

Waclawik, Erich: Zulässigkeit und Regelungsmacht satzungsmäßiger Treuepflicht und Gerichtsstandsregeln bei der Aktiengesellschaft, in: DB 2005, S. 1151–1158.

Walter, Andrea: Verdeckte Gewinnausschüttung und Wettbewerbsverbot, Berlin u. a. 1998 [zitiert als: Verdeckte Gewinnausschüttung].

Weber, Christoph: Privatautonomie und Außeneinfluß im Gesellschaftsrecht, Tübingen 2000 [zitiert als: Privatautonomie].

Weber, Martin: Vormitgliedschaftliche Treuebindungen, München 1999 [zitiert als: Vormitgliedschaftliche Treuebindungen].

Wedemann, Frauke: Gesellschafterkonflikte in geschlossenen Kapitalgesellschaften, Tübingen 2013 [zitiert als: Gesellschafterkonflikte].

Weischer, Jan-Willem: Das Grundrecht auf Vertragsfreiheit und die Inhaltskontrolle von Absatzmittlungsverträgen: Zum Maßstab der AGB-Inhaltskontrolle des Bundesgerichtshofs, Berlin 2013 [zitiert als: Das Grundrecht auf Vertragsfreiheit].

Weisser, Johannes: Corporate Opportunities, Köln 1991 [zitiert als: Corporate Opportunities].

Wellenhofer-Klein, Maria: Treupflichten im Handels-, Gesellschafts- und Arbeitsrecht, in: RabelsZ 64 (2000), S. 564–594.

Weller, Marc-Philippe: Wettbewerbsverbote und ihre Drittwirkung in der Kapitalgesellschaft & Co. KG, in: ZHR 175 (2011), S. 110–144.

Weller, Marc-Philippe: Die Vertragstreue, Tübingen 2009 [zitiert als: Die Vertragstreue].

Werp, Manfred: Die Grenzen der Abdingbarkeit dispositiven Gesetzesrechts insbesondere beim Kauf- und Werkvertrag, München, 1969 [zitiert als: Die Grenzen der Abdingbarkeit].

Westermann, Harm Peter: Vertragsfreiheit und Typengesetzlichkeit im Recht der Personengesellschaft, Köln 1970 [zitiert als: Vertragsfreiheit].

Wicke, Hartmut: GmbHG, 3. Aufl., München 2016 [zitiert als: *Autor*, in: Wicke, GmbHG, § GmbHG, Rn.].

Wicke, Hartmut: Schuldrechtliche Nebenvereinbarungen bei der GmbH – Motive, rechtliche Behandlung, Verhältnis zum Gesellschaftsvertrag, in: DStR 2006, S. 1137–1144.

Wiedemann, Herbert: Treuebindungen und Sachlichkeitsgebot – Ein Systemvergleich, in: WM 2009, S. 1–9.

Wiedemann, Herbert: Gesellschaftsrecht, Band 2, Recht der Personengesellschaften, München 2004.

Wiedemann, Herbert: Erfahrungen mit der Gestaltungsfreiheit im Gesellschaftsrecht, in: ZGR-Sonderheft 13 (1998), Berlin u. a. 1998, S. 5–32.

Wiedemann, Herbert: Rechte und Pflichten des Personengesellschafters, in: WM 1992, Beil. Nr. 7, S. 1–54.

Wiedemann, Herbert: Zu den Treuepflichten im Gesellschaftsrecht, in: Kübler, Friedrich u. a. (Hrsg.): Festschrift für Theodor Heinsius zum 65. Geburtstag, Berlin u. a. 1991, S. 949–966 [zitiert als: FS Heinsius].

Wiedemann, Herbert: Der Gesellschaftsvertrag der Personengesellschaften, in: WM 1990, Sonderbeilage Nr. 8, S. 1–30.

Wiedemann, Herbert: Gesellschaftsrecht, Band 1, Grundlagen, München 1980.

Wiedemann, Herbert: Rechtsethische Maßstäbe im Unternehmens- und Gesellschaftsrecht, in: ZGR 1980, S. 147–176.

Wieland, Karl: Handelsrecht, Band 2, Die Kapitalgesellschaften, München u. a. 1931 [zitiert als: Handelsrecht].

Wimmer-Leonhardt, Susanne: Konzernhaftungsrecht, Tübingen 2004 [zitiert als: Konzernhaftungsrecht].

Winter, Martin: Eigeninteresse der Einmann-GmbH, in: ZGR 1994, S. 570–582.

Winter, Martin: Mitgliedschaftliche Treuebindungen im GmbH-Recht. Rechtsformspezifische Aspekte eines allgemeinen gesellschaftlichen Prinzips, München 1988 [zitiert als: Treuebindungen].

Wolf, Alfred: Grenzen der Dispositionsfreiheit im Recht der Personalgesellschaften, Heilbronn 1963 [zitiert als: Grenzen].

Wolf, Manfred: Rechtsgeschäftliche Entscheidungsfreiheit und vertraglicher Interessenausgleich, Tübingen 1970 [zitiert als: Rechtsgeschäftliche Entscheidungsfreiheit].

Zöllner, Wolfgang: Das Unternehmensinnenrecht: Gibt es das?, in: AG 2003, S. 2–12.

Zöllner, Wolfgang: Gerechtigkeit bei der Kapitalerhöhung, in: AG 2000, S. 585–592.

Zöllner, Wolfgang: Regelungsspielräume im Schuldvertragsrecht, in: AcP 196 (1996), S. 1–36.

Zöllner, Wolfgang: Inhaltsfreiheit bei Gesellschaftsverträgen, in: Lutter, Marcus u. a. (Hrsg.): Festschrift 100 Jahre GmbH-Gesetz, Köln 1992, S. 85–125 [zitiert als: FS 100 Jahre GmbHG].

Zöllner, Wolfgang: Die Schranken mitgliedschaftlicher Stimmrechtsmacht bei den privatrechtlichen Personenverbänden, München u. a. 1963 [zitiert als: Schranken].

Zivilrechtliche Schriften

Beiträge zum Wirtschafts-, Bank- und Arbeitsrecht

Herausgegeben von Arnd Arnold, Dorothee Einsele, Jan Lieder und Hartmut Oetker
Begründet von Peter Kreutz und Dieter Reuter

Band 1 Sabine Koch: Eigenkapitalleistungen und eigenkapitalersetzende Leistungen des Kommanditisten in der gesetzestypischen Kommanditgesellschaft. 1992.

Band 2 Knut Weigle: Die leitenden Angestellten zwischen Sprecherausschuß und Betriebsrat. 1993.

Band 3 Stephan Worpenberg: Die konzerninterne Arbeitnehmerüberlassung. 1993.

Band 4 Carsten Führling: Sonstige Unternehmensverträge mit einer abhängigen GmbH. 1993.

Band 5 Heike Grote-Seifert: Das englische Arbeitskampfrecht unter besonderer Berücksichtigung der Entwicklung seit 1979. Zugleich: Vergleichende Analyse der Rechtslage in Deutschland und England. 1994.

Band 6 Uwe Theobald: Gesamthaftungsverhältnisse. Die Gesamtschuld als Ausgleichsmodell bei der mehrfachen Drittsicherung einer Forderung. 1994.

Band 7 Kay-Uwe Jacobs: Die Wahlvorstände für die Wahlen des Betriebsrats, des Sprecherausschusses und des Aufsichtsrats. 1995.

Band 8 Horst-Jürgen Michallek: Die Verteilung des wirtschaftlichen Risikos der Nothilfe. Eine rechtsvergleichende Studie. 1995.

Band 9 Sibylle Kessal-Wulf: Die Innenverbände. Am Beispiel Publikumsgesellschaft, Franchising, Mitarbeiterbeteiligung und Betriebsverband. 1995.

Band 10 Britta Holdorf-Habetha: Der Übergang von gewerblich genutztem Vermögen im Wege der Erbfolge im Einkommensteuerrecht. 1996.

Band 11 Sönke-Peter Nehlsen: Nutzungsausfallersatz. Ein notwendiges Übel? Versuch einer dogmatischen Begründung und Alternativlösungen. 1997.

Band 12 Sebastian Graf von Wallwitz: Tarifverträge und die Wettbewerbsordnung des EG-Vertrages. Wettbewerbsbeschränkende Tarifverträge und das Kartellverbot des Artikel 85 EGV. 1997.

Band 13 Hans-Joachim Arnold: Die Bilanzierung des Geschäfts- oder Firmenwertes in der Handels-, Steuer- und Ergänzungsbilanz. 1997.

Band 14 Volker Hoes: Die Überschuldung Privater als Problem von Ungleichgewichten. 1997.

Band 15 Dörte Christiansen: Betriebszugehörigkeit. Die Zuordnung von Arbeitnehmern aus betriebsverfassungsrechtlicher Sicht. 1998.

Band 16 Axel Boysen: Betriebsverband und Arbeitsverhältnis am Beispiel der Gruppenarbeit. Ein Beitrag zur Entwicklung der arbeitsrechtlichen Dogmatik im Wandel der Industriearbeit. 1998.

Band 17 Kristoffer Blydt-Hansen: Die Rechtsstellung der Destinatäre der rechtsfähigen Stiftung Bürgerlichen Rechts. 1998.

Band 18 Per Christiansen: Über die reale Seite der Verbände. Die Bedeutung der tatsächlichen Zweckverfolgung in einem Verband für dessen Legitimität, Existenz und Kontinuität. 1999.

Band 19 Annette Grotkamp: Die Bedeutung des Gesamtbetriebsrats und die Abgrenzung seiner Zuständigkeit zu den Einzelbetriebsräten im Rahmen des Strukturwandels in der deutschen Wirtschaft. 1999.

Band 20 Oliver Ebert: Die Kosten der Einigungsstelle gemäß § 76 a BetrVG 1972 unter besonderer Berücksichtigung der Honorierung von Einigungsstellenmitgliedern. 1999.

Band 21 Christoph Nawroth: Die steuerliche Anerkennung von Familienpersonengesellschaften bei fehlerhaftem Gesellschaftsvertrag. Zur Anwendung der Lehre von der fehlerhaften Gesellschaft im Steuerrecht. 1999.

Band 22 Kai Litschen: Die juristische Person im Spannungsfeld von Norm und Interesse. Am Beispiel der Gesellschafterhaftung in der GmbH. 1999.

Band 23 Eva Günther-Gräff: Kündigung und Kündigungsschutz von Absatzmittlungsverträgen. Dargestellt am Beispiel des Handelsvertreters, des Vertragshändlers und des Franchisenehmers. 1999.

Band 24 Martin Steiner: Entgelte der Kreditinstitute. Regelungen beim Girovertrag mit rechtsvergleichender Darstellung des anglo-amerikanischen Rechts. 2000.

Band 25 Sven Claussen: Grenzen der Insichgeschäfte im Gesellschaftsrecht. 2000.

Band 26 Sönke Peters: Der gesellschaftsrechtliche Grundsatz der Einheitlichkeit der Mitgliedschaft. 2000.

Band 27 Gabriele Komp: Die juristische Person als Geschäftsführungsorgan einer Kapitalgesellschaft. Betrachtungen zu §§ 76 Abs. 3 S. 1 AktG und 6 Abs. 2 S. 1 GmbHG. 2000.

Band 28 Gunnar Mayer: Das außerdienstliche Verhalten von Arbeitnehmern. Ein Beitrag zu Geschichte, Grundlagen und Erscheinungsformen außerdienstlicher Verhaltenspflichten. 2000.

Band 29 Michael Mönke: Die Sicherung der Bauunternehmer nach § 648 a BGB. Unter besonderer Berücksichtigung der Vereinbarkeit der Regelung mit den Prinzipien des Zivilrechts. 2000.

Band 30 Oliver May: Die Zulässigkeit der Regelung von Lohn und Arbeitszeit in Betriebsvereinbarungen. 2001.

Band 31 Robert Pape: Die tarifvertragliche Unkündbarkeit. Zugleich ein Beitrag zu den Grenzen der Tarifautonomie im Kündigungsschutzrecht und zum partiell zweiseitig-zwingenden Charakter des § 1 Abs. 2 und 3 KSchG. 2002.

Band 32 Wilm-Christian Jaekel: Die Bindung an formnichtige Grundstücksverträge nach Treu und Glauben. 2002.

Band 33 Susanne Müller: Die Gesellschafterklage als rechtsformübergreifendes Institut. 2002.

Band 34 Freia Peters: Treuhand und Unterbeteiligung an Gesellschaftsanteilen. Eine vergleichende Betrachtung für den Bereich des Gesellschafts- und des Steuerrechts. 2003.

Band 35 Mario Nahrwold: Die wirtschaftliche Betätigung von Idealvereinen am Beispiel der Ausgliederungsvorhaben der Fußballbundesligavereine. Eine Untersuchung zu Geltungsgrund und Grenzen des Nebentätigkeitsprivileges. 2003.

Band 36 Henning Plöger: Sonderarbeitsrechte im Pressebereich. Auswirkungen eines institutionellen Grundrechtsverständnisses auf das Arbeitskampf- und arbeitsrechtliche Statusrecht der Presse. 2003.

Band 37 Christian Springmann: Der Betriebsrat und die Betriebsbeauftragten. Ein Vergleich zweier betrieblicher Funktionsträger unter besonderer Berücksichtigung ihres Verhältnisses zueinander. 2004.

Band 38 Holger Meyer: Der Tatbestand des Betriebsübergangs nach der Rechtsprechung des Europäischen Gerichtshofs und des Bundesarbeitsgerichts. 2004.

Band 39 Philipp Christopher Brügge: Das Gesetz über Teilzeitarbeit. Eine Analyse unter arbeitsrechtlichen und beschäftigungspolitischen Gesichtspunkten. 2004.

Band 40 Sebastian Klausch: Unmöglichkeit und Unzumutbarkeit im System des allgemeinen Leistungsstörungsrechts nach der Schuldrechtsmodernisierung 2002. 2004.

Band 41 Felix Hütte: Die individualistische GbR als Mitglied anderer Vereinigungen. 2005.

Band 42 Tobias Schommer: Die Berücksichtigung und Gewichtung der Interessen der Arbeitsvertragsparteien im Rahmen des kollektiven und allgemeinen Weiterbeschäftigungsanspruchs des Arbeitnehmers. 2005.

Band 43 Christa Wettzel: Die unternehmerische Entscheidungsfreiheit im Rahmen der betriebsbedingten Kündigung. 2006.

Band 44 Andrea Scheibe: Die Mitbestimmung der Arbeitnehmer in der SE unter besonderer Berücksichtigung des monistischen Systems. 2006.

Band 45 Sebastian Ritz: Die Auswirkungen des Gesetzes zu Reformen am Arbeitsmarkt auf den Anwendungsbereich der dreiwöchigen Klagefrist gemäß den §§ 4 bis 7 KSchG. 2007.

Band 46 Anne Pfister: Die Übertragung von Aufgaben auf Arbeitsgruppen gemäß § 28a BetrVG unter besonderer Berücksichtigung der Förderungspflicht aus § 75 Abs. 2 Satz 2 BetrVG. 2007.

Band 47 Merve Ehlers: Personalkostenabbau durch betriebliche Bündnisse für Arbeit. Welche Gesetzesänderungen des geltenden Rechts sind zur Anpassung an die heutigen Wirtschafts- und Arbeitsbedingungen und zur Legalisierung der gängigen Rechtspraxis erforderlich? 2007

Band 48 Nicole Hasselmann: Die Lehre Ulmers zur Gesellschaft bürgerlichen Rechts im Wandel der Jahrzehnte. Das Rechts- und Haftungssystem der Gesellschaft bürgerlichen Rechts. 2007.

Band 49 Ina Maria Wiesner: Die Schriftform im Betriebsverfassungsgesetz. 2008.

Band 50 Christian Rebel: Grundprobleme des Nachteilsausgleichs gemäß § 113 Abs. 3 BetrVG. 2008.

Band 51 Benedikt von Wissel: Die Beeinflussung des eigenen Börsenkurses durch die Aktiengesellschaft. Erscheinungsform, Zulässigkeit und Grenzen im deutschen Kapitalmarktrecht. 2008.

Band 52 Malte Kriebitzsch: Die Inhaltskontrolle von Allgemeinen Arbeitsbedingungen anhand der §§ 305 ff. BGB. 2008.

Band 53 Torsten Volkholz: Geltung und Reichweite der Privatautonomie bei der Errichtung von Stiftungen. Die Weiterentwicklung des Stiftungsrechts nach Neufassung der §§ 80 bis 88 BGB durch das Gesetz zur Modernisierung des Stiftungsrechts zum 1. September 2002. 2008.

Band 54 Kirstin Trautvetter: Die Übernahme von Aktiengesellschaften und die Verhaltenspflichten von Vorstand und Aufsichtsrat der Zielgesellschaft. 2008.

Band 55 Petra Boldt: Ethikregeln als verbindlicher Verhaltensmaßstab für die Arbeitsverhältnisse in deutschen Unternehmen. 2008.

Band 56 Liv Heimbach: Das Verhältnis der außerordentlichen Kündigung des Arbeitgebers zur ordentlichen Kündigung nach dem KSchG. 2009.

Band 57 Entwicklungen im Arbeits- und Wirtschaftsrecht. Festgabe für Peter Kreutz zum 70. Geburtstag. Herausgegeben von Jakob Hoffmann und Claudia Schubert. 2009.

Band 58 Marlena Hütte: Gefahrverteilung und Schadensersatz im Rückabwicklungsschuldverhältnis nach gesetzlichem Rücktritt. Unter Berücksichtigung der Auswirkungen auf die Rückabwicklung nach Leistungskondiktion. 2010.

Band 59 Tim Ebert: Stille Gesellschaft, Genussrecht und partiarisches Darlehen als mezzanine Kapitaltitel zur Finanzierung einer GmbH. Eine Analyse der historischen Entwicklung und Abgrenzung dieser Finanzierungsinstrumente sowie der mit diesen verbundenen Kompetenz- und Eigenkapitalersatzfragen im GmbH-Recht. 2010.

Band 60 Ingo Krist: Grenzen des Tarifsozialplanes. 2010.

Band 61 Jakob Hoffmann: Zusammenlegung und Zulegung rechtsfähiger Stiftungen des bürgerlichen Rechts. 2011.

Band 62 Nils J. Herrmann: Verjährung, Verjährungsbeginn und Regress bei Bürgschaft und Gesamtschuld. 2012.

Band 63 Sarah Nitsche: Die Rechte der außenstehenden Aktionäre bei qualifizierten Nachteilszufü¬gungen. 2013.

Band 64 Matthias Dumke: Streikrecht i. S. des Art. 6 Nr. 4 ESC und deutsches Arbeitskampfrecht. Vorgaben, Vereinbarkeit und Umsetzung. 2013.

Band 65 Inga Hildebrand: Arbeitnehmerschutz von geschäftsführenden Gesellschaftsorganen im Lichte der Danosa-Entscheidung des EuGH. 2014.

Band 66 Sylvia Witt: Auswirkungen materiell unrichtiger Entsprechenserklärungen auf den Bestand von Hauptversammlungsbeschlüssen. 2015.

Band 67 Philipp Mohr: Die offene Investmentkommanditgesellschaft. Investmentrecht, Gesellschaftsrecht und Anlegerschutz. 2016.

Band 68 Daniel Berneith: Die Konversion. Eine rechtsdogmatische und am Parteiwillen orientierte Untersuchung des § 140 BGB unter besonderer Berücksichtigung nichtiger Verfügungen von Todes wegen und Nachfolgeklauseln bei Personengesellschaften. 2016.

Band 69 Philipp Hohmann: Die Genehmigungsfiktion nach § 377 HGB bei Falschlieferung und Quantitätsabweichung. Eine Untersuchung zur Interessenharmonisierung bei Handelskäufen unter vergleichender Berücksichtigung des internationalen Einheitsrechts. 2017.

Band 70 Katharina Dittmann: Schwellenwerte und Unternehmensmitbestimmung. 2018.

Band 71 Alexander Julian Haunschild: Die Abdingbarkeit der Treuepflicht im Gesellschaftsrecht. Eine dogmatische Analyse der Reichweite der Privatautonomie im Gesellschaftsrecht. 2018.

www.peterlang.com

www.ingramcontent.com/pod-product-compliance
Ingram Content Group UK Ltd.
Pitfield, Milton Keynes, MK11 3LW, UK
UKHW021844290926
8980IPUK00005B/631